本书为浙江省哲学社会科学重点研究基地浙学研究中心重点课题
（编号：20JDZD040）最终成果

本书由浙江省省级社会科学学术著作出版资金资助出版

浙学研究丛书编辑委员会

"浙学研究丛书"主编　何显明　陈　野

浙学

综合研究系列

浙学研究年度报告
2019

浙江省社会科学院浙学研究中心
浙江省社会科学界联合会科研管理处　编著　　张宏敏　撰稿

ZHEJIANG UNIVERSITY PRESS
浙江大学出版社

图书在版编目（CIP）数据

浙学研究年度报告. 2019 / 浙江省社会科学院浙学研究中心，
浙江省社会科学界联合会科研管理处,张宏敏编著. —杭州：
浙江大学出版社，2021.7
　ISBN 978-7-308-21570-1

　Ⅰ.①浙… Ⅱ.①浙…②浙…③张… Ⅲ.①儒学－哲学
学派－研究报告－浙江－2019 Ⅳ.①B222.05

中国版本图书馆 CIP 数据核字(2021)第 134464 号

浙学研究年度报告(2019)

浙江省社会科学院浙学研究中心
浙江省社会科学界联合会科研管理处　　编著　张宏敏　撰稿

责任编辑	王荣鑫
责任校对	吴　庆
封面设计	项梦怡
出版发行	浙江大学出版社
	（杭州市天目山路 148 号　邮政编码 310007）
	（网址：http://www.zjupress.com）
排　　版	浙江时代出版服务有限公司
印　　刷	杭州宏雅印刷有限公司
开　　本	710mm×1000mm　1/16
印　　张	22.5
字　　数	326 千
版 印 次	2021 年 7 月第 1 版　2021 年 7 月第 1 次印刷
书　　号	ISBN 978-7-308-21570-1
定　　价	88.00 元

"浙学研究丛书"导言

浙江山川清丽,经济发达,人文鼎盛,地域文化传统源远流长。浙地学人在长久历史岁月里殚精竭虑、发微探真而成之学术思想精义,为本区域文化构建起丰富的内在层次。她以"浙学"的形态与名义,凭借理性思辨的学思与睿智,为浙江历史与当代发展注入了人文精神的厚重意蕴。

一、浙学的理论渊源与名义之辩

浙江省社会科学院研究员、著名浙学研究者吴光认为,浙学的理论源头,可从东汉王充算起。王充是浙江思想文化史上第一个建立系统哲学理论、形成思想体系的学者,他的"实事疾妄"学术宗旨代表了一种求真务实、批判创新的精神,而这正是浙学的基本精神。浙学形成于永嘉、永康、金华、四明之学异军突起的南宋。永嘉、永康之学给浙学打上了追求功利、讲求事功的思想烙印,金华、四明之学则分别传承了中原文献之学和江西陆学的精神传统。明代中后期,以王阳明为宗主的阳明学派遍及两浙,风靡全国,确立了良知心学理论体系。明清之际,刘宗周(蕺山)的诚意慎独之学独树一帜,形成涵盖两浙的蕺山学派;其高足黄宗羲接踵而起,力倡重视经世实践的"力行"哲学,开创具有民主启蒙性质和实学特征的浙东经史学派,使浙学升华到足以主导中国思想潮流的地位,成为推动近代思想解放和民主革命运动的思想大旗。自南宋至明清，浙学内部学派林立，宗旨各异，而其主流则是以"求实、批判、兼容、创新、民本"为根本精神的两浙经史之学。

据现有史料分析，浙学概念最早由南宋朱熹提出。朱熹在评论浙东学者吕祖谦、陈傅良、叶适、陈亮的学术时，首次将"永嘉、永康之说"称为"浙学"。明代中期以后，阳明心学风靡两浙，故有学者从学术传播的师承、地域上突破南宋以来以浙东永嘉、永康、金华之学为浙学的视野，而从两浙地区的大视野讨论浙学。如浙西德清学者蔡汝楠在其书函中，将明代两浙地区的阳明心学列入浙学传承脉络。又有曾任浙江提学副使的福建籍学者刘鳞长著《浙学宗传》，将宋明时代包括浙东、浙西在内的儒学流派归入浙学传统，粗具"大浙学"的概念。清代全祖望撰《宋元学案叙录》，多次使用浙学概念，并作肯定性评价。他认为浙学主要是指"浙东之学"，但也包括"浙西之学"，其学术渊源都与宋初大儒胡瑗在浙西湖州讲学时形成的"湖学"相呼应，地位堪与齐鲁之学、闽学、关学、蜀学相媲美，而且蔚为一大学统，对宋元学风有启迪之功。清乾嘉时的浙东学者章学诚在《文史通义·浙东学术》中认为，"浙东之学"与"浙西之学"的学术渊源与学风虽有不同，但都是儒家之学，其根本之道可以并行不悖、互相兼容。

溯源综述，综合比堪，浙学的内涵可作狭义、中义与广义之区分。狭义的浙学概念是指发端于北宋，形成于南宋永嘉、永康地区，以陈傅良、叶适、陈亮为代表的浙东事功之学。中义的浙学概念是指渊源于东汉、酝酿形成于两宋、转型于明代、发扬光大于清代的浙东经史之学，包括东汉会稽王充的"实事疾妄"之学，两宋金华之学、永嘉之学、永康之学、四明之学，以及明代王阳明心学、刘蕺山慎独之学和清代以黄宗羲、万斯同、全祖望为代表的浙东经史之学。广义的浙学概念指的是渊源于古越、兴盛于宋元明清而绵延于当代的浙江学术思想传统与人文精神传统，它是狭义浙学与中义浙学概念的外延：既包括浙东之学，也包括浙西之学；既包括浙江的儒学与经学传统，也包括浙江的佛学、道学、文学、史学等人文社会科学传统，甚至在一定意义上涵盖了具有浙江特色的自然科学传统。站在当今文化建设和弘扬文化精神的立场上,则应取广义的浙学概念,尤其重视对其人文精神的研究和应用。①

二、浙学的人文精神与当代价值

浙学不仅具有深刻的理论内涵,更具务实的实践品格;不仅熠熠生辉于历史天空,更呈现出蓬勃鲜活的当代价值。

浙江的地域文化传统孕育了以浙学为核心的浙江地域学术思想和文化精神,浙江地域学术思想和文化精神又在历史的演进里引领着、支撑着浙江人民行进在建设美好家园的大道上。她以穿越时空的生命力、感召力和价值引领,不断吸纳融合优秀文化元素,不断淬炼升华精神品质,激励着浙江人民在各个不同的历史时期超越自我、开辟新境。例如,新民主主义革命时期,革命红船起航于浙江嘉兴。红船精神所蕴含的"开天辟地、敢为人先的首创精神,坚定理想、百折不挠的奋斗精神,立党为公、忠诚为民的奉献精神",正是浙江地域文化精神的重要价值核心,为浙学注入了深刻的时代精神内涵。

改革开放以来,浙江在缺乏区位优势、工业基础、政策扶持和资源禀赋等各种条件的情况下,千家万户办企业,千辛万苦搞经营,千山万水闯市场,千方百计创新业,创造了第一批发放个体工商执照、第一个闻名全国的农村专业市场、第一座农民城、第一批股份合作制企业等多个全国第一。浙江经济奇迹的产生并非偶然,分析其成因,实与隐藏在经济发展背后以浙学为人文基因的浙江精神密不可分。浙江曾于 2000、2005 年开展的两次研究表明,浙江精神与浙江发展的历史轨迹一路相伴,始终引领着浙江人民不断自我诊断、自觉反思,激励着浙江人民励精图治、开拓进取,推动着浙江经济社会的发展。

---

① 以上有关浙学理论渊源与名义之辩的论述,详见吴光《简论"浙学"的内涵及其基本精神》,载《浙江社会科学》2004 年第 6 期。

2000年，针对改革开放20多年来"真富、民富、不露富"的"浙江现象"和浙江民众在社会主义市场经济形成时期焕发出来的集体性创业意识开展的研究表明，基于浙学传统中经世应物、崇义谋利、工商并举等学术思想的讲究实效、敢闯敢拼、善谋实利等特质，是沉积于浙江人身上的文化基因。它们"一有阳光就灿烂，一遇雨露就发芽"，在改革开放的环境里，形成具有时代特征的"自强不息、坚韧不拔、勇于创新、讲求实效"的浙江精神，使得浙江人特别能够适应和发展市场经济，锤炼出强大的民营经济，成为助推浙江经济持续高速发展的动因。

2005年，面对浙江发展"先天的不足"和"成长的烦恼"，一些老问题未从根本上解决、一些新问题又不同程度地比全国先期遇到的实际状况，为使浙江人民在全面建设小康社会、加快推进社会主义现代化建设的不懈追求中具有现代的思想观念、价值取向、心理状态和社会道德标准，时任浙江省委书记习近平同志亲自主持开展了"与时俱进的浙江精神"研究，并淬炼出"求真务实、诚信和谐、开放图强"的浙江精神。

全面审视、提炼浙江传统文化基因、文化品格之于当代发展的价值，是此次研究的一个重要内容。经过深入调研、系统研究，提炼出"以人为本、注重民生的观念""求真务实、主体自觉的理性""兼容并蓄、自得创新的胸襟""人我共生、天人合一的情怀""讲义守信、义利并举的品行""刚健正直、坚贞不屈的气节""卧薪尝胆、发愤图强的志向"七项浙江传统文化特质，作为"与时俱进的浙江精神"的历史基础和传统基因。浙江的历史传统中，在浙东学派敢言功利的崇义谋利理念外，尚有更多丰富内涵和要素。例如，在学术人物上，有被英国科学史家李约瑟评价为"中国科学史上的坐标"和"中国科技史上的里程碑"的沈括，有近代启蒙思想家龚自珍，有清末民初思想家、革命家、国学大师章太炎，有革命家、教育家、政治家、民主进步人士蔡元培。在地域民风上，有义利双行的善谋实利，有人我共生的和谐互助，有尚德向善的品性修养，有崇学重教的耕读传家，有穷高极远的探微精研，有兼容并蓄的包容开放。如此等等，不一而足，人文璀璨，厚重灿烂。唯其如是，浙江方能走过数千年的时光，创造出丰富的文明业绩和历史传统。因此，与2000年的研究相比，这一研究更为客观准确地兼顾了体现于浙江境内不同区域的文化要素和浙学发展过程中历史性融合汇聚的多种思想成果,为引领浙江发展提供了更为全面的历史基础和思想资源的支撑。

综上所述,浙学作为一种内涵深刻、充满活力的区域学术思想传统,凝聚着浙江学人的理性智慧,贯穿着忧国恤民的社会关切,蕴含着人文精神的巨大能量。她不但在历史上促进了浙江乃至中国的文明进步,至今也仍然蕴含着推动经济社会发展的思想资源。其不朽之丰神品格,正如其地的青山秀水,百世不磨,魅力无尽。由此,我们认为,通过对浙学传统及其现当代演变发展做进入式的深入剖析,细致研究人、地、文、学之间涵育、形塑、认同、超越、反哺等共存互动的复杂关系,追寻其永恒不坠的内在精神,提炼并激活其中跨越时空、具有当代价值的文化元素和精神,融入当下社会生活的践行之中,当是研究传承浙江区域文化不可或缺的实务之举,也是丰富发展中华文化、实现其当代价值的可行路径。

三、浙江省社会科学院的浙学研究学术传统

浙江省社会科学院是浙江省浙学研究的先行者和主力军。1980 和 1981 年,浙江省社会科学院先后在杭州发起并主办"华东地区宋明理学讨论会""全国宋明理学讨论会",是为新中国成立以来举行的首次区域性和全国性宋明理学研讨活动,在当时起到了"解放思想""拨乱反正"的开风气作用。

多年来,浙江省社会科学院形成了关于浙学的一系列研究成果。吴光研究员主编了《黄宗羲全集》《王阳明全集》《刘宗周全集》《马一浮全集》和"阳明学研究丛书",率先提出"王充是浙学开山祖"的观点和"浙学内涵的广义、中义、狭义之分"等论述,在当代浙学研究领域具有开拓之功。浙江省社会科学院研究人员发表了数十篇浙学研究论文、出版相关专著、结合浙江当代文化建设提交应用对策报告,并系统整理了关于阳明后学、清代浙东学派的文献资料,获得国家社科基金重大招标课题等众多省级以上项目的立项。

浙江省委领导一直高度重视和关心浙学研究。时任浙江省委书记习近平同志

对推进浙学研究作出重要指示，要求浙江学术界"要把大浙学的文章做深做大，从更深层次、更广阔的视野总结浙学与浙江精神"。2016年，省委常委、省委宣传部部长葛慧君同志在《关于大力弘扬优秀传统文化、建设浙江文化强省》的报告上批示，要求"把浙学研究先做起来"。省委领导的关心和重视，一直激励着我们精心谋划、整合力量、集中精力开展浙学研究，为擦亮浙学这张浙江省人文社科研究乃至文化建设的金名片而不懈努力。

四、浙学研究中心的科研定位和研究架构

浙学研究中心是浙江省专业浙学研究机构，依托浙江省社会科学院历史人文和浙学研究院，整合院文化研究所、历史研究所、哲学研究所、《浙江学刊》杂志社和省方志办科研力量开展相关研究。自2017年11月入选浙江省哲学社会科学重点研究基地以来，中心坚持"立足浙江、研究浙学、传承学统、创新浙学"的研究宗旨与发展方向，着力发挥作为省级重点基地应有的规划、组织、协调作用，大力整合浙江省社会科学院及院外相关文史哲基础理论研究资源，积极推动多学科协同研究平台建设；力求加强顶层设计，整合科研力量，拓展研究空间，通过多单位、多学科的协同研究，深化浙学研究主旨，建构浙学研究体系，提升"浙学"研究品质；按照"综合浙学研究""古典浙学研究""近现代浙学研究""专题浙学研究"的框架开展系统研究，打造具有全国影响和一流学科属性的浙学研究品牌。

"综合浙学研究系列"从宏观层面开展基础性的浙学研究，着力打造奠基性、综合性浙学研究成果。主要开展"浙学通论""浙学通史""浙学研究综合报告""阳明学研究综合报告"等省社科规划、本中心自设课题的研究。

"古典浙学研究系列"秉持浙江省社会科学院持之以恒、传承有序的浙学研究传统和厚重扎实的研究优势，立足永嘉学派、浙江朱子学、宋明理学、阳明心学、阳明后学、浙东经史学派等古典浙学传统研究领域，着力打造系统性、经典性浙学研究成果。主要开展"永嘉学派文献搜集、整理和研究丛书""阳明后学文献整理与研

究丛书""清代浙东经史学派文献丛书""浙江儒学通史丛书"等国家社科基金重大招标课题、浙江省文化研究工程第二期重大系列项目以及其他相关项目的研究。

"近现代浙学研究系列"为本中心在传统浙学的研究基础之上、内容框架之外，着力打造的浙学研究新领域，旨在立足近现代中国社会转型、文化重构之历史场景，探索古典浙学萦回迂曲的现代化路径，研究其当代重光的内在逻辑和现实可能，着力打造开拓性、建构性浙学研究成果。主要开展"近现代浙江学术文化转型研究""近现代浙江社会文化变迁研究""近现代浙江中西文化交流研究""近现代浙江史学史研究""近现代浙江学人古典诗学研究""近现代浙江新文学家文学评论研究""近现代浙籍知识分子与近代中国社会主义思潮研究""近现代浙江佛教书籍综合研究"等本中心自设课题的研究。

"专题研究系列"整合浙江省社会科学院已有文史哲研究资源和既有成果，聚焦浙学某一专业方向的深入探讨，推进浙学相关分支领域的深化研究，着力打造专题性、多样性浙学研究成果。主要开展"浙江宋明理学研究""永嘉学派思想研究""浙江佛学研究""浙江词学研究""国际视野下的浙学：阳明文化海外传播研究""中国村庄发展的浙江样本研究""钱塘江文化研究"等浙江省第二期文化研究工程系列项目和本中心自设课题的研究。

系统梳理和汇编出版相关研究成果，有利于集中检视本中心取得的浙学研究成果，更为精准有序地谋划和开展下一阶段的深化研究；有利于形成整体性、规模化的集成效应，更好地发挥研究成果的学术价值、社会价值和文化价值；有利于增进本中心与国内相关学术研究机构间的学术交流，提升学术影响力。为此，我们以上述四个研究系列中本中心自设课题的研究成果为主，兼顾其他成果，汇编为"浙学研究丛书"，集中出版，以期就教于学界前辈时贤。

浙江省社会科学院院长　何显明教授

浙江省社会科学院副院长、浙学研究中心主任　陈野研究员

2020 年 1 月 21 日

浙学研究年度报告（2019）
编撰说明

2017 年 11 月，浙江省社会科学院浙学研究中心（以下简称"浙学研究中心"）入选新一轮的"浙江省哲学社会科学重点研究基地"，坚持"立足浙江、研究浙学、传承学统、创新浙学"的研究宗旨与发展方向，以"浙学史论研究""阳明学研究""近现代浙学研究""浙学家群体研究""浙江宗教研究"为科研主攻方向。为全面系统地梳理海内外学界关于"浙学"的最新研究动态，浙学研究中心在成立伊始，即把"浙学研究年度报告"的编撰作为中心科研任务，以便于专业研究者与普通读者及时、全面、准确地了解"浙学"研究的最新动态，从而更好地为弘扬传承浙江优秀传统文化服务。

我们研究阐释"浙学"，首要的任务就是界定"浙学"的概念，明确"浙学"的历史文化渊源与内涵、外延。当今学界对"浙学"概念的理解与界定存有分歧，在究竟谁是"浙学的开山祖"问题上也存有不同的意见，本书关于"浙学"概念的界定，则参考借鉴浙江省社会科学院浙学研究中心顾问吴光先生首倡的"大浙学"理念（详参"浙学研究丛书"主编何显明、陈野合撰的《"浙学研究丛书"导言》）。

依照吴光先生"大浙学"的定义与浙江思想、文化、学术史在上古、中古、近古、现代、当代的发展线索，本报告共设十一章。章目依次为"浙学理论综合研究""浙江史前文化、舜禹文化、越国历史文化研究""汉唐浙学研究""宋元浙学研究""明代浙学研究""清代中前期浙学研究""近现代浙学研究""现当代浙学研究""浙江宗教研究""浙江名山名水与地域文化研究""红船精神、浙江精神、浙商精神研究"。这里，需要向读者朋友说明的有五点：

第一，本书《浙学研究年度报告（2019）》，是《浙学研究综合报告》（浙江人民出版社 2020 年 4 月版）的延伸。对于历史上浙籍学者的生平学行、浙学文献的编校整理、浙江学派的成员学脉等基本情况的介绍，以及 2018 年（包括 2018 年）以前的浙学研究动态，请参阅《浙学研究综合报告》中的内容介绍。

第二，由于《浙学研究综合报告》系对历史上浙人、浙事、浙著、浙学的首次梳理，再加上编撰时间仓促，其中难免有遗漏的浙学家及其研究现状；为弥补遗憾、充实浙学研究的学术成果，《浙学研究年度报告（2019）》在相关章节中，特增补新近整理出版的浙学文献丛书、推出的浙学研究科研项目以及十多位浙学家的生平著述简介，并对新近的研究动态（以 2019 年为主）予以介绍。第一章"浙学理论综合研究"中的"浙学文献整理的新进展"（第三节）、"《浙江文化研究工程》第二期的立项课题"（第四节），第三章"汉唐浙学研究"的"浙东唐诗之路研究"（第六节），均是对《浙学研究综合报告》相关节目的补充。第三章"汉唐浙学研究"第七节"汉唐时期的其他浙学家研究"中的"王羲之、王献之的书法研究"；第四章"宋元浙学研究"第五节"宋元之际与元代的浙学家研究"中的"戴表元与戴表元研究""袁桷与袁桷研究"；第五章"明代浙学研究"第五节"明代中后期的其他浙学家研究"中的"丰坊与丰坊研究""沈一贯与沈一贯研究""茅坤与茅坤研究"；第六章"清代中前期浙学研究"第三节"乾嘉考据学中的'浙派'研究"中的"洪颐煊与洪颐煊研究"，第四节"明清之际与清代中前期的其他浙学家研究"中的"陈元赟与陈元赟研究""吴之振与吴之振研究""桑调元与桑调元研究"；第七章"近现代浙学研究"中的"黄庆澄与黄庆澄研究""谭献与谭献研究""陆心源与陆心源研究""朱一新与朱一新研究"，均属于《浙学研究年度报告（2019）》增补的浙学家及其生平著述、研究动态。

第三，由于在编撰《浙学研究综合报告》的同时，我们还编撰了《阳明学研究综合报告》（浙江人民出版社 2020 年 3 月版）。鉴于 2019 年学界的阳明学研究成果体量特大,我们另撰《2019 阳明学研究报告》,故而本书第五章"明代浙学研究"中对"王阳明与阳明心学研究""浙中王学研究"予以"存目"。

第四,由于本书编者学力、精力有限,以及编者本人的研究方向为中国哲学史,故而本书对于浙江历史上的哲学家、思想家、史学家以及相关的研究成果有较多关注,而对历史上浙籍文学家、自然科学家及其研究成果的关注则相对较少。

第五,本书附录一种:"浙江省哲学社会科学重点研究(浙学研究类)基地概览"。由浙江省社科联科研管理处联系相关研究基地提供资料,在此谨致谢忱!由于出版字数限制,原稿 75 万字压缩至 25 万字后,已编辑整理的"2019 年浙学主题会议综述""2019 年浙学研究论著索引"予以删除。

需要特别说明的是,本书在编撰过程中,通过"中国知网"平台检录了与"浙学"有关的大量论文,编辑摘录了学界同仁关于"浙学"研究的高论与观点,为保护论著作者的知识产权,本书在正文中一一标识了论著作者、出版信息(著作的出版社、出版时间,论文发表的期刊、具体期数)。在此,谨向学界同仁的辛苦努力表示诚挚的感谢!相关论著作者如需本书,请联系本书撰稿人张宏敏,他的电子邮箱是 zhanghongmin2008@126.com。

限于编者本人的学力、精力,本书难免存在疏漏,敬请读者朋友批评指正。同时,我们特别希望学界同仁一如既往地关注并支持"浙学"研究,让我们为 21 世纪"新浙学"乃至新时代"浙江学派"的建构同心同行!

本书在编写过程中,得到了浙江省社会科学院院领导的关心,得到了浙江省社科联科研管理处的指导;也得到了浙江省社会科学院浙学研究中心主任陈野研究员,学术委员会主任陈永革研究员、首席专家王宇研究员的审查。浙江省社会科学院科研部,浙江大学出版社为本书的出版也付出了努力,在此一并致谢!

本书撰稿人　张宏敏

初识于 2020 年 6 月 9 日,修改于 7 月 12 日,缩编于 11 月 23 日

目　录

第一章　浙学理论综合研究

悠久灿烂的中华传统文化,由众多地域文化构成。"浙学"是中华传统文化的重要组成部分,同时也具有鲜明的地域特色与时代风格。在新的历史时期,深化具有浙江地域学术特色的"浙学"研究,无论对于继承和发展浙江历史上的优秀传统文化,还是对于当下正在展开的"新时代文化浙江""社科强省"建设,都具有重大的理论意义与现实价值。

2019 年的"浙学"研究,主要依托中国哲学史、中国古代史、中国文化史、中国思想史等二级学科展开。涉及的研究专题有浙东学派、浙东学术、浙东史学、永嘉学派、永康学派、金华学派、阳明学派、蕺山学派、梨洲学派、红船精神、浙江精神,以及历史上浙江籍著名思想家王充、吕祖谦、陈傅良、叶适、陈亮、王阳明、刘宗周、黄宗羲、全祖望、章学诚、章太炎、马一浮等人的专案研究。"浙学"学统的理论特质是"经史之学""经制之学""事功之学""心性之学",而其基本精神则是"实事疾妄""兼容并包""经世致用""知行合一"。2019 年,来自浙江省内外高校科研机构及党政领导部门的理论工作者,通过撰写专著、刊发论文、学术研讨等多种形式推动了"浙学"理论的综合研究,从而进一步揭示了"浙学"的理论特质与时代价值。

第一节　浙学的理论特质及其起源研究

"浙学"作为一种地域学术的理论特质及其起源研究，是 2019 年学界关注的重点议题。

吴光《从浙学角度看中国地域文化》（《地域文化研究》2019 年第 1 期）一文认为，"浙学"作为中国地域文化之一种，在历史上与徽学、蜀学、闽学、湖湘学、江右学、齐鲁学、黔学、吴学等，都有千丝万缕的联系。"浙学"的基本精神可以概括为"求实、批判、兼容、创新"八个字，还可以从"整体和谐、批判求实、经世致用、工商为本、人才第一"五个方面来概述浙江人文精神的主要内容。在浙江思想史上，最能代表"浙学"基本精神的是王充、叶适、王阳明、黄宗羲、蔡元培等五大思想家。

杨国荣《略说浙学》（《光明日报》2019 年 7 月 27 日）一文指出，"浙学"的开端可以追溯到汉代的王充：王充无疑可看作是"浙"地之学早期的重要代表人物。王充之后，"浙学"又经历了相当长的演化过程，至近现代，"浙"地之学依然代有人出，诸如章太炎、王国维、马一浮等，均为其选，到晚近，尚有金岳霖、冯契等当代学人。从王充到现当代的"浙学"人物，其总体的学术特点体现于如下几个方面：第一，是批判意识。第二，注重理论的思辨。第三，呈现为现实的关切。第四，体现于历史的观念。

朱晓鹏《平民哲学与社会发展：南宋浙学精神及其现代价值》（社会科学文献出版社 2019 年 9 月版）一书，以一种多元、开放的学术史观重新解读和梳理南宋浙学史，从具体的历史角度出发重新找出南宋浙学自身形成、演变的固有线索及其规律，挖掘南宋浙学中对传统儒学泛道德主义的超越性、强烈的独立自主精神以及强调实事实功、追求经世致用等具有平民哲学精神的思想特质。

黄灵庚主编《浙学读本》（人民文学出版社 2019 年 4 月）一书，以"浙学"的内涵为根据，通过选择南宋至近代浙江学者的经典性论著来展示其内涵，共分五个专题：一是务实，二是立德，三是担当，四是博通，五是绩学。

李圣华《浙学"由史入文"诠辩》(《光明日报》2019 年 3 月 30 日)一文认为,在浙学史上,经、史、文三者之间更多的是互动,而非对立。其文学一脉因时而变,变化终不离于本根。以文章言,重浙学统绪,乾嘉而后变化始著。以诗言,重风雅之遗、诗文合道,自宋至明末,理学气甚浓,入清以后,诗风一变,遂成清诗浙派。以词言,始有陈亮称大家,后数百年鲜有杰出作者,迄于清初,朱彝尊标帜词坛,开清词浙派,推毂一代清词"中兴"。

李圣华主编《浙学(第一辑)》(中华书局 2019 年 12 月版)一书,设置浙学学术史研究、名家研究、文献研究、文学研究、浙学与中华文化研究、海外浙学、学术评论与札记等学术栏目。

何俊《朱子学的研究要素与浙学开拓》(《浙江社会科学》2019 年第 2 期)一文指出,晚宋以后的两浙朱子学研究是对浙学的开拓。由于朱子学研究不完全是纯思想的哲学分析,具有明显的思想史特征,因此其研究要素除了思想本身以外,至少还包括地域、时间两个维度所涵摄的若干内容,实际研究需要依据问题作出相应取舍。同时,政治与朱子学构成了重要的基础性关系,由此切入的研究需要依据思想周期作长时段的分析。

钱茂伟《元以来浙东学术文化新探》(武汉大学出版社 2019 年 12 月版)一书,着眼于过往不太被人关注的浙东学人研究,重在面的扩充;通过学人留下作品的分析,加以系统的梳理,发掘其中需要解决的学术问题。该书的各个专题有专题研究论文,分则专题,合则整体,构成一个相对完整的元以来浙东学术文化整体框架。

王宇《师统与学统的调适:宋元两浙朱子学研究》(社会科学文献出版社 2019 年 10 月版)一书,以由启发学者明道的经典系统构成的"学统",由亲相授受的师徒传授系统构成的"师统"为立论基点,认为朱熹深鉴于二程门人不能全面传承二程思想的历史教训,认识到"师统"与"学统"二者不可偏废,既重视面对面的讲学授徒,更重视学术著作的文本建设。但在他去世后,出现了极端崇拜"师统传道"的现象,以及"学统传道"论者针对此种极端崇拜的反击。"师统"与"学统"的互动和张力,贯穿于宋元朱子学升沉消长的始终,勾画了生机勃勃、千峰竞秀的学术思想图景。

陆敏珍《近年来浙学研究的新与旧》（《中国社会科学报》2019 年 4 月 2 日）一文认为，"浙学"是一个既新又旧的话题，它既具历史性又具当下性，既是文化的又是政治的。

张宏敏《浙学与徽学之间》（《光明日报》2019 年 7 月 13 日）一文指出，自东汉以来，由于地缘、学缘、政缘等因素的综合作用，使得浙学、徽学这两种地域文化互学互鉴，兼容并包，这种关系也体现在文化品格上的批判、包容、创新与实践。

张宏敏《从王充看浙学的学术渊源》（《社会科学报》2019 年 11 月 7 日）一文认为，我们研究阐释历史上存在于浙东、浙西的区域学术"浙学"，其首要的任务是明确"浙学"的学术渊源。当今学界对究竟谁才是"浙学的开山之祖"这一问题存有不同意见。有人主张是北宋的理学家程颐，有人主张是南宋的婺学家吕祖谦，而浙江上虞籍的汉代学者王充，因著有不朽的经典名著——《论衡》，而成浙江历史上第一位真正意义上的哲学家、思想家，故而被作为"浙学的开山之祖"是合情合理。

第二节　浙学的时代价值研究

2019 年度对浙学的时代价值即当代意义挖掘的论文有 5 种。

吴光、陈野《浙学：为江南文化注入人文精神的厚重意蕴》（《文汇报》2019 年 3 月 29 日）一文认为，"浙学"作为一种内涵深刻、充满活力的区域学术思想传统，凝聚着浙江学人的理性智慧，贯穿着忧国恤民的社会关切，蕴含着人文精神的巨大能量。它不但在历史上促进了浙江与江南地区的文明进步，至今也仍然蕴含着推动经济社会发展的思想资源。

方媛《新学科视阈下的浙学研究》（《中国社会科学报》2019 年 8 月 1 日）一文指出，如何理解浙学的思想内涵及其所体现的精神价值和当代意义，是浙学研究的永恒话题。浙学虽以地域命名，但浙学研究不仅是地域文化研究，更是全国性的学术研究。立足于新学科视阈，浙学传承与创新之根本在于不割裂历史，在于实现文章、思想、道德的结合,实现学术和信仰的统一。

陈寿灿《浙学传统与浙江精神》(《浙江日报》2019 年 9 月 10 日)一文认为,浙江精神是浙学传统化育的文化成果,浙江学术始终秉承了批判精神、包容和合、关注现实的优良传统。浙学的这种传统在其自身的发展中也得到了不断的强化,最终汇聚成为激发浙江"求真务实、诚信和谐、开放图强"之精粹的源头活水,也直接形塑了浙江精神,为浙江的经济、社会发展提供了内在动力。

张宏敏《从"浙学"渊源看浙江精神》(《浙江日报》2019 年 9 月 6 日)一文指出,在新的历史时期,发扬以"民本、求实、批判、兼容、创新"为要义的"浙学"基本精神,审视并梳理浙江精神的"浙学"渊源,对于传承好、发展好与时俱进的浙江精神,无疑具有重大的理论价值与时代意义。

廖芳玲、毛颖珂、顾金喜《论浙江文化的独特模式:一种基于文化个性视野的探析》(《观察与思考》2019 年第 6 期)一文认为,浙江作为改革开放的前沿阵地,率先走上富强民主文明和谐美丽的现代化发展之路,一个重要因素就是依靠精神力量,特别是浙江文化独特模式的规范和激励。

第三节　浙学文献整理的新进展

2019 年,浙学文献整理的新进展,主要体现为《浙江文丛》点校本在浙江古籍出版社的持续出版、《浙江文献集成》在浙江大学出版社的编校出版,与《浙学未刊稿丛编》第一辑在国家图书馆出版社、《清代浙江学术集林》在北京燕山出版社的影印出版。

一、浙江古籍出版社推出的《浙江文丛》

作为吴越文化的策源地与发祥地,浙江是中华文明历史长河中的一条重要支流,而历经浩劫存留至今的数以万计的有关浙江历史文化的文献典籍,则是记载浙江历史文化的主要载体，是弘扬浙江历史文化（"浙学"）的一笔宝贵财物。整理浙江历史文献，抢救古籍善本，积极促进"浙学"学科建设，既是传承和弘扬中华优秀传统文化的需要，也是服务当下经济社会文化发展的需要，更是一项功在当代、泽溉千秋的文化大业。

2010 年，浙江古籍出版社在 20 世纪八九十年代组织学者编校整理出版《两浙作家文丛》的基础上，推出了浙江有史以来规模最大的地方文献整理出版项目——《浙江文丛》，意在系统收录 1911 年以前浙籍先贤的著作以及研究浙江与浙江有关的经典文献著作。2010 年 12 月，《楼钥集》《王阳明全集》出版，"浙江文丛"迎来了首批"成员"。2011 年 8 月，在浙江省新闻出版局提议下，浙江省委宣传部将"浙江文丛"出版项目列入浙江省"十二五"重点文化建设工程，将此项目交给浙江出版联合集团、浙江古籍出版社承担，系统影印、整理出版浙江古代文献。2012 年，浙江古籍出版社专门成立了"浙江文丛"编辑中心，聚集以年轻人为主力的老中青三代编辑，负责"浙江文丛"的文字编辑事务。①

"浙江文丛"立项之初，为确保丛书的学术性和权威性，项目组就成立了"浙江文丛"学术委员会，由安平秋、陈平原、廖可斌、何俊、张涌泉、钱志熙、葛兆光、包伟民、陈红民等 9 位业内专家组成，并全程参与指导。2017 年 3 月 10 日，浙江出版联合集团、浙江古籍出版社联合举办《浙江文丛》编辑出版研讨会"，这意味着历时七年之久，作为浙江省大型文化出版工程的"浙江文丛"第一期正式完工，代表着千年浙学文脉精华的 500 册丛书全部出齐。在研讨会上，安平秋认为："《浙江文丛》的出版，是浙江实施中华优秀传统文化传承发展的生动实践。浙江是文献之邦，这方水土养育了王阳明、黄宗羲、俞樾等历史名人，全面系统地整理浙江历代文献经典，不仅仅是延续了地方文脉，更是守护了中华民族的文化血脉。作为一项基础性工程，它的出版意义十分巨大。"张涌泉指出："浙江遗存两万种文献，东汉王充所著的《论衡》，堪称浙江文献的起点，也是学者们公认的'浙学'的理论源头。历代有识之

---

① 《〈浙江文丛〉钩沉千年浙学文脉》，《浙江日报》2016 年 3 月 7 日。

士,在浙江文献的搜集整理上,作出过不少贡献,留下了不少有名的丛书。前辈整理乡邦文献的努力为今天我们完整地整理浙江历代著述打下了良好的基础,它们的集体出版让我们为先贤留下的灿烂文化遗产自豪激动。"包伟民认为:"自宋代以来,浙江成为全国文化中心,其文化影响力不仅是浙江的,更是全国的。浙江应借《浙江文丛》的出版,集结优势学术资源,加快'浙学'研究进程,让浙江传统文化更具影响力。"①

《浙江文丛》第一期500册完成出版的同时,浙江出版联合集团、浙江古籍出版社又启动了《浙江文丛》二期工程的编辑出版工作。《浙江文丛》二期工程预计再用5年时间(2017—2022),出版图书300册,并逐步完成浙江经典文献资源数据库的建设。

截至2019年12月,《浙江文丛》已经整理出版160种、706册浙江文化史上最重要的文集:

第1册《浙江文献要目》、第2—7册《楼钥集》、第8—13册《王阳明全集(新编本)》、第14册《千甓亭古砖图释》、第15—16册《刘伯温集》、第17—18册《汪康年文集》、第19册《何梦桂集》、第20册《朱彝尊词集》、第21—22册《罗隐集校注》、第23—24册《吕留良诗文集》、第25—26册《林景熙集补注》、第27册《赵孟頫集》、第28册《臧懋循集》、第29册《吕颐浩集》、第30册《虞世南诗文集》、第31—38册《罪惟录》、第39—50册《两浙輶轩录》、第51—52册《刘一止集》、第53册《徐中行集》、第54—56册《梦窗词汇校笺释集评》、第57册《思复堂文集》、第58册《王冕集》、第59册《两浙金石志》、第60册《王季重集》、第61册《历代两浙词人小传》、第62册《历代钟鼎彝器款识法帖》、第63—65册《宝刻丛编》、第66—75册《咸淳临安志》、第76册《林和靖集》、第77—78册《商辂集》、第79—90册《舆地纪胜(外加索引一册)》、第91—100册《刘宗周全集》、第101册《宗泽集》、第102—103册《谭献集》、

① 转引自李月红、肖淙文《浙江历代文献经典500册〈浙江文丛〉集体亮相》,浙江新闻客户端,2017年3月11日。

第 104—115 册《屠隆集》、第 116 册《戴复古诗集》、第 117—118 册《洪昇集》、第 119—123 册《茅坤集》、第 124—125 册《留青日札》、第 126 册《毛滂集》、第 127—128 册《赵志皋集》、第 129 册《国朝两浙科名录》、第 130 册《胡奎诗集》、第 131—132 册《孟郊集校注》、第 133—134 册《吴师道集》、第 135 册《鲍廷博题跋集》、第 136—137 册《张可久集校注》、第 138 册《乌斯道集》、第 139—140 册《范钦集》、第 141—145 册《两浙名贤录》、第 146—147 册《两浙盐法志》、第 148—149 册《谢铎集》、第 150—174 册《国榷》、第 175 册《吴之振诗集》、第 176 册《汪元量集校注》、第 177 册《两浙海塘通志》、第 178—179 册《陈洪绶集》、第 180—201 册《黄宗羲全集》、第 202—203 册《呆堂诗文集》、第 204—205 册《王士性集》、第 206 册《秋瑾诗文集》、第 207—210 册《黄溍集》、第 211—216 册《景岳全书》、第 217 册《流沙坠简》、第 218 册《严可均集》、第 219 册《高则诚集》、第 220 册《越绝书》、第 221—222 册《于谦集》、第 223—225 册《方孝孺集》、第 226—227 册《周广业笔记四种》、第 228 册《陆贽集》、第 229—232 册《张九成集》、第 233—254 册《李渔全集》、第 255—256 册《戴表元集》、第 257—263 册《姚燮集》、第 264 册《钱肃乐集》、第 265—267 册《陶宗仪集》、第 268—275 册《宋濂全集》、第 276—291 册《两浙辅轩录》、第 292—293 册《柳贯集》、第 294—300 册《查慎行集》、第 301 册《徐自华集》、第 302 册《陈高集》、第 303—306 册《全芳备祖》、第 307—310 册《吴中水利全书》、第 311 册《钱惟演集》、第 312 册《周行己集(外一种)》、第 313—315 册《高似孙集》、第 316—318 册《许谦集》、第 319—321 册《洪咨夔集》、第 322 册《范浚集》、第 323—327 册《杭世骏集》、第 328—329 册《朱国祯诗文集》、第 330—333 册《清容居士集》、第 334—339 册《周密集》、第 340—344 册《高濂集》、第 345 册《钱起集校注》、第 346—350 册《全浙诗话(外一种)》、第 351—353 册《张雨集》、第 354—357 册《赵之谦集》、第 358—359 册《西泠五布衣遗著》、第 360 册《西夏纪事本末》、第 361—380 册《袁枚全集新编》、第 381—382 册《骆宾王集》、第 383—387 册《许景澄集》、第 388—389 册《彊村语业笺注》、第 390 册《沈德符集》、第 391—393 册《周汝登集》、第 394 册《仪顾堂集》、第 395 册《六舟集》、第 396—399 册《商盘集》、第 400—402 册《宋史翼》、第

403—405 册《厉鹗集》、第 406—425 册《陆游全集校注》、第 426 册《姜特立集》、第 427—429 册《祁彪佳日记》、第 430 册《万斯大集》、第 431—434 册《李孝光集校注》、第 435—438 册《姜辰英全集》、第 439 册《黄尊素集》、第 440—447 册《翟灏全集》、第 448—452 册《吴骞集》、第 453—460 册《邵晋涵集》、第 461—463 册《史浩集》、第 464—466 册《彭孙遹集》、第 467—471 册《桑调元集》、第 472—480 册《善本书室藏书志》、第 481—487 册《皕宋楼藏书志》、第 488—519 册《俞樾全集》、第 520—522 册《王祎集》、第 523 册《祁彪佳诗词编年笺校》、第 524—527 册《杨维桢集》、第 528—530 册《校注论衡》、第 531—533 册《孙衣言集》、第 534—535 册《毛际可集》、第 536 册《徐一夔集》、第 537—538 册《两浙防护录》、第 539—541 册《瞿佑全集校注》、第 542—581 册《吕祖谦全集》、第 582—599 册《武林坊巷志》、第 600 册《项莲生集》、第 601—602 册《施补华集》、第 603—604 册《山中白云词笺（外一种）》、第 605—606 册《潘季驯集》、第 607—613 册《傅云龙集》、第 614 册《陆陇其集》、第 615—616 册《陈鳣集》、第 617—619 册《管庭芬诗文集》、第 620—624 册《洪颐煊集》、第 625 册《沈谦集》、第 626 册《周邦彦珍本词集三种》、第 627—628 册《贝琼集》、第 629 册《孙士毅诗集》、第 630—653 册《武林往哲遗著》、第 654—662 册《台学统》、第 663—682 册《厉鹗全集》、第 683—692 册《两浙耆献传略》、第 693—694 册《章懋集》、第 695—704 册《姚振宗集》、第 705—706 册《周春集》。

此外，李圣华《东浙读书记》（人民文学出版社 2019 年 5 月版）一书为作者近年来披阅南宋以后浙人著述、明人别集之札记，凡十卷三百五十篇。

二、浙江大学出版社推出的《浙江文献集成》

2005 年"浙江文化研究工程"启动之时，浙江大学浙江文献集成编纂中心为收集整理关于浙江各地社会、文化、人物、地理、水利、宗教、风俗和民情的史料文献，整理出版有较高学术价值的浙江思想学派研究文献，制定了《浙江文献集成编纂纲目》《浙江文献集成项目实施细则》，拟定出《浙江历史文献整理书目》，同时通过课题招标的方式,推出"浙江文化研究工程历史文献整理首批招标选题目录"①。

随后《浙江文献集成》在浙江大学出版社陆续出版,目前出版的标志性研究成果有:吴秀明主编的《郁达夫全集》(12 册,浙江大学出版社 2007 年版),周谷平、赵卫平等主编的《孟宪承集》(3 册,浙江大学出版社 2010 年版),曹莉亚点校的《陈耆卿集》(1 册,浙江大学出版社 2010 年版),张伟、何忠礼编校的《黄震全集》(10 册,浙江大学出版社 2013 年版),董平主编的《杨简全集》(10 册,浙江大学出版社 2016 年版),陈东辉等编校的《卢文弨全集》(浙江大学出版社 2017 年版),陈雪军、张如安编校的《邵廷采全集》(浙江大学出版社 2019 年版)等。

为打造"浙学"文献典籍的出版品牌,浙江大学出版社推出了《浙学经典丛书》第一部《郁离子》(浙江大学出版社 2019 年 12 月版)。此外,吴光教授主编的《清代浙东经史学派资料选辑》也将由浙江大学出版社出版。

三、国家图书馆出版社推出的《浙学未刊稿丛编》

为加速推进"浙学"文献的影印出版,徐晓军、李圣华主编的《浙学未刊稿丛编》由国家图书馆出版社出版发行,共拟收录浙学未刊稿 413 部 1810 册,主要收录浙江籍人士著作以及外省人士有关浙学的撰述,这也是"浙学"资源建设和浙江古籍保护的重大项目。

《浙学未刊稿丛编》在充分利用全国古籍普查的最新成果,全面摸清浙江及相关省份古籍文化遗产家底的前提下,全面梳理了南宋以降有关"浙学"的未刊稿抄本文献,并遵照学术发展规律,进行了科学系统的整理:不仅完整、准确地披露大批珍稀孤罕的历史文献,更对这些珍稀文献进行深入考订,逐一撰写提要、书志,并编纂目录图录,从而为后续研究夯实了文献基础。

---

① 首批整理书目 79 种,见陈永昊主编《浙江文化研究工程概览(一)》,研究出版社 2006 年版,第 44—53 页。

2019 年 5 月 6 日,由浙江省社科联主办,浙江图书馆、浙江师范大学人文学院、国家图书馆出版社承办的"《浙学未刊稿丛编》(第一辑)发布暨座谈会"在浙江图书馆孤山馆舍杨虎楼召开。① 国家出版基金规划管理办公室副主任祁德树、国家古籍保护中心办公室主任林世田、浙江省社科联一级巡视员邵清、浙江省委宣传部理论处处长楼胆群、浙江图书馆党委书记徐洁、浙江师范大学副校长钟依均、国家图书馆出版社社长魏崇先后致辞,并为新书揭幕。来自北京师范大学、中国科学院文献情报中心、中国社会科学院、复旦大学、华东师范大学、南京大学、四川大学、浙江大学、浙江师范大学、浙江省社科院的十余位知名学者,以及来自国家图书馆、上海图书馆、南京图书馆、浙江图书馆的业界专家参与座谈,共同研讨"浙学"文献的整理及其研究。

座谈会上,《浙学未刊稿丛编》主编徐晓军、李圣华,责任编辑代表张爱芳,分别介绍了该书的编纂整理、文献收录和出版情况。与会专家一致肯定了该套丛书在浙学研究中的价值,认为:把注意力转向未刊稿是浙学研究的重要方向,同时未刊稿中对浙学历史上中下层学界人物的关注有利于开阔研究视野,形成完整的浙学体系;《浙学未刊稿丛编》的刊出对于完善晚清、民国时期的文化史和学术史,重新认识江南文化具有重要意义;丛书的出版,还有利于解决古籍保护与学术利用之间的矛盾,有助于充分利用古籍资源研究、传承、弘扬优秀传统文化。

《浙学未刊稿丛编》第一辑 100 册"目录"如下:

第 1 册:《恭愍公遗稿》不分卷,(明)陈选撰,清抄本;《太保东湖屠公遗稿》七卷,(明)屠勋撰,清抄本;《南禺外史诗》一卷,(明)丰坊撰,稿本。

第 2 册:《克敌武略荧惑神机》十卷,(明)佚名撰,明抄本;《[慈溪]向氏家乘》十卷,(明)向洪上等纂修,明抄本,存八卷(卷一至二、四至七、九至十);《三史统》三十六卷(一),(明)屠本畯纂辑,明屠氏霞爽阁抄本。

第 3 册:《三史统》三十六卷(二),(明)屠本畯纂辑,明屠氏霞爽阁抄本。

① 《〈浙学未刊稿丛编〉(第一辑)发布座谈会召开》,浙江社科网,2019 年 5 月 8 日。

第 4 册:《三史统》三十六卷(三),(明)屠本畯纂辑,明屠氏霞爽阁抄本。

第 5 册:《三史统》三十六卷(四),(明)屠本畯纂辑,明屠氏霞爽阁抄本。

第 6 册:《三史统》三十六卷(五),(明)屠本畯纂辑,明屠氏霞爽阁抄本。

第 7 册:《三史统》三十六卷(六),(明)屠本畯纂辑,明屠氏霞爽阁抄本。

第 8 册:《三史统》三十六卷(七),(明)屠本畯纂辑,明屠氏霞爽阁抄本。

第 9 册:《三史统》三十六卷(八),(明)屠本畯纂辑,明屠氏霞爽阁抄本。

第 10 册:《三史统》三十六卷(九),(明)屠本畯纂辑,明屠氏霞爽阁抄本。

第 11 册:《三史统》三十六卷(十),(明)屠本畯纂辑,明屠氏霞爽阁抄本。

第 12 册:《三史统》三十六卷(十一),(明)屠本畯纂辑,明屠氏霞爽阁抄本。

第 13 册:《三史统》三十六卷(十二),(明)屠本畯纂辑,明屠氏霞爽阁抄本。

第 14 册:《历代正闰考》十二卷,(明)沈德符撰,清抄本。

第 15 册:《典类》四十二卷(一),(明)刘光亨纂辑,稿本。

第 16 册:《典类》四十二卷(二),(明)刘光亨纂辑,稿本。

第 17 册:《典类》四十二卷(三),(明)刘光亨纂辑,稿本。

第 18 册:《典类》四十二卷(四),(明)刘光亨纂辑,稿本。

第 19 册:《典类》四十二卷(五),(明)刘光亨纂辑,稿本。

第 20 册:《一笑录》一卷、《续一笑录》一卷,(明)王钦豫撰,稿本;《春秋简秀集》三十四卷、又六卷,(明)董守谕撰,稿本。

第 21 册:《历代画家姓氏考》四卷(一),(明)项圣谟撰,清抄本。

第 22 册:《历代画家姓氏考》四卷(二),(明)项圣谟撰,清抄本。

第 23 册:《祁忠敏公稿五种》五卷,(明)祁彪佳撰,稿本;《赡族约》不分卷,(明)祁彪佳撰,稿本;《赡族簿》、附《赡村簿》不分卷,(明)祁彪佳撰,稿本;《兀壶集》二种,(清)王石如撰,稿本;《崇祯大臣年表》一卷,(清)俞汝言撰,稿本;《庭训录》一卷,(清)沈珩撰,清乾隆吴重意抄本;《海宁查嗣暨配丁太君墓志铭》不分卷,(清)沈珩撰,清陈奕禧抄本;《张阁学文集》二卷,(清)张煌言撰,(清)傅以礼校辑,清抄本。

第 24 册:《理学录》九卷(一),(清)姜希辙辑,清抄本。

第 25 册:《理学录》九卷(二),(清)姜希辙辑,清抄本;《诰授奉直大夫都察院湖广道监察御史何公墓碑铭》一卷、《何母陈宜人荣寿序》一卷,(清)毛奇龄撰,稿本,(清)沈秉钰题签并观款;《越州西山以揆道禅师塔志铭》一卷,(清)毛奇龄撰,稿本;《萧山三江闸议》一卷,(清)毛奇龄撰,稿本;《闵鹗元奏稿》不分卷,(清)闵鹗元撰,清抄本。

第 26 册:《梧园诗文集》不分卷(一),(清)吴农祥撰,稿本,(清)丁丙、吴庆坻跋。

第 27 册:《梧园诗文集》不分卷(二),(清)吴农祥撰,稿本,(清)丁丙、吴庆坻跋。

第 28 册:《梧园诗文集》不分卷(三),(清)吴农祥撰,稿本,(清)丁丙、吴庆坻跋。

第 29 册:《梧园诗文集》不分卷(四),(清)吴农祥撰,稿本,(清)丁丙、吴庆坻跋。

第 30 册:《梧园诗文集》不分卷(五),(清)吴农祥撰,稿本,(清)丁丙、吴庆坻跋。

第 31 册:《梧园诗文集》不分卷(六),(清)吴农祥撰,稿本,(清)丁丙、吴庆坻跋。

第 32 册:《梧园诗文集》不分卷(七),(清)吴农祥撰,稿本,(清)丁丙、吴庆坻跋。

第 33 册:《梧园诗文集》不分卷(八),(清)吴农祥撰,稿本,(清)丁丙、吴庆坻跋。

第 34 册:《梧园诗文集》不分卷(九),(清)吴农祥撰,稿本,(清)丁丙、吴庆坻跋。

第 35 册:《梧园诗文集》不分卷(十),(清)吴农祥撰,稿本,(清)丁丙、吴庆坻跋。

第 36 册:《梧园诗文集》不分卷(十一),(清)吴农祥撰,稿本,(清)丁丙、吴庆垁跂。

第37册：《淛江诗集》十二卷，（清）查容撰，清抄本，存二卷（卷五至六）；《查韬荒七言律诗》不分卷，（清）查容撰，清抄本；《明女史》八卷（一），（清）万言撰，稿本，佚名批校。

第38册：《明女史》八卷（二），（清）万言撰，稿本，佚名批校；《东庐诗钞》一卷，（清）钱廉撰，民国张氏约园抄本。

第39册：《钱氏在兹集》不分卷，（清）钱廉纂辑，清抄本。

第40册：《闻见录》不分卷，（清）顾自俊撰，稿本；《孙阁部诗集八卷》（一），（清）孙在丰撰，稿本。

第41册：《孙阁部诗集》八卷（二），（清）孙在丰撰，稿本；《南山堂近草》一卷、《诗草》一卷，（清）祝定国撰；《松卿诗草》一卷，（清）祝出东撰，稿本。

第42册：《壬申纪游》不分卷，（清）查慎行撰，稿本，丁以布题记；《湖录》一百二十卷，（清）郑元庆撰，稿本，存五卷（卷二十至二十四），邃盦题签，（清）李少青、（清）丁宝书，（清）杨岘、张宗祥跋；《词韵》一卷，（清）郑元庆辑，（清）二研斋抄本，（清）湘云跋；《许季觉稿》一卷，（清）许楹撰，稿本；《洛思山农骈枝集》八卷（一），（清）沈堡撰，清抄本。

第43册：《洛思山农骈枝集》八卷（二），（清）沈堡撰，清抄本；《四书考典》四十二卷（一），（清）方楘如撰，清抄本，文素松题记。

第44册：《四书考典》四十二卷（二），（清）方楘如撰，清抄本，文素松题记。

第45册：《四书考典》四十二卷（三），（清）方楘如撰，清抄本，文素松题记。

第46册：《学诗隅见录》四卷，（清）沈近思撰，清抄本；《玉几山人书画涉记手稿》不分卷，（清）陈撰撰，稿本；《书画涉笔》一卷，（清）陈撰撰，清咸丰二年管庭芬抄本。

第47册：《钱文端公手书进呈诗副本》一卷，（清）钱陈群撰，稿本，（清）许承尧题签并跋；《杜诗集解》□□卷，（清）沈炳巽撰，稿本，存一卷（卷一）；《虱小志六卷》，（清）莫栻辑，清乾隆三十四年稿本；《小山乙稿》五卷，（清）赵昱撰，稿本；《唐诗意》

一卷,(清)叶蓁选注,稿本。

第48册:《金史补》不分卷,(清)杭世骏撰,民国二十六年浙江省立图书馆抄本。

第49册:《武林览胜记》四十二卷(一),(清)杭世骏撰,清抄本。

第50册:《武林览胜记》四十二卷(二),(清)杭世骏撰,清抄本。

第51册:《武林览胜记》四十二卷(三),(清)杭世骏撰,清抄本。

第52册:《武林览胜记》四十二卷(四),(清)杭世骏撰,清抄本。

第53册:《武林览胜记》四十二卷(五),(清)杭世骏撰,清抄本。

第54册:《武林览胜记》四十二卷(六),(清)杭世骏撰,清抄本;《全韵梅花诗》一卷,(清)杭世骏撰,稿本二七三;《钦旌孝子伯宁赵公传》一卷,(清)胡天游撰,(清)沈复粲抄本;《陈太仆诗草》一卷,(清)陈兆仑撰,稿本,(清)陈桂生跋;《惜阴书屋诗草》不分卷,(清)罗继章撰,稿本;《沈氏诗醒八笺》二十五卷(一),(清)沈冰壶撰,稿本。

第55册:《沈氏诗醒八笺》二十五卷(二),(清)沈冰壶撰,稿本。

第56册:《沈氏诗醒八笺》二十五卷(三),(清)沈冰壶撰,稿本。

第57册:《沈氏诗醒八笺》二十五卷(四),(清)沈冰壶撰,稿本。

第58册:《沈氏诗醒八笺》二十五卷(五),(清)沈冰壶撰,稿本。

第59册:《沈氏诗醒八笺》二十五卷(六),(清)沈冰壶撰,稿本。

第60册:《沈氏诗醒八笺》二十五卷(七),(清)沈冰壶撰,稿本;《胜国传略》六卷,(清)沈冰壶撰,清抄本。

第61册:《胜国遗献诸人传》不分卷,(清)沈冰壶撰,(清)黄璋抄本;《本朝诸公传》二卷,(清)沈冰壶撰,(清)黄璋抄本;《古调自弹集》十卷(一),(清)沈冰壶撰,清抄本。

第62册:《古调自弹集》十卷(二),(清)沈冰壶撰,清抄本;《陶篁村稿》不分卷,(清)陶元藻撰,清乾隆五十八年稿本,(清)徐镜、清樊增祥跋;《两汉制诏》二卷,(清)何焞撰,清抄本;《周易象述》不分卷,(清)黄璋撰,稿本。

第 63 册：《宋元学案》不分卷（一），（清）黄宗羲、黄百家撰，（清）全祖望续纂，（清）黄璋等校补，稿本。

第 64 册：《宋元学案》不分卷（二），（清）黄宗羲、黄百家撰，（清）全祖望续纂，（清）黄璋等校补，稿本。

第 65 册：《宋元学案》不分卷（三），（清）黄宗羲、黄百家撰，（清）全祖望续纂，（清）黄璋等校补，稿本。

第 66 册：《宋元学案》不分卷（四），（清）黄宗羲、黄百家撰，（清）全祖望续纂，（清）黄璋等校补，稿本。

第 67 册：《宋元学案》不分卷（五），（清）黄宗羲、黄百家撰，（清）全祖望续纂，（清）黄璋等校补，稿本。

第 68 册：《欹枕闲唫》不分卷，（清）朱休度辑，（清）管庭芬抄本；《归云室见闻杂记》三卷（一），（清）陈焯撰，稿本。

第 69 册：《归云室见闻杂记》三卷（二），（清）陈焯撰，稿本；《求放心斋遗诗》一卷，（清）孙希旦撰，孙延钊辑稿本；《藏经纸说》一卷，（清）张燕昌撰，清抄本；《说文解字群经正字》二十八卷（一），（清）邵瑛撰，稿本（卷二十七至二十八配清邵启贤抄本），宋育德题签，邵启贤、黄大塨跋，陈治题记。

第 70 册：《说文解字群经正字》二十八卷（二），（清）邵瑛撰，稿本（卷二十七至二十八配清邵启贤抄本），宋育德题签，邵启贤、黄大塨跋，陈治题记；《说文经训偶笺》□□卷，（清）邵瑛撰，稿本，存四卷（卷六至九）。

第 71 册：《晬盘稿》一卷、《十栗堂稿》一卷，（清）叶蓁撰，清抄本；《叶文定公年谱》一卷，（清）叶嘉桧撰，清述旧斋抄本；《后汉蹇英》四卷，（清）沈赤然纂，稿本，存二卷（卷一至二）；《吴侃叔吉金跋》不分卷，（清）吴东发撰，清嘉庆二十年徐同柏抄本，（清）阮元、徐同柏跋；《金石文跋尾》三卷，（清）吴东发撰，稿本；《会心集》不分卷，（清）管应祥辑，稿本，（清）管庭芬跋。

第 72 册：《金鄂岩诗稿》一卷，（清）金德舆撰，稿本；《花溪志补遗》一卷，（清）许良谟撰；《花溪备忘录》一卷，（清）祝定国撰；《敬所笔记》一卷，（明）许敦俅撰，民国抄本;《说文解字考异》十五卷(一),(清)姚文田、严可均撰,(清)姚觐元校补稿本,存四卷(卷一至四)。

第73册:《说文解字考异》十五卷(二),(清)姚文田、严可均撰,(清)姚觐元校补稿本,存四卷(卷一至四)。

第74册:《金坛十生事略》一卷,(清)姚文田辑,清大兴傅氏抄本,(清)傅以礼题记;《菊谱》一卷、附《老圃新菊》一卷、《诗》一卷,(清)吴升撰;《马实夫词》一卷,(清)马若虚撰,稿本,张宗祥跋;《九华新谱》一卷、附《老圃新菊》一卷、《诗词》一卷,(清)吴升撰;《马实夫词》一卷,(清)马若虚撰,稿本;《南归纪程》一卷,(清)姚祖同撰,稿本;《金陵行纪》一卷,(清)姚祖同撰,稿本;《蛟川唱和集》二卷,(清)郑勋、陈焯等撰,稿本。

第75册:《平津笔记》八卷,(清)洪颐煊撰,稿本;《倦舫碑目》六卷,(清)洪颐煊编,清黄氏秋籁阁抄本;《倦舫碑目》六卷,(清)洪颐煊编,《续增碑目》一卷,(清)洪瞻墉续撰,民国浙江省立图书馆抄本。

第76册:《秋笳余韵》不分卷,《秋笳集附编》不分卷,(清)陈之遴、顾贞观等撰,(清)张廷济辑,稿本;《菽原堂初集》一卷,(清)查揆撰,稿本;《菽原堂诗》一卷、《江行小集》一卷,(清)查揆撰,稿本,(清)郭麐跋;《古槐书屋诗文稿□□种》□□卷(一),(清)王树英撰,稿本,(清)王武锡、王存义跋,存七种十四卷。

第77册:《古槐书屋诗文稿□□种》□□卷(二),(清)王树英撰,稿本,(清)王武锡、王存义跋,存七种十四卷;《严焜年谱》不分卷,(清)严焜撰,稿本;《会稽王笠舫稿》五卷(一),(清)王衍梅撰,民国抄本。

第78册:《会稽王笠舫稿》五卷(二),(清)王衍梅撰,民国抄本;《笠舫诗文集》十二种(一),(清)王衍梅撰,稿本,存十一种。

第79册:《笠舫诗文集》十二种(二),(清)王衍梅撰,稿本,存十一种;《国朝别号录》十卷(一),(清)沈复粲辑,稿本,存六卷(卷一至四、九至十)。

第80册:《国朝别号录》十卷(二),(清)沈复粲辑,稿本,存六卷(卷一至四、九至十);《大善寺志稿》不分卷,(清)沈复粲撰,稿本;《霞西过眼录》八卷(一),(清)沈复粲辑,稿本,存四卷。

第81册:《霞西过眼录》八卷(二),(清)沈复粲辑,稿本,存四卷;《乡贤缄翰记》一卷,(清)沈复粲辑,稿本,蔡名衡批校并题记。

第82册:《苏甘廊手翰》不分卷,(清)杜煦撰,徐维则辑,稿本;《苏甘廊先生诗稿》一卷,(清)杜煦撰,稿本;《苏甘廊词集》二卷,(清)杜煦撰,稿本;《么弦独语》一卷,(清)曹大经撰,稿本,董寿慈题记;《衎姜集》一卷、《后咏怀》一卷,(清)曹大经撰,稿本;《襟上酒痕集》一卷,(清)曹大经撰,稿本,(清)汪澍观款、郑曰章跋;《海楂图题辞》一卷,(清)曹大经辑,稿本,周通彦题签、郑曰章跋。

第83册:《海槎遗诗》四卷,(清)曹大经撰,民国抄本;《曹伯纶丛著十种》(一),(清)曹大经撰,稿本。

第84册:《曹伯纶丛著十种》(二),(清)曹大经撰,稿本;《衎石斋遗牍》一卷,(清)钱仪吉撰,清抄本,邵瑞彭题签;《旅逸续稿》四卷、《定庐集》四卷(一),(清)钱仪吉撰,清抄本,存七卷(卷一至四、二至四)。

第85册:《旅逸续稿》四卷、《定庐集》四卷(二),(清)钱仪吉撰,清抄本,存七卷(卷一至四、二至四);《钱氏疏草》二卷,(清)钱瑞征原辑、(清)钱仪吉辑、钱志澄再辑,清抄本;《游仙百咏注》三卷,(清)厉鹗撰,(清)汪钺注,稿本;《樊榭山房集注》不分卷,(清)厉鹗撰,佚名注,稿本,管元耀题签跋并过录,(清)管庭芬跋。

第86册:《浣香山房吟草》一卷,(清)董滋本撰,清会稽董氏行余讲舍抄本;《叶文定公年谱》不分卷,(清)孙衣言撰,稿本;《古金石文字丛著二十种》(一),(清)龚橙撰,稿本,(清)何绍基观款并跋,(清)宝琦观款、高时显题签。

第87册:《古金石文字丛著二十种》(二),(清)龚橙撰,稿本,(清)何绍基观款并跋,(清)宝琦观款、高时显题签。

第88册:《古金石文字丛著二十种》(三),(清)龚橙撰,稿本,(清)何绍基观款并跋,(清)宝琦观款、高时显题签。

第89册:《古金石文字丛著二十种》(四),(清)龚橙撰,稿本,(清)何绍基观款并跋,(清)宝琦观款、高时显题签。

第 90 册:《古金石文字丛著二十种》（五），（清）龚橙撰，稿本，（清）何绍基观款并跋，（清）宝琦观款、高时显题签。

第 91 册:《古金石文字丛著二十种》（六），（清）龚橙撰，稿本，（清）何绍基观款并跋，（清）宝琦观款、高时显题签。

第 92 册:《古金石文字丛著二十种》（七），（清）龚橙撰，稿本，（清）何绍基观款并跋，（清）宝琦观款、高时显题签。

第 93 册:《古金石文字丛著二十种》（八），（清）龚橙撰，稿本，（清）何绍基观款并跋，（清）宝琦观款、高时显题签；《章鋆诗文稿》不分卷，（清）章鋆撰，稿本；《望云山馆赋稿》不分卷，（清）章鋆撰，抄本。

第 94 册:《小匏庵随笔》八卷（一），（清）吴仰贤撰，稿本，存七卷（卷一至三、五至八）。

第 95 册:《小匏庵随笔》八卷（二），（清）吴仰贤撰，稿本，存七卷（卷一至三、五至八）；《小匏庵诗草》不分卷，（清）吴仰贤撰，稿本；《痴虫吟稿两种》，（清）鲍存晓撰，稿本，（清）俞廷扬批并跋，（清）郑锡田批校，（清）冯宝昌、郑锡田跋；《达叟文稿》不分卷（一），（清）严辰撰，稿本。

第 96 册:《达叟文稿》不分卷（二），（清）严辰撰，稿本。

第 97 册:《白鹤峰诗屋初稿》四卷、《存稿》二卷、《欲寡过斋诗存》二卷、《存稿》二卷，（清）杨象济撰，稿本。

第 98 册:《爱经居经说》不分卷、附《诗赋》，（清）黄以恭撰，稿本；《夏子松先生函牍》一卷，（清）夏同善撰，稿本；《石门诗存》不分卷（一），（清）屈元燨辑，稿本。

第 99 册:《石门诗存》不分卷（二），（清）屈元燨辑，稿本；《寄盘诗稿》不分卷，（清）陶在铭撰，稿本；《课余札记稿》二卷，（清）戴穗孙撰，稿本，存一卷（卷一）；《课余札记》二卷，（清）戴穗孙撰，清同治三年稿本；《龙泉读书记》二卷，（清）戴穗孙撰，稿本；《龙泉札记》八卷，（清）戴穗孙撰，稿本，存二卷（卷一至二）。

第 100 册:《横塾丛谈》二卷，（清）戴穗孙撰，稿本；《指远录》一卷，（清）戴穗孙撰，稿本；《春到庐诗钞》六卷，（清）戴穗孙撰，稿本，（清）夏曾传跋；《剑川集》二卷，

（清）戴穗孙撰，稿本。

四、北京燕山出版社推出的《清代浙江学术集林》

清代浙学在经学、史学、小学、地理学、天文历算学、校勘学、辑佚学、文学等方面都取得了很高的成就。为系统盘点梳理清代浙学文献，倪建伟主编《清代浙江学术集林》（北京燕山出版社 2019 年 12 月版），分"浙东"和"浙西"两部分，广泛收罗黄宗羲、全祖望、章学诚、邵晋涵、厉鹗、严可均、黄式三、黄以周、孙诒让等清代浙江著名学者的代表性著作，希望对清代的浙江学术研究有所帮助。

《清代浙江学术集林》258 册的"目录"如下：

第 1—35 册为黄宗羲的《明夷待访录》《明儒学案》《宋元学案》《行朝录》《四明山志》《南雷文约》《南雷文定前集·后集》《南雷文定三集·四集·五集》《南雷诗历》《吾悔集》《撰杖集》《黄氏攟残集》《明文授读》。

第 36—66 册为毛奇龄的《毛西河先生全集》。

第 67—68 册为万斯大的《经学五书》。

第 69—74 册为万斯同的《历代宰辅汇考》《历代纪元汇考》《宋季忠义录》《儒林宗派》《群书疑辨》《新乐府》《石园文集》。

第 75 册为毛万龄的《采衣堂集》。

第 76 册为黄百家的《学箕初稿》《勾股矩测解原》《内家拳法》。

第 77—78 册为邵廷采的《东南纪事》《西南纪事》《思复堂集》。

第 79—97 册为全祖望的《经史问答》《甲申野史汇钞》《汉书地理志稽疑》《年华录》《鲒埼亭集》《鲒埼亭集外编》《鲒埼亭诗集》《韩江雅集》《续耆旧》《勾余土音》。

第 98—101 册为章学诚的《文史通义内外编》《校雠通义》《湖北通志检存稿》《杂文》。

第 102—108 册为邵晋涵的《尔雅正义》《旧五代史考异》《南江文钞》《南江诗钞》《南江札记》。

第 109—116 册为黄式三的《尚书启蒙》《易释》《春秋释》《论语后案》《周季编略》《儆居集》。

第 117—140 册为黄以周的《儆季杂箸七种》《礼书通故》《周易注疏剩本》《周易故训订》《十翼后录》《续资治通鉴长编拾补》《子思子》《南菁讲舍文集》。

第 141—145 册为陈讦的《勾股引蒙》《勾股述》《宋十五家诗选》,黄炳垕的《黄忠端公年谱》。

第 146—156 册为张履祥的《杨园先生全集》《四书朱子语类摘钞》。

第 157—159 册为应㧑谦的《春秋集解》《应潜斋文集》。

第 160 册为吕留良的《吕子评语》《晚邨先生八家古文精选》《吕晚邨先生论文汇钞》《晚村先生家训真迹》《吕晚村先生文集·续集》《何求老人残稿》。

第 170—207 册为朱彝尊的《经义考》《钦定日下旧闻考》《竹垞文类》《曝书亭集》《曝书亭词拾遗》《曝书亭集外诗》《曝书亭金石文字跋尾》《腾笑集》《南车草薇堂和章》。

第 208—219 册为陆陇其的《陆子全书》。

第 220—224 册为胡渭的《洪范正论》《禹贡锥指》《大学翼真》。

第 225—226 册为李良年的《秋锦山房集》。

第 227 册为李符的《香草居集》。

第 228—234 册为厉鹗的《樊榭山房全集》《辽史拾遗》《东城杂记》。

第 235 册为严遂成的《海珊诗钞》《明史杂咏》。

第 236 册为钱载的《萚石斋诗集·文集》。

第 240 册为王又曾的《丁辛老屋集》。

第 241—251 册为袁枚的《随园诗话》《随园女弟子诗选》《小仓山房文集·诗集·外集》《音注小仓山房尺牍》。

第 252 册为吴锡麟的《有味斋诗集》《有正味斋骈体文续集》。

第 253—258 册为严可均的《唐石经校文》《铁桥漫稿》《汉魏四家轶存》《四录堂类集》《说文类考》《说文解字翼》。

第四节　《浙江文化研究工程》第二期的立项课题

2017 年 1 月,浙江省委、省政府办公厅下发《关于印发〈浙江文化研究工程(第二期)实施方案〉的通知》,明确了"浙江当代发展问题专题、浙江历史文化专题、浙江文献专题、浙江艺术专题、'浙学'文化意义诠释专题"等五大研究板块,拟从学术角度进一步全面解读当代浙江发展和浙江历史文化,系统探讨浙江文化内在特征和个性特色,深化对浙江在中国发展历史进程中的作用、贡献和意义的认识。其中,强调把"浙江经典文献整理""浙江学术史研究""'浙学'与中华文明、当代中国""浙江历史文化传承与未来发展"作为浙江省弘扬传承中华优秀传统文化的重点方向。其中,"浙学"研究在其中占有极其重要的分量,显示了"浙学"所具有的当代生命力以及加强"浙学"研究的突出重要性。

2017 年 2 月 21 日,浙江省社科联召开"学习贯彻习近平总书记传承中华优秀传统文化系列重要论述座谈会",交流总结了首期《浙江文化研究工程》实施经验和优秀成果,深入探讨如何推进《浙江文化研究工程》第二期,逐步形成有中国气派、浙江特色的当代"浙学"品牌,更好助推"文化强省"建设。[1]

2017 年 5 月公布的《浙江文化研究工程》(第二期)首批立项课题名单中,所涉浙江历史文化类的科研项目有:梅新林的《浙江学术编年》,何善蒙的《天台山和合文化研究》。[2]

2017 年 9 月公布的《浙江文化研究工程》(第二期)第二批立项课题名单中,所涉浙江历史文化类的科研项目有:周起等人的《浙江历史经典产业研究》,龚缨晏的《浙江海外交流史研究》(系列丛书),龚延明的《浙江历代进士录》(系列丛书),吴光的《浙江儒学通史》(系列丛书),方建新的《浙江古代文献总目》,徐晓军的《两浙文

---

[1]　李月红:《浙江文化研究工程二期全面启动》,《浙江日报》2018 年 4 月 28 日。
[2]　浙江省哲学社会科学发展规划领导小组:《关于公布浙江文化研究工程(第二期)首批立项课题的通知》(浙社科规〔2017〕8 号),浙江社科网,2017 年 5 月 9 日。

丛》《浙江未刊古籍整理研究》),洪治纲的《浙江现代文学名家年谱》(第一辑),沈浩的《浙江书法研究大系》。①

2018年8月公布的《浙江文化研究工程》(第二期)第三批立项课题名单中,所涉浙江历史文化类的科研项目有:楼含松的《百年浙江学人学案》、赵伐的《浙江旧海关档案文献整理与研究》、张涌泉的《兰溪鱼鳞册整理与研究》、俞为民的《浙江戏曲研究》、洪岗的《浙江人文历史学术研究精品外译》等。②

2019年6月公布的《浙江文化研究工程》(第二期)第四批立项课题名单中,所涉浙江历史文化类的科研项目有:沈松勤的《环太湖区域词学研究》、洪治纲的《浙江现代文学名家年谱(第二辑)》、陆敏珍的《浙学与中华文明》、陈寿灿的《浙商通志》、莫幸福的《浙江宗教史》、何善蒙的《浙东唐诗之路研究》、王立波的《浙学经典读本》等。③

2019年10月公布的《浙江文化研究工程》(第二期)第五批立项课题名单中,所涉浙江历史文化类的科研项目有:李捷的《红船精神研究》、吕延勤的《中共创建文献资料整理》、钱毓芳的《当代浙江社会生活话语与浙江精神研究》、于浩的《〈(民国)浙江续通志稿〉整理》、李圣华的《浙江诗路珍稀文献整理与研究》、徐大军的《浙江传统戏曲剧本集成（口述传抄本编·第一辑)》、聂付生的《浙江婺剧口述史》、张坚的《浙江现代美术名家年谱(第一辑)》、刘斌的《良渚古城与中华五千年文明》、陈剩勇的《浙江史前文化与中华文明起源研究》、徐建春的《浙江史前资源环境与文明兴衰研究》、吴光的《清代浙东经史学派文献丛书》。④

2020年9月14日公布的《浙江文化研究工程》(第二期)第六批拟立项课题名

---

① 浙江省哲学社会科学发展规划领导小组:《关于公布浙江文化研究工程(第二期)第二批立项课题的通知》(浙社科规〔2017〕22号),浙江社科网,2017年9月25日。

② 浙江省哲学社会科学发展规划领导小组:《关于公布浙江文化研究工程(第二期)第三批立项课题的通知》(浙社科规〔2018〕17号),浙江社科网,2018年8月14日。

③ 浙江省哲学社会科学发展规划领导小组:《关于公布浙江文化研究工程(第二期)第四批立项课题的通知》(浙社科规〔2019〕6号),浙江社科网,2019年6月4日。

④ 浙江省哲学社会科学发展规划领导小组:《关于公布浙江文化研究工程(第二期)第五批立项课题的通知》(浙社科规〔2019〕2号),浙江社科网,2019年10月9日。

单中,所涉浙江历史文化类的科研项目有:王国平的《杭州通史》、何善蒙的《司马承祯研究》、朱文斌的《浙江文学翻译家年谱》、孙善根的《近代宁绍名商年谱》、陶水木的《近代杭嘉湖名商年谱》、沈红梅的《〈槜李诗文合集〉整理》、黄灵庚的《〈北山四先生全书〉整理与研究》。①

据悉,通过两期浙江文化研究工程的实施,一大批优秀学术研究成果涌现出来,一大批优秀浙学研究人才成长起来,浙江省哲学社会科学研究水平站上新高度。据了解,二期工程预期出版研究成果近千册,两期成果总体量将超过 2000 册;②同时,三期工程即将进入部署阶段,延续"今、古、人、文"四大主题,谋划新时代文化浙江建设的思路举措。

---

① 浙江省哲学社会科学发展规划领导小组:《关于浙江文化研究工程(第二期)第六批拟立项课题名单的公示》,浙江社科网,2020 年 9 月 14 日。
② 李月红:《浙江文化研究工程二期全面启动》,《浙江日报》2018 年 4 月 28 日。

第二章　浙江史前文化、舜禹文化、 越国历史文化研究

本报告认为，"大浙学"的外延，可"上溯"至作为浙江文化之源的史前文化、舜禹文化、越国历史文化（古越文化），它们属于"浙学之源"。

第一节　浙江史前文化研究

浙江的史前遗存极为丰富，从距今 100 万年到四五千年都有大量考古发掘。以旧石器时代为例，有距今 100 万年的长兴七里亭遗址、距今约 80 万年的安吉上马坎遗址、距今 10 万年左右的"建德人"遗址、距今 1 万至 2 万年的桐庐古人类化石。浙江的新石器时代遗址则以上山文化、跨湖桥文化、马家浜文化、崧泽文化、河姆渡文化、良渚文化、钱山漾文化为典型。环太湖流域的河姆渡文化、马家浜文化、崧泽文化、良渚文化和钱山漾文化等史前文化，皆可视作"先越文化"，是"越文化"的发端之源，并由此奠立了"越文化"发展的基本走向。

兹对 2019 年学界（主要是考古学界）对上山文化、跨湖桥文化、马家浜文化、崧

泽文化、河姆渡文化、良渚文化和钱山漾文化①研究的新进展予以胪列。

一、浦江上山文化研究

2019 年浦江上山文化研究的新进展是义乌桥头遗址考古发掘，证实这是一处上山文化遗址。

义乌桥头遗址位于义乌市城西街道桥头村。自 2004 年 9 月以来，桥头遗址考古发掘面积达 2000 多平方米，证实这是一处上山文化遗址，最早年代距今约 9000 年。桥头遗址是上山文化遗址群 18 个遗址中的一个，它的发现与发掘，提升了上山文化的价值，也将提升对钱塘江上游地区乃至我国整个东南地区距今 9000 年前后文化面貌的认识。随着桥头遗址考古工作的深入开展，将更加清晰揭示距今 9000 年前后本地区人类的生活面貌。距今 7000 至 8000 年的跨湖桥文化彩陶分乳白色的厚彩和红色的薄彩两种，桥头遗址彩陶的多样性虽不及跨湖桥文化，但已经具备了两种类型的彩陶特征，桥头遗址的太阳纹图案也与跨湖桥遗址中的太阳纹图案一脉相承，充分说明上山文化是跨湖桥文化的重要源头。②

2019 年 8 月 10 日，"上山文化论坛暨义乌桥头遗址考古学术论证会"在浙江义乌举行，来自国内史前考古方面的相关专家、浙江省文物考古研究所代表、浙江上山文化相关业务单位代表等 60 余人与会。浙江省文物局副局长郑建华指出，上山文化的发现与命名是浙江新石器时代考古的重大突破，他提议要积极争取将桥头遗址和其他重要的上山文化遗址纳入"考古中国"和长江中下游史前文明探索的重大考古项目予以推进，不断深挖桥头遗址的文化内涵，努力打造上山文化新高地。桥头遗址考古领队蒋乐平介绍了 2019 年 6 月发掘取得的进展，在环壕内的中心台地中，发现了约 8000 年前保存有完整人骨架的古墓葬，还有大量器物坑与柱洞组

---

① 关于上山文化、跨湖桥文化、马家浜文化、崧泽文化、河姆渡文化、良渚文化和钱山漾文化的基本情况，请参阅拙编《浙学研究综合报告》，浙江人民出版社 2020 年 4 月版，第 9—18 页。
② 蒋乐平：《义乌桥头遗址》，《人民日报》2020 年 1 月 6 日。

合。桥头遗址环壕以及丰厚的堆积特征,证明上山文化是一种完全定居的文化类型。结合上山文化遗址发现的丰富的稻作遗存判断,钱塘江流域的新石器时代文化在长江中下游地区率先迈进具有稻作文化特征的"初级村落"阶段。①

2019 年,学界有数篇论文涉及对上山文化的研究。

张枫林、黄美燕《上山文化的重要新发现》(《中国文物报》2019 年 8 月 23 日)一文,对 2019 年 8 月 10 日在浙江义乌举行的"上山文化论坛暨义乌桥头遗址考古学术论证会"的学术研讨成果予以总结,指出,此次会议聚焦义乌桥头遗址新的考古成果,旨在论证桥头遗址的性质及其在上山文化考古中的学术价值和地位,探讨了桥头遗址考古发掘、保护和展示等后续工作的规划思路。

徐紫瑾、陈胜前《上山文化居址流动性分析:早期农业形态研究》(《南方文物》2019 年第 4 期)一文基于文化生态学原理,比较了狩猎采集者与农业群体在居址流动性上的差异,从遗址结构、动植物遗存、石器、陶器等四类要素展开分析;在此基础上,侧重从废弃过程角度分析上山文化储藏坑的行为意义。

钱沉《地方文化在高职艺术教育中的创新研究:以上山文化为例》(《金华职业技术学院学报》2019 年第 4 期)一文指出,上山文化作为一处具有地方特色、浙江意义、世界影响力的重要历史文化遗存,有着独特的文化内涵和艺术特点,是浙江省继河姆渡、跨湖桥文化之后发掘的"浙江文明新源头"。

二、萧山跨湖桥文化研究

2019 年,学术界有关跨湖桥文化的研究论文有两篇。

韩炜炜《长江流域史前彩陶文化探析》(《文物鉴定与鉴赏》2019 年第 5 期)一文,对中国长江流域史前彩陶文化分布情况、分型、分期以及各分型、分期中的主要

---

① 张枫林、黄美燕:《上山文化的重要新发现:上山文化论坛暨义乌桥头遗址考古学术论证会纪要》,文博中国,2019 年 8 月 22 日。

彩陶纹饰进行了梳理，从仙人洞彩陶萌芽开始，到跨湖桥文化、城背溪文化，再到河姆渡文化、马家浜文化、大溪文化、崧泽文化、良渚文化、屈家岭文化，进行了十多个彩陶文化的概括研究。

兰廷成、赵大川《钱塘江流域新石器时代驯猪研究：跨湖桥文化与河姆渡文化篇》（《猪业科学》2019 年第 4 期）一文，对跨湖桥文化中所体现的钱塘江流域新石器时代的驯猪事宜予以研究。

三、嘉兴马家浜文化研究

2019 年，涉及马家浜文化研究的论文有数篇。

王斌《马家浜文化研究》（上海大学博士学位论文，2019 年 5 月）一文指出，马家浜文化是以 1959 年浙江省嘉兴市马家浜遗址的发掘而命名的一支考古学文化，是目前环太湖地区已知年代最早的新石器时代文化，被誉为"江南文化之源"。其与后续的崧泽文化、良渚文化一脉相承，成为探究长江下游地区史前社会面貌，释读文明起源、形成与发展问题的极好个案。

郝智国《长江下游新石器时代早期文化的意识信仰》（《文物鉴定与鉴赏》2019 年第 7 期）一文认为，长江下游新石器时代早期的文化主要有马家浜文化和崧泽文化。马家浜文化时期出土的一些特殊陶器，反映了马家浜文化时期先民的意识信仰问题。崧泽文化时期则出土了更多能反映先民意识形态的器物和特殊的遗迹，特别是浙江嘉兴南河浜遗址的发掘，则为我们提供了更多的研究资料。

宋艳波《马家浜文化中晚期的生业经济研究：以动物考古学为视角》（《东南文化》2019 年第 5 期）一文认为，与马家浜文化早期相比，马家浜文化中晚期各遗址的脊椎动物构成无明显变化，说明在千年的时间内，遗址所在地区自然环境变化不大。

2019 年，关于马家浜文化研究论文还有：林留根等的《环太湖地区马家浜文化早期家猪驯养信息探讨：以江苏骆驼墩遗址出土猪骨分析为例》（《南方文物》2019

年第 1 期)、兰廷成、赵大川的《钱塘江流域新石器时代驯猪研究:马家浜文化、崧泽文化及良渚文化篇》(《猪业科学》2019 年第 5 期)。

四、上海青浦崧泽文化研究

2019 年,研究崧泽文化的论文有 3 篇。

聂倩洁《环太湖地区崧泽、良渚文化祭祀遗存的发现与研究》(南京师范大学硕士学位论文,2019 年 5 月)一文认为,崧泽时期先民们依据他们观念中自然界神灵存在的形式使用不同的祭祀方式,良渚先民传承了崧泽先民的祭祀方式,但精神信仰却在传承中有了进一步的发展。

汤光明《穹盖四野:崧泽文化陶器器盖》(《上海工艺美术》2019 年第 1 期)一文认为,从谷歌地图上看太湖的地貌,像一个巨大的 C 字形,周围是 3.65 万平方公里的环太湖地区,江南先民的家园。新石器时代晚期的崧泽文化,得益于这片独一无二的环境,在距今 5500 年前后突然加速了文明的进程,为后世这一地区的图像样式构建了基本框架。

李彦英《长江下游地区史前墓上标志初探》(《南方文物》2019 年第 4 期)一文指出,墓上标志的出现是人类等级观念和祖先崇拜观念发展的结果,长江下游地区的崧泽文化墓葬中就发现了最早的墓上标志材料。

五、余姚河姆渡文化研究

2019 年,研究河姆渡文化的论文有数篇,其中,硕士学位论文有 3 篇。

曹叶婷《河姆渡遗址建立与早期文化间断的环境背景研究》(南京师范大学硕士学位论文,2019 年 3 月)一文指出,自发掘以来,对河姆渡遗址建立的环境背景及以其为代表的河姆渡文化衰落原因一直存在争议,尤其是对文化衰落成因一直存在"气候说""海侵说"与"水患说"等观点的争论。要厘清该区文化衰落的环境背景,亟须重建遗址区全新世以来高分辨率地貌演化历史,并探究极端气候环境事件对河姆渡遗址的影响。

杜琛《论中国美术学院岩彩画教学:基于岩彩画作品〈河姆渡文化〉的教学实践》(中国美术学院硕士学位论文,2019 年 5 月)一文指出,岩彩画创作《河姆渡文化》,在"中华文明历史题材美术创作工程""中华史诗美术大展"的各选题中,属历史时间线排序的开篇之作;而距今约 7000 年前的河姆渡文化具有丰富的物质遗存和重要的研究价值,是人类共有的精神与物质文化财富。

张丽仙《河姆渡文化的美学研究》(浙江师范大学硕士学位论文,2019 年 5 月)一文通过对河姆渡遗址发掘器物的研究和分析,从中探寻河姆渡先民的审美意识,并尽可能全面地描述河姆渡文化的美学特征,展现中国审美文化在河姆渡区域滥觞的历史过程。

唐燮军、王昊哲《河姆渡人的生活世界及其可能去向》[《宁波大学学报(人文科学版)》2019 年第 6 期]一文认为,河姆渡文化的生成与繁荣,既得益于史前时期姚江流域相对优越的生态环境,也因为其生态环境的恶化而趋于衰微。此后,河姆渡人虽未悉数逃离姚江流域,但确实有相当部分迫于生存压力而南迁,甚至渡海越洋而去。

陈望衡《河姆渡双鸟朝阳纹新解》(《寻根》2019 年第 5 期)一文,对河姆渡文化重要标示"双鸟朝阳纹"予以新解。

六、余杭良渚文化研究

良渚古城遗址申遗成功及良渚文化综合研究,是 2019 年中国考古学界的一大焦点。

2012 年,良渚遗址被列入《中国世界文化遗产预备名单》。2013 年举办的"首届世界考古论坛"上,良渚古城遗址入选世界十项重大考古发现。2019 年 1 月 26 日,中国联合国教科文组织全国委员会秘书处致函联合国教科文组织,正式推荐

"良渚古城遗址"作为 2019 年世界文化遗产申报项目。2019 年 5 月 28 日,国务院新闻办召开新闻发布会,公布 2002 年由科技部立项的"中华文明探源工程"研究成果,探源研究通过对众多遗址开展的大规模考古研究,以丰富的考古资料实证了中华大地 5000 年文明的存在。而浙江的良渚文化,则为"中华五千年文明非神话"的重要证据。

2019 年 7 月 6 日,在阿塞拜疆首都巴库召开的第 43 届世界遗产大会上,"良渚古城遗址"申遗成功,列入《世界遗产名录》,这也标志着"中华五千年文明史"的实证被联合国教科文组织和国际主流学术界广泛认可。此次申遗成功的"良渚古城遗址"是良渚文化众多遗址中的一个,是东亚地区首个入选世界遗产的新石器时代遗址。良渚文明是目前所能确证的中国最早文明,出现在 5300 年前的长江下游地区,是中华民族五千年文明史最有力的实证。联合国教科文组织世界遗产委员会认为:良渚古城遗址(公元前 3300—前 2300 年)是中国长江下游环太湖地区一个区域性早期国家的权力与信仰中心所在,它以规模宏大的城址、功能复杂的外围水利系统、分等级墓地(含祭坛)等一系列相关遗址,以及具有信仰与制度象征的系列玉器等出土物,揭示了距今 5000 多年前中国新石器时代晚期,在长江下游环太湖地区曾经存在过一个以稻作农业为经济支撑的、出现明显社会分化和具有统一信仰的区域性早期国家,展现出长江流域对中华文明起源阶段"多元一体"特征所作出的杰出贡献。真实完整保存至今的良渚古城遗址,可实证中国长江流域史前社会稻作农业发展的高度成就,可填补《世界遗产名录》中东亚地区新石器时代城市考古遗址的空缺,为中国 5000 多年文明史提供了独特见证。①

2019 年 7 月 6 日起,三集电视纪录片《良渚》在浙江卫视开播。第一集《文明之源》概述了良渚古城遗址实证中华五千年文明的重要内容;第二集《文明之光》讲述了良渚文明有着许多与西方文明不一样的特征,比如以稻作农业为基础、以玉器为

---

① 刘慧:《实证中华五千年文明史的圣地,良渚古城遗址申遗成功》,《浙江日报》2019 年 7 月 7 日。

核心文明载体；第三集《文明之道》讲述了良渚古城工程浩大的水利系统，具有抵御水患、灌溉农田、便捷交通的功能。①

2019年7月7日，"良渚文明丛书"首发式在浙江大学紫金港校区举行。"良渚文明丛书"由浙江大学出版社出版、浙江省文物考古研究所中青年学者集体编纂而成。丛书共11册：《神王之国：良渚古城遗址》《土筑金字塔：良渚反山王陵》《法器与王权：良渚文化玉器》《内敛与华丽：良渚陶器》《工程与工具：良渚石记》《图画与符号：良渚原始文字》《物华天宝：良渚古环境与动植物》《良渚时代的中国与世界》《良渚遗址考古八十年》《何以良渚》《一小铲和五千年：考古记者眼中的良渚》，定位为面向大众的通俗类科普读物，内容涵盖良渚古城遗址、考古历程、良渚玉器陶器、良渚文明与世界文明等多个方面。②

2019年7月16日，"良渚与古代中国：玉器显示的五千年文明展"在故宫博物院武英殿开幕。中国考古学会理事长王巍认为，良渚遗址为中华5000年文明史提供了独特的见证，它的发现和研究证明，距今5000年前后，在长江下游已经形成了比较发达的区域性的文明——良渚文明，而良渚文明又对后来的中华文明产生了重要的影响。③

2019年9月1日，"良渚遗址入编国家统编历史教科书新闻发布会"在杭州召开。2019年秋季学期新启用的人民教育出版社版全国统编《中国历史》（七年级上册）教科书中，将良渚遗址以中华五千年文明史实证的角度、以整整一页的巨大篇幅进行阐述。同时，人民教育出版社的《高一数学》、《中国历史》高中版中也有关于良渚遗址的描述。

2019年11月9日，由浙江省文物考古研究所主办的"良渚与古代中国研讨会"在杭州举行，与会学者一致认为，从1936年良渚镇出土黑陶的零散遗址到2015年

---

① 《预告：三集电视纪录片〈良渚〉今晚18点开播》，浙江卫视，2019年7月6日。
② 周亦颖：《"良渚文明丛书"在浙江大学首发》，浙大报道，2019年7月7日。
③ 李扬：《中国社会科学院学部委员王巍在谈到良渚文明时表示：应当根据实际情况概括出更有普遍意义的文明标准》，《文汇报》2019年7月16日。

古城外围大型水利系统的最终确认，良渚考古 80 年，成就了浙江史前考古在中华文明进程探索中的巨大贡献。良渚古城遗址，实证了华夏大地"多元一体"的五千年文明积淀。

2019 年 12 月 3 日，由杭州良渚遗址管委会与西泠印社共同设计制作的"良渚文化标识"获得"德国红点设计奖"，同时还获得了"年度德国设计大奖"，这将帮助良渚古城遗址、良渚文化传播走得更好更远。

2019 年，学术界围绕良渚文化，出版了十多种专著、发表了百余篇论文，研究主题涉及良渚古城遗址及其考古发现、良渚王陵、良渚陶器、良渚玉器、良渚文字、良渚先民的生产生活、良渚文化与华夏文明、良渚文化的比较研究、良渚遗址考古史与良渚文化研究史、良渚文化的传播研究、良渚古城遗址的保护与良渚文化村的建设与规划、良渚文创产品的研发等。

（一）良渚古城遗址及其考古发现研究

浙江省文物考古研究所编著《良渚古城综合研究报告》（文物出版社 2019 年 1 月版）一书，为良渚古城遗址考古发掘工作与多学科研究成果的汇总，对良渚古城城墙、城内贵族墓地、城内宫殿区、城外遗址、城郊祭坛、外围水利工程等考古发掘工作以及良渚文化中神权与王权的体现、冶玉技术、古城的营建工艺、古城的兴衰与环境等相关研究成果进行了总结。

朱雪菲《神王之国：良渚古城遗址》（浙江大学出版社 2019 年 7 月版）一书，以考古事实为依据，从考古一线工作者及专家的视角为读者导览良渚古城遗址的全貌，并简要介绍良渚早期的大型水利工程、良渚古城的等级制度、良渚古城的建设规划等，为大众揭开良渚古城遗址的神秘面纱，还原出一个真实的良渚古城。

姬翔、王宁远《工程与工具：良渚石记》（浙江大学出版社 2019 年 7 月版）一书，主要以图片的形式，讲述良渚古城城墙的发现、研究历程，以及良渚遗址群石器等相关研究的一些成果和进展。

罗晓群、黄莉《良渚遗址》（文津出版社 2019 年 12 月版）一书，综合了多年考古发掘的资料，生动地介绍了良渚遗址的城墙、宫殿、水坝、祭坛、王陵等遗迹，玉器、陶器、漆器、竹木器等遗物，展示出良渚遗址鲜明的特征和独特的文化价值。

（二）良渚王陵研究

方向明《土筑金字塔：良渚反山王陵》（浙江大学出版社 2019 年 7 月版）一书，以图解的形式详细解读良渚古城西北部的反山王陵。反山墓地的主人们拥有代表神权的琮，象征军事指挥权的钺，体现财富的璧，以及装饰在冠帽上、佩挂穿缀在衣物上的各种特殊玉饰件，充分显示了他们是凌驾于部族平民之上的权贵阶层。

（三）良渚陶器研究

赵晔《内敛与华丽：良渚陶器》（浙江大学出版社 2019 年 7 月版）一书，以器皿为视角，打破陶器与漆木器的材质区隔，从考古发现开始，带入修复还原的知识背景，依次讲述良渚器皿的各种特质，再与其他时期相关器物进行对比分析，并通过图片、线图、示意图等辅助信息，阐释良渚器皿的考古价值、历史价值和艺术价值。

（四）良渚玉器研究

方向明《良渚玉器浅绘》（浙江古籍出版社 2019 年 5 月版）一书，首次通过线绘的方式，面向大众，对良渚文明的代表——玉器和玉器图纹进行系统的展示和解构。

刘斌《法器与王权：良渚文化玉器》（浙江大学出版社 2019 年 7 月版）一书认为，玉器是良渚文明最为重要的文明因素之一，也是中华大地上玉文化发展的一个高峰。种类繁多的良渚玉器，可以分为功能性法器，功能与身份标志的装束品，一般装饰品以及礼仪性用具等几个方面。

刘卫东《良渚文化玉璧的鉴定特征研究》（《文物鉴定与鉴赏》2019 年第 2 期）一文，以浙江、江苏两省馆藏的出土良渚玉璧为研究对象，分别从玉料、形制、纹饰、沁及加工痕迹等方面详细讨论了良渚文化玉璧的鉴定特征，以期对良渚玉璧的鉴定提供客观依据。

文晓华《良渚玉文化之外宣翻译》(《文教资料》2019 年第 32 期)一文认为,良渚古城遗址申遗成功,外宣翻译在对外宣传良渚文明方面起着重要的作用。

方向明《成组玉礼器与良渚文明模式》(《博物院》2019 年第 2 期)一文指出,良渚文化是东亚玉器时代发展的高峰,良渚文化成组玉礼器(成套玉礼器)标识拥有者的身份、等级和地位,彰显了聚落的等级和规模,反映了中心和区域中心之间的密切关系。

蒋桐阳《良渚玉器神人兽面纹的原型和涵义新探》(天津师范大学硕士学位论文,2019 年 5 月)一文尝试引入相关古生物学与宗教学资料进行新的探讨,认为,良渚玉器神人兽面纹其主要纹饰——兽面纹的原型是鳄鱼。到目前为止,关于龙的起源至少可以追溯到河南濮阳西水坡的蚌龙,从史前时期开始就普遍存在于华夏大地的龙信仰与良渚文化之间应当存在着某种联系。

与良渚玉器相关的研究论文还有:方向明的《玉见良渚,超时空的精神与艺术》[《杭州(周刊)》2019 年第 26 期],宋亦箫的《良渚文化神徽为"大禹骑龟"说》(《民族艺术》2019 年第 4 期),李晓楠、胡思思的《良渚玉器纹样艺术特色探究》(《大众文艺》2019 年第 17 期)。

(五)良渚文字研究

夏勇、朱雪菲《图画与符号:良渚原始文字》(浙江大学出版社 2019 年 7 月版)一书认为,良渚文化的刻纹工艺,在礼玉重器上已经发挥得淋漓尽致。而同时,以陶器为主要载体的"刻画符号"也极有趣味。其大量出现在陶器上,玉石器上也有少量发现。由于考古发现的偶然性,很多"刻画符号"出现在破碎的陶片上,导致许多符号信息的缺失。此类刻符的主体图案,也有表意功能,其图案较之具象的图画式图案,有更强的系统性和规范性。

（六）良渚先民的生产生活研究

姬翔、宋姝、武欣合著《物华天宝：良渚古环境与动植物》（浙江大学出版社2019年7月版）一书，以图说的方式介绍良渚文化遗址的环境、动物和植物，勾勒出在环境背景下良渚先民的动植物利用图景及良渚社会的兴衰变革。

徐峰《良渚时期环太湖地区的水资源管理：以良渚古城为中心》（《中原文化研究》2019年第5期）一文指出，良渚人因水而生，水为他们提供了赖以为生的生业基础。自良渚文化之前的马家浜文化、崧泽文化时期开始，这些最早的江南定居者就持续地在和水打着交道——适应水、管理水、改造水。良渚文化中社会与水的辩证关系可以说是环太湖地区新石器时代社会进程的重要动力之一，并且这种动力在后来的历史时期直到当今社会一以贯之。

（七）良渚文化与华夏文明关联研究

王宁远《何以良渚》（浙江大学出版社2019年7月版）一书，试图厘清良渚文化出现的背景，并在此基础上对良渚基层聚落、中等聚落和良渚古城的形态、结构及其背后的社会组织结构，以及意识形态中以玉器为载体反映的信仰和权力机制进行分析，尝试去掉枝蔓，以最清晰的逻辑主干叙述良渚社会的面貌和结构框架。

刘斌、王宁远、陈明辉《良渚文化与良渚古城考古的意义》（《中国文物报》2019年7月9日）一文认为，良渚文化的研究工作取得了许多突破性成果，意义非凡，大略可归纳为八点：建立考古与保护紧密结合的大遗址考古模式，立足环太湖地区史前考古复原区域文明化历史，重新评估中国新石器时代晚期的文明进程，揭示从多元走向一体的历程，实证中华五千多年文明史，归纳东亚文明的特质，丰富世界早期文明理论，从考古遗址走向世界文化遗产。

陈同滨《世界文化遗产"良渚古城遗址"突出普遍价值研究》（《中国文化遗产》2019年第4期）一文指出，良渚古城遗址作为良渚文化的权力与信仰中心，以建造于距今约5300—4300年间的规模宏大的古城、功能复杂的水利系统、分等级墓地

（含祭坛）等一系列相关遗址,以及具有信仰与制度象征的系列玉器,揭示了中国新石器时代晚期在长江下游环太湖地区曾经存在过一个以稻作农业为经济支撑的、出现明显社会分化和具有统一信仰的区域性国家,展现了长江流域早于黄河流域对中华文明起源阶段"多元一体"特征所作出的杰出贡献;同时,良渚古城遗址在空间形制上展现出的向心式三重结构——宫殿区、内城与外城,成为中国古代城市规划中进行社会等级的"秩序"建设、凸显权力中心象征意义的典型手法,揭示出长江流域早期国家城市文明所创造的规划特征"藏礼于城",拥有东方城市起源的某种"原型"含义,在其后的5000年中国古代礼制社会的绵延发展中,一再被统治者们应用于都城规划设计;良渚古城遗址所展现的"水城"规划格局与营造技术,反映了人们在湿地环境中创造的城乡特色景观,展现了5000年前中华文明、乃至东亚地区史前稻作文明发展的最高成就,在人类文明发展史上堪称早期城市文明的杰出范例。

韩建业《良渚:具有区域王权的早期国家》(《中国社会科学报》2019年8月5日)一文指出,良渚文化虽然并非夏、商、周三代文化的直接前身,良渚文明也在夏代建立前夕衰落了,但良渚文明本身就是多元一体的早期中国文明的重要组成部分,其对早期中国文明形成和发展所作出的巨大贡献,永远值得我们纪念。

李学功《徐中舒之问与良渚文化再认识》(《郭沫若学刊》2019年第1期)一文指出,太湖流域之河姆渡文化、马家浜文化、崧泽文化、良渚文化皆可视作先越文化,是越文化的源头所在。太湖流域无疑是越文化的初兴之地,并由此奠定了以后越文化发展的基本走向。

李威乐、邵致鹏《良渚文明与防风古国关系考》(《文物鉴定与鉴赏》2019年第1期)一文认为,古代史料中记载了防风国,而近几十年来考古发现的良渚文明与几千年前的防风国有着千丝万缕的联系。

（八）良渚文化的比较研究

陈明辉《良渚时代的中国与世界》(浙江大学出版社2019年7月版)一书,旨在介绍良渚所在的时间段前后世界和中国范围内的古代文明和早期国家的发展状况。

陈明辉、朱叶菲《良渚时代的中国与世界》（《博物院》2019 年第 2 期）一文指出，最近二三十年的考古发掘证实，这一时期，中国也出现了以良渚文明为代表的多个区域文明，呈现出"满天星斗"状的文明图景。探索早期文明社会产生、发展和衰落的历程，以及不同文明的异同，是世界考古学的重大课题。

陈明辉《环太湖地区史前时期头向传统的区域差异及演变：兼谈良渚古城崛起的背景》（《博物院》2019 年第 2 期）一文指出，良渚古城区的丧葬传统及玉器随葬和部分陶器等，与苕溪下游乃至巢湖流域有着最为紧密的关系。根据墓葬头向的研究，在整个环太湖良渚时期墓葬普遍以南向为主导之时，良渚古城区仍存在两种采用不同头向传统的人群。

（九）良渚遗址考古史与良渚文化研究史研究

朱叶菲《良渚遗址考古八十年》（浙江大学出版社 2019 年 7 月版）一书，以良渚考古队队员的视角与各位读者分享良渚遗址考古八十年背后的平凡与不凡，介绍良渚遗址八十年考古历程中的重要发现和工作。良渚遗址为人熟知的多是反山墓地、良渚古城等重大发现，令人关注的总是玉琮、玉钺这样的珍贵文物，但良渚遗址考古八十年的历程中更多的是朱村斗、吴家埠这样"默默无闻"的遗址，更多的是陶器、石器这种不起眼乃至残破的器物。

马黎《一小铲和五千年：考古记者眼中的良渚》（浙江大学出版社 2019 年 7 月版）一书，全程记录了良渚考古一点一滴的变化，考古历史的变迁，考古人的心路历程，思想碰撞的火花等，对考古人物也进行了深入访谈。

良渚博物院编著《张忠培论良渚》（科学出版社 2019 年 11 月版）一书，收录了著名考古学家张忠培先生关于良渚文化研究的学术论文和在中华玉文化中心历届年会上的重要论述，内容涉及考古学理论与方法、中华文明起源探索、大遗址保护、国家考古遗址公园建设、玉文化研究等。

（十）良渚文化的传播研究

吴丹、赵江《新媒体语境下良渚文化的传播与传承》（中国财政经济出版社 2019 年 4 月版）一书认为，在新媒体环境下，良渚文化可以通过新媒体平台进行多元化传播，从而有效地跨越文化疆界，影响世界各地的人民，真正将中国传统文化推向世界。

（十一）良渚古城遗址的保护及良渚文化村的建设与规划研究

刘斌、王宁远、陈明辉《从考古遗址到世界文化遗产：良渚古城的价值认定与保护利用》（《东南文化》2019 年第 1 期）一文指出，良渚古城遗址八十多年来的考古发掘工作充分揭示了遗址的重要价值，证明它是良渚文明的都邑性遗址，是实证中华五千多年文明史的圣地，是规模庞大的世界级城址，遗址的价值得到了国内外学界的高度关注和广泛认可。

陈同滨等《高速城镇化进程下的大遗址整体保护规划策略研究：以良渚古城遗址为例》（《西部人居环境学刊》2019 年第 4 期）一文以良渚古城为例，探讨了在高速城镇化背景下面临发展压力与环境因素的大型考古遗址整体保护规划策略。

凌琳、王梦佳《良渚文化村的经验与反思》（《时代建筑》2019 年第 5 期）一文以良渚文化村为研讨对象，就大城市近郊大型社区开发规划、长周期项目的设计管理、社区可持续运营等议题，分别采访了良渚文化村的规划设计者，并探讨田园城市学说对当代中国新城镇建设的启示。

（十二）良渚文创产品的研发研究

马乐《良渚博物院文创产品设计研究与实践》（中国美术学院硕士学位论文，2019 年 5 月）一文，以良渚博物院文创产品为研究对象，分析梳理了良渚文明的主要内容，在此基础上提出了良渚博物院文创产品设计的出发点和方向。

胡智勤《良渚文化品牌 IP 化的构建与传播设计》（浙江大学硕士学位论文，2019 年 5 月）一文分析了良绪文化品牌 IP 化的意义与价值、路径与指导思想，对良渚文化品牌 IP 进行基本建构，并采用事件营销和借势营销的方式做了初步的传播设计。

顾雨梦《良渚博物院文创产品的发展前景初探》（《区域治理》2019 年第 46 期）一文在充分调研良渚博物院文创商店的基础上，通过分析创新和推广良渚文创产品的意义与价值来阐明其必要性，总结出新媒体时代提升良渚博物院文创产品设计和推广工作成效的几点建议。

七、湖州钱山漾文化研究

2019 年，研究内容涉及钱山漾文化的论文有 1 篇。

赵今《环太湖地区后良渚时期考古学文化研究》（吉林大学硕士硕士学位论文，2019 年 5 月）一文指出，后良渚时期是指环太湖地区良渚文化之后的新石器时代末期阶段，这一时期包括两个考古学文化——钱山漾文化和广富林文化。后良渚时期的环太湖地区处于龙山时代文化动荡的大环境中，文化面貌和社会结构均发生了变化。

通读 2019 年学界关于浙江史前文化主要是上山文化、跨湖桥文化、马家浜文化、崧泽文化、河姆渡文化、良渚文化、钱山漾文化的最新研究成果，可以发现，随着良渚遗址申报世界遗产的成功，以良渚文化为主体的浙江史前文明越来越得到学术界的重视和认可。浙江史前文化研究主要聚焦在考古学界，实则也需要文化学、历史学、人类学、哲学史学科的介入，以呈现浙江史前文明的丰富多彩；还有，学界同仁在对良渚文化（良渚古城遗址）大力挖掘宣传的同时，也应投入一定精力对浙江境内其他史前文化进行综合比较研究，即以新的考古发现为基础，对浙江史前文明进行重新梳理研究，阐述清楚中华文明起源及国家形成早期浙江地区的地位与作用。总之，一部贯通性质的"浙江史前文化史"亟须撰写。

第二节　虞舜、大禹文化研究

"大浙学"源头之一的"古越文化"，即春秋战国时期越国的历史文化。实则"古越文化"还可以追溯至上古三代时期的"圣王"——虞舜、夏禹在浙东会稽一带的历史活动及由此产生的虞舜文化、①大禹文化②。

一、虞舜文化研究

2019 年 10 月 22 日，以"弘扬舜德文化、汇聚乡贤力量、践行乡村振兴"为主题的"2019 绍兴虞舜文化旅游节"在绍兴市柯桥区王坛镇开幕。王坛舜王庙会是绍兴会稽山南部山区的一项民俗活动，以祭祀舜帝为中心，集神灵崇拜、传说、仪式、民族民间艺术、经贸活动为一体，表达了人们对虞舜孝德的推崇与祈求生活平安、幸福吉祥的美好愿望。绍兴王坛"绍兴舜王庙会"传承至今，已有 150 余年历史。

2019 年，学界同仁围绕虞舜的生平事迹、虞舜文化的内涵及其现代价值进行了探讨，在各类杂志上发文若干篇，推动了虞舜文化的研究。

刘隆有《古帝虞舜：修身齐家治国平天下的典范》(《文史春秋》2019 年底第 4 期)一文认为，《史记·五帝本纪》写了黄帝、颛顼、帝喾、唐尧、虞舜五位古帝，通篇

---

① 关于虞舜与浙江上虞关系的考证、上虞成立虞舜文化研究会并开展相关学术活动事宜，请参阅拙编《浙学研究综合报告》，浙江人民出版社 2020 年 4 月版，第 19—20 页。此外，俞日霞著《绍兴虞舜文化研究》(浙江人民出版社 2006 年版)一书，重点对"修身、齐家、治国、平天下"的虞舜精神和围绕绍兴王坛舜王庙形成虞舜文化圈的原因进行了独到的阐释，可谓目前学界第一部全面收集、研究虞舜神话传说、虞舜文化及虞舜精神的民俗学专著。

② 关于大禹与绍兴关系的考证、绍兴大禹祭典的由来与"绍兴公祭大禹陵典礼"相关活动的开展等，请参阅拙编《浙学研究综合报告》，第 21—25 页。

约 5200 字，《舜本纪》竟用了约 2200 字，加上《尧本纪》中写舜的 1000 字，实为 3200 字，占整个《五帝本纪》的近三分之二。"天下明德皆自虞帝始。"在司马迁笔下，所谓《五帝本纪》，重点乃在《舜本纪》，华夏文明虽开端于黄帝，而规模备具，则自舜的"明德"始。

胡娟《论虞舜孝文化的生成及其地域接受与传播：以元结湖湘经历为依据》（《湖南行政学院学报》2019 年第 2 期）一文指出，由于舜帝孝德的原发地远离湖湘，故在相当长时间里对湖湘地区影响有限。虞舜的孝道精神与湖湘地区发生关系与唐代文人元结的到来相关，元结年轻时受虞舜孝道思想影响很深，抵达道州后，他立舜祠、修舜庙，刻虞舜孝道精神于石上。元结自身也践行了虞舜孝道精神，多次上表辞官奉养老母，他还推己及人，鼓励他人践行孝道。元结之后，虞舜孝道精神开始成为湖湘文化精神的一个有机组成部分。

尹华君《明清时期永州境内舜庙考论：以方志为中心》（《戏剧之家》2019 年第 36 期）一文指出，《史记》曾云"德自舜明"，其言虞舜是中华道德文明之始祖。《史记》又云"（舜）崩于苍梧之野，葬于江南九嶷"，言虞舜崩葬九嶷山。永州之野的人们对这位道德文明始祖多建庙祀之，或为追忆舜迹，或为景仰舜德，或为敬舜若神。

二、大禹文化研究

2019 年 4 月 20 日上午，"2019 年公祭大禹陵典礼"在绍兴大禹陵祭祀广场隆重举行。①4 月 20 日下午，社会各界人士还举办了"民祭大禹陵典礼"。据悉，"2019 年公祭大禹陵典礼"的参祭人员由往年的 1500 人扩大到 5000 余人，是 1949 年以来参祭人数最多、规模最大的一次。

2019 年 4 月 20 日下午，由浙江越秀外国语学院主办的"大禹文化与现代教育国际高峰论坛"在浙江越秀外国语学院举行。数十位来自国内外的大禹文化研究

---

① 《2019 年公祭大禹陵典礼在浙江绍兴举行》，光明日报客户端，2019 年 4 月 20 日。

专家、高校学者围绕"大禹文化与现代教育"这一主题开展学术研讨。四川省历史学会会长谭继和认为,大禹文化与现代教育结合是个大事,它的实质是研究大禹、大禹文化、大禹精神和大禹历史文化资源如何走进当代、活在当下、沁进民心的问题。要回答这个问题,就要解决三个"讲清楚":要讲清楚大禹创新创造华夏国家文明的民族精神;讲清楚大禹文化是人类面临自然灾害、重建和塑造人类家园的精神财富,是促进民族命运与共、心灵契合的精神纽带;讲清楚大禹祖源的历史记忆,认识大禹是原始儒源的始祖,是创立华夏家训的第一人,守护大禹乡里的乡愁乡恋文化,坚守大禹建设的华夏民族精神家园。①

2019 年,学界同仁围绕绍兴会稽山大禹陵、鲁迅与大禹研究、大禹故里考辨、大禹事迹考辨、大禹治水、《尚书·大禹谟》、大禹文化与大禹精神、大禹神话传说等议题进行了探讨,在各类杂志上发文 70 多篇,有力地推动了大禹文化在浙江、四川、甘肃、河南、山东、安徽等省域的挖掘、研究与弘扬。

1. 会稽山大禹陵研究

王佳敏《文化认同视角下文化旅游产品创新研究:以绍兴大禹陵旅游产品创新为例》(苏州大学硕士学位论文,2019 年 4 月)一文以绍兴大禹陵为案例地验证文化认同理论在文本研究中的可行性,进而创新大禹陵旅游产品。

2. 鲁迅与大禹研究

刘家思《大禹治水统摄下的女娲—涂山氏原型的融合与变形:论小说〈补天〉的文本症候、文化原型及其思想意蕴》(《鲁迅研究月刊》2019 年第 12 期)一文指出,大禹原型影响鲁迅创作是多种形态的,除了《理水》是直接取材于大禹治水故事之外,还有《补天》等一些作品也或强或弱、若隐若现地受到了大禹文化原型的影响。

3. 大禹生平、故里、事迹考辨研究

李德书《大禹传》(天地出版社 2019 年 12 月版)一书,在深入挖掘文献史料的

① 《让大禹文化走进青年一代,大禹文化与现代教育国际高峰论坛举行》,掌上绍兴,2019年 4 月 21 日。

基础上,融合众多研究成果,本着"大事有依据,小事有情节"的原则,通过多角度的引述和严谨的考证,从大禹出生的"禹生石纽",到他勤勉治水的"禹奠山川",再到他平定天下的"禹建夏朝",直到他去世后的"禹葬会稽",以 17 章 30 万字的篇幅,生动而详尽地介绍了大禹的一生。

绍兴市文化广电旅游局、绍兴市水利局联合主编《浙江禹迹图》(中国文史出版社 2019 年 3 月版)一书,由三部分组成,分别为正图、考释、附录。其中正图包括前言、图、表、照片等;考释则为编著者的长期研究与考证成果,分《浙江禹迹一览表》《浙江禹迹释文》。为体现多学科的研究成果和尽可能还原历史背景,其中又分"浙江禹迹"209 处、"越地舜迹"37 处、"防风遗址"4 处、"浙江大禹同时代新石器文化遗址"30 处等内容。

4. 大禹治水研究

巢传宣、付茶英《从"大禹治水"与"诺亚方舟"管窥中西幸福观之差异》(《南昌工程学院学报》2019 年第 2 期)一文指出,透过"大禹治水"可以看见中国人的幸福观具有人本主义特点,重过程幸福,倾向于集体主义;而透过"诺亚方舟"则可以看见西方人的幸福观具有神本主义特点,重结果幸福,倾向于个体主义。

徐彦峰《"大禹治水"传说与古代政治权威的形成》(《柳州职业技术学院学报》2019 年第 2 期)一文指出,政治权威的形成是一个复杂的过程,而作为自然灾害的大洪水无疑是其形成的有力催化剂。"大禹治水"虽然是一个神话传说,但是其背后却隐藏着对政治权威形成的巨大推动力。

李桂芳、马芸芸《浅谈大禹治水及其对巴蜀地区的影响》(《中华文化论坛》2019 年第 6 期)一文指出,在巴蜀地区,与大禹相关的文献记载和文物古迹颇为丰富,构成了多彩鲜明的大禹文化景观。大禹治水成功,不仅推动了中国国家的形成,奏响了中华文明的前奏,而且推进了古巴蜀文明的进程,对后世巴蜀治水理念产生了重要的影响。

夏楠《规范·认同·升华:大禹治水神话的资源化与遗产化实践》[《长江大学学报(社会科学版)》2019 年第 4 期]一文指出,大禹治水作为公认的且传播范围较广的神话,是对神话资源进行利用和转化的一个典型案例。

5.《尚书》之《大禹谟》《皋陶谟》研究

廖名春《"人心之危,道心之微"本义考:兼论〈大禹谟〉"虞廷十六字"的真伪》(《社会科学》2019 年第 1 期)一文指出,《荀子·解蔽》篇所引《道经》"人心之危,道心之微"的本义,是说一般人的思想要自我端正,要严格要求;而掌握了"道"的"至人"的思想则"无为",不需要道德的约束、纪律的束缚。其主旨是强调君主"无为而治",反对其陷于事务主义。此与《论语·卫灵公》篇所载孔子"无为"说、《周易·系辞传》"垂衣裳而天下治"说等精神完全一致,《荀子》书中也很常见,属于典型的儒家的"无为而治"论。

王定璋《〈皋陶谟〉论略:兼论大禹的治国理念》(《文史杂志》2019 年第 6 期)一文从《尚书》之《皋陶谟》入手,就此篇所载的内容来探讨当时政治形态及大禹治国理念。

6.大禹文化与大禹精神研究

陈玉兰《弘扬大禹精神,守护绿水青山》(《浙江日报》2019 年 9 月 10 日)一文指出,千百年来,代表济世情怀、奋斗精神、创新追求、科学态度、开放胸襟的大禹精神作为一种文化基因,深植于一代代浙江人的血脉中。山清水秀、诗情画意的美好浙江是千千万万传承了大禹精神的浙江人以及受大禹精神感召的在浙外来建设者不懈奋斗的结果,也是浙江历史文化传统在当今的价值体现。

朱鹏《标志性文化生成中的多元复合性:以登封地区大禹文化考察为中心》(《节日研究》辑刊,2019 年卷)一文指出,登封地区的文化精英与村落精英一道将大禹文化打造成本地区的标志性文化。在这种具有地方标志性的大禹文化的生成过程中,伴随着对其他文化元素的吸纳与融合使得大禹文化具有了多元复合性。

孙海霞、王雪飞《大禹精神对地域文化的影响》(《艺术科技》2019 年第 12 期)一文指出,大禹故事和大禹精神深深地影响着淮河文化,尤其是在大禹治水故事的主要发生地安徽蚌埠,大禹精神成为这座城市的城市精神的一部分,形成了"禹风厚德、孕沙成珠"的城市精神。

龙源《舞剧〈大禹〉中民族精神的体现》（《山东农业工程学院学报》2019年第4期）一文指出，安徽省花鼓灯歌舞剧院编排的原创舞剧《大禹》，以舞台剧的方式给观众带来了视听盛宴，让更多的群众对大禹有了一个基本认知，并且感受到《大禹》所体现出来的民族精神。

7. 大禹神话传说研究

杨栋《夏禹神话研究》（中华书局2019年3月版）一书以夏禹神话传说为研究对象，充分吸收前人成果，立足文献考辨，一方面追溯夏禹神话传说中蕴含的"史影"，一方面探讨夏禹神话传说的演变发展，同时客观评价"古史辨派"神话研究的功过得失。

朱君杰、赵争《战国时期大禹形象的演变：以儒墨诸子文献为中心》（《湖北社会科学》2019年第4期）一文指出，纵观先秦至两汉的大禹形象，可以用从"人"到"神"来加以概括。而大禹形象的"神"化，便是从战国时期开始的。在战国之前，尤其是在西周时期，大禹基本上还是一个"人"的形象，而从战国诸子开始，尤其是在儒家墨家的记载中，大禹的形象便渐渐被"神"化。

刘丽萍《大禹妻妾传说的文化演变》（《文学研究》辑刊，2019年卷）一文指出，与大禹有关的女性有八位，分别出现在不同的历史时期。最早记载禹妻的史书《尚书》中只有涂山氏；在其他较为可靠的史料中，因字义和文化的变化产生了涂山氏妾说和仪狄说；东汉谶纬流行，禹妻被神圣化为不同的版本，如女娇—九尾狐说、玉女说、圣（神）姑说、少姨说等；唐以后，随着道教的兴盛，仙家瑶姬说盛行。

兰天《大禹得文字符瑞传说演变考论》（四川师范大学硕士学位论文，2019年4月）一文指出，纵观整个大禹传说研究，其主要集中在大禹治水、大禹娶妻、大禹会诸侯、大禹伐防风等内容上。大禹传说中有很多与符瑞相关的内容，这些符瑞传说内容既融合在其他的大禹传说之中，同时又自成体系，独立构成一个大禹符瑞传说，而在这些丰富的符瑞元素中，又以大禹得文字符瑞传说最具研究价值。

闫康琪《陕西黄河小北干流区域大禹民间信仰研究》（河北大学硕士学位论文，2019年5月）一文指出，大禹作为古史传说时期的神话人物，自古以来就在陕西黄河小北干流区域备受推崇。当地人民千百年来修建、重建大禹庙,开展祭祀大禹的活动以及编造有关大禹的故事传说,以这种方式表达当地民众内心对大禹的信仰。

通读本节"大禹文化"与上节"虞舜文化"研究的最新论著,可以发现学界同仁对此已有深度的挖掘与宣传,尤其是浙江绍兴地区对"虞舜文化"宣传、研究的重视已经提升到"文化绍兴"建设的高度。但是,我们也应该意识到由于虞舜、大禹毕竟属于史前人物,再有就是关于虞舜、大禹的出生地、活动地仍存有争议,而搁置争议、共同宣传、相互学习的做法,也许值得尝试与借鉴。

第三节 越国历史文化研究

2019 年,学界同仁围绕越文化(包括吴越文化)、越国与吴越争霸史、越国历史人物(勾践、范蠡、计然、文种、西施等)等专题开展研究①,成果丰硕。

一、越文化、吴越文化的综合研究

(一)越文化与文学创作之间的关联性研究

陈芳芳《越文化与艾青诗歌的审美选择》(浙江师范大学硕士学位论文,2019年5月)一文试图从越文化角度入手,探讨艾青诗歌意象中的越文化因素,研究越文化反抗精神与艾青诗歌主题特色之间的关系,从中感受到越文化所给予艾青诗歌的力量之美,希冀能探知一个融合丰富性与独特性、文化内涵与审美价值于一体的诗歌世界。

---

① 关于越国的历史、越国与吴越争霸史、越文化(包括吴越文化)简况,越国历史人物(勾践、范蠡、计然、文种、西施等)基本情况,请参阅拙编《浙学研究综合报告》,浙江人民出版社 2020年 4 月版,第 31—40 页。

王嘉良《论文体新变与中国文学的现代转型：从越文化"内源性"视角的透视》（《天津社会科学》2019 年第 3 期）一文认为，越文化蕴含的叛逆传统、注重变革的文化精神，在我国近现代文化思潮中长时期处于领先地位，而出于越地的以鲁迅领衔的新文学作家群体在开创中国新文学中做出广泛建树，其中文体新变尤为突出，因此从这两者的同构对应关系中探究文学转型便是颇有意义的话题。

刘欣《汉前吴越民风及其文学呈现》（山东大学硕士学位论文，2019 年 5 月）一文，以汉前吴越地区文学为研究对象，从汉前吴越地区的民风入手，将汉前吴越文学呈现出的极端性、奇幻性及其由武向文的转型为研究重点，希望通过对这一时期吴越地区文学呈现特点的探索考察，分析文学呈现与地区民风之间的紧密关系，以期对汉前吴越地区特殊的文学呈现和后期演变为文化中心有更深入的了解和认识。

（二）鲁迅与越文化精神研究

王帆《越文化视域中的鲁迅与〈故事新编〉：以顾红亚著〈故事新编〉中的越文化精神〉为中心》（《绍兴鲁迅研究》辑刊，2019 年卷）一文认为，不论是复杂主题内涵的多向度挖掘，还是现代创作手法的深入阐释，《故事新编》越来越成为鲁迅文学中备受关注的研究对象之一。近年来，随着时代语境的变化以及思想文化的多元性发展，研究者们的眼光不再仅仅聚焦于《故事新编》的主题内涵、体裁问题、"油滑"手法等方面，而开始在文本中所蕴含的作家主体意识、地域文化精神及历史本体探索等层面展开深入的挖掘，《故事新编》研究开始了越来越丰富、多元的探索。

（三）越文化、吴越文化的当代应用研究

俞荣标《古越文化在绍兴城市品牌视觉形象中的设计表现》（《西部皮革》2019 年第 13 期）一文从古越文化的多元化和城市品牌视觉形象的理论入手，提出了构建绍兴城市品牌视觉形象设计的基本思路。

叶燕芬《"越文化"背景下的语文课程校本化》（《小学语文教师》2019 年第 5

期)一文认为,辉煌的"越文化"源远流长,至今仍有着广泛的影响。语文作为文化的载体,与文化有着密切关系,而文化的地域特色,又赋予语文鲜明的区域个性和乡土血脉。

此外,为了进一步梳理越文化在当代的传承与发展,体认越文化研究在当代中国"文化自信"建设中的重要地位,2019 年 10 月 26 日,绍兴文理学院越文化研究院(浙江省越文化传承与创新研究中心)在绍兴举办了"新中国七十年与越文化研究学术研讨会"。来自北京、上海、广东、山东、陕西、广西、浙江等国内多个省市的 60余位专家学者参加了此次学术会议,回顾了新中国七十年越文化研究的历史进程,并就新时代越文化研究及建设问题进行了多方位、多角度的探讨。

二、越国与吴越争霸史研究

(一)越国史、越城遗址、越国疆界研究

陈慧芬《越国世系研究》(《现代交际》2019 年第 21 期)一文指出,越国是春秋战国时代的强国,关于越国的姓、氏,历史上有姒姓、芈姓等不同说法,莫衷一是。经分析研究,认为越国的姓氏为姝姓、者旨氏,姝可以写作朱、邾、邹、驺、曹,者旨氏也有很多其他写法。姒姓、芈姓的不同说法,也是有其合理讹误的原因。

余志三《古会稽山与越国早期都邑考略》[《绍兴文理学院学报(人文社会科学)》2019 年第 4 期]一文根据古文献记载及德清县出土的古青铜器、火烧山和亭子桥窑址原始瓷,结合地形地貌和史迹进行探寻,认为越国早期都邑与神话传说中的防风古国重合,所在的古会稽山不在今绍兴市而在德清县;直到越国被吴败后勾践才将都城从德清迁到绍兴,诸多地名因此附会到绍兴。

(二)吴越争霸史研究

王妍《清华简〈越公其事〉研究》(烟台大学硕士学位论文,2019 年 5 月)一文认

为，清华简《越公其事》篇，是研究春秋末期吴越争霸史事的最新材料，其记勾践灭吴史事与传世文献既有相同之处，又存在多处细节差异，对春秋吴、越历史研究有重要意义。

史玥然《清华简〈越公其事〉集释及其汉字教学设计》（山西大学硕士学位论文，2019 年 5 月）一文指出，《清华大学藏战国竹简》中的《越公其事》，全篇共有 75 简，分为 11 章，简文详细叙述了越王勾践兵败后，经过十年时间团结百姓官兵，发展壮大军队，积聚力量，休养生息，凝聚民心，最终灭吴的故事。越国通过依次实施农政、刑德、征人、兵政、民政的"五政"，为越国重新崛起提供了重要的政治基础。

刘成群《清华简〈越公其事〉与句践时代的经济制度》（《社会科学》2019 年第 4 期）一文指出，清华简《越公其事》的公布，为我们了解吴越争霸的历史提供了许多新信息。

钱入深《军事与开发："兴越灭吴"背景下越地经济的优先发展》[《绍兴文理学院学报（人文社会科学）》2019 年第 2 期]一文指出，"吴越争霸"时期，越国谋划实施了带有战时经济特点的"兴越灭吴"策略，在国家经济、军事和外交上思量再三，在政治、军事、农业及人口等方面实行新式变革；围绕军事在短时间内"聚合"出强大的综合国力，实现了灭吴称霸的夙愿，从历史成因和文化肇源角度考量，"吴越争霸"推动了越地经济的发展。

张敏《陶冶吴越：简论两周时期吴越的生业形态》（《东南文化》2019 年第 3 期）一文指出，两周时期的吴国和越国"接土邻境，壤交通属"。吴国的"官工业"为矿冶业，越国的"官工业"为陶瓷业，矿冶业和陶瓷业分别成为吴越国家经济的支柱产业，是吴越最主要的生业形态。越向吴大量输出陶瓷器以换取本国极度匮乏的铜资源，吴越之间的"资源互动"成为两周时期特殊的文化现象。

三、越国历史人物研究

2019 年学界关于越国历史人物的研究，主要聚焦在越王勾践的谋臣范蠡，还有西施的研究。

（一）范蠡研究

张福如、詹晓如《论"范蠡救子"的伦理意涵》（《嘉应学院学报》2019年第1期）一文指出，《史记》中"范蠡救子"故事背后蕴含着丰富的伦理思想，比如人是环境的产物，敬畏规则下的亲情，维护自尊下的友情，履行责任需要责任意识与责任能力。

朱杏珍、李小明《范蠡商业思想形成轨迹探析》[《绍兴文理学院学报（人文社会科学）》2019年第5期]一文指出，范蠡乃春秋时代著名人物，在中国商业史上扮演着重要的角色，其思想以儒家为主，兼之墨家、道家，开创了第一代儒商文化。

陈辉《从狂人、政客到富翁、财神看范蠡形象的变化》[《绍兴文理学院学报（人文社会科学）》2019年第2期]一文指出，史载范蠡未出仕前为楚国狂人，后辅助越王勾践成功复仇。灭吴后，范蠡急流勇退，成为地方富豪，其传奇经历让东汉人赋予其神仙身份。唐宋时期范蠡神仙身份受到质疑，元代才得到广泛认可，近代民间又将范蠡奉为财神。

叶昕《中国古代叙事文学中范蠡形象的流变》（天津师范大学硕士学位论文，2019年5月）一文通过对先秦两汉史传散文、杂史杂传、明清小说与传奇作品中范蠡的不同形象进行梳理，系统地整理出范蠡形象流变的历程以及范蠡这一人物身上所承载的文化意义。

罗浩春《司马迁理想谋臣形象研究：以范蠡形象为例》（《闽西职业技术学院学报》2019年第2期）一文指出，范蠡身上体现了理想谋臣应有的尊礼尚德、坚守使命、学道谦让、盈而不溢和独善其身的高贵品格。司马迁在塑造人物形象时所运用的对比、正侧相映和生动传奇的细节刻画手法，增加了人物的立体感和形象性。同时，范蠡形象亦渗透了司马迁自身的人生理想，体现在立功、立德、立言和勇者不必死节的人生观上。

傅绍磊、郑兴华《范蠡祠庙的历史变迁》（《安阳师范学院学报》2019年第3期）一文指出，范蠡祠庙的地理分布主要集中在楚地宛、越地诸暨、吴地吴江、齐地定陶等地及其周边，与范蠡生平主要活动地区高度吻合，国家政权、士人、道教信徒在推动范蠡祠庙修建、祭祀过程中发挥了主要作用。

程国兴《日本中古与中世文学中范蠡故事的演进》[《齐齐哈尔大学学报（哲学社会科学版）》2019年第7期]一文指出，日本古代文学中的范蠡继承了汉籍中范蠡的"贤臣""隐者""商贾"三种形象。在日本平安时代的汉诗文中，范蠡多以功成身退的隐者形象出现，这与平安朝日本文人之间盛行的隐逸思想有关。中世军记物语以历史和战乱为题材，更多侧重于对范蠡贤臣形象的勾画。在日本中世后期的御伽草子作品中，范蠡则以神仙形象登场，这一偏离史实的情节也反映了御伽草子作为庶民文学的"荒唐无稽性"。在不同时期、不同形式的文学作品中，范蠡形象的塑造取决于当时文化语境影响下的作者的创作指向以及读者的审美趣向。

（二）西施研究

杜梁晨《〈浣纱记〉中范蠡和西施的别样爱情》（《文学教育》2019年第10期）一文指出，《浣纱记》作为明代著名戏曲家梁辰鱼的代表作，描绘了流传久远的范蠡和西施的爱情故事。纵观全剧，两人的爱情发展无不裹挟在吴越两国争霸的政治浪潮之中。

王伟《"红楼女性"与曹雪芹的西施情结》[《海南师范大学学报（社会科学版）》2019年第1期]一文指出，在自陈创作目的是为女性立传的《红楼梦》中，曹雪芹巧妙运用"一击两鸣法"塑造了以林黛玉为代表的诸多女性形象，其中一些以西施作比附。她们是中国古代"西施"叙写的延续，但与传统"西施"叙写不同，《红楼梦》突出她们身体或心理上的不健全，体现美中不足，带有浓重的感伤色彩和幻灭感。这与吴越文化的影响、曹雪芹的性格秉赋、人生遭际以及小说的内容构思都不无关系。

通览2019年学界同仁围绕越文化（包括吴越文化）、越国与吴越争霸史、越国历史人物的研究成果，可以发现：绍兴地区尤其是绍兴文理学院的理论工作者为越文化的研究阐释付出了巨大的心力;但是,越文化研究包括越国史的深度研究,也亟须浙江省内外尤其是长三角地区高校科研机构相关学科的专家学者加入进来,并聚焦越国史、越文化的传承与创新等重大科研课题,形成合力,联合攻关,以为下一步"古越文化"的深入研究提供借鉴。

第三章　汉唐浙学研究

本章"汉唐浙学研究",主要胪列 2019 年度学界同仁围绕会稽郡,东汉《越绝书》《吴越春秋》,王充、嵇康,三国时期东吴历史文化,汉唐余姚虞氏家族,东晋王羲之、王献之,唐代褚遂良、贺知章、陆贽、罗隐而有的最新研究成果。浙东唐诗之路,也纳入"汉唐浙学"的关注范围。此外,五代十国时期的吴越国以杭州为国度,故而吴越国的历史文化也可以纳入"大浙学"的范畴①。另外,2019 年度学界对汉唐时期浙江宗教及相关研究的最新进展,则在本报告第九章"浙江宗教研究"中予以介绍。

第一节　汉唐会稽郡研究

2019 年,研究内容涉及汉唐会稽郡的论文有 3 种。

林也《绍兴断代文化史的全息图像:评〈东晋南朝会稽郡研究〉》(《名作欣赏》2019 年第 35 期)一文指出,《东晋南朝会稽郡研究》(余晓栋、胡祖平著,人民出版社 2018 年版)是一部较为扎实的地方史志,它从不同方面反复切入,阐述了会稽郡

---

① 会稽郡的设置始末、吴越国历史及汉唐浙学人物基本情况,请参阅拙编《浙学研究综合报告》,第 41—61 页。

地理人文环境与政区沿革情况,会稽郡对东晋南朝政治的影响,会稽郡经济文化对社会发展的贡献,以点带面,交互映射整个会稽的历史、政治、军事、经济与文化面貌,从侧面展现了东晋南朝政治、经济与文化特色。

秦硕《鲁迅辑校〈会稽郡故书杂集〉手稿》(《鲁迅研究月刊》2019 年第 12 期)一文指出,《会稽郡故书杂集》(以下简称"《杂集》")是鲁迅辑校古籍中分量最重的数种之一。以现存的鲁迅辑校《杂集》手稿看,从草稿(即一稿)到初稿(即二稿)及至定稿(即三稿),卷次结构、所收书目都有所厘改。

张寅潇《两汉三国"吴会"考论》(《地域文化研究》2019 年第 2 期)一文指出,在不同历史时期、不同的语言环境中,"吴会"具有不同的含义,不可一概而论。西汉初并无"吴会",多以"吴、会稽"并称,代指"吴郡""会稽"二郡。东汉中期,吴郡从会稽郡分立出来后,逐渐以"吴、会"代指二郡。东汉末建安年间,常以"吴会"代指江东;三国及西晋初,魏、晋时人又以"吴会"代指孙吴政权。

第二节　《越绝书》《吴越春秋》研究

一、《越绝书》研究

2019 年,不见有研究《越绝书》的论著。

二、赵晔与《吴越春秋》研究

崔冶译注《吴越春秋》(中华书局 2019 年 5 月版)一书,以元刻明修本《吴越春秋》为底本,参考现代整理本校改意见,每篇有题解,分段注释翻译,注释翔实,译文准确,颇便读者阅读。

林溢欣《〈群书治要〉引〈吴越春秋〉探微:兼论今传〈吴越春秋〉为皇甫遵本》

《古籍整理研究学刊》2019 年第 1 期）一文，取日本卷子本《群书治要》节录部分作据，以证今传本《吴越春秋》非赵晔原书系统。

应该肯定，目前学界关于《越绝书》《吴越春秋》的文献整理与深度研究已经取得了不少的科研成果。遗憾的是，近年来加入浙学研究队伍的部分学者尚未对《越绝书》《吴越春秋》等研究古越文化的第一手文献引起足够的重视。

第三节　王充、嵇康研究

一、王充研究

2019 年的王充研究，涉及《论衡》文献、王充生平事迹及其学术定位、王充哲学思想、美学思想、逻辑思想、文学思想、科学思想、人才思想的专题研究。

（一）《论衡》文献研究

邵毅平解读《论衡》（《中华传统文化百部经典》本，国家图书馆出版社 2019 年 6 月版）一书，精选《论衡》85 篇中的 14 篇进行阐释，"以供读者尝鼎一脔"。《论衡》85 篇大致可以分为七组，各组之间既相互独立，又互有联系。解读者以为，《论衡》的思想内容可归纳为九点：百科全书式的知识与"疾虚妄""求实诚"的精神，清算迷信陋俗，批判天人感应论，质疑"圣贤"经传，元气论，命定论，人性论，人生论，及具有功利主义特色的文论。

王启才《〈论衡〉对〈吕氏春秋〉的评点与称引》[《阜阳师范学院学报（社会科学版）》2019 年第 3 期]一文指出，《论衡》称引《吕氏春秋》多为论证的依据，或为批判的靶子，或作为验证的材料，概括叙述，简洁明了。从《论衡》评点、称引《吕氏春秋》，一方面可以看出《吕氏春秋》在东汉的接受与影响状况；另一方面，也可以看出

《论衡》与《吕氏春秋》《淮南子》的关联嬗变关系。

徐嘉忆《王充〈论衡〉先秦史事建构研究》(华中科技大学硕士学位论文,2019年5月)一文指出,《论衡》中"史事"要素普遍存在于全书。对先秦史事的建构,是王充在东汉史学精神的熏陶下,结合自身理论与史学手法而形成的独特方式。

邓红《王充〈论衡〉的〈乱龙篇〉是伪篇吗?——兼论王充研究的立场和方法》(《汉籍与汉学》辑刊,2019年卷)一文指出,胡适最先提出"《论衡·乱龙篇》是伪篇"的说法不能成立;进而指出,王充研究的正确立场和方法,应该是实事求是而不是美化王充。

蒲华睿《试论王充〈论衡·艺增篇〉对文学夸饰的遏制》(《湘南学院学报》2019年第3期)一文认为,王充在《论衡·艺增篇》中提出对文学夸饰的批判,表现出王充对于文学作品和非文学作品的认识存在局限性。

李浩《〈论衡〉征引"儒家"类文献新探》(《荆楚学刊》2019年第4期)一文依照《汉书·艺文志》的图书分类法,参考汉代出土简帛文献的研究成果,用文献文化史的视角对《论衡》所见"诸子略·儒家类"典籍进行穷尽式的梳理与分析,以此鸟瞰王充的知识来源与阅读视野。

王维《王充〈论衡〉中的乐论思想研究》(《南京艺术学院学报》2019年第3期)一文指出,王充站在汉代阴阳五行的思想视域,向礼乐秩序建立之前的偶在之"气"回望,结果造成了对礼乐观念的截然背离。可以说,王充乐论思想的内在矛盾就肇因于这回望与背离之间的致命吊诡。

(二)王充生平事迹及其学术定位研究

李浩《王充与王莽非同宗考》(《唐山学院学报》2019年第2期)一文认为,王充、王莽分属两个平行发展的独立家族,绝非同宗;王莽的宗姓在东汉一朝备受猜忌,王充对王莽之行事素无好感,《论衡·自纪篇》交代"其先本魏郡元城一姓"仅是陈述事实,并无攀附王莽之意。

熊湘《德与力:王充文人身份认同及理论意义》[《哈尔滨工业大学学报(社会科

学版)》2019 年第 1 期]一文指出,王充《论衡》集中探讨了"文人"的含义。"力"是认定文人身份与寻求价值体现的外在要求,"德"是保持对文人身份认同的内在质素。通过将"德"与"力"视为文人身份的核心属性,王充实现了文之本质与文之价值的合一,文人之文的内在要求与外在目的的合一。

那秋生《王充的独异精神》(《书屋》2019 年第 1 期)一文指出,《论衡》一书是王充的"独异宣言",以怀疑、批判精神为武器,以实证、科学方法为基石,成为当时理性精神的光辉代表。

何善蒙、李栅栅《从"和"的角度重新审视王充的思想史意义》(《浙江社会科学》2019 年第 6 期)一文通过对"和"的观念的梳理,认为,王充对于中国思想的核心范畴"和"的讨论,从整个中国思想史的发展脉络来说,基本上还是在汉代气化宇宙论的立场上展开的,并没有突破。

黄朴民《王充"崇汉颂圣"文化情结评议》(《中原文化研究》2019 年第 1 期)一文指出,王充在《论衡》一书中留下了诸多"歌颂汉德"、粉饰当时政治现实的文字,他之所以汲汲于讴歌两汉王朝的"盛德",是出于保护自身安全的无奈之举,这与个人的品德高尚无关,属于汉代政治高压环境下绝大多数士人的被动选择。

张宏敏《王充思想与浙江精神》(《观察与思考》2019 年第 11 期)一文认为,王充的"知屋漏者在宇下,知政失者在草野"的政治观、"实事疾妄,无诽谤之辞"的真理观、"事有证验,以效实然"的认识论、"凡贵通者,贵其能用之也"的学术观,可谓是"求真务实、诚信和谐、开放图强"的与时俱进的浙江精神"源头活水"。

（三）王充哲学、美学、逻辑思想研究

胡晓明《再论王充的天道自然观:以王充反符瑞说为中心》(《南京晓庄学院学报》2019 年第 5 期)一文指出,在王充的符瑞观中,他把天命给剥离掉了,符瑞仅是一种应自然之和气而生的吉祥之物,这与董仲舒、刘向等汉儒将符瑞与天命联系起来是明显不同的。但是,王充没有彻底抛弃、破除符瑞思想,而是承认符瑞的存在,甚至这还是他对当时流行的各种符瑞论调展开批驳的预设前提。这为他后来为本朝歌功颂德而对符瑞的批判发生了一种近乎逆向的改变埋下了伏笔。

颜莉、李永山《王充与先秦儒家认识论》[《河北经贸大学学报(综合版)》2019年第4期]一文指出,王充一方面反对孔子"学而知之"说,认为圣人不能先知,一方面又肯定了孔子认识论中的学与思、知与行。王充对孟子"耳目之官"与"心之官"也有详细的解读,认为在认知的过程中"耳目之官"与"心之官"是不可分离的统一体。王充的认知思想同荀子的认知思想具有高度一致性,认为荀子不仅谈及知与行的问题,还以"符验"作为检验认识对与错的标准。

杨来来《王充论儒的理想性特征及其人格理想》[《淮北师范大学学报(哲学社会科学版)》2019年第5期]一文指出,以"鸿儒"为人格高标,寄托了王充的人格理想:对"鸿儒"的有意拔高和称赞,突出了他们的超迈人格和高远理想;对"鸿儒"勇于承担重振时代风气、整合民族文化的使命和责任,寄予了殷切希望;对"鸿儒"群体的深切认同,体现了他自觉维护文艺、坚守儒道规范的理想追求。

任鹏程《先秦两汉儒家气性论研究:从孔子到王充》(山东大学博士学位论文,2019年5月)一文对王充的以气论性说有阐释,指出,在王充这里,万物都是禀赋元气而生,性亦是气的产物;人身上含有五常之气,亦含有不善之气,所含气的数量决定了性之善恶。所以,性情有善有恶;或者说,性含有善恶相混的气。

黄兆慧《天人之际的正统与"异端":以董仲舒和王充为中心的考察》(《衡水学院学报》2019年第3期)一文指出,在"究天人之际"的过程中,作为儒家正统的董仲舒提出"天人之际,合而为一"的命题,而被称为"异端"思想家的王充提出"人不能以行感天,天亦不随行而应人"的观点。

杨朝明《董仲舒与中国"文"化:王充"孔子之文在仲舒"说诠说》(《衡水学院学报》2019年第5期)一文指出,在对于董仲舒的历史文化地位的评述中,以王充《论衡》所言"文王之文在孔子,孔子之文在仲舒"最为确切精妙,更准确地说明了董仲舒在中国文化史上的重要地位。

罗云霞《王充"真美"思想研究》(四川师范大学硕士学位论文,2019年5月)一文指出,王充《论衡》一书中所包含的美学思想是中国古典美学思想结构体系中的重要一环，其美学思想以真实论为其理论基础，提倡以"真"为"美"，反对"华伪""虚妄"，在审美判断中坚持朴素唯物主义观点，在继承先秦及两汉美学思想的基础之上，以坚持真理的睿智和勇气"疾虚妄"以求"真美"，建立以"真美"为核心概念的美学思想，并将其贯彻于文学艺术领域，提出"文以称实""文实副称""文为世用"等观点，对后世的文艺创作产生了积极影响。

孙佳林《论王充的归纳逻辑思想》（云南师范大学硕士学位论文，2019 年 5 月）一文指出，王充对逻辑的贡献主要体现在他所著的《论衡》中，《论衡》里包含的逻辑思想不仅继承了前人"名实相符""循名责实"等观点，也发展了自己的逻辑思想，对后世也产生了非常深厚的影响。

（四）王充文学、科学、人才思想研究

唐文娇《〈论衡〉散文特征研究》（青岛大学硕士学位论文，2019 年 5 月）一文结合王充的生平、文学思想，《论衡》的创作主旨，将《论衡》置于散文发展史的一环，探讨其独特散文风格的成因。

王子今《〈论衡〉的海洋论议与王充的海洋情结》[《武汉大学学报（哲学社会科学版）》2019 年第 5 期]一文指出，《论衡》涉及海洋的内容，以越人重视海洋开发的传统为基础，亦以战国秦汉时期海洋探索及早期海洋知识积累为文化背景，具有重要的价值；《论衡》涉及海洋气象知识、海洋水文知识、海洋生物知识的论说，亦开启了我们认识汉代海洋学的视窗。

李文文《论王充的贤才观》[《西安石油大学学报（社会科学版）》2019 年第 6 期]一文指出，王充的贤才观是当时社会压力与知识分子寻找出路之间互动的反映，体现王充自我独立的精神。

二、嵇康研究

2019 年的嵇康研究，主要围绕嵇康的玄学（自然、名教）思想、精神世界、音乐思想及嵇康的比较研究等议题展开，其中有 5 篇硕士学位论文专题研究嵇康，并取得了丰硕的研究成果。

（一）嵇康玄学（自然、名教）思想研究

臧俊《从声无哀乐论看嵇康的越名教任自然思想》（《文化创新比较研究》2019 年第 17 期）一文认为，声无哀乐论是嵇康于魏晋动荡之际的价值思想，此时他遭到司马集团的迫害，在现实生活中无法根本实现"自然"，想要虚淡但又不能虚淡，纠结于痛苦矛盾和彷徨无依的内心世界，因此他沉溺于音乐之中，借此忘掉自己所处矛盾，去寻求自己政治观以及人生观上的"自然"。

相福星《嵇康的自然观及其以"自然"为核心的生命实践和价值追求》（《当代中国价值观研究》2019 年第 3 期）一文认为，嵇康的"自然"是一个融合了天道人道、由天及人的概念，他以"自然"为基点建立了包括宇宙生成、天人关系、价值追求和理想政治在内的一系列观点。

郭婧《从嵇康看玄学对魏晋士人的影响》（《文化学刊》2019 年第 6 期）一文认为，魏晋之际，社会混乱、政治倾轧，士人阶层纷纷弃儒经而尚老庄。嵇康作为这个时期士人阶层的典型代表，探讨其精神面貌对于研究魏晋士大夫的精神生活有着极为重要的意义。

（二）嵇康精神世界研究

李刚刚《论嵇康的双面形象》（《牡丹江大学学报》2019 年第 12 期）一文认为，嵇康是魏晋风流最具代表性的人物，他呈现给世人两种截然相反的人物形象。在儒雅风流的谦谦君子形象之外，他又未尝不是一名严峻激切、傲世不羁的反抗者。

曾良玉《嵇康的隐居研究》（西南大学硕士学位论文，2019 年 5 月）一文以嵇康的作品为主要依托，串联时代政治思想背景以及嵇康个人的思想与追求，从隐居的行为主体（隐士）、隐居行为的突出表现、隐居的原因、隐居的特点和影响等方面对嵇康的隐居行为进行了具体的分析。

王妍《诚之理想：嵇康〈家诫〉研究》（华东师范大学硕士学位论文，2019年5月）一文试图借由探索嵇康的哲学思想来完成对真善美理想人格的领会，以颇受争议的《家诫》作为矛盾切口接近真实复杂的嵇康，沿着得意忘言的思维路径展现诚言之于理想的丰富层次，体味嵇康之于理想人格的意义。

刘卫刚《嵇康精神境界研究》（中共中央党校硕士学位论文，2019年5月）一文以嵇康精神境界为研究主题，探讨了嵇康思想的儒道背景及其内涵，论述了嵇康的道德境界；进而阐述了嵇康"审贵贱而通物情"的天地境界，同时探讨了嵇康思想中一个重要的概念即"自然"，分析了嵇康"任自然"思想的内涵，说明了嵇康"任自然"的自然境界；最后，以嵇康的玄学风度为视角，探讨了嵇康作为"方中之美范"和"人伦之胜业"的人格精神魅力。

刘卓璐《嵇康"清虚静泰"思想研究》（西安电子科技大学硕士学位论文，2019年5月）一文从嵇康《养生论》《答难养生论》《释私论》入手，挖掘嵇康修身养性"三部曲"的核心思想——清虚静泰。通过对"清虚静泰"思想的解读，总结嵇康儒道兼融的人生价值观，挖掘嵇康内心的儒家元素，探析嵇康由儒入道的心路历程。

（三）嵇康音乐思想研究

刘云《嵇康琴乐美学思想研究》（南京艺术学院硕士学位论文，2019年5月）一文爬梳了古籍文献中记载的嵇康所弹奏、创作的古琴曲，借此把握嵇康的琴乐实践，并对嵇康的琴乐理论作出进一步的分析。

巴图苏龙尕尔《形式主义视野下的嵇康〈声无哀乐论〉之雅俗观》（《北方音乐》2019年第11期）一文从雅乐观、俗乐观、雅俗之和，对嵇康的雅俗观进行整理，阐述了嵇康从音乐本体研究雅乐俗乐，强调音乐主体性。

严毅《嵇康〈声无哀乐论〉的音乐审美观》（《北方音乐》2019年第14期）一文认为，在《声无哀乐论》中，嵇康富有思辨哲理、思维严密并且条理清新的八次论难，东野主人和秦客之间的往复思辨更是反复论证了"声无哀乐"的观点，他一生文武善类机事兵重，不如丝竹弦音；磬磬四伏城郭而安，不如三碗薄酒，不慕名利，信廉清浊,自在人心,这些都与他所处的魏晋时期的政治、文化背景息息相关。

（四）嵇康的比较研究

金晶、崔玲愿《竹林七贤与海左七贤诗歌内容比较研究:以嵇康与李仁老作品为中心》（《韩国研究论丛》辑刊,2019 年卷）一文认为,朝鲜高丽末期的海左七贤是与竹林七贤在理想情趣、思想品格上存在很大相似性的文人群体,两者虽相隔千年,却由于相似的历史背景和共同的遭遇而在思想与创作方面存在共鸣。

黄霞平《嵇康与葛洪养生思想之比较研究》（《中国道教》2019 年第 4 期）一文认为,嵇康的养生思想深受神仙道教影响,而葛洪的道教养生理论除受嵇康影响较大外,也有自己的特点。这就为两者养生思想的比较研究提供了前提。

李天鸽《尼采酒神精神与以嵇康为代表的魏晋酒文化的比较》（《吉林省教育学院学报》2019 年第 9 期）一文认为,尼采和以嵇康为代表的魏晋风度都有"酒"的思想主题,从"酒"角度分析两种思想,得出两者产生于相似的时代环境,都认识到了生命的悲剧本质,同时又有着理性与非理性、个人主义与非个人主义的差异,它们都对自己的时代和后世产生了巨大的影响的结论。

尚建飞《自然与任自然:阮籍、嵇康对老庄德论的诠释》（《中国哲学史》2019 年第 5 期）一文认为,在诠释老庄德性论的问题上,阮籍注重以"自然"来阐发老子、庄子的道之本性和人之本性,嵇康则是致力于澄清养生、无私、交友等德性条目的理论内涵。

2019 年学界对王充、嵇康的研究取得了不小的成就,尤其是王充思想的研究,是近年来王充研究学术成果最为丰硕的一年。此外,嵇康出生地是安徽濉溪,但是祖籍地是浙江上虞,我们有理由期望两地联手,开展合作宣传,使得嵇康的研究继续深入下去。

第四节　三国东吴历史文化研究

2019 年的东吴历史文化研究，主要集中体现在对东吴政治、军事、艺术思想的探讨与吴王孙策、孙权的个案研究。

一、东吴政治军事研究

傅小凡《三国时期政治哲学研究》（《天水师范学院学报》2019 年第 5 期）一文认为，江东吴国君臣努力寻找其割据一方的合理性，周瑜提出"率义以正天下"。可是，东吴的"义"，主要是用来批评和指责对手，并非自己追求的社会理念，因此，在夺取荆州之后，在江东豪强的左右之下，固守江东，政治上逐渐趋向腐败和暴政，"义"的理念自然流为空想和虚伪。

张翼《孙吴钱币的出土情况与"蜀钱吴用"现象》（《东南文化》2019 年第 4 期）一文认为，孙吴政权是三国中货币流通程度最高的政权，孙吴时期的货币流通主力仍然是前代货币特别是汉五铢钱，同时，孙吴和蜀汉铸币也进入了流通领域。

二、东吴文学艺术思想研究

陈娅妮《论政治语境下孙吴歌谣的流传与衍变》（《中国典籍与文化》2019 年第 1 期）一文认为，三国时期孙吴现存的诗歌中，歌谣占大多数。这些歌谣常具有预言性质，与孙吴重视祥瑞、天命的观念有关。然而，因受到后世价值评判与正统观念的影响，孙吴歌谣在流传过程中不断发生着时间的变异与语境的衍变。

娄佳清《三国东吴时期越窑青瓷工艺技术研究》（浙江大学硕士学位论文，2019 年 5 月）一文认为，在三国东吴时期，由于孙吴政权的稳定统治和民间厚葬之风盛行，陶瓷制造业得到创新发展，这对越窑青瓷的进一步繁荣有着重要意义。

三、吴王孙策、孙权的个案研究

杨庆麟《论刘备与孙策"托孤"之异同》(《齐齐哈尔师范高等专科学校学报》2019 年第 5 期)一文认为,三国时期,作为蜀国与吴国政权的奠基者,刘备和孙策通过"托孤"这一行为,保障了政权的稳定,并对政权今后发展确立了方向。

张寅潇《从吴蜀"交分天下"看孙权的战略构想》(《南京晓庄学院学报》2019 年第 3 期)一文认为,孙权称帝后与蜀国订立的盟约,是吴、蜀两国基于双方共同利益而约定的攻守同盟,盟约不仅规定了两国的共同目标和军事义务,而且对曹魏领地也进行了事先分割。孙权在与蜀国"交分天下"时的良苦用心,充分显示了其高瞻远瞩的战略眼光和一统天下的雄心壮志。

陈忠海《孙权的识人与用人》(《中国发展观察》2019 年第 24 期)一文认为,孙权在识人和用人方面丝毫不逊色于曹操和刘备,而且孙权是一位经历过基层实践锻炼的霸主。

第五节　汉唐余姚虞氏家族研究

2019 年的余姚虞氏家族的人物个案研究,主要集中在对虞翻经学、虞世南书法理论与文学思想的研讨。

一、虞翻经学研究

卜章敏《虞翻象数易学思想新探》(山东大学博士学位论文,2019 年 5 月)一文认为,虞翻为两汉象数易学集大成者,是公认的易学大家。研究虞氏易有助于我们探究西汉新易学与东汉易学之关联,把握东汉易学的学术特征。同时,作为两汉象数易学集大成的虞氏易对后世象数易学发展亦产生重大影响。

林忠军《论虞翻卦变说对若镛易学之影响》（《孔子研究》2019 年第 3 期）一文认为，易学卦变说源于《易传》，始成于汉末虞翻。丁若镛推崇汉易，接受了虞翻的卦变说。丁若镛卦变说本之虞氏，却又与虞翻卦变说有本质区别。丁氏卦变说，以中国古代历法为依据，其内容显得更为合理；又修正了虞翻等人的卦变说缺陷，其逻辑更为条理清晰。

牟晓琳《论虞氏阴阳消息之易学哲学》（山东大学硕士学位论文，2019 年 5 月）一文以阴阳消息在整个六十四卦的流转为基本线索，通过虞氏对宇宙变化形式的不同解释，从象数体例入手尝试挖掘虞氏易学的哲理内涵，以期达到以阴阳消息探索虞氏易学内部活力的效果，并在此基础上对虞氏所构建的整个易学体系及宇宙图式予以阐述。

二、虞世南文学思想研究

岳伟《虞世南诗文研究》（上海师范大学硕士学位论文，2019 年 5 月）一文对虞世南的诗文进行了系统研究，试图还原其"文学之宗"的文学地位。

岳伟《二十世纪以来虞世南诗文研究综述》（《淄博师专论丛》2019 年第 2 期）一文认为，虞世南是由陈隋入唐的重要人物，被唐太宗称为"当代名臣，人伦准的"，被誉为德行、忠直、博学、文辞、书翰"五绝"。尽管虞世南的"文辞"也是"五绝"之一，然而虞世南总是被冠以"宫廷文人"这样一种身份，学界在研究时往往对其诗、文尤其是文缺乏全面、深入地研究与评价，这样的状况和虞世南在文学上取得的地位与成就未免不相符合，也就影响到对虞世南诗文的准确定位。

第六节　浙东唐诗之路研究

20 世纪 80 年代末 90 年代初，浙江学者提出了"浙东唐诗之路"这个概念，使得唐诗研究跟浙江地域文化结合了起来，受到了学界的认同。2018 年的浙江省人民政府工作报告提出要打造"浙东唐诗之路"。这样,"浙东唐诗之路"就与当代浙江文化建设结合在一起了。2019 年 2 月 11 日,《光明日报》刊登了林家骊《"浙东唐诗之路"上的诗歌创作》一文,介绍了"浙东唐诗之路"的路线、诗人及其诗作。6 月 3 日,《光明日报》邀请到林家骊、卢盛江、唐燮军、龚缨晏、方铭等学者,一起探讨"浙东唐诗之路"的形成与发展及其现实意义,形成文稿《浙东唐诗之路是如何形成的》;11 月 3 日,中国唐代文学唐诗之路研究会成立。由此,浙东唐诗之路的研究,成为"汉唐浙学"研究新的学术增长点。

2019 年,浙江社科界围绕"浙东唐诗之路"也开展了多场学术研讨活动。比如,1 月 10 日,"'诗路浙江'暨浙江诗路文化研究院建设座谈会"在浙江师范大学举行。3 月 8 日,由浙江省社会科学界联合会主办、绍兴文理学院承办的"浙江诗路文化研究座谈会"在绍兴会稽山召开。3 月 9 日,"台州市唐诗之路研究院研讨会暨课题论证会"在天台和合小镇唐诗之路文化体验中心举行。

2019 年关于"浙东唐诗之路"研究的论著则有十余种。

邹志方著《浙东唐诗之路》(浙江古籍出版社 2019 年 4 月版)一书,是浙东地域的唐诗选集,其特点是按照唐代诗人通常游历浙东的路线形成编排。读者借此可以按照唐代诗人的浙东行迹,寻访他们的屐痕吟踪,随着唐代诗人的一路吟行,而作快意的卧游与神游。

胡正武著《浙东唐诗之路论集》(浙江工商大学出版社 2019 年 1 月版)一书,收录论文 20 篇,包含浙东唐诗之路综述、浙东诗人行迹考略、刘阮遇仙传说与造纸术起源、天台山文化发展等多方面的研究内容,充分展示了浙东唐诗之路的源流与影响。

柳巨波、朱文斌、刘家思主编《浙东唐诗之路与绍兴文化产业开发高峰论坛论文集》(安徽文艺出版社 2019 年 8 月版),收录 35 篇论文,分四个主题:"浙东唐诗之路研究""浙东唐诗之路开发研究""浙东唐诗之路拓展研究""唐代诗歌艺术研究"。

袁忠良《浙东唐诗之路:袁忠良一百二十五米国画长卷》(西泠印社出版社

2019 年 9 月版）一书,以"浙东唐诗之路"为绘画题材,用两年时间创作了一百二十五米国画长卷,描绘的是晋唐以来文人墨客往来频繁、对唐诗发展有着重大影响的一条山水人文旅游线路。

楼劲《六朝浙东人文与"浙东唐诗之路"》[《绍兴文理学院学报（人文社会科学）》2019 年第 1 期]一文认为,"浙东唐诗之路"是在六朝浙东经济社会发展的基础上形成的,尤其是与此期浙东的一系列人文积累分不开。会稽侨、旧士族名士的活动、浙东地志及山水记咏之作、道教、佛教在当地的传播及其与儒学、玄学的交流,即代表了这种发展和积累的一些重要方面。

李圣华等《浙江诗路文化创新的实践路径与时代价值》[《浙江师范大学学报（社会科学版）》2019 年第 4 期]一文认为,诗路文化汇聚了丰富的历代先贤智慧,展示了浙江诗意的生态画卷,体现了江南独特的地域风采,彰显出重大的历史价值、文化价值、社会价值和时代价值,是"大花园建设"的标志性工程和进一步实施"文化浙江"战略的时代亮点。

林家骊、汪妍青《会稽山水诗与"浙东唐诗之路"》[《浙江树人大学学报（人文社会科学）》2019 年第 1 期]一文指出,以谢灵运为代表的南朝山水诗,具有关键的转捩作用,其带动了后世"浙东唐诗之路"上的山水诗书写,为盛唐山水诗的成熟导夫先路。

邱志荣、吴鉴萍《浙东唐诗之路新探》（《浙江水利水电学院学报》2019 年第 1 期）一文指出,浙东唐诗之路主要以水路为主,其次才是陆路。浙东唐诗之路是南北文化的大交融,其核心内容是文史、山水、创作游。

林晖《浙东唐诗之路的兴衰原因及当代意义》（《台州学院学报》2019 年第 2 期）一文认为,浙东唐诗之路的关键节点在曹娥江、剡溪区域,该区域的自然地理环境和名士文化效应促成了诗路的兴起。南宋以后,曹娥江、剡溪区域自然地理环境的变化,浙东社会动荡不稳以及文士漫游之流风转向,造成诗路的衰落。

徐智麟、虞挺《"浙东唐诗之路"的文化坐标及传承价值》（《浙江水利水电学院学报》2019 年第 4 期）一文认为,绍兴镜湖是绍兴的"母亲湖",亦是"浙东唐诗之路"的"路基",更是"浙东唐诗之路"的焦点,而剡溪无疑是"唐诗之路"上的亮点,天台则是整条"浙东唐诗之路"干线的终点。

胡可先《天台山:浙东唐诗之路与海上丝绸之路的交汇》(《浙江社会科学》2019年第12期)一文认为,集山水奇观与文化精萃于一体的天台山,是浙东唐诗之路的精华所在。作为浙东文化核心的天台山,是浙东唐诗之路与海上丝绸之路的交汇点。

陈婕《"浙东唐诗之路"背景下绍兴市文化旅游发展研究》(《旅游纵览》2019年第9期)一文认为,"浙东唐诗之路"主要指从浙江渡江抵越州萧山西陵渡口进入浙东运河,再到达越州——就是今天的绍兴,然后沿越中名水剡溪上溯,经剡中到达佛教天台宗发源地天台山。而将"文化旅游"的概念运用到绍兴地区"浙东唐诗之路"文化旅游的实践中去,则可对唐诗文化、运河文化、孝德文化、阳明文化、大禹文化、兰亭书法文化等旅游文化资源进行深度融合开发。

杨海燕《基于文化体验的浙东唐诗之路绍兴段旅游开发研究》(《江西电力职业技术学院学报》2019年第11期)一文以旅游者需求出发,紧扣"浙东唐诗文化"主题,围绕"文化体验"这一中心,在分析现有景点发展现状基础上,按照影响文化体验的因素指引,提出浙东唐诗之路绍兴段文化旅游开发路径,意在突破绍兴段旅游发展瓶颈,助推浙东唐诗之路文化体验旅游发展。

肖维歌《浙东唐诗之路文化产业园区开发研究》[《绍兴文理学院学报(人文社会科学)》2019年第2期]一文,在介绍文化产业园区及其经济效应的基础上,通过分析浙东唐诗之路文化产业发展现状,提出了浙东唐诗之路文化产业园区开发的的对策与建议。

第七节　汉唐时期的其他浙学家研究

东晋时期著名书法家王羲之(303—361,一作321—379),生于琅琊(今属山东临沂),四十九岁来到浙江会稽山阴(今浙江绍兴)任右军将军、会稽内史,晚年隐居剡县金庭。其书法代表作《兰亭序》被誉为"天下第一行书"。在书法史上，与其子王献之（344—386，生于会稽山阴）合称为"二王"。故而王羲之、王献之的书法艺术也属于"汉唐浙学"的一个组成部分。

在唐代，浙江还有书法家褚遂良，著名诗人贺知章，政治家陆贽，文学家罗隐等，他们亦可归入唐代浙学家之列。2019 年，学界同仁围绕着王羲之、王献之、褚遂良、贺知章、陆贽、罗隐，也有一定数量的研究成果，进而推动了汉唐浙学的综合研究。

一、王羲之、王献之研究

2019 年 5 月 24 日至 26 日，由中国书法家协会和绍兴市政府联合举办的"源流·时代：以王羲之为中心的历代法书与当前书法创作暨绍兴论坛学术主题系列活动"在绍兴举办。来自海内外的知名专家学者、百名参展作者以及全国各省市书协和各行业书协的书法家代表千余人齐聚绍兴，寻源问道，共同进行了一场跨越传统经典与当前书法创作的对话。

2019 年，学界同仁关于王羲之的研究，主要集中于探讨他的生平事迹、隐逸思想、《兰亭集序》及其书法理论，共发表论文近百篇，兹择要综述。

刘涛《"别样"羲之，王羲之的最后十年》（《公关世界》2019 年第 12 期）一文指出，王羲之四十九岁那年（东晋永和七年，公元 351 年）来到会稽，任右军将军、会稽内史。王羲之"初渡浙江，便有终焉之志"，打算终老此地。他五十九岁在会稽去世，葬于会稽。会稽十年，是王羲之人生的最后阶段。

祁小春《王羲之的北伐态度及其人物评价》（《江淮论坛》2019 年第 4 期）一文就王羲之对北伐所表现出来的态度、立场及其原因等问题加以讨论。具体而言，就是将王羲之置诸当时的门阀士族社会，就其生活环境、政治主张、处世态度等多方面的相关问题试作考察，以便了解当时的一些重要历史场景，还原王羲之的一些真实人生图景。

任崇岳、李荣基《谢安与王羲之》（《中原文化研究》2019 年第 4 期）一文指出，谢安与王羲之二人为志趣相投的莫逆之交。谢安跟王羲之学过书法，两家又曾结为秦晋之好，两人戮力同心，辅佐朝政，使晋祚延续了几十年。公务之暇，两人或探幽寻胜，徜徉山水；或与文士名人吟咏诗赋，互相酬和，王羲之为此写下了著名的《兰亭集序》，在中国文学史上平添了一段佳话。

吕文明《走向神坛：〈兰亭序〉对王羲之"书圣"地位的造就》[《山东师范大学学报（人文社会科学版）》2019 年第 5 期]一文认为，《兰亭序》文本的书写和流传充满了神秘性，给后人留下了想象和研究的空间，其巨大的文化包容力和艺术创造力是造就王羲之"书圣"地位的关键。

刘书平《王羲之〈兰亭集序〉的文学价值探析》（《宿州教育学院学报》2019 年第 5 期）一文在检索众多文献的基础上，结合在教学实践中的思考，对王羲之《兰亭集序》的文学价值进行深入细致的探析。

关健赟《对王羲之"墨池"形成及传播的解构》（《苏州教育学院学报》2019 年第 1 期）一文认为，王羲之勤奋习字，将池水染黑形成"墨池"的故事流传甚广。整理魏晋南北朝时期正史、唐宋时期诗歌、散文、地理志以及明清时期各类选集中的相关文献有助于考证这一"故事"的起源和真实性，得出"墨池"的所在地并理清这一"故事"发展传播的途径。

张文晔《玄妙之伎：王羲之书学"意象观"的玄学依托》（《中国书法》2019 年第 20 期）一文从魏晋玄学的方法论角度切入，探讨玄学对魏晋书法艺术的影响，借助魏晋"言意之辨"分析书法之"象"与"意"的辩证关系，进而梳理王羲之书学思想中的"意象观"。

王云飞《论王羲之隐逸思想：以郭象玄学为中心》（《中国书法》2019 年第 2 期）一文认为，东晋王羲之早期的隐逸是身在庙堂、心在山林，魏晋南北朝郭象的《庄子注》主旨是"夫圣人虽在庙堂之上，然其心无异于山林之中"。王羲之的隐逸，不仅有郭象玄学的理论背景，而且有江熙、沈居士、孙绰等众多人参与其中的整个社会上层关于玄学山林和庙堂关系大讨论的背景。

焦福维《论人品与书品合流下的书法道统：兼论王羲之"书圣"形象的确立》（《中国书法》2019 年第 10 期）一文认为，以王羲之为代表的书家大力提升了书法的美学品格，在后世的接受中，书法进一步艺术化、审美化的同时逐步人格化，最终建立起人品与书品合流的书学人格道统。

罗丰《王羲之书迹在唐时期的传播》（《书法研究》2019 年第 2 期）一文认为，王羲之书迹自从生成之日起，就得到上层社会的宝藏。唐代初年的一些书迹已经呈现出学习王羲之书法的面貌。不仅在中原地区，甚至在遥远的西域、高丽、日本，人们也在学习《兰亭序》等名迹，且有相当的水平。王字书帖的复制水平，在唐代也达到一个空前的高峰。

2019 年，学界同仁关于王献之研究的论文有：刘涛的《王献之卒年》（《读书》2019 年第 7 期），邹佳锭的《从〈大观帖〉第十卷再议王献之书法》（《大众文艺》2019年第 3 期），田熹晶的《王献之书札中的情感悲歌》（《新阅读》2019 年第 2 期），刘赟、韩旭的《国家图书馆藏丛帖中二王尺牍目·王献之篇》（《中国书法》2019 年第 11期），田熹晶的《王献之书帖中所及病痛与服食之关系》（《中国书法》2019 年第 11期）等。

二、褚遂良书法研究

2019 年学界同仁对褚遂良书法艺术进行研究的论文篇目有：刘瑞鹏的《褚遂良〈雁塔圣教序〉解析》（《书法》2019 年第 1—6 期），潘婷的《论米芾对褚遂良书法的接受》（《荣宝斋》2019 年第 5 期），元国霞的《唐褚遂良〈雁塔圣教序〉临摹解析》（《书法教育》2019 年第 3 期），郭钰的《褚遂良〈雁塔圣教序〉风格浅析》（《艺术评鉴》2019 年第 12 期），易佳人的《褚遂良〈伊阙佛龛碑〉与初唐楷书书风的流变》（中国美术学院硕士学位论文，2019 年 5 月），李时秀的《试论作为谏臣的褚遂良及其与魏征之关系》（《学理论》2019 年第 8 期），张东华的《传唐褚遂良〈大字阴符经〉真伪新考》（《书法赏评》2019 年第 5 期）。

三、贺知章诗文研究

李珂《贺知章研究》（山东师范大学硕士学位论文，2019 年 5 月）一文认为，贺知章作为初盛唐过渡时期的著名诗人、书法家。他在实践上发展了陈子昂的诗文革新运动，提倡"兴寄"之说，标举汉魏风骨，反对颓靡诗风，对初唐到盛唐诗歌良好创作风气的形成与发展具有重要意义。

虞越溪、胡可先《新出资料与贺知章文学研究》（《国学》辑刊，2019 年卷）一文认为，近代以来贺知章所撰墓志铭陆续出土，迄今已达十方之多，不仅大大弥补了其传世文献较少的缺憾，同时也为我们研究贺知章的文学创作提供了极为珍贵的素材。这些墓志铭往往融记述、议论、抒情为一体，能较全面地体现出贺知章作为一位文章大家的学者风范。

四、陆贽思想与骈体公文研究

马钰童《论陆贽奏状中的辅政思想对现代秘书的启示》（《办公室业务》2019 年第 1 期）一文认为，陆贽公文写作以骈散结合闻名于世，辅之以独特的语言特色及深入浅出的表达方式，也因此受到唐德宗的赏识，究其原因，源于他深刻的政治理解及其自身的优良品质。

张敏、姚良《陆贽奏议文在宋代的经典化及其意义》（《秘书》2019 年第 1 期）一文指出，陆贽奏议文在宋代实现经典化，既是宋代君臣渴望扶正皇纲、端立人道的朝廷时局所需，也与孝宗提振士气、扶正文风的政治文化愿景契合。宋人对陆贽奏议文经典内涵的揭示，标志着宋代奏议文论进入了"奏议文怎么写"和"奏议文有什么用"的内涵式发展新阶段。

吴名茜《陆贽、权德舆骈文对〈昭明文选〉的接受与新变》（西南民族大学硕士学位论文，2019 年 5 月）一文认为，陆贽和权德舆的文章在中唐文坛比较具有代表性,二人的创作从不同方面反映出骈文在古文运动之前的改良情况。

温瑜、毛剑琴《中唐"内相"陆贽的佐政之道》(《领导科学》2019 年第 7 期)一文认为,中唐宰相陆贽参与机要十余年,从秘书学角度看,其佐政之道表现在直言相谏、具有远见卓识和民本主义上;其成功之道主要在于其翰林渊源、乱世历练、个人品德三方面。

庆振轩《近世文人,私所敬慕者,一人而已:苏轼对陆贽的尊崇与超越》(《天水师范学院学报》2019 年第 4 期)一文认为,苏轼自谓于近世文士中私所敬慕者独陆贽一人。梳理探究苏轼对于陆贽的接受、尊崇与超越,可以从一个特殊的角度略窥苏轼丰富个性及政治人格的独特侧面。

五、罗隐诗歌研究

陈琴《浅议罗隐诗歌中的讽刺艺术》(《开封教育学院学报》2019 年第 4 期)一文认为,安史之乱后,唐朝国力日减,尤其是在唐朝末年,许多矛盾显露出来。罗隐针对当时的社会状况写下许多针砭时弊的讽刺作品,借助历史故事或历史人物来讽喻现实,或采用起兴手法就事论事,抑或借用寓言故事来暗讽当下,托物寄兴,借事论时,留下许多脍炙人口的诗句。

龙慧文《罗隐七绝研究》(上海师范大学硕士学位论文,2019 年 5 月)一文认为,罗隐作为唐末的诗坛巨擘,在当时极负盛名。基于唐末七言绝句创作异常繁荣的大背景,而罗隐的七绝在其中脱颖而出,无论是在思想上又或在艺术上都有着极高的水准,显示出强烈的个性化魅力。

第八节　五代吴越国历史文化研究

2019 年的五代吴越国历史文化研究,主要集中在对吴越国宗室墓志、铜镜、佛寺,钱镠、钱俶的综合研究。

孙美娟《加强吴越国历史资料梳理辨证》(《中国社会科学报》2019 年 1 月 16 日)一文认为,临安作为钱王故里,存在着以吴越国王陵、功臣塔、功臣寺遗址等为代表的一系列历史遗迹。虽然相关历史遗存十分丰富,但在研究过程中仍然面临着许多困难。

赖天兵《吴越国石刻佛教造像的造型及组合》(《石窟寺研究》辑刊,2019 年卷)一文较为系统地分析了十世纪东南吴越国石刻佛教造像的造型及其尊像组合,归纳造像特征,指出五代宋初的吴越国首府杭州流行着一种富有地域、时代性的佛教造像样式("杭州样式")。

赖天兵《灵隐寺吴越国经幢短柱造像与佛顶尊胜陀罗尼经变相》(《敦煌研究》2019 年第 3 期)一文通过叙录灵隐寺吴越国经幢短柱所镌造像,与经文及其他相关佛教图像的比照,确定经幢主体造像(一级短柱造像)的依据为佛陀波利译《佛顶尊胜陀罗尼经》,造像可视作最为简化的佛顶尊胜陀罗尼经变相,并且是该经变相的晚期形态。

黎毓馨《五代宋初吴越国时期佛教金铜造像概述》(《东方博物》辑刊,2019 年卷)一文认为,五代宋初吴越国境内禅宗占绝对主流,佛教金铜造像却一改唐末衰没不振局面,反而大行于世,与吴越国王钱俶崇佛的历史背景、吴越国内盛行结社念佛往生西方净土的风气、禅净合一高僧延寿倡导的弥陀会"营造塔像"做功德有直接关系。

吴天跃《韩国出土的吴越国钱俶造铜塔和石造阿育王塔研究》(《美术学报》2019 年第 5 期)一文整理了韩国的相关考古报告和历史文献,辅以实地考察,详细介绍了韩国所藏吴越国钱俶造乙卯岁铜塔和韩国东国大博物馆所藏忠清南道天安市发现的石造阿育王塔的基本情况,并联系吴越国与朝鲜半岛佛教交流的文献记载,得出初步推论:韩国出土的钱俶所造铜塔可能与谛观法师往来吴越国有关。

刘旻雯、王欣《五代钱镠杭州风景园林营建研究》(《新建筑》2019 年第 3 期)一文认为,公元 907 年吴越王钱镠定都钱塘是杭州成为"古都"之始,也是杭州建设风景园林城市的开端。

此外，2019 年 11 月 15 日至 17 日，"吴越（国）文化论坛暨第二届学术研讨会"在浙江农林大学召开，与会专家学者围绕"吴越钱氏家族研究""吴越（国）文化与宗教研究""吴越国社会治理研究"等三个主题进行了分组讨论，探讨了钱氏家族人才辈出的原因以及历史贡献，论述了吴越国文化建设的成就以及纵横两方面的影响，总结了吴越国区域社会治理经验，对其功绩和现实意义进行了实事求是的评价。

二、钱镠、钱俶研究

方炳星《十世纪中期的东亚佛教交流：以吴越国为中心》（山东大学硕士学位论文，2019 年 5 月）一文认为，10 世纪中期，经历了会昌法难和唐末五代战乱的中国佛教由极盛跌至低谷，而地处东部沿海的"东南佛国"吴越国佛教文化发达，且坐拥与东部海外国家往来的地利，在这一时期的东亚佛教交流中扮演着重要角色。钱弘俶所造金属阿育王小塔的输出为日本和高丽佛教增添了新的内容，日本和高丽传回的天台教典则为中国佛教带来了复兴的希望，高丽送书使者谛观在中国所作的《天台四教仪》更是东亚佛教交流的重要成果。这一系列佛教交流事件，都对东亚佛教的发展产生了深远影响。

钱宁、钱可铭《吴越国钱氏"和"文化的借鉴意义》（《文化产业》2019 年第 4 期）一文认为，吴越钱氏文化之所以源远流长、博大精深，是因为吴越钱氏在齐家治国平天下期间接受和融合了儒、道、佛的文化理念，创立了具有吴越钱氏特色的"和"文化。

李最欣《论吴越国王室文人的文学成就》（《创意城市学刊》辑刊，2019 年卷）一文认为，钱氏吴越国王室文人的代表诗人是钱镠、钱俶。钱镠的代表作是《巡衣锦军制还乡歌》《秋景》和《九日同群僚登高并序》。钱镠的文学作品不俗，爱民保民是其诗歌突出的主题，开朗乐观是其诗歌主要的特色；钱俶的诗可以证史，有独特价值。钱镠、钱俶及其后裔的诗歌成就，使得吴越国王室文人的诗歌成就置于五代十国乃至历朝历代王室文人中也不逊色。

　　综合分析 2019 年学界同仁围绕"大浙学"视域的"汉唐浙学"研究,不难发现,对于汉唐时期浙江籍具体人物的专案研究比如王充、嵇康、虞世南的研究是亮点,对"浙东唐诗之路"的研究是特色;对会稽郡、东吴历史文化、吴越国历史文化研究也有一些成果,但是缺乏对汉唐时期浙江历史文化("汉唐浙学")综合研究的论著,这也是学界同仁需要着力开拓的研究领域。

第四章　宋元浙学研究

　　北宋浙学的代表人物与学术流派主要有：(1)"宋初三先生"之胡瑗，在湖州讲学之时创立的"湖学"。(2)"庆历五先生"杨适、杜醇、王致、王说、楼郁，以经史、实学为圭臬，在明州(宁波)传授经史、有用之学。(3)同时，王安石在鄞县也有传播"新学"(荆公新学)之功，共同促成了新儒学在明州(宁波)的传承与发展。(4)永嘉"皇祐三先生"王开祖、丁昌期、林石，在永嘉(温州)传播中原文化，开创"永嘉道学"。(5)永嘉"元丰九先生"周行己、许景衡、沈躬行、刘安节、刘安上、戴述、赵霄、张辉、蒋元中，将洛学、关学传入永嘉。(6)游酢在萧山，杨时在余杭、萧山从政期间的讲学活动，是谓程颢"吾道南矣"云云而有的"道南学脉"在浙江(杭州)的传播；这样一来，以二程洛学为主的理学(亦作"道学""新儒学")便在浙西(杭州)、浙东(明州、永嘉)传播开来，同时也促成了"南宋浙东学派"(狭义"浙学")的创设。按照"大浙学"的提法，经史之学、文学、自然科学、方志学等都属于"大浙学"的范畴，则(7)北宋著名隐逸诗人林逋、北宋科学家沈括，宜归入"浙学家"之列，后者的学术代表作《梦溪笔谈》则属于"浙学经典"之一种。

　　2019年，学界同仁关于宋元浙学研究的新进展，主要围绕宋元时期浙江籍的思想家及两宋浙东学派而有。同时，定都临安(杭州)的南宋朝历史文化、衢州南孔文化，也属于本书提倡的"大浙学"的关注领域。

第一节 两宋浙东学派综合研究

朱晓鹏、赵玉强合著《平民哲学与社会发展：南宋浙学精神及其现代价值》（社会科学文献出版社 2019 年 9 月版）一书，以一种多元、开放的学术史观重新解读和梳理南宋浙学史，从具体的历史角度出发重新找出南宋浙学自身形成、演变的固有线索及其规律，挖掘出南宋浙学中对传统儒学泛道德主义的超越性、强烈的独立自主精神以及强调实事实功、追求经世致用等具有平民哲学精神的思想特质。

赵飞跃《宋高宗时期温州士大夫群体研究》（温州大学硕士学位论文，2019 年 5 月）一文指出，宋高宗中后期通过绍兴更化以及科举改革使南宋文人风气得到恢复和发展，而温州士大夫群体也因为科举的改革逐渐走上仕途，担任官职，潜心学术，对温州地方文化的发展产生重要影响，促进了南宋永嘉学术思想的传承与发展，为南宋永嘉学派的产生奠定了基础。

朱光明《从学派到文派：宋元时期浙东学派转型及其影响》（《宋史研究论丛》辑刊，2019 年卷）一文指出，浙东学派是南宋以来的重要学派，对元明清学术及文学产生了深远影响。吕祖谦对唐宋文统的发掘、叶适对永嘉四灵的表彰和陈亮及后学一脉文学活动的开展，推动着学派的转型，导致学术色彩淡化，呈现出更多的文学色彩。浙东学派在元代中叶基本完成从学派到文派的转型，黄溍等人成为天下文坛的领袖。其弟子宋濂、王祎等继承黄溍文学思想，在文学创作等领域皆引领时代潮流，同时倡导馆阁文风，梳理唐宋文章统绪，对有明一代的文学发展具有奠基性的导向作用。

任淑莉《宋元浙江方志文献学研究》（西南交通大学硕士学位论文，2019 年 5 月）一文指出，宋元方志处于方志发展的成熟和完备阶段，其中浙江地区方志存量大、质量佳，保存了不少语言、历史、自然、社会等各方面研究的珍贵材料。

第二节　北宋浙学研究

一、胡瑗与"湖学"研究

2019 年,学界研究胡瑗教育、政治哲学思想的论文共有 4 篇。

赵欣欣、宋祥《胡瑗教育思想管窥》(《古籍整理研究学刊》2019 年第 6 期)一文认为,胡瑗推崇儒家文化,基于苏州、湖州两郡的实践教学,提出"明体达用"的教育目标,倡导学习贵在"体用"。他首创了"苏湖教法",经义和治事两斋,根据弟子的潜能、兴趣及个性特长施行分科教学,激发弟子学习动力,达到了预期的教学效果。讨论、愉悦、游历等教育方法都促进了教育目标的达成,教学内容的落实。

李秀娟、陈力祥《胡瑗"明体达用"之政治伦理思想探微》(《关东学刊》2019 年第 6 期)一文认为,胡瑗的政治伦理思想,创造性接续了先秦以降的儒家政治伦理思想,并表现出强烈的经世、民本情怀,开启了宋学视域下的政治伦理思想之先河。

谭珊、高永生《胡瑗师道观指导下高校青年教师师德养成及提升策略》(《湖州师范学院学报》2019 年第 11 期)一文认为,以胡瑗师道观为指导的高校青年教师师德提升路径在于:倡导"体"与"用"的回归,引导青年教师明道、信道、传道;倡导"严"与"宽"的互补,引导青年教师强化规范意识、培育仁爱之心;倡导"真"与"实"的对话,鼓励青年教师志在教育、锐意创新。

刘芷玮《安定书院与泰州学派:尊崇胡瑗的泰州儒学传统及其与心学的离合》(《中国文化》2019 年第 2 期)一文从《泰州志》的文献着手,发现纪念胡瑗的安定书院与王艮的异时空交会,分别对于明末泰州学派的诞生与宋代以来泰州儒学典范中的胡瑗,提供了新的解析与观点。

二、明州"庆历五先生"研究

"庆历五先生"是指北宋庆历年间（1041—1049）明州（今浙江宁波）的五位学者——杨适、杜醇、楼郁、王致、王说。

2019年，未见研究"庆历五先生"的论文。

三、王安石任鄞县县令的"治鄞方略"研究

2019年，未见研究王安石与鄞县相关的论文。

四、永嘉"皇祐三先生""元丰九先生"及北宋永嘉学派综合研究

"皇祐三先生"指北宋皇祐年间三位率先在永嘉（温州）传播中原文化的学者：王开祖、林石和丁昌期。"元丰九先生"是北宋元丰年间"游太学""及程门"的永嘉籍学者：周行己、许景衡、沈躬行、刘安节、刘安上、戴述、赵霄、张辉、蒋元中。

2019年，研究"皇祐三先生"及北宋永嘉学派的论文有3种。

王曼曼《皇祐三先生思想研究》（温州大学硕士学位论文，2019年5月）一文指出，皇祐三先生治学以六经为师，注重对儒经义理的阐发并以此宣扬儒道；同时，他们也关注现实，主张践行古道；三先生特别是其中的王开祖，其思想尚未深入内圣领域的性命道德之学，主要是以儒经义理的阐释来推明治道，更倾向于外王之学。皇祐三先生思想中既包含了尊孔崇孟的儒道情怀，还具有明经笃行的经世主张，以及不立门户的包容心态。三先生学术旨趣中务实致用的事功精神对南宋永嘉学者产生了深远的影响，为永嘉学派事功思想的形成奠定了基础，是永嘉学派当之无愧的开山之祖。

刘梁剑《豪杰精神与思想范式重建：从王开祖看永嘉学派一个被忽略的精神面

向》（《现代哲学》2019 年第 1 期）一文就王开祖《儒志编》管窥永嘉之学的豪杰面向。四库全书本《儒志编》"提要"称许王开祖为"豪杰"，而此评价在《总目》提要中却失落了。在重建思想范式的过程中，永嘉豪杰精神在事功中展开心性的面向不幸失落了，而王开祖所表彰的孟子绝学的要义即贵民轻君、挺立士道尊严则一开始就落在汪循、四库全书馆臣对"豪杰"的理解之外。

刘笑傲、赵飞跃《宋高宗朝温州士大夫与永嘉之学的发展》（《温州职业技术学院学报》2019 年第 4 期）一文认为，虽然北宋皇祐年间王开祖和元丰年间周行己等人对永嘉之学有开创之功，但真正促成宋代温州文化繁荣局面的，是宋高宗朝温州士大夫群体。

五、游酢、杨时与"道南学派"研究

杨时在余杭、萧山传播洛学与"元丰九先生"在永嘉传播洛学几乎同时发生。而游酢、杨时较早把中原（二程）理学传播到浙江等东南各地，是为程颢"吾道南矣"云云而有的"道南学派"的重要组成部分。

陶俊、林玥玥《杨时筑湘湖背景分析与当代价值》（《创意城市学刊》辑刊，2019年卷）一文指出，杨时修筑、开发湘湖顺应了北宋时江南农业经济大发展、对水利工程大需求的时代社会背景，不仅成功地为萧山建成了一项具有划时代意义的水利工程，取得了巨大经济效益，而且践行了儒家经世济民的人生理想，树立了一个为官一任造福一方的社会典范形象。

陈志根《杨时与湘湖：影响萧山人文历史的重要元素》（《现代城市》2019 年第 2期）一文认为，杨时在萧山任上，时间虽短，却干了两件大事，即湘湖的开筑和授徒讲学，传播理学。

六、林逋、沈括研究

(一)林逋研究

2019 年,研究林逋的论文有 4 篇。

杨一泓《林逋诗歌中的隐逸心态研究》(《吉林工程技术师范学院学报》2019 年第 3 期)一文认为,宋初林逋的诗歌具有有别于前代的隐逸特点,丰富和扩大了隐逸文化的内涵。他注重自身的修养,将隐逸融入内心世界,达成了精神境界的圆融。

余洪峰《南宋林和靖题材绘画解读》(《杭州文博》辑刊,2019 年卷)一文指出,林和靖受到其后代文人和艺术家的广泛推崇,由此形成了一个以林和靖为题材的绘画传统。现存最早的该题材绘画为南宋宫廷画院画家的作品,这些作品体现出鲜明的南宋宫廷画院绘画的风格。

另外两篇论文是:瑶瑶的《林逋论学》(《阅读》2019 年第 67 期)、邹金灿的《奇人林逋》(《作文与考试》2019 年第 26 期)。

(二)沈括与《梦溪笔谈》研究

2019 年学界的《梦溪笔谈》研究,主要围绕《梦溪笔谈》研究、王宏教授的《梦溪笔谈》英译等论域而展开。

1.《梦溪笔谈》研究

李明杰、陈梦石《沈括〈梦溪笔谈〉版本源流考》(《图书馆》2019 年第 4 期)一文认为,《梦溪笔谈》自成书之日起就有各种版本流传,明代后又刊有《补笔谈》《续笔谈》。《梦溪笔谈》的刻本可分为两大版本系统:一是以二十六卷《笔谈》附《补笔谈》《续笔谈》的版本,多以明马元调刻本为底本,再经校刻;二是二十六卷《笔谈》的版本。这两大版本系统中的《笔谈》部分均以南宋乾道二年(1166)扬州州学刊本为祖本。此外,还有三十卷《笔谈》附《补笔谈》《续谈》的写本流传。

石聪《从〈梦溪笔谈〉看法家思想对沈括科学研究的影响》(《文教资料》2019 年第 21 期)一文从《梦溪笔谈》文本入手,首先研究法家思想作为一种世界观对沈括认识自然界原理和物体运动规律的影响,重点探讨革新精神指导下,沈括对天文、石油、地理等方面科学研究的影响;其次研究法家思想作为一种政治指导思想对其科学研究的导向作用,重点探讨富国强兵政治思想指导下,沈括对水利、兵器方面科学研究的影响。

侯道儒《沈括数、理观初探:以〈梦溪笔谈〉为主轴的讨论》(《新宋学》辑刊,2019年卷)一文指出,潜心于天文、律历、音乐、医药、自然界及卜算的"科学家"沈括,在《梦溪笔谈》及其相关著作中,也十分频繁且强调性地使用"数"或"理"这两个概念。

2. 王宏《梦溪笔谈》的英译研究

苏州大学外国语学院翻译研究所所长王宏教授将《梦溪笔谈》(Brush Talks from Dream Brook)译成英文,在英国帕斯国际出版社(Paths International Ltd)出版。围绕王宏《梦溪笔谈》的英译,2019 年的翻译学界有文予以专门研究。

林宗豪、王宏《沈括〈梦溪笔谈·雁荡山〉英译通俗化策略研究》(《翻译论坛》辑刊,2019 年卷)一文通过分析王宏教授主译的《梦溪笔谈·雁荡山》英译本,探究典籍英译通俗化策略,提出传播媒介多元化、情景化和本土目的化等三大对策,以期迎合普罗大众的审美情趣,进一步提升《梦溪笔谈》等中国科技典籍的对外传播效果。

第三节　南宋浙学研究

南宋理学发展的学术高峰是朱熹理学与陆九渊心学,又因为南宋都城是临安(杭州),故而两浙便自然成为南宋理学传播的中心区域,狭义的"浙学"即南宋浙东学派藉此成型:(1)以薛季宣、陈傅良、叶适为代表的"以经制言事功"的永嘉学派,还有郑伯熊、郑伯英、蔡幼学、徐谊等同调;(2)以陈亮为代表"专言事功"的永康学派;(3)以吕祖谦、吕祖俭为代表"传中原文献之学,经史文章,合于一流,确拔而出"的"金华学派"("婺学");(4)金华唐仲友的经制之学。与此同时,还有(5)以范浚、张九成为代表的浙江本土心学家;(6)宗于江西陆九渊心学的"甬上四先生"杨简、袁燮、舒璘、沈焕。而朱子学在浙江的传播,按地域则可析分为(7)以陈埴、叶味道(木钟学派)等为代表的永嘉(温州)朱子学;(8)以杜煜、杜知仁、杜范等南湖学派为代表的台州朱子学;(9)以宋元之际"北山四先生"何基、王柏、金履祥、许谦为代表的金华朱子学,亦称"北山学派"。此外,(10)南宋文学家李光、王十朋、楼钥,也属于广义的"浙学家"。

一、薛季宣、陈傅良、叶适与南宋永嘉学派研究

(一)南宋永嘉学派综论

洪振宁《对深化永嘉学派研究的建议》(《温州日报》2019 年 8 月 5 日)一文指出,南宋创立的,倡导通经致用的永嘉学派,是学派的原本体;晚清复活的,作为思想资源的永嘉学派,引导了"后永嘉学派";当代继承的,成为文化土壤的永嘉学派,当创新发展,建设新永嘉学派,即推进温州学研究,推进社科研究和学术创新,创立温州学派。

温州市委政研室课题组《永嘉学派"义利并举"思想核心要义及其对新时代温州经济社会发展的启示》(《温州日报》2019 年 6 月 10 日)一文认为,永嘉学派主张"义利并举",其思想根植于古代温州先人的生存状态、社会环境和民生需要的一种心理观念和文化积淀,是一种强调直面现实、尊重规律和有所作为的文化传统,是现当代温州创业创新精神的源头之一。新时代温州经济社会发展,必须继承与发扬永嘉学派"义利并举"思想。

（二）薛季宣研究

2019 年，未见学界有研究薛季宣的论文。

（三）陈傅良研究

2019 年，研究陈傅良的论文有 5 篇。

刘雄《〈陈傅良诗集校注〉匡补》（《郑州师范教育》2019 年第 1 期）一文认为，郁震宏的《陈傅良诗集校注》注释精审、征引广博，足以发潜德之幽光，但间有注释有误、不切、未备和失注处。

周沛《浙东地域空间：陈傅良的思想发展与文学书写》[《浙江师范大学学报（社会科学版）》2019 年第 3 期]一文认为，陈傅良一生大多数时间都在浙东一带度过，这里的山水养育了他，也涵养见证了他思想学术与文学创作的发展演变。

方长山《永嘉之学的明代回响：以陈傅良的明代历史形象为例》[《温州大学学报（社会科学版）》2019 年第 4 期]一文认为，元明之后，国家借由科举凸显对程朱理学的尊奉，但并不意味永嘉学派淡出地方知识层的视野。明代温州知识界从祠祀、书籍出版、科举程文及学说继承等方面构建了陈傅良的历史形象，从一个侧面证明永嘉之学在明代回响犹在。

黄文翰《陈傅良佛禅诗略论》（《温州职业技术学院学报》2019 年第 3 期）一文认为，陈傅良存世的三百五十余题诗歌作品，有十分之一在语词或内容上，明确含有佛禅元素。作为永嘉学派的代表人物，陈傅良并未壁垒森严地排击佛教，而是在诗作中明确表达了儒释同源之意，并坦诚自己早年濡染释氏的经历。

陈志坚、陈安金《瑞安石岗斗门修建历程考述：以陈傅良〈重修石岗斗门记〉为中心》（《温州职业技术学院学报》2019 年第 4 期）一文认为，陈傅良所作《重修石岗斗门记》一文，对斗门的修建历程做了详细考述，不自觉地将永嘉学派重视史书制度、事功、经致等思想特质贯彻于其中。

（四）叶适研究

2019 年的叶适研究,涉及叶适的文献著作、文学思想、碑志文、记体文、美育、哲学思想研究,有论文数篇,外加专著 1 种。

1.《水心文集》文献研究

洪晓《〈水心文集〉(墓志铭)校注及其相关研究》(温州大学硕士学位论文,2019 年 5 月)一文,分为上、下编,上编选取《水心文集》的"墓志铭"部分予以校注;下编在此精读校注的文献基础上,对叶适碑志文加以探析。

王念明《〈水心文集〉(记、序)校注及其相关研究》(温州大学硕士学位论文,2019 年 5 月)一文,选取《水心文集》的 56 篇记体文、34 篇序文予以校注,在此基础上,对叶适的全部现存记体文、序文做了论析。

2. 叶适的文学思想研究

陈光锐《叶适文学研究》(安徽大学出版社 2019 年 3 月版)一书,结合叶适的家世和生平经历,探讨了他从一名游学四方、钻研时文的青年,成长为文坛盟主的历程;探讨了叶适的文学观和他为继承北宋古文传统所作的努力,讨论了关于叶适的文学批评,阐明了叶适散文创作的宗旨——文关政教的实用观。

雷恩海《叶适的诗学本原论暨诗学史意义》[《华南师范大学学报(社会科学版)》2019 年第 2 期]一文认为,叶适探讨诗学之本原、诗歌的内涵承载、诗之所以为诗,显示出一位卓越哲学家的思维特性。叶适的诗学理论,实乃晚宋诗歌的一大关键。晚宋诗学的理论在一定意义上就是水心诗学思想的衍生与发展。

张平《用工苦而造境生:从离别与哀挽诗管窥叶适的诗学追求》(《语文学刊》2019 年第 6 期)一文认为,离别诗与哀挽诗在叶适全部诗作中具有样本分析的典型意义。叶适具有弥合"学人之诗"与"诗人之诗"的诗学理想,但其用工虽苦而"造境"未谐,终致其诗学统合实践予人以充满矛盾的印象并为其带来非议,而他的这一诗学遭遇正可在"其说不能自白"的学术失语中找到思想根源。

3. 叶适的碑志文、记体文研究

郑玲、钱建状《随其资质 与之形貌：叶适碑志文写人艺术探微》[《温州大学学报（社会科学版）》2019 年第 1 期]一文认为，叶适碑志文中描写了名臣良吏、文士儒生、布衣处士等人物形象。叶适能够根据人物不同的身份行迹，突出人物的主要个性。

钱蕾《从"约一代治体"到"统纪之学，论述今古"：论叶适对〈宋文鉴〉的继承与发展》（《北京社会科学》2019 年第 7 期）一文认为，叶适在《习学记言序目》中对吕祖谦《宋文鉴》推崇甚力，并以吕祖谦继承人自居。他不仅继承了吕祖谦的文学思想，还在此基础上进一步提炼发展出"统纪之学"。

4. 叶适的美育思想研究

李正柏《叶适美育思想及其实践研究》（《美与时代》2019 年第 12 期）一文认为，叶适从永嘉学派事功思想出发，强调后天教育对人性塑造的作用，并且重视教育实践的检验作用。他从教育的制度层面和具体方法层面提出了系统的改革措施，意在重振儒士"内圣外王"之精神内涵，为国培养可用之才。

5. 叶适的哲学思想研究

肖芬芳《天人观视域下对叶适思想的考察》[《温州大学学报（社会科学版）》2019 年第 2 期]一文认为，叶适通过溯源儒学发展之历史本源，将三代以来的儒学原始精神确定为儒学的根本精神，并在延续上古传统的基础上确立"人道立则鬼神可安，人职尽则生死为一"的天人观。

（五）郑伯熊、郑伯英研究

2019 年，学界没有研究郑伯熊、郑伯英的专论。

二、陈亮与永康学派研究

2019 年学界的陈亮研究，主要围绕陈亮的学术思想定位、豪杰人格、文学思想

(词论)以及陈亮与朱熹的比较研究展开。

（一）陈亮学术思想综合研究

李壮《陈亮学术论衡》（内蒙古大学硕士学位论文，2019 年 5 月）一文指出，陈亮毕生的学术宗旨，在于究心王霸之学以实现国家长久的富强安定。陈亮的王霸之学以对道的体认为前提，在道器观上，他主张道不离器，认为道的实际内涵是以三才为基本要素的天人系统的现时结构状态，强调人是影响道之存亡的唯一因素。其王霸之学具体落实为根据时代现实的具体情况对政治制度作出相应的损益与变通，借鉴前代制度中合理的、成功的实践经验，使现实政治制度能够通古今之变而与时偕行。

王浦劬、赵滕《陈亮功利思想辨正》（《中州学刊》2019 年第 6 期）一文认为，南宋时期陈亮与朱熹的义利王霸之辩，反映了当时事功政治思想的脉动。科学准确地把握陈亮的功利思想，应该遵循历史唯物主义，延沿儒家基本思想脉络，联系南宋时期程朱理学的天理思想背景，从清楚认知陈亮"气一元二面向"的世界观出发，深入评析其伦理观在道德优先框架下的功利合理性，进而揭示陈亮"义利双行、王霸并用"的义利统一逻辑，由此管窥陈亮义利统一观，以为其功利思想辨正。

（二）陈亮的豪杰人格研究

周建《论陈亮的豪杰观》（华东师范大学硕士学位论文，2019 年 5 月）一文指出，在南宋理想人格不断内圣化之际，陈亮一反主流声音将豪杰作为理想人格。在他看来，豪杰是仁、智、勇具一身且通过实践展为积极事功取向的人格。豪杰这种外王与事功取向实际上根植于陈亮对道与人性的理解中。陈亮将仁、智、勇、行作为豪杰人格的四个明显特征，其中"勇"是豪杰人格的先决条件，表现为主体的自由选择；"智"则表现为解决实际问题的能力；"仁"是豪杰的根本品质，但这里"仁"多以"公"为内容；"行"则是将"仁智勇"美德的外化手段，表现出较强的事功取向，同时"行"还具有检验豪杰的功能。

（三）陈亮文学思想（词论）研究

郭帅帅《陈亮与辛弃疾咏物词之比较》（《河北广播电视大学学报》2019 年第 1 期）一文认为，陈亮与辛弃疾的咏物词喻托明确、立意高远、壮美与柔美并存，与姜派咏物词形成了鲜明的对比。但是，陈亮与辛弃疾的咏物词也表现出诸多不同：龙川（陈亮）咏物词题材保守、狭窄，稼轩（辛弃疾）咏物词题材开拓、广阔；龙川咏物词风格庄重，稼轩咏物词则庄谐杂出；龙川咏物词偏于冷静思索，稼轩咏物词则偏于直接感发；陈亮单纯咏物，所用典故不过是在为咏物服务，而辛弃疾则将咏物与咏史结合在一起，典故本身常常成为吟咏对象。综合来看，稼轩咏物词的水平远在龙川咏物词之上。

（四）陈亮与朱熹的比较研究

朱婧《陈亮"成人"思想研究》（苏州科技大学硕士学位论文，2019 年 5 月）一文指出，陈亮在与朱熹著名的"朱陈之辩"中，陈亮首次较为系统全面地提出了其"成人之道"，并在与朱子的数次论辩中对之进行了修正与完善，最终与主流理学分道扬镳，形成了具有显著事功特色、偏向外王的"成人"思想。

岳娇娇《陈亮、朱熹"成人"之辩研究》（南京大学硕士学位论文，2019 年 5 月）一文基于比较分析，专探陈亮、朱熹二人在"成人"之道上的认识分歧，分析产生分歧的主客观原因及南宋儒者的家国情怀，进而分析揭示 12 世纪末期士人阶层的精神风貌及道学的演进变化，探讨"成人"之辩在历史上的影响，凸显"成人"之辩的思想史意义。

三、吕祖谦与"金华学派"研究

2019 年学界的吕祖谦研究，主要聚焦于吕祖谦与朱熹、张栻的交游，吕祖谦与朱熹合编的《近思录》综合研究，以及吕祖谦的哲学、文学、教育思想及传世文献的相关研究。

（一）吕祖谦与朱熹、张栻即"东南三先生"研究

向世陵《"沦于空寂"与"滞于形器"：朱熹对吕学与陆学的批评》（《社会科学战线》2019 年第 4 期）一文认为，朱熹对以吕祖谦为代表的浙学持负面的评价，以为浙学不"高"则"卑"，均不能于中间"亲切合理会处"有恰当的体贴。但相较于陆学之"高"，朱熹对吕学之"卑"给予了更多的批评。吕祖谦之后，吕学相当程度继续了重实效、重利益、重史传的学术特色，但最终不能避免与朱学混同。

胡宁《从朱、吕之辩看诗经学诠释体系的转变》（《中州学刊》2019 年第 4 期）一文认为，以"衢州之会"为核心，朱熹与吕祖谦就诗经学的许多重要问题展开论辩，汉唐诗经学诠释的弊端被凸显出来，新的观点得以提出并论证。

张天杰《吕祖谦与张栻交游详考：兼谈南宋初年"东南三贤"之由来》[《湖南大学学报》（社会科学版）》2019 年第 4 期]一文认为，"东南三贤"中的学术领袖当为张栻，而撰述、发问推动最多则是朱熹，吕祖谦则以张、朱之后学自居。张、吕去世之后，学术共同体自然解体，朱熹的地位日愈重要，然而其议论则使后人对浙学、湘学之认识发生偏差，故梳理吕、张交游，并还原"东南三贤"由来历程，当极有必要。

张慧清《南宋士人通信方式的比较：以朱熹、吕祖谦的书信往来为中心》（《唐宋历史评论》辑刊，2019 年卷）一文，通过统计朱熹与吕祖谦的往来书信，发现二人通信以便人为主、专人为辅，而偶用递铺。

（二）《近思录》综合研究

张文《〈近思录〉何以成为经典》（《光明日报》2019 年 12 月 14 日）一文指出，《近思录》一书是朱熹、吕祖谦二人合作为"穷乡晚进有志于学而无明师良友以先后之者"提供的理学读本，自成书之日起就备受关注，流传极广且影响深远，成为代表中国古代学术思想的重要经典。

张品端《朱子〈近思录〉在韩国的传播及其影响》（《朱子文化》2019 年第 3 期）

一文认为，《近思录》于高丽末，由韩国官方学者传入后，受到韩国学者的普遍推崇。他们通过抄写、刻印，并进行仿编、续编、注解和札记等方式，形成了韩国历史上《近思录》系列文献。此外，张品端又有《朱子〈近思录〉在日本的流传及其影响》(《朱子文化》2019 年第 2 期)文，对《近思录》在日本的流传过程予以阐释。

张美英《〈总目〉"近思录文献"八种提要释考》(温州大学硕士学位论文，2019年 5 月)一文指出，《近思录》作为南宋以来重要的理学文献，其批注仿编著作众多，《四库全书总目》所著录的就有八种：叶采《近思录集解》，茅星来《近思录集注》，江永《近思录集注》，李文照《近思录集解》，郑光羲《续近思录》，张伯行《续近思录》《广近思录》，刘源渌《近思续录》。该文则对这八种"近思录文献"提要进行了全面而深入的研究。

许家星《"〈近思录〉，四子之阶梯"说之重思》(《中国哲学史》2019 年第 1 期)一文从分析"好看""阶梯""四子"的含义入手，以《近思录》和朱子《四书》所收"四子说"的比较为中心，证明以《近思录》为《四书》阶梯既不符合该书编撰意图、内容主旨，亦与朱子《四书》优先原则，及朱子治学经历、教学之道相冲突，当是陈淳之见，而非朱子之言。

陶政欣《陈荣捷的〈近思录〉翻译及其朱子学著述研究》(《开封教育学院学报》2019 年第 11 期)一文探讨了陈荣捷其人、其著以及他对《近思录》的翻译与研究，以此探讨他对中学西传所作出的贡献，以及中国传统经典在西传后对西方世界的影响。

（三）吕祖谦哲学思想研究

程源源《吕祖谦理学思想的兼容并包》(《贵州社会科学》2019 年第 3 期)一文认为，作为理学家，吕祖谦以其兼采朱熹、陆九渊无所偏滞的学术特色，形成了"吕学"。吕祖谦理学思想兼容并包特征的形成，与其家学"不名一师，不私一说"，宽厚的个性，以及学以致用的治学旨趣皆有关系。

徐艳兰《学统与道统的角逐：吕祖谦学术地位演变的内在理路》(《浙江社会科

学》2019 年第 7 期）一文认为，细绎南宋及元明清学人对吕祖谦学术地位的叙述，可以发现，其呈现出"升—降—升"演变的趋势。

（四）吕祖谦文学思想研究

许和亚《吕祖谦编纂〈宋文鉴〉的文学思想与学术实践》（《中国文化研究》2019年第 1 期）一文认为，《宋文鉴》的编纂凝聚了吕祖谦的文学思想与学术关怀。吕祖谦秉持融会理文的文道观，以编纂《宋文鉴》为契机，致力于弥合自北宋以来文道分裂与对立的局面，对于南宋中期文坛中兴局面的形成具有重要的推进之功和启示意义。

陈婧、张申平《吕祖谦对宋代古文文统的建构研究：以〈古文关键〉为视角》[《重庆科技学院学报（社会科学版）》2019 年第 6 期]一文认为，吕祖谦编撰的《古文关键》一书对文道关系、古文谱系、文法传承等皆有所涉及。他主张为文重本，崇尚雅正，认为文学要羽翼圣经，有补世教，有益治道；提倡文学和理学相融合，文章要做到理文兼顾，事与辞称，文质兼备。他还重视行文程式和技巧，这对于古文文统的建构具有重要意义。

（五）吕祖谦教育思想研究

夏亮《吕祖谦德育思想研究》（苏州科技大学硕士学位论文，2019 年 5 月）一文指出，吕祖谦对道德教化有着自己的独特认识，他的德育目标是"讲实礼，育实材而求实用"，最终培育出一大批道德崇高之人来治国安邦。

符丽《吕祖谦的诗文教学观》（聊城大学硕士学位论文，2019 年 5 月）一文指出，吕祖谦为后世的学术研究和教育教学留下了宝贵的经验财富。他尽心发展教育，开办丽泽书院，亲自编写教材教授学生，推进了南宋教育的发展。他的教育思想内容丰富，教育理论和教育实践相辅相成，不乏真知灼见。

（六）吕祖谦的传世文献研究

杨新勋《吕祖谦经部著作四库提要辨正四则》（《历史文献研究》辑刊，2019 年卷）一文就吕祖谦《古周易》《书说》《吕氏家塾读诗记》和《左氏传说》在书名、卷数、作者、版本以及提要文字等方面的不实、差异之处，通过汇校四库所有"提要"、核实《四库全书》所收书以及参考文献，力图考证事实原貌，梳理四库"提要"源流，对"提要"所载加以澄清，并说明各"提要"存在的主要问题。

马晨唯《〈东莱博议〉：以科举教材为中心的研究》（安徽师范大学硕士学位论文，2019 年 5 月）一文指出，吕祖谦的《东莱博议》文风"闳肆博辩，凌厉无前"，自成书后一直被人争相模仿。《东莱博议》将经、史、文作为教育内容，立足于理学，以史学为根柢，将经、史融合于文之中，体现了吕祖谦"博学笃志""兼容并包"的教育思想。

慈波《吕祖谦〈大事记〉的版本与刊写》（《新宋学》辑刊，2019 年卷）一文指出，《大事记》是吕祖谦在史学领域的代表性著述，其创意直接来自司马迁《史记》年表中的事件表，属编年体通史。《大事记》在纪事上承《春秋》，自周敬王三十九年鲁人获麟开始，以五代作结。

胡培培《吕祖谦〈左氏博议〉的文本研究：以明正德安正堂刻本为中心》[《温州大学学报（社会科学版）》2019 年第 6 期]一文指出，吕祖谦《左氏博议》流传甚广，版本众多；明正德安正堂本是现存《左氏博议》文本中唯一一个结合形式的版本，其内容完备，形式稀见，具有重要的学术价值。

王云庆、高雪华《南宋吕祖谦的档案文献编纂思想研究》（《船山学刊》2019 年第 6 期）一文，通过选取最能反映吕祖谦档案文献编纂特色的若干实践成果作为研究对象，具体剖析了他创新编纂体例、独特选材视角、探究史料细节、采择文献完备等独具特色的档案文献编纂方法，揭示出吕祖谦在编纂文献汇编时包含的经世致用观念及其背后所隐含的心态。

程源源《〈十七史详节〉史学思想初探》（《史学理论与史学史学刊》辑刊，2019

年卷)一文指出,《十七史详节》作为一部颇具代表性的史钞之作,其中蕴含了吕祖谦丰富的史学思想。

四、唐仲友及其经制之学研究

2019 年,学界不见有对研究唐仲友的论文。

五、张九成、范浚的心学研究

2019 年,学界同仁关于张九成的研究成果有两种,不见有范浚研究论著。

戎姝阳《张九成〈横浦集〉研究》(广西大学硕士学位论文,2019 年 5 月)一文分为上、下两编。上编主要对张九成的家世生平、师从交游、《横浦集》的成书背景、版本情况及其文学思想、文章创作进行较为系统的梳理;下编为《横浦集》的注释部分,以中华再造善本影印南宋绍定后翻刻本为底本,以影印文渊阁四库全书本等其他文献为参考,力求疏证典故,详考名物,以期为深入研究张九成其人其事其学提供一些可资参考的材料。

刘玉敏《汪应辰〈答张侍郎〉辨正:兼论汪应辰与张九成的关系和影响》(《上饶师范学院学报》2019 年第 2 期)一文指出,从《答张侍郎》所反映的信息看,张侍郎实为汪应辰的老师张九成,而不是张祁。汪应辰状元及第后拜张九成为师,从张九成的诗文及其在讲课中对汪应辰的评价,可见他极为赏识汪应辰的操履和才华。

六、"甬上四先生"研究

"甬上四先生"是指南宋时期尊崇陆九渊心学的杨简、袁燮、舒璘、沈焕,因他们四人生长、活动在慈溪、鄞县、奉化等地,位处四明山麓、甬江流域,后人称为"甬上四先生"(亦作"四明四先生""明州四先生");又因他们学术活动主要集中在宋孝宗淳熙年间，也有人称之为"淳熙四先生"。

2019年的"甬上四先生"研究，主要围绕杨简、袁燮、舒璘展开，共有5篇论文。

黄觉弘《重庆图书馆藏郑氏注韩居抄本〈慈湖春秋传〉考说》（《文献》2019年第6期）一文认为，重庆图书馆藏郑氏注韩居抄本《慈湖春秋传》十二卷，实为《永乐大典》辑佚本。

荒木见悟《陈北溪与杨慈湖》[《贵阳学院学报（社会科学版）》2019年第5期]一文，对陈北溪与杨慈湖二人之间的学术渊源予以考论。

张宁璐《杨慈湖仁学思想研究》（山东大学硕士学位论文，2019年5月）一文指出，杨慈湖的仁学思想内容丰富，进而从不同的角度对"仁"进行了阐释。首先，杨慈湖采用以觉训仁的言说方式，认为"常觉常明""觉之纯"是仁。其次，他以人心释仁，认为人能觉悟到心体的清明澄然万物毕照之状态是仁者之境界。为了保持心体的澄然自明，他提出了通过"毋意"的工夫来求仁守仁。最后，他阐述了仁与礼的关系。他通过理论建构消除了礼的外在强制性，使其内化于人，让人们心悦诚服地遵礼向善，自觉地践行"仁"道。

赖晓琳《袁燮〈絜斋毛诗经筵讲义〉研究》（湖北民族大学硕士学位论文，2019年5月）一文以层层递进的逻辑方式进行论述，以期呈现袁燮解《诗》思想的时代性和创新性：袁燮在解《诗》过程中侧重于阐发义理，具有经世致用的特点；袁燮编著《絜斋毛诗经筵讲义》一书，有着强烈的受众意识，即为皇帝讲《诗》，所以解说格式呈现出三段式结构。

李笑莹《论〈舒文靖集〉的版本及其蕴含的学术思想》（《开封教育学院学报》2019年第1期）一文认为，舒璘的著作，目前仅有《舒文靖集》存世，与四先生中的另外三位相比，他的思想秉承陆氏、兼综理学、平实质朴、较有特色，值得被单独探讨。

七、永嘉(温州)朱子学研究

永嘉学者叶味道,作为朱熹晚年主要弟子,与同乡陈埴(生卒年不详)一道开创了永嘉朱子学即"木钟学派"。陈埴先师事叶适,后又拜朱熹为师,与叶味道致力于在永嘉地区传播朱子学

2019年,王宇《师统与学统一的调适:宋元两浙朱子学研究》(社会科学文献出版社2019年10月版)第三章、第五章有对叶味道、陈慎生平事迹与理学谈论的论述。

八、台州朱子学研究

据黄宗羲、全祖望《宋元学案》卷六十六《南湖学案》载,台州籍的朱熹门生,有天台潘时举,仙居吴梅卿,临海林恪,黄岩赵师夏、赵师渊、杜煜、杜知仁等人,他们为朱子理学在台州一带的传播、弘扬而尽心尽力。学者称杜煜为"南湖先生",缘此称所创学派为"南湖学派",是为台州学子学。

2019年,学界不见有台州朱子学研究的论文,但是严振非著《台州儒学史》(上海古籍出版社2019年11月版),第二章"南宋十大儒"对台州籍的朱子学者二徐、石𫘤、杜煜、杜知仁、赵师渊、杜范、潘时举、车若水、黄超然等予以综论。

九、金华朱子学研究

朱熹之后,促成朱子学继续在浙中金华地区传播的是朱熹的弟子、女婿黄榦。黄榦将朱子学传于何基,何基传王柏,王柏传金履祥,金履祥传许谦,何、王、金、许被称为"金华四先生"或"宋元北山四先生","金华朱子学"("北山学派")由此形成。

2019年,学界对"金华四先生"研究的论文有两篇。

郭愍荔《北山四先生文学研究》（山西大学硕士学位论文，2019 年 5 月）一文分三部分，第一部分为引言，第二部分为主体部分，分章就北山四先生的生平与著作、理学思想、诗歌创作、散文创作及文艺观念进行阐述，第三部分是一个年表。

王小红《金履祥〈尚书〉学著述考论》（《宋代文化研究》辑刊，2019 年卷）一文指出，宋元之际学者金履祥对《尚书》研究颇深，取得了一些超越前人的成果，是宋元《尚书》学发展过程中承前启后的学者。其《尚书》学专门著作中，历代文献见载以及流传至今者有《书经注》和《尚书表注》两书。然今人多疑金氏《书经注》为伪作，但通过考论金履祥《尚书》学著述，可推论其《书经注》不伪。

十、南宋其他浙学家研究

除南宋浙东学派的浙学家群体外，李光、史浩、王十朋、楼钥等政治家，"永嘉四灵"、陆游、戴复古等文学家，也可谓"大浙学"视域中的"浙学家"。

（一）李光研究

2019 年，研究李光的论文有 1 篇。

梁桂元《李光仕宦交游研究》（河北大学硕士学位论文，2019 年 5 月）一文通过对李光仕宦生涯及交游对象的研究，揭示了李光本人命运坎坷的深层原因，继而反映出李光生活时代文人士大夫的生存状态，最后在对李光仕宦与交游研究的基础上，对李光做出一个较为客观的评价。

（二）史浩研究

2019 年，史浩研究的论文有 1 篇。

宋华、郭艳华《儒融佛老道自心悟：论史浩学术思想的内涵与特色》[《宁波大学学报（人文科学版）》2019 年第 1 期]一文认为，史浩是宋孝宗时期的帝师和宰相，政治地位显赫。思想上，史浩主张大道同一、为学以心悟。受学术环境的影响，史浩的学术思想濡染佛禅,具有心学倾向;作为深受家学影响的传统士大夫,他又具有儒教护教意识。

(三)王十朋研究

2019 年,研究王十朋的论著有 4 种。

吴宏富编著《南宋大贤王十朋剡中诗文集》(中国文史出版社 2019 年 1 月版)一书,收录了 110 首(篇)描写剡中风土人情的诗文,对于每一诗文,都详细考订其出自何处、转载于何处,使本书能够起到抛砖引玉的作用,丰富读者的史学认知。

郑学富《秉持"以民为本"的南宋诗人王十朋》(《公民与法》2019 年第 2 期)一文认为,王十朋一直认为心中要有老百姓,不可做"夺民"之事,治人必须先治己。

李玫《论荣国府演〈荆钗记〉和林黛玉对王十朋的"讥讽"》(《红楼梦学刊》2019年第 6 期)一文认为,王熙凤生日荣国府演戏,演出剧目为《荆钗记》。《荆钗记》这一剧目的选择,既反映了《荆钗记》在清代流行的实情,又恰到好处地引出了林黛玉对王十朋的议论,从细微处凸显出宝黛间的亲密关系和林黛玉言谈机智的特点。

周沛《"自号"与士大夫身份意识:以王十朋"梅溪野人"为考察中心》(《励耘学刊》辑刊,2019 年卷)一文指出,王十朋常以"梅溪野人"自称,这一别号在形成和使用的过程中,不仅为诗歌营造出一种自我调侃的基调,帮助诗人实现了纾解情绪、调整心态、自我砥砺等目的,同时更蕴含着诗人对自我身份的审视和定位,彰显出他对士大夫身份的认同与自觉追求。

(四)楼钥研究

2019 年,研究楼钥的论文有两篇。

张跃文《楼钥行游诗研究》(伊犁师范大学硕士学位论文,2019 年 5 月)一文指出,楼钥作为南宋中叶的重要诗人之一,其文学创作丰富,众体兼备,留下了大量的行游诗。这些诗歌不仅能体现楼钥生平的行游轨迹和心理活动,同时也能反映其诗学思想和文化心理。

王彬《论楼钥律赋中的"抗金"书写》[《聊城大学学报（社会科学版）》2019年第6期]一文认为，楼钥的文学主张比较通达，他不排斥骈俪之文，认为律赋也有其独特的价值。楼钥律赋充分书写了抗击金兵、收复失地的决心。同时，楼钥还在律赋中分析了抗金的有利条件与具体策略，他坚信南宋的抗金战争乃人心所向，必将取得胜利。

（五）"永嘉四灵"及其相关研究

"永嘉四灵"是当时生长于浙江永嘉的四位诗人：徐照、徐玑、翁卷、赵师秀，因四人字、号中都带有"灵"字，而温州古为永嘉郡，遂称之为"永嘉四灵"。

2019年，研究"永嘉四灵"的论文有4篇。

唐一麟《浅析永嘉四灵诗派对晚唐格律的追求》（《文教资料》2019年第1期）一文从"四灵"履历、"四灵"的诗入手，对"四灵"人格和诗律进行解读。

梁思诗《论"永嘉四灵"诗之"清苦"》（《三明学院学报》2019年第1期）一文认为，由于"四灵"反对江西诗派"资书以为诗"的创作，故"四灵"诗少用典故，于颈联求工，以期凭借语言的陌生化实现新颖脱俗之风；又多即景写作，以细小萧飒的意象营造凄冷野寂之意境。"四灵"诗之"清苦"也在很大程度上体现了宋诗平淡化、议论化、内向化的特点。

杨书娜《徐照诗歌研究》（广西大学硕士学位论文，2019年5月）一文以"永嘉四灵"中徐照的诗歌作为研究对象，对其诗歌进行比较全面的研究，总结出其诗歌创作的总体状态，并分析其在诗歌发展中的作用，使人们对他的诗歌创作和影响有一个更为客观和全面的认识。

郑艳静《论"永嘉四灵"对厉鹗诗歌的影响》（《三明学院学报》2019年第3期）一文认为，作为浙派诗歌的杰出代表和中坚力量的厉鹗，他的诗歌素有"十诗九山水"之称，诗歌成就很高。厉鹗的性格和诗法与南宋"永嘉四灵"有较多相似的地方，受其影响颇深。

（六）陆游研究

2019 年,学界研究陆游生平事迹及其诗歌创作、文献整理的论文有 50 多篇,又有相关著作 6 种,兹择要综述。

1. 陆游生平事迹研究

朱东润《陆游传》(华中科技大学出版社 2019 年 6 月版)一书认为,陆游的诗词既有充满抗金报国,洋溢着强烈的爱国主义激情的雄奇奔放之作;也有满怀柔肠、哀婉含蓄的充满浪漫主义色调的诗篇。同时,陆游亦有史才,他的《南唐书》,"简核有法",史评色彩鲜明,具有很高的史料价值

靳国君《陆游:铁马冰河入梦来》(北方文艺出版社 2019 年 1 月版)一书以"心之向往"作为内容的核心和驱动力,用 25 组短句勾勒出诗人陆游的一生,聚富表现力。

裴苏皖《从诗文互寄中考察陆游的交游》(山东大学硕士学位论文,2019 年 5 月)一文指出,陆游一生交游广阔,不拘一格,曾与理学魁首相交甚密,也曾为打压理学者写过赞文,其友人中既有当世名臣,也有入传佞幸者,既有温不增华、寒不改叶的深情互寄,也有理念不合、渐行渐远的分道扬镳。

2. 陆游诗歌创作研究

周珠法著《陆游诗词中的美食》(厦门大学出版社 2019 年 12 月版)一书,以陆游菜点诗词为题材,梳理诗词中的绍兴菜点元素,绍兴菜点的今昔之别及菜点的制作工艺。

蔡丽平《陆游家训诗的用典艺术探析》(《汉字文化》2019 年第 1 期)一文指出,陆游的家训诗中,多处用典:通过明用、暗用、反用、借用和化用的手法,彰显出其喜用和善用的特色;借古人之口表达出自身的人生感怀,让文学的生命力在历史文字的跳跃中得以持久延续。

蔡丽平《陆游家训诗的比喻艺术探析》(《名作欣赏》2019 年第 3 期)一文认为,陆游作为家训诗巨匠,十分善用比喻。他的诗歌选择了直喻、隐喻、寄喻、双喻、连

喻、骈喻、较喻、博喻等丰富多样的比喻类型，呈现出喻外形、喻性质、喻状况和喻道理等各有侧重的比喻特点，运用了以物喻人、以物喻物和以人喻人等人物互间的比喻方式，将充满说教性的内容诠释得形象生动，易于理解接受，提升了家训诗的教育实效。

商宇琦《汉唐想象与乡关记忆：论陆游成都诗作中的空间书写》（《中国韵文学刊》2019 年第 1 期）一文认为，想象汉唐疆域以示恢复、回忆乡关地理以明归隐，这是陆游成都时期诗作的两大主题。

李文月《陆游诗歌中的自传书写》[《绍兴文理学院学报（人文社会科学）》2019 年第 1 期]一文认为，陆游《剑南诗稿》以 85 卷之巨，记录了自己跌宕多姿的一生。从体裁上说，陆游的自传诗歌不仅采取了前代文人惯用的长篇纪事诗形式，也开创性地使用组诗进行自我形象建构。

周洁《陆游诗歌自注研究》（鲁东大学硕士学位论文，2019 年 5 月）一文在探索自注发展流变的基础上，以陆游的带有自注的诗歌作品为研究对象，探寻自注的多方面价值和功能。

周伟《陆游述旧记梦类边塞诗探析》（《忻州师范学院学报》2019 年第 4 期）一文认为，陆游边塞诗的创作，有一个很突出的特点，即大量地运用述旧、记梦的方式来表现，尤其是记梦类边塞诗，更是值得关注的现象。

路薇《陆游诗歌与书法的会通研究》（《咸阳师范学院学报》2019 年第 5 期）一文认为，陆游以诗人与书法家的双重身份，在南宋及中国历史上都取得了令人瞩目的成就，而他的诗歌与书法在传承创新、创作理论、文艺思想、实践创作等多方面都互相交会，融通观照，形成独一无二的个人风格，集中表现在诗书之外的"工夫"、酒入诗书及论书诗、两种矛盾思想在诗书风格中的表现等三个方面。

罗浩春《心不怡之长久兮，忧与忧相接：论陆游词中的屈骚文化》（《佳木斯大学社会科学学报》2019 年第 6 期）一文认为，虽然陆游在词作中没有明显指出对屈骚文化的学习，但是通读陆词、屈诗总能体会到两者之间或隐或显的联系。这主要表现在两人共同的矢志不渝的爱国情感，具体体现为两人坚定不屈的独立人格、英雄尚武的战斗精神、感同身受的爱民情怀三个方面。

3. 陆游文献整理

陆游《放翁乐府笺》(浙江古籍出版社 2019 年 3 月版)一书是对陆游词作所作的定律、校勘、考证、笺注与词评。此笺本以国家图书馆藏荛圃跋嘉定溧阳学宫陆氏所刻残本《渭南文集》卷四十九、卷五十为底本,取华氏活字本及毛刻勘之。

陆游撰,李剑雄、刘德权点校的《老学庵笔记》(中华书局 2019 年 7 月版)一书为陆游晚年退居山阴在镜湖边所作。该书记载了大量的逸闻轶事、风土民情、奇人异事,考辨了许多诗文、典章、舆地、方物等,内容多为作者亲历、亲见、亲闻之事,或者是读书考察的心得,笔调流畅,行文活泼,是宋人笔记中的杰出之作,具有很高的史料价值。

陆游《陆游诗文选》(中州古籍出版社 2019 年 7 月版)一书共收录陆游诗作九十七首、词作二十五首、散文二十篇,比较全面地展示了陆游作品的特点。作品后附注释和详尽的解析。

韩震军《陆游佚诗辨正》(《中国诗学研究》辑刊,2019 年卷)一文认为,《剑南诗稿》虽传刻有序,但陆诗亦有不少散佚。2011 年浙江教育出版社出版的《陆游全集校注》及 1998 年北京大学出版社出版的《全宋诗》(第 41 册)等辑得放翁佚诗(句)若干,嘉惠学林,功莫大矣。但其中有的并非陆游诗歌,而是他人之作;有的已见于本集,属于重复收录。该文在学界已有辨正成果的基础上,新举出众人误辑陆游佚诗 18 例,并进行考辨订正。

(七)戴复古研究

2019 年,学界有戴复古研究论文集 1 部,戴复古诗歌思想研究研究及相关考辨性质论文 5 篇。

温岭市委宣传部、温岭市社科联主编《戴复古学术研讨会论文集:温岭市纪念戴复古诞辰 850 周年》(线装书局 2019 年 4 月版)一书,分生平及文献考证、诗词研究、影响评述、研究综述四部分,对戴复古的生平学术予以全方位关注。

李舒宽《百花看遍莫如梅：论戴复古的梅花情结》（《台州学院学报》2019 年第 1 期）一文认为，戴复古的梅花诗，承袭了历代咏梅传统，将梅比作"佳人""君子"，赞美梅之芳香玉质、高标逸韵，同时又将梅视为"知己"，以期排遣心中的孤独和郁闷。要言之，梅是诗人道德追求与漂泊生涯的缩影。

张继定《钱钟书先生对戴复古〈世事〉创作的误解》（《中国典籍与文化》2019 年第 2 期）一文认为，戴复古五律《世事》以其名句"夕阳山外山"而饮誉于世。据该诗原先的长标题（或曰小序），可知戴氏创作此诗那种刻苦炼句、务达完美的严谨态度，以及其尊重诗友创作成果，不掩人之美的宽阔胸襟。

解雅漉《论戴复古江行诗中的江湖书写》（《新国学》辑刊，2019 年卷）一文指出，戴复古诗歌对江湖行旅生涯的书写，蕴含了江湖游士真实的生存状态与精神世界，他在自然与历史的观照中抒发了羁旅漂泊的情感体验，在自身的矛盾处境中完成了江湖游士的定位。

张继定《〈全宋文·戴复古〉补正》（《语文学刊》2019 年第 5 期）一文认为，戴复古是南宋江湖诗派最具代表性的布衣诗人，生前作诗二千余首，在南宋诗坛，可谓诗歌创作数量较多的一位。但就散文创作而言，则所见甚少。《全宋文》收入其序跋方面的短文计五篇，漏收了他为族侄戴丁之妻所写的墓志铭。此篇墓志颇有文献价值，该文予以抄补，并就《全宋文·戴复古》"戴复古小传"的撰写及收录之文校点的失误，略作考辨和订正。

张继定《王埜·姚镛·戴复古：对〈中国文学家大辞典〉三则辞目的几点辨正》（《苏州教育学院学报》2019 年第 5 期）一文认为，曾枣庄主编、中华书局出版的《中国文学家大辞典·宋代卷》中，"王埜""姚镛""戴复古"三则辞目对传主的介绍各有失实之处，举其要者，即有：戴复古诗中的"东谷王子文"并非"王埜"，而是戴氏同乡诗友王汶；南宋景定五年（1264）掌教黄岩县学的并非剡溪姚镛，而是合沙人姚镕；戴复古布衣终生，所谓"曾任邵武军学教授"，乃明代福建方志误载，实无其事；戴氏结束江湖漫游由其子琦自镇江侍接返乡，是嘉熙元年（1237）冬，时年七十一，而非"年近八十"。

第四节 南宋朝历史文化研究

由于南宋朝定都临安(杭州),按照"大浙学"的视域,南宋史、南宋临安(杭州)研究、南宋儒学、衢州南孔文化等,也可以视为"南宋浙学"的一个重要组成部分。兹对2019年的相关研究予以总结。

一、南宋史综合研究

2019年10月26日至27日,由浙江大学宋学研究中心主办的"东亚宋学国际学术研讨会"在杭州召开。来自中国、日本、韩国等地的60余位专家学者参会,围绕两宋尤其是南宋朝的"人物与思想""制度与文化""文献与数据"三个主题展开研讨。[①]

2019年11月2日至3日,由北京大学人文社会科学研究院、商务印书馆联合主办的第十六期"菊生学术论坛"在北京大学举行。此次论坛的主题为"议题整合与跨域对话:南宋史研究新的可能性",包括制度沿革与继承创新、地方与社会样态、碑铭文本与时空背景三个版块,来自中外高校和科研单位的20余位学者参与了讨论。

何忠礼《宋高宗在杭州:纪念南宋定都杭州880周年》(《杭州文博》辑刊,2019年卷)一文指出,宋高宗对杭州的繁荣,有一定贡献。主要表现在能够吸取北宋灭亡的历史教训,做到节省民力,减少兴作,抑制佛教泛滥。同时,比较关心都下民生,自己的生活也尚称俭朴;晚年"禅位"孝宗,颇有积极意义,而生活却渐见奢侈。从总体而言,高宗仍不失为一个功大于过的历史人物。

---

① 《弘扬宋学、返本开新:"东亚宋学国际学术研讨会"在杭州召开》,儒家网,2019年12月12日。

杨国珍《南宋执政官仕途迁转研究》（华东师范大学硕士学位论文，2019 年 5 月）一文以南宋 254 位、286 任执政官仕途迁入、任职、升迁和罢免状况作为研究对象，对南宋执政官的仕途迁转过程进行量化统计和分析考察。

邱俊江《南宋高宗朝军事体系研究》（辽宁大学硕士学位论文，2019 年 5 月）一文指出，宋高宗朝是一段很特别的时期，在两宋历史上起着承上启下的作用。金人入侵直接促成了北宋的灭亡。而武将群体是乱世里的主角，他们及其所代表的军队在两宋交替时代大出风头，最高统治者出于抵御金人稳固政权的需要，迫不得已违背祖制下放权力，提高将领地位，开放将领上升渠道，用高官厚禄换取将领的忠诚和效力。但是特殊政策不可能持久，在外部威胁消失，政局稳定以后，回归传统就成了必然。

二、南宋都城临安（杭州）研究

2019 年，学界也有不少研究南宋都城临安（杭州）的论文。

张童心、李威乐《南宋定都临安城原因探析》（《甘肃广播电视大学学报》2019 年第 4 期）一文认为，北宋灭亡后，宋高宗建立南宋王朝并力排众议，将行在设于临安城（今杭州），有三方面的原因：在经济方面，魏晋以降，临安经济迅猛发展，到北宋时期临安已是东南繁华的大都会；在交通方面，临安在政治考量、经济辐射、军事地理位置上都更有优势；此外，临安也符合北方官僚士大夫的文化认同。

徐吉军《南宋都城临安商人的类别及特点》（《浙江学刊》2019 年第 3 期）一文认为，南宋在中国历史上是一个引人注目的时期，为当时世界上经济、文化最先进的国家。其时的都城临安，在中国甚至世界的城市发展史上，均具有重大而深远的影响。这里的商业十分发达，远远胜过北宋都城开封，这从当时商人的类别和特点中可以清楚地看出。

林琦东《南宋临安园林史存研究》（中国美术学院硕士学位论文，2019 年 5 月）一文指出，南宋园林处于中国传统园林转型期，奠定了明清江南园林的基本面貌。

而临安园林集南宋园林艺术之大成，是了解南宋园林的关键。

何琼华《从城市设计角度看南宋临安城遗址保护》（《杭州文博》辑刊，2019 年卷）一文指出，南宋临安城遗址的总体规划编制工作已经基本完成，打造杭州"金名片"——南宋临安城大遗址公园将成为下阶段杭州城市建设的重点工作。

魏晓虹、李燕《〈梦粱录〉中南宋临安婚俗形态研究》（《山西大学学报》2019 年第 3 期）一文认为，《梦粱录·嫁娶》篇详细记载了南宋时期临安地区的婚姻礼俗，从议婚、订婚到成婚，每一阶段的多项婚俗各自承载着信息交互、姻亲缔结、身份转换等不同的社会功用。

张再林、王淋淋《南宋西湖"吟社"文人的结盟及词史意义》[《浙江师范大学学报（社会科学版）》2019 年第 3 期]一文认为，宋代文坛结盟之风盛行。南宋后期，首都临安西湖一带活跃着不少文人结盟群体。其中以杨缵为盟主、周密等十一人为盟员的西湖"吟社"文人群，是琴师乐工与词人的结盟，他们经常举行各种活动，切磋词律，商榷填词。

姚永辉《南宋临安都城空间的变迁：以西北隅的官学布局为中心》（《史林》2019年第 4 期）一文认为，宋室南渡，临安升级为行在，城市格局随之发生极大调整，西北隅的变迁是南宋初期临安都城改造的缩影。由于西北隅在隋唐至北宋渐成适宜人居的自然条件和相对于城南更宽闲等特点，成为大批移民涌入之地。宋廷通过改占寺庙与武将功臣宅邸为政府或军事机构、改增寺庙为国家与皇族服务的功能等手段，逐步将城北纳入以御街为主线、带有皇权色彩的城市空间。

郭庆彬《南宋初期临安府于潜县农业文明初探：以楼璹的〈耕织图诗〉为例》[《山东农业大学学报（社会科学版）》2019 年第 3 期]一文认为，《耕织图诗》的发展是南宋农业文明在诗歌中的一个表现，在众多《耕织图诗》中，楼璹的《耕织图诗》较为典型，表达了楼璹的悯农思想，生动地阐释了南宋初年临安府于潜县农业文明。

董名杰《文以载俗：南宋临安民俗信仰探析：以叶绍翁〈靖逸小集〉为例》（《地域文化研究》2019 年第 5 期）一文认为，作为"江湖诗派"的重要成员，叶绍翁诗歌多描写田园风光，语言清新而意境高远，且其一生久居南宋都城临安，多晓临安风土之情，故叶绍翁诗歌中多有临安民俗显现，尤重传统民俗信仰，颇有"文以载俗"之风范。

王菲菲《南宋临安都城政权下的僧侣与士人关系探析》[《中山大学学报（社会科学版）》2019 年第 5 期]一文认为，在南宋时期，随着杭州政治地位的转变，对于佛教相关记文的书写，亦呈现出特殊的僧士互动关系。

三、南宋儒学综合研究

"南宋浙学"之外的南宋儒学整体研究，也属于广义"浙学"关照的范围。2019 年，学界同仁综论南宋儒学的论文也有数篇。

李文娟《南宋道学源流》（《国际儒学论丛》辑刊，2019 年卷）一文指出，道学，是南宋儒学的发展倾向和基本特征。南宋道学主要包括理学学派和心学学派，其代表人物是朱熹与陆九渊。南宋是道学家从祀的发展时期，先后有周敦颐、张载、程颢、程颐、朱熹、张栻、吕祖谦、邵雍、司马光从祀。经过朱熹、陆九渊等道学家的推举，"颜、曾、思、孟"的传道谱系得到官方肯定，四配格局形成。荀子及荀学遭到南宋道学家的排挤，其道统地位岌岌可危。

武胜鑫《试论南宋理学家所撰碑志文中的两浙富民形象》（《历史教学》2019 年第 6 期）一文认为，由于碑志的文体属性、撰写者的思想观念、撰写者与富民的社会关系等诸多因素，两浙地区的富民在其碑志中多被理学家撰述为乐善好施的"善士"形象。

四、衢州南孔文化研究

在衢州市委宣传部、衢州市社科联与衢州孔氏南宗家庙管委会的协同努力下，2019 年的南孔文化、孔氏南宗研究有新进展，主要通过主题征文、祭孔典礼、编纂文献等多种方式，有力推动了"南孔文化"的研究与宣传。

（一）"'南孔文化复兴'主题论文征稿活动"结束

2018 年 8 月 20 日，中共衢州市委宣传部、衢州市社科联、衢州日报报业传媒集团联合发文，启动"'南孔文化复兴'主题论文征稿活动"。

2019 年 5 月 20 日，衢州市社科联公布了"南孔文化复兴"主题征文获奖名单。《南孔文化与浙江精神形成的渊源探析》《"南孔圣地·衢州有礼"的人文内涵阐释》《南孔文化内涵及"活力新衢州"建设刍议》等 34 篇论文获奖。据悉，"南孔文化复兴"主题征文自 2018 年 8 月启动以来，吸引了北京、上海、河北、陕西等全国各地的社科学者积极参与，学者们围绕"南孔文化复兴"主题，从南孔文化与浙江精神、浙江文脉、浙商精神，南孔文化与中国文化传播，南孔文化的当代价值与实现路径三个方面论述了南孔文化复兴的意义。

（二）"纪念孔子诞辰 2570 周年祭祀典礼"在衢州孔氏南宗家庙举行

2019 年 9 月 28 日上午，"纪念孔子诞辰 2570 周年祭祀典礼"在浙江衢州孔氏家庙举行。浙江省委宣传部部长朱国贤出席典礼并担任主祭。衢州市领导徐文光、居亚平、吴国升、钱伟刚、吕跃龙、田俊，孔子七十五代孙、孔管会主任孔祥楷等参加。中国社会科学院哲学研究所、国际儒学联合会、中国历史研究院、浙江省教育厅、浙江音乐学院、浙江师范大学、浙江工商大学等科研机构、社会团体主要负责人出席典礼。还有来自美国、德国、法国等 11 个国家孔子学院的代表，孔氏族人及孔庙代表，衢州市级机关及县（市、区）领导及社会各界代表的参祭团。

据悉，2019 年 9 月 28 日，是孔子诞辰 2570 周年，也是孔氏南宗南渡 890 周年。2019 年的"南孔文化季"活动除了祭孔活动、纪念晚会等传统项目，还积极探索优秀传统"礼"文化对现代城市文明、城市精神的影响，邀请鲍鹏山等知名专家学者到衢州开展"中华之礼与城市精神"的高峰对话。另外，大型专题纪录片《南孔》也在

2019 年的"南孔文化季"上举行开机仪式，以推动南孔文化重重落地。①

（三）衢州学院编纂整理《孔氏南宗文献丛书》

2019 年 9 月 30 日，"中国采招网"发布"衢州学院关于《孔氏南宗文献丛书》图书出版服务项目的单一来源采购公示"，由国家图书馆出版社中标。由此可知，衢州学院已经完成《孔氏南宗文献丛书》的编校整理工作，即将进入编辑出版阶段。"孔氏南宗文献整理与研究"系 2019 年浙江省哲学社会科学规划重点课题，其最终成果是编纂出版《孔氏南宗文献丛书》，据目前已查清的文献，预计成书规模为 30 册。而该项目的顺利实施及成果的出版，将为全面落实习近平同志要"让南孔文化重重落地"的重要指示精神提供坚实的学术支撑，为打造"南孔圣地、衢州有礼"的城市文化品牌提供厚实的学理支撑。

此外，衢州学院刘小成著《孔氏南宗人物传略》（浙江古籍出版社 2019 年 3 月版）一书，依据宗子、支派始祖、仕宦、儒林、文苑、善士、淑媛分类，对孔氏南宗人物160 人的传记资料予以汇编整理。

第五节　宋元之际与元代的浙学家研究

宋元之际，黄震、王应麟、胡三省并称"宋元之际浙东学派三大家"，使得"经史并重"的浙学学统得以存续。金华朱子学传人有许谦（"北山四先生"之一，上文已述）、柳贯、黄溍、闻人梦吉、吴莱、宋濂（下文"明代浙学"中论及），是为元代"金华学派"或曰元代"婺学"的代表人物。宋元之际，浙江还有思想家邓牧，著传世名作《伯牙琴》。宋元之际，明州不仅有慈溪的黄震开创"东发学派"传播朱子学，鄞县又有史蒙卿开创"静清学派"，并有弟子程端礼、程端学兄弟，程氏兄弟也是经史学家。戴表元、袁桷，也是宋元之际浙籍文学家的代表人物。上述学者则是宋元之际与元

---

① 《纪念孔子诞辰 2570 周年祭祀典礼昨举行》，《衢州日报》2019 年 9 月 29 日。

代的浙学家代表。

　　兹对 2019 年学界同仁对宋元之际及元代的浙学家研究的相关学术成果予以总结。

一、黄震与东发学派研究

　　2019 年,学界有 4 篇研究黄震的论文。

　　马丽丽《论黄震的〈春秋〉学思想》[《中国石油大学学报(社科版)》2019 年第 1 期]一文认为,黄震将《春秋》视作史书,反对《春秋》学上的褒贬凡例之说,力图以史事为根据来注解《春秋》,反对没有根据的臆度和猜测;在《春秋》经传关系上,绝对信经疑传,但又反对时人将"三传"束之高阁,而是有所取舍,并且尤重《左传》;重视训诂之学,反对空言《春秋》大义,尤其注重结合社会现实阐发《春秋》经义,具有鲜明的时代特色。

　　张锦鹏《从黄震抚州赈灾个案看南宋官府与富民的博弈》[《首都师范大学学报(社会科学版)》2019 年第 2 期]一文认为,南宋末期,抚州饥荒严重,黄震临危受命赴任知州,连发二十份榜文劝谕富民粜粮赈灾,先后采取了道德规劝、官职激励和强制开仓的手段,迫使富民参与赈灾。

　　刘真真《黄震的人才观研究》(上海师范大学硕士学位论文,2019 年 5 月)一文指出,黄震的人才观思想是他多年担任中下层地方官经验的总结,是有识之士为挽救民族危亡所提出的解决办法,是中下层大众内心最真实的呼吁,具有重要的参考价值,也对后世产生了较大影响。

　　久米裕子《日本馆藏〈黄氏日抄〉版本考》(《四库学》辑刊,2019 年卷)一文指出,《黄氏日抄》是南宋黄震的著述,通过实地调查日本图书馆收藏的《黄氏日抄》的各种版本,可以看出,有时因为《四库提要》的影响太大,难以摆脱其言论,加之近年陆续刊发有关四库学的资料,需要查看的资料越来越多。

二、王应麟与深宁学派研究

2019 年，研究王应麟的论文有 1 篇。

金晓刚《历史转型与学术变动：20 世纪以来王应麟研究述评》（《宋史研究论丛》辑刊，2019 年卷）一文指出，20 世纪以来的王应麟研究，主要集中于文献学与学术史的维度，在理学、经学、文献学等研究方面均取得了重要成果。受历史语境与学术思潮的影响，前后学者在不同的历史阶段呈现出不同的研究特点与内在旨趣。

三、胡三省研究

2019 年，学界有两篇硕士学位论文研究胡三省的《资治通鉴音注》。

杨敏《胡三省〈资治通鉴音注〉训诂研究》（内蒙古师范大学硕士学位论文，2019 年 5 月）一文从训诂角度对胡三省《资治通鉴音注》进行全面的研究，分析其训诂内容、训诂方法，进而总结、分析《资治通鉴音注》的训诂成就和不足。

林强伟《〈资治通鉴音注〉因袭订补〈史记〉三家注研究》（华中师范大学硕士学位论文，2019 年 5 月）一文指出，《资治通鉴音注》是胡三省克承乃父胡钥遗命，为刊正司马康本《资治通鉴释文》而作。胡三省为《资治通鉴》作注时，参考了裴骃《史记集解》、司马贞《史记索隐》及张守节《史记正义》。胡三省在为《资治通鉴》作注的过程中，吸收了《史记》三家注的许多注解，不少注文是原封不动移录于《史记》三家注，也不自觉地沿用了不少《史记》三家注中已有的错误。《资治通鉴音注》有意订正了《史记》三家注注文中的不少错误，这是值得肯定的。但在胡三省订正《史记》三家注的案例中，也不乏《史记》三家注本来无误，而胡三省将原本正确的注文改为错误的注文。

四、柳贯、黄溍、闻人梦吉、吴莱、邓牧、史蒙卿研究

2019 年,学界没有研究柳贯、黄溍、闻人梦吉、吴莱、邓牧、史蒙卿的专论。

五、程端礼、程端学研究

2019 年,涉及程端礼、程端学研究的论文有 3 种。

魏昭宇、李俊峰、张尹《〈程氏家塾读书分年日程〉历史价值初探》(《试题与研究》2019 年第 5 期)一文指出,程端礼著《程氏家塾读书分年日程》,"读书分年日程"的意思是要求读书者分阶段、分层次进行循序渐进地学习,这是一本朱子读书法的衍生之作。《程氏家塾读书分年日程》问世后,对元、明、清乃至民国的教育发展起到了非常重要的影响,具有极高的学术价值。

任蒙《程端礼〈程氏家塾读书分年日程〉及其读书思想刍议》(《山东图书馆学刊》2019 年第 4 期)一文认为,程端礼集理学之成的读书方法和流布极广的《程氏家塾读书分年日程》影响了其后几百年的学风,开创了儒家教育的新范本。

王德荣、包文运《新见朱熹撰文〈太学程君正思墓表〉考》(《中国书法》2019 年第 20 期)一文认为,南宋时,朱熹门生程端蒙在德兴一带传播朱子理学思想,具有一定的影响。程端蒙去世后,朱熹亲撰写《太学程君正思墓表》,该墓表具有一定的史料和书法价值。

六、戴表元与戴表元研究

戴表元(1244—1310),字帅初,一字曾伯,号剡源,庆元奉化州(今宁波奉化)人。宋末元初文学家,被称为"东南文章大家"。仕宋任建康府教授,宋亡后辗转鄞县、杭州等地,以授徒卖文为生。晚年出任信州教授,调婺州,以病辞官归里,读书

以终。其诗文作品编为《剡源集》三十卷，今有《浙江文丛》本《戴表元集》（浙江古籍出版社 2014 年版）、《元代别集丛刊》本《戴表元集》（吉林文史出版社 2008 年版）。

2019 年，不见有研究戴表元的论著。

七、袁桷与袁桷研究

袁桷（1266—1327），字伯长，号清容居士，庆元鄞县（今属浙江宁波）人。始从戴表元学，后师事王应麟，以能文名。20 岁以茂才异等举为丽泽书院山长。元大德元年（1297），荐为翰林国史院检阅官，时初建南郊祭社，进郊祀十议，多被采纳。升应奉翰林文字，同知制诰兼国史院编修官。请购求辽、金、宋三代遗书，以作日后编三史的史料。延祐年间，迁侍制，任集贤直学士，未几任翰林直学士，知制诰同修国史。至治元年（1321）迁侍讲学士，参与纂修累朝学录，泰定元年（1324）辞归。喜蓄典籍，继承曾祖父袁韶、祖父袁似道、父袁洪三世之业，广藏书卷。有藏书楼"清容居"，藏书之富，元朝以来甲于浙东。又搜书万卷，编有《袁氏新旧书目》。在朝二十余年，朝廷制册、勋臣碑铭，多出其手。文章博硕，诗亦俊逸。工书法，存世书迹有《同日分涂帖》《旧岁北归帖》。对音乐亦有造诣，著有《琴述》。另著有《易说》《春秋说》《清容居士集》等 10 余种。今有《中国古典文学基本丛书》本《袁桷集校注》（中华书局 2012 年版）、《元代别集丛刊》本《袁桷集》（吉林文史出版社 2010 年版）。

2019 年学界关于袁桷研究的论文有 1 篇。

周玉洁《袁桷传记研究》（浙江师范大学硕士学位论文，2019 年 5 月）一文，围绕十三、十四世纪元代民族与宗教的多样性、社会文化的多元性特征与中外交流情况，结合袁桷自身学术素养的形成与仕宦轨迹，着眼于袁桷为元中期重要的馆阁文臣这一身份立场，重点剖析袁桷传记的传主选择与呈现出的传记写作特征，对袁桷的传记创作进行了深入、系统的解读与研究。

通观上文所述 2019 年度学界关于宋元浙学的研究动态，可以看出：对于两宋浙东学派的研究,无论是永嘉学派、永康学派的综合研究,还是陈傅良、叶适、陈亮的专案研究,都已经取得了不小的学术成就;再有就是宋元浙学家文献整理的成果也是相当丰硕,这从《陈傅良先生文集》《叶适集》《陈亮集》《吕祖谦全集》《陆游全集》《宋濂全集》以及《温州文献丛书》《两浙文丛》中的单部文集均可得到印证。我们也可以发现,永嘉学派的研究主要由当代温州籍学者来担当,而陈亮与永康学派的研究由永康籍学者来进行,位于金华的浙江师范大学主要从事吕祖谦的文献整理工作。此外,浙江省社会科学院的专家学者(诸如王凤贤、董平、徐儒宗、卢敦基、陈永革、王宇)则对浙东学派、吕祖谦、婺学(金华学派)、陈亮、永嘉学派、两浙朱子学等专题有深入研究。

下一步的宋元浙学研究,也有需要改善的地方,比如关于狭义"浙学"(朱熹批判的永嘉、永康之学)的指称对象问题必须明确,有学者以吕祖谦为"浙学的开山之祖",这种说法就值得商榷;由此引发出目前"浙学"研究中的"山头主义""地方本位主义"的不良学风,值得警惕。还有,吕祖谦与"中原文献之学"关系的详细梳理以及"金华学派"的整体性研究,包括元代浙江思想的整体性研究成果略显不足,元代"明州学"(四明之学)的综合研究也需要加强。再有,我们还可以参考黄宗羲《宋元学案》的模式,编撰整理《宋元浙学学案》。设计"宋代浙东学派"研究系列丛书,编写"永嘉学派通史(通论)""永康学派通史(通论)""金华学派通史(通论)""四明学派通史(通论)",也是可以考虑的研究设想。

第五章　明代浙学研究

本报告所涉"明代浙学",主要指 1368 年朱明王朝建立到 1644 年明朝灭亡,这 270 余年中浙江籍思想家的生平事迹、学术著作与理论贡献等。在思想史上,明代中前期以朱子理学为圭臬,元明之际浙江籍的思想家宋濂、刘基、方孝孺、王祎系理学家,黄孔昭、谢铎系明代中期的台州朱子学者。此外,一大批浙江籍的政治家诸如黄淮、于谦、章懋、张璁、谢迁、王华等,为明朝中前期政局的稳定、社会的发展做出过突出的贡献。

明代中后期绍兴府余姚县籍的王阳明开创了良知心学,成为思想界的主流思潮,并有一大批浙江籍的阳明学人,诸如徐爱、钱德洪、王龙溪、黄绾、季本、程文德、王宗沐等,是为阳明后学中的"浙中王学"。而总结王阳明与阳明学派研究的最新进展,也是《浙学研究年度报告(2019)》的亮点与看点之一。考虑到 2019 年阳明学会议频繁、学术论著众多,故而有单独出版《2019 阳明学研究报告》的必要①,而《浙学研究年度报告(2019)》仅对"王阳明与阳明心学研究""浙中王学研究"予以存目。明末浙学以刘宗周(与蕺山学派)、黄尊素的东林学为代表,刘宗周还是"宋明理学的殿军"。还有,明代中后期的藏书家丰坊,政治家沈一贯,文学家茅坤、胡应麟,"中国本位化天主教儒学的开创者"李之藻、杨廷筠,明末抗清名将张苍水、钱肃乐,

---

① 详见张宏敏编著《2019 阳明学研究报告》,华夏出版社 2020 年 11 月版。

也属于明代的浙学家。

本章"明代浙学研究",拟在盘点上述浙人、浙事、浙学概况的基础之上,对 2019 年学界同仁的相关研究成果予以汇总。

第一节　明代中前期的浙学家研究

一、元明之际金华朱子学研究

自何基、王柏、金履祥、许谦等为代表的"北山学派"开创以来,朱子学学统不绝如缕,"北山学派世嫡说"云云便是明证。元代有许谦、柳贯、黄溍,而在元明之际又有胡翰、宋濂、王袆等金华籍学者,传承朱子学学脉。

(一)胡翰研究

2019 年,不见有研究胡翰的论文。

(二)宋濂研究

2019 年,研究宋濂的论文有数篇,兹择要综述。

王路正、李晓敏《论宋濂仕明前的用世心态:以〈龙门子凝道记〉为中心》(《西部学刊》2019 年第 6 期)一文指出,《龙门子凝道记》是宋濂仕明前的重要作品,这部书集中反映了宋濂在元代末期的政治、学术思想,更因其所处特殊的创作时段而成为窥探宋氏"由隐转仕"的重要史料。

胡露《宋濂涉佛文研究》(江西师范大学硕士学位论文,2019 年 5 月)一文认为,通过对宋濂及其涉佛作品的研究,可进一步了解元末明初的儒释交融情况,以及在这一情形下的僧人的生存状况,进而探讨在中国文化儒释道融汇发展的长河中,宋濂所作出的努力和取得的成果。

欧阳娉《仕隐与性情：易代之际宋濂心态初探》（《文教资料》2019 年第 18 期）一文考述了宋濂元末明初入仕之辗转和修史之艰辛，进而管窥一代文臣仕隐心态。

张华《宋濂生平与明初儒佛关系论考》（《普陀学刊》辑刊，2019 年卷）一文认为，宋濂以明"开国文臣之首"起于禁林，山林、馆阁兼而有之，研读宋濂之生平与著作，不仅能领略元明易代五十年的桑海之变，更可从中探知有关士林与丛林的诸多消息。

欧阳娉、钟翌晨《"万牛毛"与"一角鳞"：由宋濂诗歌论明初文坛盟主之代兴》（《汉字文化》2019 年第 16 期）一文指出，《送方生还宁海并序》为宋濂暮年所作，诗中"万牛毛"指治学者繁多，"一角鳞"赞有成者无几，满含期许，寄寓他对门生方孝孺文坛盟主代兴之意。

周明初《文学史上被遮蔽了的诗人：宋濂的诗歌创作及其文学史意义》（《社会科学战线》2019 年第 9 期）一文指出，探讨宋濂的诗歌创作及其现象，涉及文学创作中的兼擅与偏专、作诗的路径与方法、诗歌体裁选择的得失以及诗歌创作中模拟古人诸问题，具有文学史意义。

雷恩海《宋濂、方孝孺与明初诗学之宗唐倾向》（《天水师范学院学报》2019 年第 4 期）一文指出，宋濂乃元明之际的文学大家，又为朱明开国文臣之首，以其理论与创作，对有明一代之宗唐倾向，有着导夫先路的作用。而方孝孺秉承乃师宋濂之诗学基本立场，发挥其师之学说，有力地推动了明代诗学之演进。

杨化坤《造势与纪实：宋濂〈平江汉颂〉的文学书写与史学价值》[《聊城大学学报（社会科学版）》2019 年第 5 期]一文指出，宋濂撰写的《平江汉颂》以文学的手法，成功塑造了朱元璋的明君形象，为其日后统一天下做好舆论准备。作为现存最早描写鄱阳湖之战的文字，《平江汉颂》具有重要的史学价值，为后世的各种史书提供了材料，与后世史书记录的不同之处，凸显了其作为原始史料的价值。

郑蕊《宋濂〈洪武圣政记〉版本辩证》（《图书馆学刊》2019 年第 12 期）一文通过版本对比和文献考证的方式梳理出宋濂主持修纂的官书《洪武圣政记》自明以来的版本情况，更正了傅增湘以来对本书《艺海汇函》版的误记，并对前人一些结论提出了新的看法。

（三）王祎、苏伯衡研究

2019年，学界没有研究王祎、苏伯衡的专论。

二、刘基研究

2019年10月25日，由丽水市社科联、青田县委宣传部、青田县社科联联合举办的"刘基文化学术研讨会暨刘基诞辰710周年筹备座谈会"在浙江省青田县举行。来自南京、温州、丽水等地的30余位专家学者参与研讨，就刘基思想的现代意义、刘基文化与旅游文化等课题进行了交流分享。

2019年，学界同仁围绕刘基生平、《郁离子》等著作文献、刘伯温传说等专题开展研究，相关研究成果如下。

（一）刘基生平、家事研究

周群、郑文清主编《坐论南山：刘伯温研究》（人民出版社2019年5月版）一书，收录了近年来国内外知名明史研究和民俗研究专家的刘伯温研究论文，包括刘伯温的历史事实、文学评论、以及与刘伯温相关的非物质文化遗产和文化产业等，该书可谓是刘伯温文化研究的一个阶段性成果。

陈立骧《对刘伯温与诸葛亮历史评价的省思》[《温州大学学报（社会科学版）》2019年第4期]一文指出，国人对刘基的历史评价远逊于对诸葛亮的历史评价，其原因有十二条：小说《三国演义》以及历来戏剧、影片与动漫等的影响；"贵古贱今"的心理；历代骚人墨客之诗作对孔明之歌咏；儒家"忠"（于君、国）观念之影响；人类的同情之心与悲悯之情更倾向于悲剧英雄孔明；孔明文章以"情"胜，感人肺腑程度超过以"理"胜的启人哲思的伯温文章；刘备、孔明君臣相待以诚，感动人心远超过朱元璋对待伯温之颇多心机与算计；孔明之"出师未捷身先死"感人肺腑，伯温可能被国君所毒害则仅令人唏嘘；孔明有一感动人心与赚人热泪的托孤史，而伯温则无；民众对汉末三国时期的关注程度远远超过对元末明初时期的关注；对各自所处天下局势之通透了解，孔明早慧于伯温；孔明"汉贼不两立""王业不偏安"观念影响中国人"大一统"观念至为深远。

（二）刘基思想综合研究

张宏敏《刘基研究之反思》（《温州大学学报（社会科学版）》2019 年第 4 期）一文指出，在新时期推进刘基思想研究、推广刘基文化，可以从刘基存世文献的重新编校、刘基传记文本的编著、刘基思想的深度研究、刘基文化遗产的持久保护、刘基研究论著数据库的建设等多维度着手，统筹政府、高校、学者、民间等多方力量，协调推进刘基文化的研究宣传与普及推广。

杜建明《刘基美学思想研究》（四川师范大学硕士学位论文，2019 年 5 月）一文认为，学界囿于刘基事功、政治的成就，研究中对刘基文艺思想关注不足，美学思想更是鲜有提及。而元末明初三教合一思潮及刘基本人独特的经历使得其美学思想复杂而多样。

（三）刘基著作文献研究

张宏敏、曾孔方笺注《郁离子》（浙江大学出版社 2019 年 12 月版）一书，指出，《郁离子》作为刘基的学术代表作，共 18 章，195 篇短文，多者千言，少者百字，各篇相对独立，自成系统。这部书主要是一部政论性质的"浙学"经典著作。《郁离子》中的许多寓言还教人树立正确的为人处世态度，批评、讽刺错误的思想言行，充满人生的道理与生活的哲理。

张晓慧《隆庆本刘基文集失收篇目考》（《中国典籍与文化》2019 年第 3 期）一文指出，刘基文集是研究元明历史的重要史料，其版本以《四部丛刊（初编）》影印明隆庆六年刻本《诚意伯刘文成公文集》最为流行。今以隆庆本与刘基文集最早的合集本——明成化六年戴用、张僖刻本《诚意伯刘先生文集》相对照，可知隆庆本并非足本，成化本中的若干篇目在隆庆本中失收。

（四）刘基文化研究

何伟、俞美玉《"第三届刘基文化国际学术研讨会"学术研讨会述评》（《浙江工贸职业技术学院学报》2019 年第 3 期）一文，对 2017 年 12 月 8 日至 11 日在温州市文成县召开的"第三届刘基文化国际学术研讨会"进行了综述。

俞美玉《刘伯温智慧之根基论析》（《浙江工贸职业技术学院学报》2019 年第 2 期）一文指出，刘伯温的智慧人生主要体现在天赋异禀、人生定位、辅佐之路、泽被乡里、立德言功及走向"神坛"等六个方面。

（五）刘伯温传说研究

徐珍《刘伯温传说的实用主义民众思想研究》（温州大学硕士学位论文，2019 年 5 月）一文认为，刘伯温传说以历史人物刘基为原型、经过不同时期的传承与发展，成为展示民众经验认知、处世智慧和文化情态的传统口承文学样式。

三、明代台州朱子学者与台州朱子学研究

元明之际，浙江台州宁海人方孝孺师从宋濂，传承朱子理学思想；而台州太平（今温岭）籍学者黄孔昭、谢铎，也是明代中前期台州籍朱子学者。

（一）方孝孺研究

2019 年，研究方孝孺的论文有数篇。

赵子贤《百年方孝孺研究述评》[《太原理工大学学报（社会科学版）》2019 年第 3 期]一文指出，学界对方孝孺哲学思想的研究比较薄弱，主要关注点为方孝孺自身的哲学思想及其思想的哲学史定位。研究者对方孝孺文学思想关注的也较多，主要探讨其文学思想、文学创作有何特色，以及二者在文学发展史中如何定位。

王魁星《论方孝孺对宋濂文章观念的继承与新变》(《河南社会科学》2019 年第 8 期)一文指出,方孝孺在文章观念上与他的老师宋濂渊源颇深,这在文道关系、师法"六经"以及道、气、辞之关系等方面有着明显的体现。对于文章之功用,方孝孺进一步凸显其社会功能,提出了"明道、立政"的主张,显然比宋濂极端。方孝孺对宋濂文章观念的继承与新变,既是师缘、乡缘等特殊关系的产物,也是朱明王朝取代蒙元政权后意识形态重建趋于加强的体现。

赵子贤《方孝孺"志于道"思想探析》[《宁波大学学报(人文科学版)》2019 年第 1 期]一文指出,方孝孺自幼研读儒学经典,明初政治严峻,其父亲遭遇牢狱之灾,由此激发了方孝孺强烈的"立法"意愿。他藉建文帝给予的为帝师机会积极地为"君臣"关系立法,弘扬"立法"精神。方孝孺认为,君主要有度量容得下才华横溢的士大夫,并具体化了朱熹的"格物"思想以便士人更好地提升自我。朱棣取代建文帝而登基,方孝孺用自己的生命去坚守儒家的仁道精神,去捍卫应有的君臣法度。

张健旺《方孝孺与有明一代的"读书种子"》(中国艺术研究院博士学位论文,2019 年 5 月)一文认为,有明一代的"读书种子"有宋濂、方孝孺、王阳明、方以智、顾炎武、王夫之。方孝孺是"雄才劲节"的典范,他善学六艺、自立其志、尊圣亲贤、勇于自治、自性庄严、刚健中正,是礼乐君子,是经典的意志人。

(二)黄孔昭、谢铎研究

林家骊《谢铎及茶陵诗派》(上海古籍出版社 2019 年 12 月版)一书,重点考察谢铎的诗文主张及创作特色,并将谢铎和其他茶陵诗派成员结合起来一同考察,以概论"茶陵诗派"的全貌,客观评价"茶陵诗派"和谢铎在文学史上的地位。

四、明代中前期浙江籍政治家群体研究

明代中前期一大批的浙江籍士人经过科举考试而供职京师。比如章懋会试第一,谢迁、王华系状元,黄淮、张璁入阁供职,于谦更是一代民族英雄,他们凭借自己的才智,兢兢业业,为明王朝政局的稳定做出了重要的贡献。无疑,作为政治家并有传世文献的黄淮、于谦、章懋、张璁、谢迁、王华,也属于广义的"浙学家"。

（一）黄淮研究

2019年,不见有研究黄淮的论文。

（二）于谦研究

2019年,研究于谦的事迹的论文有3篇,分别是:《于谦抚晋》(《前进》2019年第7期)、《于谦拒礼》(《中国纪检监察》2019年第16期)、《"两袖清风"的于谦》(《万象》2019年第28期)。

（三）章懋研究

2019年12月28日,"兰溪市章懋研究会成立暨王阳明与章懋学术研讨会"在浙江省兰溪市女埠街道渡渎村举行。兰溪市章懋研究会首任会长章子峰表示,兰溪市章懋研究会将组织整合社会各界各方面力量和资源,挖掘、整理、保护章懋文化遗产和文献资料,推动章懋文化研究的宣传、推广、交流。

（四）张璁研究

2019年,不见有研究张璁的专论,但是相关研究涉及张璁的论文有:王红成、张之佐的《礼制与政治的互动:论明嘉靖孔子祀典改革》(《运城学院学报》2019年第4期),刘晓东的《明嘉靖前期大同军乱》(内蒙古大学硕士学位论文,2019年5月)。

（五）谢迁、王华研究

2019年,不见有研究谢迁、王华的论著。

第二节　王阳明与阳明心学研究(存目)

已另撰《2019 阳明学研究报告》一书,故只存目不赘述。

第三节　浙中王学研究(存目)

已另撰《2019 阳明学研究报告》一书,故只存目不赘述。

第四节　刘宗周与蕺山学派研究

一、刘宗周研究

2019 年,学界同仁围绕刘宗周及其著作,发表论文十余篇。内容涉及刘宗周的四书学研究、刘宗周的心性论与"外王"实践研究、刘宗周的《人谱》研究、刘宗周与阳明学之关联的研究。

(一)刘宗周的四书学研究

王涵青《从〈大学〉诠释的几个基本问题论刘宗周〈大学〉诠释方法之基础》[《吉林师范大学学报(人文社会科学版)》2019 年第 2 期]一文指出,对于刘宗周《大学》诠释的关注通常以诚意为主体。然而,《大学》文本与诚意说何以在其思想晚期逐渐成为刘宗周的核心关怀,此为以《大学》诠释为思考主轴时,所必须先厘清的问题。对此问题的厘析,首先必须以其思想发展的历程为基本结构,进一步透过其对《大学》与《中庸》关系问题、阳明学的理解问题、《大学》的诠释与改本问题等的思考,逐渐展现刘宗周《大学》诠释的整体轮廓,透显出刘宗周《大学》诠释的方法论意识基础。

吴天寒《试论蕺山学对德性本体的重建:以其对〈大学〉〈中庸〉之诠释为例》（《昭通学院学报》2019 年第 6 期）一文认为,刘蕺山厘清了《大学》中以诚意为宗的心、意、知、物等修身工夫,以及《中庸》所具形上色彩的人心与道心、气质之性与义理之性。最后,合道心、人心为一心,合气质之性、义理之性为一性,再合心与性为一体,并在强调以诚意、慎独作为核心的工夫的基础上,重建了德性本体,在思想史上产生了重要的影响。

唐明贵《统合理学与心学的〈论语学案〉》（《中原文化研究》2019 年第 2 期）一文指出,为了扭转明末学风之弊,刘宗周在《论语学案》中,一方面袭用和辩驳朱学,不仅直接引用朱注,而且承沿"理一分殊""存天理,灭人欲"以及"主敬"等理学思想;不仅批驳朱子的经文解释,而且也质疑其诸如"天地之性"与"气质之性"等主张。另一方面承袭和修正王学,他不仅征引阳明之解释,而且还吸收其"良知为知""克去私意"及"心体"等思想;不仅直陈阳明学之不当处,而且还通过辟佛、重慎独以针砭王学末流。

(二)刘宗周的心性论研究

李丽《心性的"两分"与"圆融":刘宗周心学思想评析》（《求索》2019 年第 3 期）一文指出,刘宗周提出"上与下一体而两分"的心论,以心著性,心性合一,重新设定了"独体"概念,实现本体论与心性论打合为一的理论建构。刘宗周独特的"上与下一体而两分"的心性论实现了性善论的证成,其"慎独"哲学体系也因此承继了心学的逻辑运思路径。

尤源《刘宗周心学研究:本体—工夫论的视角》（河北大学硕士学位论文,2019 年 5 月）一文认为,刘宗周的本体与工夫论的最终目的,就是从深根宁极处收束心体,使性体在心体中显露出来,强调道德理性本体的澄明,以此来约束人欲泛滥,拯救人性的沦丧。

早坂俊广《论刘宗周思想的意与知:从与史孝复的争论来看》（《浙江社会科学》

2019 年第 8 期）一文指出，刘宗周晚年提出"意为心之所存"的命题，引发了与余姚史孝咸、史孝复兄弟的争论。史孝复坚持王阳明所说"知为心之所存"，反对刘宗周的命题。虽然刘宗周认为两种提法大同而小异，但史孝复批评"意为心之所存"的命题会引发不必要的误解。进而刘宗周提出"意为心之本体""好善恶恶意之动"，史孝复指出由此而来的"存"之工夫无法践行，工夫主要在心之发用时做。通过对辩论的考察亦可看出，虽然与王阳明的提法有所不同，但刘宗周始终坚持与王阳明思想的一致，努力融纳史孝复的批评。在这一点上，黄宗羲的相关批判确实有失公允。

张昭炜《主静功夫的发展与丰富：从万廷言到刘宗周》[《贵阳学院学报（社会科学版）》2019 年第 2 期]一文指出，吴与弼持敬、陈献章主静，从师承来看，刘宗周更认同吴与弼的着实功夫。刘宗周的主静功夫直接受到阳明学影响。从江右王门的传承来看，刘宗周的老师许孚远与万廷言为挚友，其中，万廷言的"平视含光"影响了刘宗周的《人谱》九容之目容。

（三）刘宗周的"外王"实践研究

李青云《刘宗周政治思想研究：以儒家君臣观为中心》（金城出版社 2019 年 1 月版）一书认为，刘宗周继承许孚远的克己、主敬之说，结合王阳明的良知之论，在与东林诸君子以及阳明后学交往论道中逐渐形成"慎独""诚意"之说，并为其政治思想提供坚实的理论基础。刘宗周期望君主提高个人道德修养，推行仁政；期望臣子尽心辅佐君主，直言敢谏，为挽救明季危机而努力。但明朝末年动荡的社会现实并不能为仁政的推行创造条件，这致使刘宗周的政治抱负付之一空。刘宗周开创的"蕺山学派"，传授"慎独""诚意"之说，注重将学术与现实相结合，开创了明清之际的"实学"风气。

（四）刘宗周的《人谱》研究

贺雅婷《幽暗意识与道德教育：论刘宗周〈人谱〉中的道德教育内涵》（南京师范

大学硕士学位论文,2019 年 5 月)一文探讨了晚明大儒刘宗周的代表性著作《人谱》及其中蕴含的丰富幽暗意识,进而指出刘宗周尝试寻找一种既传承儒家的主流精神又具有其自身独特性的修身方式。

胡海丹《刘宗周君子人格思想研究》(杭州师范大学硕士学位论文,2019 年 5 月)一文从《论语学案》和《人谱》入手,对晚期和晚期的君子人格思想特征进行了一系列对比。进而指出,《论语学案》是刘宗周不惑之年的著作,也是其思想成型的标志性文本,该书基本确立了"慎独说"的体系,而且其中涉及君子、小人之辨,是很好的晚期比较材料。

(五)刘宗周与阳明学之关联的研究

方旭东《蕺山"前四句"的文本问题:基于耿宁工作的进一步讨论》[《清华大学学报(哲学社会科学版)》2019 年第 1 期]一文指出,蕺山对阳明的不满,"四句教"是一个重点。他前后两次对"四句教"提出修正。崇祯九年所提出的"前四句",从形式上看,与阳明的"四句教"有较多重合,尤其第三句"知善知恶者是良知",几乎完全相同。晚近瑞士学者耿宁注意到蕺山"前四句"的文本差异问题:第四句"为善去恶者是物则",《明儒学案》本作"有善无恶者是物则"。耿宁倾向于《明儒学案》本,然细考其说,理据并不充分。耿宁关于蕺山"前四句"与《大学》之言心"条可以相互发明的看法是一个洞见。运用这个文本互证原则可以推定,蕺山"前四句"的第三句"知善知恶是良知"当作"知好知恶是良知",不过,在义理上这两个表述可以互换。还可推定,"《大学》之言心"条可能存在一个传写错误。

高海波《刘宗周与〈阳明传信录〉》(《中国哲学史》2019 年第 5 期)一文指出,中晚明时期,由王龙溪开启的浙中王学重本体、轻工夫,有将良知导向"玄虚而荡""情识而肆",并逐渐与禅学合流的倾向,导致刘宗周进行此项正本清源的工作:即重新删定阳明文集,努力突出阳明学中体现儒学道德内涵的内容,并调和朱王之间的分歧。这就是刘宗周将其题名为《阳明传信录》的原因。

吴龙灿《从良知到良能:阳明和蕺山"四端"异解及其意义》(《王学研究》辑刊,

2019年卷)一文认为,刘宗周以"良能"解"四端",打通了心学和气学。从王阳明到刘宗周,从以良知到以良能以诠释"四端",不仅在哲学上逐步精密地解决了道德情感、实践理想和道德法则之间的内在关系,而且对中晚明士人坐而论道风气和心学狂禅末流具有纠偏补弊和实践指导作用。

张慕良《刘宗周对王阳明思想的"误读":以〈阳明传信录〉按语为例》[《北京师范大学学报(社会科学版)》2019年第4期]一文指出,刘宗周是继承于"湛学"的思维模式,将具有现象学意义上"自明性"前提的自然存在的"良知"理解为可界说的"知识性"存在,这种解读方式在学理上乃是"心学"之倒退。对这一问题的认识,或为合理把握刘宗周思想及梳理宋明理学的发展脉络提供参考借鉴。

王驰、雷震《内向与超越:刘宗周视域中的"四句教"》[《南昌大学学报(人文社会科学版)》2019年第4期]一文指出,刘宗周作为"理学殿军",目睹阳明学之流弊。他借助于理学、气学的理论资源,以"意"为中心,通过整合理学诸范畴,在蕺山学视域中,批评了"四句教"中对"意"的定位,将"意"提升至本体高度,并区分了"意"与"念",将"知""好"皆纳入"意"中,"意"由此得以从本体界贯穿至经验界,将儒学心性论所欲凸显的人的主体性推向了极致。

丁思伟、邹建锋《阳明后学刘念台"讨意根"对良知学的再推进研究》(《教育文化论坛》2019年第4期)一文指出,刘宗周晚年从批评儒佛合流、讨独知、讨意根、转念、率念与化念等多个角度修正了阳明后学。

燕连福、王驰《试论刘宗周对阳明四句教的批判与重构》(《浙江社会科学》2019年第12期)一文指出,刘宗周作为晚明大儒,面对王朝逐渐走向末路的现实,有志于"正人心以正天下"。针对当时阳明学流弊横行之现状,通过与阳明后学辩难,不仅批判了当时流行的禅学化心学及其理论源头"四无"说,更是依据自己的"慎独""诚意"思想,对阳明四句教进行了批判,以堵塞王学末流之弊。

冯前林《"致知"与"诚意"之间:刘蕺山论〈大学〉主旨及对王阳明的批判》(《哲学动态》2019年第6期)一文指出,刘蕺山认为《大学》主旨乃"诚意",并对阳明的良知学说进行了批判,不过他在批判的过程中亦有所维护。王阳明的"良知""致良知"与刘蕺山的"意根""诚意",并不如黄宗羲所讲两者无甚分别,亦不如牟宗三所言两者"地位及层次皆相等":"良知"相较于"意根"来说,更为浑融宽阔;"诚意"则是针对"致良知"所未加以突出强调的葆任源头处的洁静精微而发。

武文超《刘蕺山对王阳明"无善无恶"思想的发展》(《中国哲学史》2019年第3期)一文从"无善无恶"之本体、工夫与境界的层面,来解析蕺山对于阳明"无善无恶"思想的发展。

二、蕺山学派综合研究

本"浙学研究年度报告(2019)"关于蕺山学派学者的研究现状,主要依照相关学者籍贯所在地的浙东、浙西分述。浙东的黄宗羲研究在下章"清代中前期浙学研究"中叙述,而江苏武进籍学者恽日初的研究动态,则在本章一并叙述。

张瑞涛《蕺山后学研究》(人民出版社2019年12月版)一书根据董瑒《蕺山弟子籍》、全祖望《子刘子祠堂配享碑》、杜春生《刘子全书遗编钞述》、刘士林《蕺山先生行实》等专门记载蕺山门弟子的文献,以及在检索《刘宗周年谱》《刘宗周书信集》《绍兴府志》《康熙会稽县志》《嘉庆山阴县志》《绍兴县志资料》的基础之上,明确并考证出蕺山先生刘宗周的174位一传弟子,并按照文献考据学的方法,为这174位蕺山弟子撰写了"小传"。

张瑞涛《论蕺山学派刘宗周师弟子的人格气象》(《孔子研究》2019年第4期)一文指出,刘宗周师弟子气节立德、经世立功、自得立言,凸显了蕺山学派刘门师弟子群体人格气象的三重面向:因明清易代,刘门师弟子殉节尽义,忠孝气节精神与日月齐辉,尽显忠义人格气象;刘门师弟子入仕谋政则尽心治国,出世读书则重经世实学,言性命之理不舍匡济实策,治学路向和事功实行皆强调学以致用、经世开物,反对谈虚说玄、空论矫作,展露出经世人格气象;刘门师弟子视"自得"为治学根本,更以学以自得为价值追求,强调为学不求苟同先儒,但求言出有理,其著述立说的自得精神彰显了创新人格气象。

王英《蕺山学派论"常道"》(《船山学刊》2019 年第 5 期)一文指出,因应晚明学术、政治之弊病,蕺山学派在天道人心之"常"与"变"之间存在一定张力,但总体以常贞变。天道有常,即生生,无始无终而有一定的秩序性;人心有常,通过逗出"独体",突出自我主宰性,重未发工夫;治道需有常,士君子作为政治中坚力量,其"独体"作为秉彝,外物不能淫、移、屈,作为直感判断力,能根据实际情境挈矩变通从而具体地适用道德法律原则。

（一）浙东的蕺山学者研究

1. 陈洪绶研究

2019 年,学界同仁对陈洪绶的绘画理论与创作风格进行了研究,主要论文有:张薇的《论陈洪绶工笔花鸟画艺术风格演变》(《大众文艺》2019 年第 2 期),沈春桥的《陈洪绶工笔画数字动画制作研究与应用》(《美术教育研究》2019 年第 3 期),张静森的《陈洪绶绘画中的女性形象研究》(《艺术品》2019 年第 3 期),舒士俊的《晚明两怪杰——徐渭和陈洪绶》(《国画家》2019 年第 3 期),杜松的《陈洪绶绘画色彩研究》(云南艺术学院硕士学位论文,2019 年 5 月),樊烨的《陈洪绶的绘画风格与晚明装饰艺术》(《艺术设计研究》2019 年第 3 期),陈晓珊的《陈洪绶山水画装饰性的表现与成因》(《闽江学院学报》2019 年第 6 期),赵攀的《浅谈明末波臣派与陈洪绶人物画艺术风格的差异》(《艺术评鉴》2019 年第 8 期),陈欲晓、罗小兵的《陈洪绶仕女画的艺术特征和审美价值》(《美术观察》2019 年第 11 期)。

2. 祁彪佳研究

2019 年,有 6 篇公开发表的论文涉及祁彪佳的文献整理、造园风格、戏曲理论。

曹晔《祁彪佳遗书补遗》(《浙江档案》2019 年第 4 期)一文指出,祁彪佳自沉殉国后,其遗著陆续被后人增补刊印。在清代,由绍兴山阴人杜煦、杜春生所辑之道光二十二年的《祁忠惠公遗集》增补本收录了祁彪佳殉国之前亲笔所写之六封遗书,提供了关于祁彪佳及其家庭新的史料和信息,有助于探析朝代鼎革之际士大夫的心路历程及其区处家事的原则。

曹晔《祁彪佳佚文一则》(《图书馆理论与实践》2019 年第 12 期)一文指出，祁彪佳《舍书》一文为中华书局刊行的《祁彪佳集》所遗，难免有遗珠之憾。

吴艳红《推知行取与莆阳谳牍研究》(《中国古代法律文献研究》辑刊，2019 年卷)一文以晚明推知行取制度为背景，讨论祁彪佳的《莆阳谳牍》，探讨推知行取如何影响了莆阳谳牍的刊行；而明抄本《莆阳谳牍》又如何体现了推知行取制度下推官的司法实践。

彭慧慧、邢蕊杰《山阴祁氏家族戏曲创作考论》[《绍兴文理学院学报(人文社会科学)》2019 年第 3 期]一文指出，山阴祁氏家族连续几代涌现出了 8 位戏曲家，他们热衷戏曲创作，且创作风格各异，剧作种类丰富，体现出晚明时期戏曲的繁荣与发展。

李林军《论祁彪佳〈远山堂曲品〉之"艳品"：兼论"骈俪派"戏曲的发展》[《河北科技师范学院学报(社会科学版)》2019 年第 2 期]一文指出，祁彪佳《远山堂曲品》首次将"艳品"引入戏曲品评体系，并于"艳品"中首提"骈俪派"。实质上，"艳品"中收录了大量"骈俪派"曲作，但却有其收录的标准。"骈俪派"戏曲因语言重骈偶、多用典，不宜搬上舞台曾被诸多曲论家所抨击，而祁彪佳独辟"艳品"一类专论"骈俪派"创作，是与强化"骈俪派"创作审美意蕴、突显其戏曲语言理论、提高"骈俪派"的地位有关。此外，祁彪佳还于"艳品"中表述了对"骈俪派"戏曲发展的看法。

张诗洋《祁彪佳尺牍所见戏曲篇目考》(《戏曲艺术》2019 年第 3 期)一文指出，今藏于南京图书馆与国家图书馆等地的祁彪佳尺牍中，共有 122 封论及戏曲，从中可见天启三年至崇祯十二年间(1623—1639)，祁彪佳与友人借阅、抄录、品评、蒐集戏曲的情况。

3. 刘汋研究

刘汋系刘宗周之子，能通父学。由于文献辑录困难，目前学界尚未开展对刘汋的系统研究。

（二）浙西的蕺山学者研究

1. 陈确研究

2019 年，研究陈确的论文有 1 篇。

吴洁《陈确人性论研究：以〈瞽言〉为中心》（浙江大学硕士学位论文，2019 年 5 月）一文认为，陈确的三部代表作——《瞽言》《大学辨》和《葬书》之间存在着"一体两用"的内在关系，即其以人性一元论为宗旨纲要，而抨击《大学》为禅学、改革丧葬祭礼，都是具体的实践条目。

2. 张履祥研究

2019 年，研究张履祥的学术论文有两篇。

武少民《张履祥师承学侣弟子考论》（东北师范大学博士学位论文，2019 年 5 月）一文认为，张履祥之成长为著名学者，与早年恩师孙台衡、陆时雍、诸董威和傅光曰的启蒙教诲分不开；成年后，张履祥赴外地拜访名师，先后问学黄道周，拜师刘宗周。张履祥重视谈学论友，是家乡浙西一带明遗民群体中的重要成员。其早年学侣中，感情最深厚者为颜统；同门之友中，和而不同者乃陈确；举办葬亲社时，情谊深笃者为凌克贞；处馆教书时，与其为学宗旨一致、共同推崇程朱理学者乃吕留良；亦有以书信论学谈道者，曹序、沈伊等。张履祥与学侣、弟子之间群体性活动频繁，他们致力乡村秩序重建，关注养老送终，提倡移风易俗，凡此种种，体现了一代学者经世济民的情怀。

张天杰《从张履祥到祝洤：清初朱子学在浙西的传承及其特点》（《浙江社会科学》2019 年第 3 期）一文指出，清代中前叶的浙西有一批传承有序的朱子学者，以张履祥为发端，吕留良为助手，经过吕葆中、柯崇朴、严鸿逵、车鼎丰等吕氏门人的接续，直到张氏之私淑祝洤，为拯救风俗人心起而"尊朱辟王"，将朱子学作为道德践履的思想资源。

3. 恽日初研究

2019 年，不见有研究恽日初的论著。

第五节　明代中后期的其他浙学家研究

明代中后期的浙学家群体,除去阳明学派、蕺山学派的成员,还有书法家兼藏书家丰坊,散文家兼藏书家茅坤,政治家沈一贯,布衣学者胡应麟,倡导"儒耶对话"的思想家李之藻、杨廷筠,东林党人黄尊素,阳明学后劲施邦曜,抗清名将钱肃乐、张煌言(张苍水)等人,他们的学术成就与道德事功,也是明代中后期"浙学"的重要组成部分。

一、丰坊与丰坊研究

丰坊(1492—1563),字人叔,一字存礼,后更名道生,更字人翁,号南禺外史,明代鄞县(今浙江宁波)人。系书法家、篆刻家、藏书家。嘉靖二年(1523)进士,除吏部主事,寻谪通州同知,免归。居吴中,贫病以死。

2019 年,研究丰坊的论文有 5 种。

李忠伟《试论明中期学者丰坊〈诗经〉学考据特征》[《宁波大学学报(人文科学版)》2019 年第 5 期]一文指出,丰坊《诗经》学著作是特殊时期的特定产物,他与同时期的杨慎与季本《诗经》学都具有明显的考据特征,明晚期的梅鷟、陈第、焦循等继承明晚期考据学特征,直接开启清代《诗经》考据学,影响清代《诗经》学乃至经学发展。

李忠伟《从〈诗经〉学史看明代丰坊〈诗经〉著作的价值》[《济南大学学报(社会科学版)》2019 年第 1 期]一文指出,丰坊《诗经》著作之撰写目的在于复古以求真,并不仅仅在于求奇、求异、炫博;其有意以极端凸显《诗经》研究中许多问题,并尝试从正反两方面加以解决,推动了《诗经》学发展;特别是他践履《诗经》鲁诗精神的旨归,不应为误解所遮蔽。

王赫《丰坊经学作伪研究》(南京大学硕士学位论文,2019 年 5 月)一文研究丰坊在经学领域的作伪及其体现的学术风尚和思想内涵，冀以深化对中晚明经学和思想学术的认识。

郭煜《丰坊书学思想研究》（西安工业大学硕士学位论文，2019 年 5 月）一文认为，丰坊书学思想是一个体系化的书学理论。对于丰坊书学思想的研究，应主要基于其著作《书诀》《童学书程》，这两本书在关于学书次第、选帖、执笔等诸多问题上探讨学书的方法，对于初学书法者有很大的裨益。总之，丰坊书学思想不但丰富着明代的书法创作，对后世的书学思想也产生了较大影响。

谢妮娜《〈童学书程〉中隶书教学思想研究》（江西师范大学硕士学位论文，2019 年 5 月）一文认为，《童学书程》作为丰坊的著名书论，不失为古代优秀的书法教学理论，值得深入研究。

二、茅坤与茅坤研究①

茅坤（1512—1610），字顺甫，号鹿门，浙江归安（湖州）人，明代著名文学家。嘉靖十七年进士，历知青阳、丹徒，颇有政绩。选礼部主事，移吏部稽勋司。后因故谪广平通判，再选广西兵备金事、大名兵备副使。因忤逆当朝权相，中年落职，乡居五十余年。在文学上，茅坤反对前后七子为文盲目疑古的思潮，与唐顺之、归有光等志同道合的文士推崇唐宋八大家和秦汉古文，提出了博采众家之长，得其神理，然后"随吾所之"的文艺思想；提倡为文当主"情"求"至"，史称"唐宋派"。阳明学者王宗沐评价说，其文"如江河万状，不可涯涘；而其反复详略形势，淋漓点缀，悲喜在掌，则出司马迁、班固，而自得陶铸，成一家言"。虽是过誉，亦可见茅坤文在明代中后期的影响。

茅坤著有《白华楼藏稿》十一卷、《续稿》十五卷、《吟稿》十卷，以及《玉芝山房

---

① 拙编《浙学综合研究报告》第五章《明代浙学研究》（浙江人民出版社 2020 年 4 月版）未对茅坤及其研究现状予以撰写，兹增补之。

稿》二十二卷、《耄年录》九卷等。今有《浙江文丛》本《茅坤集》(5 册，浙江古籍出版社 2012 年版)，诗歌部分以万历刻本《白华楼吟稿》为底本，文以万历年刻本《茅鹿门先生文集》为底本，又收入南京图书馆藏《玉芝山房稿》《耄年录》，又据明嘉靖十七年陈名夏石云居刻本《国朝大家制义·茅鹿门稿》补录茅坤的制义九十五篇，又广泛收集，辑录了茅坤的诗文佚稿十六篇。

2019 年，学界研究茅坤的论著有两种。

王焱主编《茅坤文献辑存》(46 册，北京燕山出版社 2019 年 7 月版)，对茅坤存世文献予以影印汇编。

郑天熙《论茅坤对韩文的点评及其意义》(《铜仁学院学报》2019 年第 5 期)一文指出，茅坤在《唐宋八大家文钞》中对韩文不仅有字句章法等形式主义的点评，还对韩文进行全面深入的文学鉴赏，使用了"奇""宕"等一系列范畴，指出韩文蕴含的丰富情感，并将韩文与秦汉文对比，揭示韩文的渊源流变关系。

三、沈一贯与沈一贯研究

沈一贯(1531—1615)，字肩吾，又字不疑、子唯，号龙江，又号蛟门，浙江鄞县(今宁波鄞州区)人。明朝万历年间内阁首辅、诗人。隆庆二年(1568)中进士，选为庶吉士，授检讨，充日讲官，参修《世宗实录》《穆宗实录》。万历二年(1574)，任会试同考官，后历任编修、日讲官兼经筵讲官、左春坊左中允兼翰林院编修、侍读、右春坊右谕德、吏部左侍郎兼侍读学士，加太子宾客。万历二十二年(1594)，任南京礼部尚书、正史副总裁，协理詹事府，未赴任。不久，晋尚书兼东阁大学士，入阁参与机务。会朝议许日本进贡，他恐贡道出宁波为乡郡患，极言其害，贡议遂止。善察帝意，迁为太子少保、户部尚书、武英殿大学士、吏部尚书。万历二十六年(1598)，朝议"立储"，反对立郑贵妃子朱常洵，主张立王恭妃子朱常洛。尔后集浙籍京官组成"浙党"。次年，有人告发楚王自称假王，图谋不轨，他竭力庇护。万历三十七年(1605)，考察京官时庇护同党而触动公愤，遂告病退。寻起晋少师兼太子太保，复受劾，辞归家居。卒赐太傅，谥文恭。著有《易学》《诗经注》《叙嘉靖间倭入东南事》等。

2019 年，研究沈一贯的论文有两篇。

洪国强《〈沈一贯执政与万历党争〉评介》（《中国史研究动态》2019 年第 4 期）一文对杨向艳著《沈一贯执政与万历党争：以楚宗、妖书、京察三事为中心的考察》（商务印书馆 2018 年 6 月版）一书进行了评论。

朱小敏《明代作家沈一贯研究》（上海师范大学硕士学位论文，2019 年 5 月）一文认为，沈一贯是明代万历年间的一个重要的人物，他身处明代晚期，政治经济文化剧烈的动荡之中，入阁十二年，对于晚明的政局有重大的影响。在文学上，他一生笔耕不辍，给后人留下了数量丰富、题材多样的文学作品。因此，研究沈一贯以及其文学创作，对于把握明代万历时期的政局、了解沈一贯的诗文艺术成就以及万历时期宁波文学活动，具有重要的意义。

四、胡应麟研究

2019 年，研究胡应麟的论文有 5 篇。

杨森旺《修正与批判：明末清初王世贞汉魏诗学观的接受——以胡应麟、许学夷、王夫之为例》（《惠州学院学报》2019 年第 1 期）一文指出，王世贞汉魏诗学对明末清初的文坛产生了一定的影响。但由于时风趋向与文学语境的演变，王世贞汉魏诗学观在明末清初的接受行为被后世误读为"绝对肯定"与"绝对否定"的对立两端。事实上，以胡应麟、许学夷为代表的复古诗论家，并没有将王氏汉魏诗论奉为圭臬。

曹晔《从历史语境看胡应麟诗学成就》（《中国社会科学报》2019 年 5 月 7 日）一文指出，胡应麟的诗学理论代表作《诗薮》自问世以来，学界对胡应麟诗学成就的评价褒贬不一，形成了不同的看法。如何站在客观的角度公允地看待胡应麟的诗学成就，是文学批评者解读文本以及借鉴前代人的批评观念时所要面对的挑战，也是传统向现代批评话语转变的重要特征。

陈颖聪《对胡应麟宋诗观的再认识》(《嘉应学院学报》2019 年第 2 期)一文指出,胡应麟对历代诗歌的发生、发展、体裁、风格等方面作了广泛的研究,认为在诗歌的发展中,"体裁"是有限的,至唐已大备;"风格"则是无限的,并非完备于唐。在对诗歌"风格"的鉴识中,胡应麟推崇盛唐,欣赏盛唐,甚至以盛唐诗歌的风格为标准衡量、要求各个时期的诗歌,并认为宋诗往往缺失了唐诗风格,因而接受"宋无诗"的说法,但其结论仅是相对于盛唐风格而言。

马玉《胡应麟小说批评方法研究》(淮北师范大学硕士学位论文,2019 年 5 月)一文认为,胡应麟在史学、文献学和小说理论方面著述颇丰,其独特的小说理论也是胡应麟文学批评思想的重要组成部分。

刘晓军《被虚构的小说虚构论:以鲁迅对胡应麟的接受为中心》(《明清小说研究》2019 年第 3 期)一文指出,鲁迅在接受胡应麟小说理论的过程中,以虚构的小说观念为前理解,对胡应麟的论述作了符合自己期待视域的解读。这并不符合胡应麟的原意与中国传统小说观念的实际,因此小说虚构论的建构过程,本身就是一个被虚构的过程。

五、杨廷筠研究

2019 年,研究杨廷筠的论文有 1 篇。

戴雷《明末杨廷筠与安福本〈绝交书〉收藏考》(《中国书法》2019 年第 1 期)一文指出,明末杨廷筠收藏《绝交书》,并请江南士大夫鉴赏家鉴赏题跋,一时传为盛事,但后世对杨廷筠的收藏活动知之甚少,对《绝交书》的书写者也多有分歧。该文在梳理、对比文献的基础上,初步厘清了《绝交书》在安福及江南境内的递藏情况;断定"武林杨侍御"即是杨廷筠;通过比较诸家观点得失,仍遵从历史旧说,将《绝交书》附于李怀琳名下。

六、李之藻研究

2019 年，研究李之藻的论文有 3 篇。

王玉鹏《〈頖宫礼乐疏〉与李之藻对中国传统礼乐文化的贡献》（《中国天主教》2019 年第 4 期）一文指出，对李之藻在西学领域的造诣，学界已多有论及。相反，对其在中学尤其是中国传统礼乐文化方面的贡献，至今仍未引起研究者的足够关注。事实上，李之藻精通音律，娴于礼仪，且有《頖宫礼乐疏》留世。

季艳龙、方真《明末翻译家李之藻对科学翻译的贡献研究》（《兰州教育学院学报》2019 年第 10 期）一文指出，在明末西学东渐中，李之藻对中西方文化与科技交流作出的杰出贡献应当可与徐光启相提并论。尤其是其在科技著作的翻译上，李之藻一直积极推动西方科学技术的引进，翻译了大量西方科技著作，促进了我国科学技术的发展，并产生了重要的影响。

谢辉《〈李之藻集〉简介》（《国际汉学》2019 年第 1 期）一文对郑诚辑校的《李之藻集》（中华书局 2018 年出版）予以介绍。

七、黄尊素研究

2019 年，研究黄尊素的论文有 1 篇。

郭庆彬《黄尊素诗歌忠义思想刍议》（《文学教育》2019 年第 1 期）一文就黄尊素《忠端公集》诗歌中所蕴藏的忠义思想以管窥，探微其对浙东文化建设的意义。

八、施邦曜研究

2019 年，未见研究施邦曜的论文。

九、钱肃乐研究

2019 年,研究钱肃乐的论文有 1 篇。

彭志《行旅与流亡:明清之际钱肃乐心史探微》(《天中学刊》2019 年第 6 期)一文指出,观察南明名臣钱肃乐在甲申年(1644)三月十九日至丙戌年(1646)夏五月赴温州之前于江南各地创作的可明确系年的 13 题 54 首诗歌,可发现这些诗歌的主旨或者通过描摹国难之时生离死别的凄惨场景,表露难以名状的悲愤心绪;或者显豁地感怀时事变迁,发抒身为抗清义士却无力扭转南明颓势的失落。

十、张煌言(张苍水)研究

2019 年,研究张煌言的论文有两篇。

夏志刚《张苍水被执地悬岙考》(《浙江国际海运职业技术学院学报》2019 年第 3 期)一文指出,张苍水在浙闽沿海坚持斗争近二十年,其碧血支天的精神,一直吸引着文人志士,围绕他被清军抓获的具体地点也已困扰宁波舟山的学者三十年。该文通过旁搜定海、象山、宁海等地志书,逐一分析前人各种论证论据,借助现有各种史料,分析"悬岙"的成疑原因,并为被执的具体地点指出了方向。

毛国强《论张苍水诗歌的"诗史"内涵》(《名作欣赏》2019 年第 5 期)一文指出,张苍水的诗歌具有叙事方面的成就和知人论世的作用,尤其是以诗歌为年谱,是最为独特之处。通过对张苍水诗歌"诗史"内涵的分析,可以更为真切地了解张苍水及其诗歌上的成就。

行文至此,纵观明代浙学家的研究现状,可以发现当代学术界对明代浙江籍思想家的研究以专案为主,已经产生了一大批的学术成果,其中以刘基、刘宗周的研究成果最为丰硕。但是我们也应该看到,除却阳明学派、蕺山学派外，其他众多的浙学家由于学脉、学派性不是很强，略显分散，这也体现为学术研究上的碎片化、分散化，这就使得明代浙学的整体研究略显松散。为此，我们建议可以参鉴黄宗羲《明儒学案》的做法，编纂"明代浙学学案"，而一部贯通性质的"明代浙学通史"也亟须撰写。

第六章　清代中前期浙学研究

清代中前期"浙学"发展的基本脉络是：明清易代之际，心性之学衰退、经世实学思潮勃兴，以黄宗羲为代表的浙东经史学派应运而生，这一浙东学派传承有序、成员众多，一直延续到清代中后期，其中的代表人物有黄宗羲、黄宗炎、黄宗会、万斯大、万斯同、邵廷采、全祖望、章学诚、李邺嗣、郑梁、郑性、黄百家、陈讦、黄炳垕、邵晋涵、王梓材、黄式三、黄以周等人。清代中前期，乾嘉考据学成为传统学术思潮的主题，毛奇龄、朱彝尊、胡渭、姚际恒、查慎行、杭世骏、翟灏、齐召南、梁玉绳、卢文弨、孙希旦、陈鳣、严可均、洪颐煊、姚振宗等一大批浙江学者为清代考据学的繁荣发展而著书立说，贡献良多。此外，阮元担任浙江学政、巡抚期间，对乾嘉年间浙江考据学（"浙派"）的形成与发展也有推动之功。清朝视程朱理学为官方主流意识形态，"朱子学"在浙江也有传人，其中清代浙江籍的朱子学者以浙西居多，主要有张履祥、吕留良、陆陇其等人。

此外，在明清易代之际与清代中前期，浙江籍的著名学者还有沈德符、陈元赟、谈迁、张岱、朱舜水、查继佐、潘平格、李渔、沈光文、应㧑谦、沈昀、毛先舒、姜宸英、吴任臣、毛际可、王崇炳、袁枚、桑调元等，他们在文学、史学、哲学等各个领域也有创造性的学术成就，故而他们是广义的"浙学家"。

2019年，学界同仁关于明清易代之际至清代中前期的"浙学"研究，主要围绕黄宗羲与清代浙东经史学派、清代浙西朱子学、乾嘉考据学的"浙派"以及广义的

"浙学家"群体而展开。

第一节 黄宗羲与清代浙东经史学派研究

一、黄宗羲研究

2019 年 5 月 30 日至 31 日，由中国实学研究会、中共中央党校报刊社、余姚市委市政府共同主办的"'实学思想家故里行'首站走进宁波余姚暨'黄宗羲思想及其当代启示'主题报告会"在浙江余姚举办。来自浙江省杭州市上城区、江苏省昆山市、广东省中山市蓬江区、陕西省周至县等"实学思想家故里行"城市代表、余姚市社会各界等近 400 人参加。中国实学研究会会长王杰指出，要深入发扬黄宗羲以史学经世的实学宗旨精神，挖掘、整理以黄宗羲等为代表的丰厚思想文化资源，把"实事求是、知行合一、经世致用"等新实学思想融入经济社会文化发展、人民生产生活之中。

2019 年 10 月 12 日至 13 日，北京航空航天大学人文与社会科学高等研究院主办的首届"哲学与文化"论坛举办。本届论坛聚焦"诠释与比较：黄宗羲思想及其当代价值"主题，来自北京、上海、浙江、江苏、湖北等多所国内高水平大学和科研机构 30 位专家学者出席，聚焦于黄宗羲的哲学思想、近代诠释、政治哲学的探讨等。与会学者认为，通过比较与诠释的工作，可以撬动思想史、宋明理学、政治哲学等多方面的研究，从而切实回应"传统哲学现代意义"这个大问题。

2019 年，学界同仁围绕黄宗羲学术思想及其《明夷待访录》《明儒学案》《宋元学案》开展研究，出版学术专著 1 部，在各类学术期刊上发文数十种。内容涉及黄宗羲的生平事迹、政治思想（围绕《明夷待访录》）、哲学思想（围绕《孟子师说》）、教育思想、实学思想、数学思想、医学思想、体育思想、武学思想、文学思想、《明儒学案》研究、《宋元学案》研究，还有黄宗羲文献及其佚文辑录研究。

（一）黄宗羲的生平事迹研究

徐修竹编著《梨洲先生行迹》（西泠印社出版社 2019 年 1 月）一书，以图文并茂的形式对黄宗羲波澜壮阔的人生经历予以描绘。第一章主要介绍竹桥黄氏的情况以及黄宗羲的少年时代。第二、三、四章分别叙述了黄宗羲参加东林复社、追随南明鲁王抗击清兵和著述讲学、创立浙东学派的三个重要人生阶段，第五章介绍了黄宗羲晚年史迹及他逝世之后，后人对他的纪念和研究情况。黄宗羲研究资深专家吴光先生为本书撰"序"，认为"这是一部图文并茂、兼具学术性和普及性的好书，能使读者对黄梨洲先生的生平事迹与活动轨迹有比较清楚的了解，有助于今后梨洲史迹遗存的保护利用"。

（二）黄宗羲政治思想研究

武晔《黄宗羲〈学校〉篇中的民本思想及其当代观照》（《知与行》2019 年第 2 期）一文指出，黄宗羲的民本思想孕育于中国传统的父权伦理宗法政治土壤，在传统的民本与尊君共存的政治形态中，黄宗羲敢于突破君民关系，将个体权益的重视和实现扩展至政治层面，实为对传统民本思想的突破，而他所著《明夷待访录》中的《学校》篇更是空前地将公共意志、公共舆论独立于统治权力之外，并成为影响乃至决定统治者意志的权威力量。

陈沫《民本主义与法治精神的融合：黄宗羲政治思想研究》（大连理工大学博士学位论文，2019 年 5 月）一文认为，黄宗羲是古代中国第一个对封建君主专制进行猛烈抨击，并提出整体性改革方案的政治思想家。他政治思想的形成，既得之于他对历史兴衰变化和明朝亡国教训所进行的深刻地反思，也得之于他本人切身经历过的政治实践活动。他所处之明末清初时期是由于政治腐败、异族入侵造成的所谓"天崩地解"、朝代更替的重要的历史转折时期。他以强烈的忧患意识，对君主专制政体的弊端进行了尖锐的批判，并力求在此基础上探索和建立一种具有高度民本主义和法治精神的政治制度。

焦园庆《黄宗羲民本思想及当代启示》（沈阳师范大学硕士学位论文，2019 年 5 月）一文认为，黄宗羲以民本为出发点，继承和发展儒家的民本思想，在东林党人的经世精神和明末的人文主义思想中汲取精华，将我国古代的民本思想推向了一个新高度。

云萌萌《黄宗羲权力制约思想研究》（内蒙古大学硕士学位论文，2019 年 5 月）一文认为，黄宗羲以公天下为价值尺度，对君主专制制度下的政治关系和政治体制进行了深刻的再认识，把政治思考的重心从儒家传统对君主的规劝及官员的心性修养转到了以外在制度对君主及官员的权力制约上，这在政治思想史上意义重大。不可否认的是由于时代的局限，黄宗羲的权力制约思想与民主政体下的权力制衡思想有着本质区别。但是，其权力制约思想中的合理部分对当代我国权力制约理论的发展和完善，仍具有一定意义上的启迪作用。

吴妍《论黄宗羲的"天下为主，君为客"思想》（《现代商贸工业》2019 年第 20 期）一文指出，黄宗羲提出了"天下为主，君为客"的思想，并以此为核心重新审视君臣关系，否定了维护一家之利的"非法之法"，批判了"是非皆自君主出"的社会现状，进而对现存社会政治体系进行制度重构。

柳一尘《"由官到士"：〈明夷待访录〉"学校"篇的制度设计》（《衡阳师范学院学报》2019 年第 4 期）一文指出，中国古代传统政治，是一种以"皇帝——官僚"为总体形态的政治。黄宗羲欲以"学校"——一种全新的政治制度设计，调整帝国政治结构，从而为"士"群体开辟独立的参政空间，以保证"士"作为政治主体的责任履行。

桁林《〈明夷待访录〉国家治理观探讨》（《学术界》2019 年第 2 期）一文指出，《明夷待访录》分析了三代以下之所以有乱无治的根源在于一人之天下而非天下人之天下，也就是君主把天下当作了私产，因此，要回到三代之良治秩序必须先回到公天下之善治。

赵怡《卢梭与黄宗羲政治思想初探》（《文化学刊》2019 年第 9 期）一文认为，黄宗羲与卢梭是中法两国著名的启蒙思想家，其思想有许多交汇和碰撞之处。他们在强烈批判封建君主专制的同时,更提出了自己崭新的政治构想,并对后世产生了深远的影响。

武晔《黄宗羲法的思想对当代法制建设的启示》(《林区教学》2019 年第 1 期)一文指出,黄宗羲对于"法"的思想探讨更是体现出近代民主法治的意味。黄宗羲认为,有别于私天下的三代以下之法,三代之法是符合公天下的立法本意的,这样的法具有宽松而不繁密的特点,能够最大程度上实现社会的安定和谐。黄宗羲又提出"有治法而后有治人"论断,认为法治先于人治,能够最大程度上保证社会的公平正义,能够弥补德治和人治的不足,同时不放松对于执政者和执法者的德才要求。

(三)黄宗羲哲学思想研究

蔡家和《关于黄宗羲批评罗钦顺"天人不一"之检视与回应》(《社会科学》2019 年第 4 期)一文指出,黄宗羲批评罗整庵对朱子理气论的修正,从而导致"天人不一"的观点。黄宗羲的思想属于心学和气学,而罗整庵则应定位为理学转向气学的理论型态,两者的思想体系略有不同;虽然二人皆有重气之倾向,然罗氏之修正朱子的理气二元而为理气一致,却在心性论上又坚守朱子立场,以致黄宗羲怀疑整庵思想倒向了"天人不一"。依黄氏,理是气之理,又要天人一一对应,则性该是心之性或情之性,则无论在天道论还是在心性论上,皆须贯彻气论的立场,由此必得出天人一致的结论。那么,整庵的心性论是否可成为一种气学呢? 即坚持一气流行,气之诚通诚复,四气周流以及喜怒哀乐如元亨利贞一般等观点,进而得出刘蕺山、黄宗羲所说的"心气通一"的结论呢? 这是一个耐人寻味也是值得探讨的问题。

顾家宁《〈孟子师说〉与黄宗羲的孟子诠释》(《人文杂志》2019 年第 2 期)一文指出,《孟子师说》是孟学史上一部极具特色的著作,其思想与《明夷待访录》之间存在着密切关联,是对后者的继承与发展。这种发展可以概括为两个层面,一是对《明夷待访录》既有内容的深化,二是对《明夷待访录》未涉及内容的延伸。

周玲《黄宗羲〈孟子师说〉研究》(山东大学硕士学位论文,2019 年 5 月)一文,在前人研究的基础上，从成书、版本、思想来源、考据成果等多个方面对《孟子师说》作进一步研究。

郭美华《黄宗羲对孟子道德哲学的诠释及其特点》（《哲学研究》2019 年第 9 期）一文指出，黄宗羲解释孟子的道德哲学，尽管总体上处于宋明理学的框架之内，但在具体诠释中，有着将伦理之境与自然世界相区隔的自觉，并对本体—宇宙论的诠释进路有相当反思。一方面，他将自然世界的自在性从伦理世界的束缚中释放出来，另一方面也将人从超越的普遍本体的概念中解放出来。如此，他对工夫论和性善论都作了具有新意的解释，即不单纯将自觉自为的持守视为工夫和性善的全部，而是突出工夫与性善的内容包含面向自然自在开放的维度。

陈畅《明清之际哲学转向的气学视野：以黄宗羲〈明儒学案〉〈孟子师说〉为中心》（《现代哲学》2019 年第 5 期）一文指出，明清之际"自性理转向经史"的哲学转型是中国哲学史的重大事件之一。其中，以黄宗羲为代表的浙东学术开展出心学向经史之学转型的思想道路，具有重要的理论意义。黄氏在其名著《明儒学案》《孟子师说》中提出一条独特的明代哲学发展脉络，亦即心学的气学视野建构，由此建立了以"理为气之理"与"事的本体工夫论"为主要内容的气学形上学，使得作为知识学的经史之学顺理成章地成为性理之学开展的一部分，展现出逸出传统理学思想藩篱的新意义。

周佳宝《〈孟子师说〉的理学思想研究》（安徽师范大学硕士学位论文，2019 年 5 月）一文认为，《孟子师说》是黄宗羲通过诠释经典集中表现其思想体系的代表著作。黄宗羲对延续儒家道统的责任担当、对现实问题的个人思考以及对思想史研究的努力则是《孟子师说》产生的主观条件。在《孟子师说》中，黄宗羲延续了宋明理学家们对理气心性关系、道德修行的次第以及事功与问学的关系等问题的探讨，并提出了许多独到的见解。此外，黄宗羲对时局的看法、对社会制度和现实的反思与批判也深深影响了他对《孟子》的诠释，使《孟子师说》带有深刻的时代烙印，而体现出一种经世致用的理论风貌。

（四）黄宗羲教育思想研究

刘聚晗《20 世纪以来黄宗羲教育思想研究学术进展述评》（《白城师范学院学报》2019 年 Z1 期）一文对近年来 30 余部黄宗羲研究著作和 200 余篇论文进行分析后发现，黄宗羲教育思想研究涵盖了对其教育思想成因、教育目的、教育内容、教学方法的全面探讨。然而，这些研究成果仍不够全面、深入，站在教育思想发展史的高度，以具体学科教学的研究视角分析黄宗羲的教育思想，才是今后人物教育思想研究的方向。

刘聚晗、王宏林《黄宗羲对传统儒学教育理念的修正与发展》（《济宁学院学报》2019 年第 3 期）一文指出，在经世观、德才观、人才观方面，黄宗羲与传统儒学的教育理念存在很大差异。在经世观方面，黄宗羲以事功说突破了传统儒学的修身养性说；在德才观方面，黄宗羲平衡了重德轻才与重才轻德两种极端观念，强调符合社会需要的同时要尊重个性发展，真正实现育人目的；在人才观方面，黄宗羲呼吁改变当时门第相高的不良学风，主张教育资源合理配置，实现教育公平、人尽其才的目的。黄宗羲的这种做法是人类寻求自我完善与发展的基本途径，是传统教育理念在应对新的历史现实中的挑战而作的一种创新，对针砭教育时弊具有极为重要的现实意义。

刘聚晗《黄宗羲语文教育观念及现实启示研究》（河南大学硕士学位论文，2019 年 5 月）一文认为，黄宗羲的教育思想产生于渊源甚深的家学与师学、长期的教育实践和生活的社会背景。在这三者交互影响的基础之上，黄宗羲不断创造发挥，形成了自己独特的教育思想体系。这不仅在中国教育思想史上具有突破性的意义，更对中国当今的教育发展具有直接的借鉴价值。

（五）黄宗羲实学、数学、医学、体育、武学思想研究

张悦、金圣基《论宋明理学向明清实学转轨的"内在理路"：以黄宗羲实学思想为例的说明》（《孔子研究》2019 年第 1 期）一文指出，作为理学与实学交融（虚实结

合)的重要学术典范,黄宗羲实学思想十分明显地表现了宋明理学向明清实学的连续性发展。从"工夫所至即其本体"的本体论到读经穷理"会众合一""一本万殊"的方法论,再到"各人自用得着者为真"的治学观,都反映出梨洲之学试图矫正宋明理学家"读书不多"抑或"多而不求之于心"的空疏之弊,力倡道德修养、读经穷理和治学追求上的"实心""实学""实功"的基本实学立场。

朱一文《明清之际的数学、儒学与西学:以黄宗羲的数学实作为中心》[《内蒙古师范大学学报(自然科学汉文版)》2019年第6期]一文通过分析黄宗羲的相关著述指出:黄宗羲引传统算学入原先属于儒家算法传统部分的经学研究,并将西方三角学纳入传统算学之勾股类。这折射出黄氏认识与理解的数学、儒学与西学之关系。

胡正旗《黄宗羲医事考述》(《中医文献杂志》2019年第2期)一文指出,黄宗羲兼习医学,曾为张景岳、赵献可及高斗魁三位浙东名医作传铭。《张景岳传》评价中肯,对后人启发较多。《高旦中墓志铭》则评价失实,遭人诟病。黄宗羲不但为后人留下了难得的医学史料,而且他不迷信怪异、科学求实的思想,对后世医学研究的影响也很深远。

王宁《黄宗羲体育思想研究》(《当代体育科技》2019年第2期)一文,采用文献资料法梳理了黄宗羲体育思想。认为黄氏体育思想主要有两点:对内家拳法学术传承的梳理、对道教金丹养生法的否定。

姚晓芳《黄宗羲"经世致用"武学思想研究:兼论〈明夷待访录·兵制〉中黄宗羲武学思想》(《武汉体育学院学报》2019年第4期)一文指出,黄宗羲《明夷待访录·兵制》篇着重针对国家谈武论兵方面的建议谏言,其中"重武以兴国""壮健轻死善击刺""文武合为一途""亲上爱民"等武学思想,不仅是深刻总结故国覆亡惨痛教训的赤诚谏言,更是经世致用实学思想影响下黄宗羲武学思想的时代抉择。

(六)黄宗羲文学思想研究

诸雨辰《黄宗羲文气说辨析》(《文学遗产》2019年第4期)一文认为,在研究黄宗羲的思想与文学观念时,"阳气""元气""至情""真情"等概念都是学者们时常讨论的话题。这些概念体现了明清易代之际以黄宗羲为代表的士大夫的文化思考。然而,这些概念之间有什么关系,它们发展递变的线索如何,为何又会产生变化等等,却少有人关注。实际上,黄宗羲对文气与文情的讨论以及在不同时期侧重点的转换,正与其遗民意识的变化相同步,值得更深入地思考。

慈波《四海宗盟与所得一半:黄宗羲明文统系中的钱谦益》(《北京社会科学》2019年第12期)一文指出,明末清初,钱谦益与黄宗羲先后主盟文坛。钱对黄有铭墓之托,黄亦嘉许钱为"四海宗盟"。黄宗羲晚年重构有明文统,却称钱仅"所得一半",并在其《思旧录》中全力批揭钱文之弊。这一落差实源于黄宗羲对明文统系的自觉构拟,并通过对归有光地位的归属而鲜明表现出来。前评突出了钱的派别影响,后评则自文章史地位立论。无论在作为一代文章渊薮的《明文案》《明文海》,还是在作为一家之学的《明文授读》中,钱文皆大量入录。这也反映出黄宗羲在标揭明文正统的同时,不失对钱文的理性评判。

佟姗姗《浅谈黄宗羲"经世致用"的文学思想》(《黑龙江工业学院学报》2019年第2期)一文指出,易代的痛苦体验使作为文论家的黄宗羲,特别重视文章与时代的关系。他着眼于阐述文章对时代的依附关系以及文章作用于时代的关系,他提倡诗文必须要体现出对社会的益处,文人也必须要承担起社会的责任。最终形成了在其易代遗民身份责任下有别于前代的新的"经世致用"的文学观念。

戴菁《论黄宗羲"作文不可倒却架子"观:以其塔铭批评与创作为中心》(《北京社会科学》2019年第2期)一文指出,在禅风炽盛的明清之际,黄宗羲强调儒者"作文不可倒却架子"。首先,在对当世儒者所撰塔铭的批评中,黄宗羲认为"启众信、备僧史"理念统摄下的塔铭写作有失儒者气象,文章往往雅俗相乱。其次,在自身塔铭创作上,黄宗羲的儒者本位意识也有所投射。论及僧净时,他善于借儒者之例批判禅林门户之见;为逃禅者作塔铭时,他着力凸显塔主"外禅内儒"之精神实质。以黄宗羲的塔铭批评与创作为中心,可解读其"作文不可倒却架子"观的内涵,并可感受当时儒释交游之张力。

佟姗珊《黄宗羲文学思想研究》（哈尔滨师范大学硕士学位论文，2019 年 5 月）一文认为，黄宗羲在中国古代文学史上可以称得上是一位彪炳日月的伟大的思想家和文论家。黄宗羲在文学史上的重要贡献，就是他将史学与文学结合起来作为文学批评的理论依据。纵观黄宗羲的整个学术体系，不难看出黄宗羲的史学是被他所有的学问如文学、心学、理学甚至是政治相关的思想学说支撑起来的，他的学术思想轨迹正是沿着这些学说对时事的反应所得到的启示，进而推动其学术史的发展。

朱静波《黄宗羲碑志文批评研究》（辽宁大学硕士学位论文，2019 年 5 月）一文认为，黄宗羲的碑志文批评是研究碑志文批评发展不应被忽视的内容。黄宗羲的金石义例学说是其碑志文批评的重要组成，它承袭元、明两代之基础而独有创见，不仅对于清代金石义例学的发展有开创之功，而且匡正文体，拯救了其时碑志文"声俗轨相沿，不觉其非"的文风之弊。同时黄宗羲将自己的碑志文批评主张融入具体的作品之中，在碑志文的史学色彩、文章宗旨、艺术特色等诸多方面提出了自己的见解。

（七）《明儒学案》综合研究

甄洪永《黄宗羲〈明儒学案·夏尚朴〉文献选编的一则失误》（《文化学刊》2019年第 1 期）一文指出，黄宗羲《明儒学案》是学术名著，但也有文献失误，如黄宗羲为夏尚朴选编学术资料时，曾断章取义地进行了刻意的剪裁，从而对读者造成了某种误导。夏尚朴初次从章懋处闻听陈献章之学说，其心理体验为"恍若有悟"，后来却认为陈献章学术不足取，这是一个完整的学术历程。

陈畅《个体性与公共性之间：论〈明儒学案〉的形上学结构及其当代意义》（《中国哲学史》2019 年第 5 期）一文指出，学界历来把《明儒学案》定位为学术史著作。但其实《明儒学案》并非如今人所理解的那样功能单一，而是有着非常复杂而多层次的思想内涵重叠在一起：明代心学运动的内在困境及其解决方案、明清思想转型的内在理路（心性之学如何转出知识意义上的客观性）、宋明理学道统论与公共社会重建,等等。黄宗羲基于其师门学术建立了一种全新的个体性哲学,将上述诸多层次的内涵在《明儒学案》中有机地联结成一个整体。这种个体性哲学对于当代文化建设,亦有不容忽视的参考意义。

甄洪永、李珂《论黄宗羲〈明儒学案〉对明代关学的新建构》(《武陵学刊》2019年第6期)一文指出,文献考证表明黄宗羲梳理《明儒学案》中明代关中学术时,曾参考过《关学编》。由于黄宗羲视明代关学为河东之学的分支,故需要对明代关学进行重新建构。《明儒学案》纳关学入河东之学,通过对相关学者的增删,完成了对明代关中学术脉络的重新厘定;强化薛瑄的接引价值与批评薛瑄及其弟子的学术观点看似相互矛盾,却是降低关学学术地位的一种操作策略。剔除《关学编》中某些学者非凡的童年书写和过高的学术称谓,也就成了《明儒学案》的题中之意。较之《关学编》,《明儒学案》在整体上降低了明代关学的学术价值和历史定位。

文碧方、卢添成《章潢性气思想探微:从〈明儒学案〉的一处文本错误谈起》[《井冈山大学学报(社会科学版)》2019年第6期]一文指出,《明儒学案》摘录章潢《图书编》的一处文本与原文出入较大,二者关于章潢对性气关系的表述有很大的差异,"性气是否混一"成为这两个文本的主要分歧点。

谢丽泉《梁启超〈节本明儒学案〉的德育方法论启示》[《北京教育(德育)》2019年Z1期]一文指出,1905年,作为自己"为德育界馈之粮"的系列著述之一(同年还编纂了《德育鉴》),梁启超编纂刊行了《节本明儒学案》一书。在今天看来,黄宗羲的《明儒学案》是一部明代的学术史著作,梁启超以一部古典学术史著作为修身进德的案头常备之书,其中含有怎样的德育方法论启示,值得今天的德育工作者深思与借鉴。

(八)《宋元学案》综合研究

张天杰《〈宋元学案〉的编撰与濂溪学的新诠:从刘宗周到黄宗羲、黄百家父子》(《中国哲学史》2019年第3期)一文指出,刘宗周《五子连珠》《圣学宗要》的案语,后被黄宗羲、黄百家父子收录于《宋元学案》并作了补充论证。《濂溪学案》不收朱子的两种"解"并对朱子多有批评,提出《通书》以"诚"翻新《中庸》道理、强调《通书》之颜子学为周、程授受张本,刘、黄等人对濂溪学的重新诠释与定位,走出了朱子学的影响并带有和会朱陆的色彩。

岳珍、刘真伦《儒藏本〈宋元学案〉校理刍议》(《华中国学》辑刊,2019年卷)一文,对《宋元学案》的作者、编撰与定稿、刊刻、流传情况进行初步考察,并以龙刻本、中华本、浙古本为例,对《宋元学案》的校理现状进行综合梳理。在总结前人得失的基础上,厘定出儒藏本的校理方案。

金晓刚《两种〈宋元学案〉黄璋校补稿抄本再认识》(《文献》2019年第6期)一文认为,对比两种《宋元学案》黄璋校补稿抄本与通行百卷刻本,可解决一些历史遗案,亦能纠正相关讹误。

焦印亭《〈宋元学案〉"案语"与〈宋元儒学案〉复原》(《国学》辑刊,2019年卷)一文认为,《宋元学案》初无定名,称法不一:或称《宋儒学案》,或称《宋元儒学案》,或以《宋儒学案》和《元儒学案》分称。《宋元学案》并非出自一人之手,也非成书于一时。从发凡起例到定稿付梓,经历了一个复杂的过程。

(九)黄宗羲的文献与佚文辑录研究

张萍、叶思佳《天一阁藏家谱中新见黄宗羲佚文两篇考释》[《宁波大学学报(人文科学版)》2019年第1期]一文指出,从天一阁藏家谱《鄞高塘董氏家谱》和《慈溪董氏宗谱》中,辑得黄宗羲所作《董瑞峰墓志铭》与《中宪大夫董公传》,均不见于新版的《黄宗羲全集》。

宋学达《〈明文海〉编纂的若干史实及版本源流考述》(《图书馆研究与工作》2019年第3期)一文指出,《明文海》是黄宗羲晚年编定的明文总集,由《明文案》扩充而来。经考订,现存《明文海》较重要的十种抄本中,浙江图书馆藏本乃诸本之祖,诸"四库"本皆遭不同程度的删削,以文渊、文澜本最劣;原涵芬楼藏本虽时代晚于《四库全书》之修纂,但与诸"四库"本并无直接渊源关系;国家图书馆藏朱格抄本自涵芬楼出;上海图书馆藏晚清抄本所存篇目少于文渊阁"四库"本,其底本或与

"四库"不同；民国远碧楼本仅余前七十一卷，当系上海图书馆本中抄出。

徐黎娟《〈明文海〉删余稿价值探析》（《图书与情报》2019 年第 4 期）一文指出，黄宗羲在其后半生，费时二十六年，编成《明文案》482 卷，统揽有明一代三百年文章之大集，借文存史，有"绝笔于文海"之说。清代乾隆时代编修《四库全书》时，《明文案》被收入其中过万页。后在乾隆皇帝下令复查之时，对《明文海》一些"违碍"内容进行了删改和抽换，形成删余稿，现珍藏于河南省图书馆。删余稿的存在，佐证了清朝统治者为禁锢思想而肆意删改图籍的做法，更为研究《四库全书》纂修史，提供了极为珍贵的第一手资料，在其本身的文献价值与学术价值之外，又增加更为重要的史证价值。

汤敏《为故山著信史：论黄宗羲〈四明山志〉》（《浙江社会科学》2019 年第 4 期）一文指出，黄宗羲《四明山志》以其深厚的学术功底、严谨求实的治学精神，怀着对故乡山水的深切热爱，纂修此志于鼎革之际。该志之成，建立在博采群书与实地考察互相勘正的基础上，因此记述详赡，考订分明。特殊的历史背景与著者本人的家国情怀，又赋予了该志收拾故明"残山剩水"的文献价值与诗性光芒。凡此，都使之成为山志中的经典之作。

二、清代浙东学派综合研究

"清代浙东经史学派"命题的提出与倡导者吴光教授，在 30 多年前所撰《黄宗羲与清代学术》一文中指出："关于清代浙东学派，前人往往作狭义的理解，称之为'浙东史学派'，并以章学诚为其殿军，恐怕有失偏颇。愚意以为，浙东学派是一个包括经学、史学、文学、自然科学在内的学术流派，虽以史学成绩显著，但不应仅仅视作一个史学流派。这个学派的主要代表人物，以史学为主兼治经学的有万斯同、万言、邵廷采、全祖望、邵晋涵、章学诚，以经学为主兼擅史学的有万斯选、万斯大、黄百家、王梓材，其文学代表人物则有李邺嗣、郑梁、郑性等，自然科学代表人物则有陈訏、黄炳垕等。"①

曾礼军《清代浙东学派"诗史"观的理论创新与文学实践》[《苏州大学学报（哲学社会科学版）》2019 年第 6 期]一文指出，清代浙东学派虽以史学著称但也十分重视文学，其文学有着鲜明的史学意识和特征，"诗史"观的理论和创作即是这种史学意识的集中体现。浙东学派的"诗史"观念是其文学实践基础总结出来的诗学理论，其"诗史"创作成就也非常突出，有"以诗作史"和"以诗纪地"两种诗史类型。"以诗作史"既重视时事叙录，也有历史重叙，主要表现为明清政权鼎革时期浙东文人的心史抒写、兴亡反思和文化认同。"以诗纪地"主要是起到一种以诗歌来书写地志的文化功能，重视浙东乡邦风物知识的记录和人物图谱的绘制，并由此宣扬乡邦文化传承的主体担当。

叶人君、方鹏桥《白云庄：传承浙东文化》（《宁波经济》2019 年第 4 期）一文指出，黄宗羲所创"甬上证人书院"的讲学处——白云庄，是浙东学派的发祥地，也是浙东学术文化的圣地。

张何斌《明清吴中与浙东文学的互动：以文章批评与选本为中心》（《浙江社会科学》2019 年第 9 期）一文指出，明清的吴中与浙东两地在文学领域体现出地域优势，同时又具备辐射全国的力量，明初的浙东文人宋濂更是具有超越宗派、引领一代的影响力。黄宗羲与清代全祖望等浙东后学在继承地域传统的同时，也对吴中等地文学进行了批判学习。两地文人在继承各自道统、文统的基础上就学术、思想等多方面问题进行了不断探讨，在不同历史时期又根据各自时代的特点提出新的见解，从而推动了中国文学不断发展。

三、经学为主兼治史学者：黄宗炎、黄宗会、万斯大研究

2019 年，未见研究黄宗炎、黄宗会、万斯大的论著。

---

① 吴光：《黄宗羲与清代学术》，《孔子研究》1987 年第 2 期。后收入吴光论文集《儒道论述》一书，台北东大图书公司 1994 年版。

四、史学为主兼治经学者：万斯同、邵廷采、邵晋涵、全祖望、章学诚、王梓材研究

（一）万斯同研究

2019年，研究万斯同的论文有1篇。

濮思喆《万斯同〈南唐将相大臣年表〉宰相部分考订》（《广西科技师范学院学报》2019年第5期）一文指出，万斯同《南唐将相大臣年表》中的宰相部分，是现存唯一有关南唐宰相的年表。通过对该表的考订，可以大致建立南唐宰相年表的框架，并澄清南唐政治史上一些重要史实。万斯同作为清初浙东史学的开创者之一，其在史学编纂上的最大贡献就是独立制作了大量史表，弥补了一些正史在史表方面的缺失。

（二）邵廷采研究

2019年，邵廷采研究的最新进展是陈雪军、张如安合作编校整理的《邵廷采全集》（浙江大学出版社2019年1月版）的出版。《邵廷采全集》的点校整理，先后得到了宁波市文化研究工程项目、浙江省文化研究工程项目的研究资助，并获得了国家古籍整理出版专项经费资助项目，最后由浙江大学出版社出版。

为扩大《邵廷采全集》的学术影响，2019年1月17日，"宁波阳明学第二届全国论坛暨《邵廷采全集》首发式"在浙大宁波理工学院阳明学堂召开。[1] 来自全国各地的阳明学者就最新编校整理的《邵廷采全集》予以评论。《邵廷采全集》编校者之一的陈雪军陈教授感慨地说："十年磨一书，阳明后学盛。从第一次接触邵廷采，至

① 《文献名邦新刊经典文献阳明故地又聚阳明学人——陈雪军教授点校〈邵廷采全集〉在宁波阳明学第二届全国论坛首发》，浙大宁波理工学院网，2019年1月21日。

今已经整整一纪；从整理、标点的初稿问世，至今整好十年。"另一位编校者张如安教授则提出如何利用《邵廷采全集》的史料，进行史学研究，解决史学研究中一些悬案的问题。

张琛《再现邵氏廷采以史经世之心：评〈邵廷采全集〉》(《出版发行研究》2019年第7期)一文，对《邵廷采全集》的学术价值与文献价值予以整理。

陈雪军《论邵廷采对阳明心学的继承与发展》(《中共宁波市委党校学报》2019年第5期)一文认为，邵廷采打通了阳明学与蕺山学、明州文化与越州文化之间的关节点，成为明末清初浙东阳明后学的杰出代表，为阳明学的传承和发展作出了自己应有的贡献。

(三) 邵晋涵研究

刘一《邵晋涵研究》(花木兰文化事业有限公司2019年3月版)一书以邵晋涵学术之形成与发展为明线，以浙东学术与乾嘉考据之激荡为暗线，凡前辈典范、家学庭训、师门传授、友朋切磋、社会风气、政治环境对其学术之影响，皆作深入论述。

(四) 全祖望研究

2019年，研究全祖望的论文有4篇。

吴华峰《全祖望集外诗文辑释》(《图书馆杂志》2019年第7期)一文从《韩江雅集》《摄山游草》两著中辑得全祖望佚文2篇，佚诗11首，并予以考证。

袁韵《论全祖望在沈光文接受史上的贡献》[《宁波大学学报（人文科学版）》2019年第2期]一文指出，全祖望是沈光文接受史上承前启后的关键人物，为沈光文作品的搜集、保存以及沈光文事迹的评介、宣扬作出了重要贡献。

许晴《全祖望咏史诗研究：以〈鲒埼亭诗集〉为中心》(绍兴文理学院硕士学位论文，2019年5月)一文认为，《鲒埼亭诗集》十卷基本囊括了全祖望一生所作诗歌，总计收录843首诗，咏史诗有近300多首。全祖望咏史诗深受其经学、史学的影响，叙事集中在政治、社会和人文事件，纪实特征鲜明。论人以表彰忠臣烈士和咏叹历代文士为主,兼说历代帝王和女性楷模。全祖望咏史诗体式多样,古体灵活,律诗老成;以气贯文,称情而出,灵活运用各种典故,以诗补史、以诗正史及以心为史;语言凝练老辣,以重字见长,呈往复回环之态。全祖望咏史诗的创作既与其学术取向、生平经历紧密关联,又受清初特定时代氛围、浙东学术文化、全氏家族文化的深刻影响。

汪珍《全祖望诗歌创作与〈续甬上耆旧诗〉编纂研究》(浙江师范大学硕士学位论文,2019 年 5 月)一文从全祖望生平与师承交游出发,通过探讨全祖望诗歌的思想主题与艺术特征,来了解他的诗歌创作与诗学思想。《续甬上耆旧诗》对于明清之际甬上诗歌的保存有着重要的作用,它的文献价值亦是毋庸置疑的。作为这本诗集的编辑者,全祖望在收录《续甬上耆旧诗》时所持有的思想与其诗文创作思想是一脉相承的。

(五)章学诚研究

2019 年,学界关于章学诚的研究主要集中在探讨章学诚学术思想的综合研究、方志理论、目录学理论、谱牒学思想、史学思想、文学思想、教育思想、政治思想以及戴震与章学诚的比较研究。

1. 章学诚学术思想的综合研究

何永生《章学诚学术思想阐释史研究》(花木兰文化事业有限公司 2019 年 3 月版)一书,对章学诚的学术思想进行了综合研究。

黄兆强《日本学者章学诚研究述评(1920—1985)》[《南开学报(哲学社会科学版)》2019 年第 2 期]一文指出,20 世纪日本学者关于章学诚的研究,主要有内藤虎次郎的《章实斋先生年谱》《章学诚的史学》,冈崎文夫的《章学诚的史学大要》,百濑弘的《章学诚传》,冈崎文夫的《章学诚:其人和其学》,三田村泰助的《章学诚"史学"的立场》,高田淳的《关于章学诚的史学思想》,河田悌一的《清代学术的一个侧面》等,这些成果对章学诚的生平及其学术思想、学术贡献等做了多方面研究,是章学诚研究史上不可忽视的重要成就。

2. 方章学诚的方志、目录、谱牒学思想研究

何永生《章学诚方志理论与实践的学理逻辑》[《湖北大学学报（哲学社会科学版）》2019 年第 3 期]一文指出，章学诚方志理论的根基是确立"方志亦史"的基本定位，通过辨章学术、考镜源流的学术方法，对既往方志学说进行了辨误和纠偏，提出以恢复方志"百国春秋"面貌为目标的学说体系。章学诚通过编纂实践自证其说，补正理论构想，形成了独具特色的方志学学理逻辑，不仅深契其"六经皆史""史学经世"的学术主张，而且其以国史体制、义例和功能为目标的方志编纂实践，对现代史学的发展亦具有启发价值。

陈郑云《再论章学诚的谱牒学思想》（《档案》2019 年第 7 期）一文指出，章学诚毕生致力于讲学、著述、编修史志谱牒，他对于谱牒宗旨、谱学地位、修谱方法、修谱态度、谱牒入志等问题都进行了较为详细深入的探讨，构成了一套完整的谱牒学思想体系，从理论到方法全面发展了谱牒学理论。

3. 章学诚的史学思想研究

姜胜利《章学诚"史德"论浅析》[《淮阴师范学院学报（哲学社会科学版）》2019 年第 1 期]一文认为，章学诚的"史德"论论述的是史家主观认识与客观历史及历史叙述之间的关系。他所谓"天"是指客观历史，"人"是指主观认识，"道"是指万事万物之理，"六艺比兴之旨"是"明道"，"心术"是对反映客观历史的追求。他主张史家要避免"因事生感"使情绪受到外界影响，从而悖离客观史实。要对尽量客观地反映历史有一种自觉的追求。这个理论不是一般的道德范畴，实际讲的还是史识问题，是一种历史认识论。

胡健《论章学诚"文集辅史"的观念》（《史学理论研究》2019 年第 1 期）一文指出，章学诚在《文史通义》中提出文集"与史相辅"的观点，是探讨文史关系的一个重要命题。它的学术史依据就是著名的"六经皆史"，现实表现为方志立《文征》。《文征》乃集部之属，收录奏议、征实、论著、诗赋、金石等方面的内容，是"文集辅史"观念在方志思想中的反映。

崔壮《章学诚史学史观中的"史意说"》[《温州大学学报（社会科学版）》2019 年

第 2 期]一文指出,章学诚基于对"古人之遗意"的理解和体会,对史学演进的历史进行梳理和解释。具体来说,他揭示了"六经"到"三史"的演进历程,指明了继承"诸子之遗意"的"一家之言"史学的发展阶段和特点,阐述了"后史失班史之意"的内容与后果。

何晓明《"于前史为中流砥柱,于后学为蚕丛开山":章学诚史学思想的历史地位》[《湖北大学学报(哲学社会科学版)》2019 年第 3 期]一文指出,章学诚在乾嘉经学(考据学)一统天下的时代潮流中,为史学摆脱经学附庸地位、自立主体,慨然发声,发挥了中流砥柱的作用。

杨思炯《章学诚的史学宣言:〈文史通义·浙东学术〉述评》(《华夏文化》2019 年第 2 期)一文指出,章学诚在《文史通义·浙东学术》开篇即说"浙东之学,虽出婺源,然自三袁之流,多宗江西陆氏",将朱、陆二大家看作是浙东学术的源头,这与传统意义上的"浙东学术"概念似乎并不相同。

崔壮《章学诚"浙东学术"新论》(《历史教学问题》2019 年第 4 期)一文指出,章学诚撰《浙东学术》篇,非为构建与戴震抗衡之学统,其主旨与《朱陆》同,均为消弭当时愈演愈烈的门户之争。章氏以"宗主"为标尺区分浙东、西之学,以治学方式与风格的差异来分辨朱、陆之教,以对乡邦文献的继承为标准阐述浙东史学,体现了三种不同的叙学视角。据此可观章氏对自身位置之暗示:宗朱不宗陆,非"浙东学术"中人;对浙东文献不甚周详,亦非"浙东史学"之传人;赞赏朱子之教,欲以经世史学继之,可归于传承朱子学者之列。

薛璞喆、俞钢《章学诚"文""史"汇通明义学术观念之新探》[《上海师范大学学报(哲学社会科学版)》2019 年第 4 期]一文指出,章学诚在对中国古代学术考镜源流的基础上,进一步阐释了汇通明义的学术观念。他继承和发展了《文心雕龙》《史通》等传统学术理论思想,系统梳理了传统经、史、子、集四部之学的演变,力图将中国古代学术成果汇通于"文""史"两大流脉之下而加以重新整合。在章学诚看来,文史之间是春华和秋实的关系,文可辅史,史亦可益文,两者的汇通就可以求取蕴含其中的义旨;这实际上就是在用"学术"的概念,客观地揭示中国古代学术史演进的规律。

钟学艳《姚名达与章学诚史学研究》（《学理论》2019 年第 6 期）一文指出,20 世纪 20 年代,在一众有关章学诚学术研究者中,姚名达是最早从史学史角度对章学诚史学进行专题研究的学者。在研究章学诚史学的过程中,姚名达尝试运用年谱和目录体裁进行分析,研究创获颇多,而章学诚的史学思想和目录学理论也对姚名达产生了深远学术影响。

熊锐《知护与申驳:刘咸炘对章学诚史学的多维论析:以〈文史通义·识语〉为中心》（《社会科学论坛》2019 年第 5 期）一文指出,20 世纪 20 年代,浙东章学诚成为学界关注的一大热点。僻居四川的刘咸炘作《文史通义·识语》全面论析章氏史学。针对章太炎对章学诚的批判,刘咸炘展开反批判,维护章学诚观点;本着私塾章学诚的宗旨,刘氏在"六经皆史"等多方面进一步发挥章学诚《文史通义》中的闪光点;不同于当时多数研究者,刘咸炘对章学诚之研究亦强调批判性思维,提出若干商榷意见。刘咸炘从知、护、申、驳四大方面探究了章学诚《文史通义》,在民国章学诚研究中特点显著,学术史意义不容忽视。

刘洪强《变化改制之义:〈周易〉影响下的章学诚经世观》（《文化与诗学》辑刊,2019 年卷）一文试图对章学诚经世思想背后的《周易》观以及两者之间的互动关系进行探索,在此基础上归纳和探析章学诚变易观背后舍《春秋》而用《周易》的趋向。认为,章学诚思想既有严谨、制度论的一面,又有变化乃至改制的一面,细究章氏思想,其变化之义与《周易》有着莫大关系,这在一定程度上缓解了其思想体系中的"制度论"趋向。

宋忻怡《章学诚〈文史通义·妇学〉的学术背景、论证方式与局限:以清学术史的角度》（《山东青年政治学院学报》2019 年第 2 期）一文指出,章学诚的《文史通义·妇学》篇素有争议,文章针对袁枚的激烈抨击尤其引人关注。但从清代学术史发展的内在理路来看,章氏《妇学》篇关注的是女性写作是否有利于阐释儒学经典的问题,并在"三礼"中寻找于己有利的证据。其论证方法与所得结论与章氏本人的历史哲学密切相关,亦符合清"道问学"的潮流。《妇学》的价值,主要在于抛开社会性别角色而论女性写作,为女性"言公"开辟了空间;然而又将女性写作固定在生理性别之上。其内在矛盾的实质是清儒学发展的新动向与传统思想的纠缠和冲突。

4. 章学诚的文学、教育、政治思想研究

刘凤泉《略论章学诚的文学观念》(《语文学刊》2019 年第 3 期)一文指出,不同于正统考据学派,《文史通义》辨道器,以六经皆器而通达于道;溯流别,辨章学术,考镜源流;倡文德,临文必敬,论古必恕;明文理,阐明文章的规律。章学诚打破学术壁垒,贯通文史理论,体现了学术融通的文学观念。

颜庆余《中国古典诗学中公私范畴的内涵与特征:以章学诚"言公"论为中心》(《文艺理论研究》2019 年第 4 期)一文指出,以章学诚"言公"论为中心,中国古典诗学的公与私的问题,可从所有权、独创性和作者问题三方面展开论述。所有权观念的形成及其回应,独创性的追求与自得的诗学,以及作者的权威与诗歌的共同体,这三方面的讨论表明中国古典诗学的私有化的基本倾向,以及公与私之间寻求平衡的特征。

周虹《论章学诚的文章学理论及借鉴意义》(《语文教学通讯》2019 年第 31 期)一文认为,章学诚要求写经世有用之文、真实有物之文、公正无私之文、质疑问难之文、质朴无华之文,明确提出了"文章宗旨""文求其是""文品人品""至文无私""文如其人"等创见。

崔壮《"因性之所近"与章学诚的治学追求》(《清史论丛》辑刊,2019 年卷)一文认为,章学诚以其"文史校雠"之学源自天性所近,故常于追忆早年往事之时不断强化这一自我认知。他对天性的自觉体认与践行,"入都"和"出都"构成重要节点。在处理求生与治学之关系及追求"存我"之学术人生理想的过程中,"因性之所近"都成为章学诚有所抉择和行动的基本准则。

汤谷香《章学诚读书观研究及其对当下阅读推广工作的启示》(《图书馆》2019年第 12 期)一文通过阅读和分析《清漳书院留别条训》,总结章学诚的读书观为:"尊经典、贵积累、循规律、从辩证、勤札记、善发散"。

2019 年不见章学诚政治思想研究的论文。

5. 戴震与章学诚的比较研究

张易和《章学诚、戴震方志理论之争的研究评述》（《中国地方志》2019 年第 4 期）一文指出，章学诚与戴震之间曾就方志纂修相关问题展开过一次激烈论争。关于论争的原因，晚清民国学者多从心理与学术思想角度进行分析，今人的分析则兼及二人现实境遇和时代背景等因素。

乔瑞《戴东原与章实斋求道的殊途同归》（《吕梁教育学院学报》2019 年第 2 期）一文指出，戴震与章学诚都是清代著名的学者，他们的"求道"之路相差甚远，可是最终的归宿皆为了跳出考证的局限而"求道"。

（六）王梓材、冯云濠及其研究

由于文献不足征，学界对王梓材、冯云濠的研究相对滞后，但是 2019 年学界公开发表的论文中也有涉及王梓材、冯云濠对编纂《宋元学案》的贡献，比如：焦印亭的《〈宋元学案〉"案语"与〈宋元儒学案〉复原》（《国学》辑刊，2019 年卷），岳珍、刘真伦的《儒藏本〈宋元学案〉校理刍议》（《华中国学》辑刊，2019 年卷），金晓刚的《两种〈宋元学案〉黄璋校补稿抄本再认识》（《文献》2019 年第 6 期）。

五、以文学见称而兼通经史之学者：李邺嗣、郑梁、郑性研究

（一）李邺嗣研究

2019 年，研究李邺嗣的论文有 3 篇。

安忆涵《李邺嗣〈集世说诗〉管窥》（《重庆三峡学院学报》2019 年第 2 期）一文指出，《集世说诗》是清初浙东诗人李邺嗣他作的一组集句诗，是集《世说新语》中的词句而成。其集取方式有三种，即：引用原文，参错己语；提炼文意，融入诗篇；改写词句，合乎己意。在思想情感上，该组诗表达了诗人的故国之思、复明之志、伤逝之

感和闲适之情。此外,诗中还涉及对作文之法的探讨。《集世说诗》在艺术上体现李邺嗣对陶渊明和杜甫的尊崇,同时也表现诗人晚年对"秀"的追求。

李立民《明清之际李邺嗣的社交关系与浙东士人文化》[《宁波大学学报(人文科学版)》2019 年第 5 期]一文指出,李邺嗣在明清之际的社交活动体现在遗民身份、师友讲学、以诗会友、书籍编纂等四个方面。

张德正《清代浙东学派文学中坚李邺嗣研究》(浙江师范大学硕士学位论文,2019 年 5 月)一文认为,在乱世之中,李邺嗣潜心于文史,是清初浙东学派中的一员,虽与黄宗羲无师徒之名,但来往频繁,联系密切,二人形成亦师亦友的关系。与此同时,李邺嗣与乡邦文人群体诗酒唱和,以诗文叙写甬上的风物人情,且致力于乡邦文献的整理、保存。

(二)郑溱、郑梁、郑性、郑大节、郑勋研究

2019 年,学界不见有研究郑溱、郑梁、郑性、郑大节、郑勋的论文。

六、以历算学见称而兼通经史之学者:黄百家、陈㣻、黄炳垕研究

(一)黄百家研究

2019 年,学界研究黄百家的论文有两篇。

连凡《〈宋元学案〉中黄百家的哲学阐释与思想立场》(《中共宁波市委党校学报》2019 年第 3 期)一文指出,黄百家在《宋元学案》中通过评论宋元儒学阐发了自身的哲学思想立场。

褚龙飞《黄百家〈明史·历志〉新探》[《上海交通大学学报(哲学社会科学版)》2019 年第 3 期]一文以新发现的绍兴图书馆藏黄百家《明史·历志》八卷抄本为基础,对《明史·历志》重新进行了探析。

（二）陈诉研究

2019 年，未见有研究陈诉的论文。

（三）黄炳垕研究

2019 年，未见有研究黄炳垕的论文。

七、清代浙东经史学派的尾声：黄式三、黄以周研究

2019 年，学界研究黄式三、黄以周的论文有两篇。

毛朝晖《黄以周的易学追求：兼论黄氏"汉宋兼采"的原则》（《周易研究》2019年第 3 期）一文旨在分析黄以周易学"汉宋兼采"的原则及其易学宗旨，指出黄以周研究《易经》的宗旨是回归孔子，即孔子通过《易传》阐发的"道"。回归孔子的解经方法是"以传解经"和"以例明传"。与此同时，黄氏论述了"汉宋兼采"原则的必要性。黄氏"汉宋兼采"的原则体现在他归纳的《易》例上，而《易》例必须基于《易传》指示的义例并以《易经》的经文作为客观的文本依据。

李科《曹元弼与黄以周学术异同考论》[《北方民族大学学报（哲学社会科学版）》2019 年第 4 期]一文指出，曹元弼曾在南菁书院问学于黄以周，受黄氏父子以经为本、实事求是及汉宋兼采的治学方法影响，但又受其自身既有的宗汉宗郑思想，以及来自于前辈、家族、乡邦、时贤和晚清经世思想的影响，与黄氏父子之学又有很大不同。

第二节　清代浙西朱子学研究

明代中晚期，朱子学尊崇地位被阳明心学冲击，明清之际又经顾炎武、黄宗羲、王夫之等学者的批判，朱子学正统地位受到严重威胁。清初由于最高统治者特别

是康熙对朱子学的推崇,朱子学又逐渐复兴并盛行起来。上章提到的张履祥,与黄宗羲一样,也是明末大儒刘宗周的弟子,但与刘宗周、黄宗羲系广义的"阳明学者"不同,亡国之痛,促使张履祥深刻反思"王学"(阳明学)之弊,最后摒弃"王学",一意归本程朱理学,是清初典型的"由王返朱"的学者。作为理学家的张履祥,不务虚谈,践履笃实,为廓清明末阳明后学清谈杂禅之风作出了贡献。他虽终身未曾显达,但对于程朱理学在清初浙西的复兴与发展起到了重要作用。可以说,在清代初期的浙江已经形成了一个以张履祥为领袖,以吕留良、陆陇其为骨干的"清代浙西朱学派"。

一、张履祥研究(存目)

2019年的张履祥研究,已在上章"明代浙学研究"中胪列,兹不赘述。

二、吕留良研究

2019年9月20日至22日,由复旦大学上海儒学院、杭州师范大学国学院、桐乡市文化局、崇福镇党委政府共同主办的"'江南儒学与明清思想转型'暨纪念吕留良诞辰390周年学术论坛"在吕留良故里——浙江桐乡崇福古镇召开。本次会议共收到论文36篇,分别围绕吕留良思想与交游、江南儒学、明清学术转型等核心议题展开探讨。

2019年,学界公开发表的研究吕留良论文有5篇。

李栅栅《吕留良的遗民认同及其理学思想研究》(浙江大学博士学位论文,2019年5月)一文认为,吕留良是明清之际著名的理学大家,学术专崇朱熹,与张履祥、陆陇其等人一起为清初朱子学的复兴作出了重要贡献。受明末清初理学内部心学式微、理学复兴的趋势以及务实学风的影响,吕氏的理学思想具有强烈的救世济时倾向。

吴菊萍、郭慧《〈吕晚村先生家训〉教育理念及其对现代教育的借鉴意义》（《萍乡学院学报》2019年第2期）一文指出，从《吕晚村先生家训》中，可以读出吕留良经商、教子、治家的杰出能力。

王冰雅《吕留良杜诗学研究：以〈天盖楼杜诗评语〉为中心》（山东大学硕士学位论文，2019年5月）一文以《天盖楼杜诗评语》为中心，对吕留良杜诗学的总体情况进行了初步探究。主要以吕留良杜诗评语为基础，并结合《吕留良诗文集》《宋诗钞》等文献，总结了吕留良的杜诗观。

刘韵鸥《论吕留良形象的文学差异：以〈子不语〉与〈阅微草堂笔记〉为中心》（《嘉兴学院学报》2019年第4期）一文指出，《子不语》与《阅微草堂笔记》涉及吕留良的文学形象描写大相径庭：《子不语》中袁枚是为士人群体发声，纪昀在《阅微草堂笔记》中则是为皇权话语正名。吕留良文学形象的分裂，代表了两人立场的根本不同。

三、陆陇其（陆稼书）研究

张猛、张天杰编译的《陆陇其家训译注》（上海古籍出版社2019年11月版）一书，为"中华家训导读译注丛书"之一。全书分五部分，主要包括陆陇其写给子侄、叔伯的家书，训诫子孙读书治学、为人处世的《治嘉格言》，并从碑传资料中选录相关传记文献。

2019年，学界有3篇关于陆陇其研究的论文。

张天杰、姚浩逸《故国与新朝之间的彷徨：清初理学名臣陆陇其的出处抉择》（《嘉兴学院学报》2019年第2期）一文指出，陆陇其作为清初的理学名臣，面对明末清初激烈的社会变革，认为君子面对"出处"之难，当以"道义"为先，其出处观是与传统的"义利之辨"结合在一起的，认为君子不可以功名利禄而撄其心，而应该在艰难的出处之中践履其德性，通过功利场之中的戒惧慎独从而使得自己的出处合于儒家道义。

吴旺海《近 40 年来陆陇其研究的取径及反思》(《嘉兴学院学报》2019 年第 2 期)一文指出,近 40 年来陆陇其的相关研究不但在数量上超越前代,且逐渐回归到对陆陇其个人的关注。在研究其生平与著述、理学与《四书》学、为官思想与实践以及陆陇其与其他思想家的比较等方面都取得不错的成绩,甚至出现围绕陆陇其的交叉学科性质的研究,今后或可从文献史料、研究方法与研究视野等角度寻求突破,进一步完善对陆陇其的整体研究。

张猛《陆陇其"尊朱辟王"思想与实践研究》(《嘉兴学院学报》2019 年第 2 期)一文指出,在"尊朱辟王"思想指导下,陆陇其复兴朱子学的实践主要表现在四个方面:撰写、修订、刊行"尊朱辟王"的学术著作;代表朱子学学者,与阳明学学者汤斌进行学术辩论;修订县志,声援史官张烈,抨击阳明和佛老;编著家训,讲解儒家经典,践行朱子学说。

第三节　乾嘉考据学中的"浙派"研究

清代中前期,乾嘉考据学成为传统学术思潮的主体。学界通常认为,清代考据学主要分为以惠栋为首的"吴派",以戴震为首的"皖派",以焦循、汪中为代表的"扬州学派",其实还应该有以卢文弨等为代表的"浙派"。在清代中前期,毛奇龄、朱彝尊、胡渭、姚际恒、查慎行、杭世骏、翟灏、齐召南、梁玉绳、卢文弨、孙希旦、陈鳢、严可均、洪颐煊、姚振宗等一大批浙江籍学者为清代考据学的繁荣而著书立说,助推了考据学在浙江的实践与发展。此外,乾嘉之间,阮元任浙江学政、巡抚期间,对乾嘉之际浙江考据学("浙派")的发展也有助力。

李圣华《清代朴学中的"浙派"》(《光明日报》2019 年 7 月 27 日)一文认为,乾嘉时期,浙学一脉为考据时风鼓动,发生新变,与吴派、皖派相鼎立,梁启超称之为"浙东一派"。从清初黄宗羲梨洲学派到乾隆以后朴学浙派,构成清代浙学演变的主流。其代表人物为全祖望、章学诚、邵晋涵、杭世骏、厉鹗、卢文弨、齐召南、严可均、姚文田、龚自珍、俞樾、李慈铭、朱一新、洪颐煊、黄式三、黄以周、孙诒让、章炳麟等人。重要人物有董秉纯、卢镐、蒋学镛、沈冰壶、吴骞、陈鳣、黄璋、黄征乂、冯登府、吴东发、王梓材、冯云濠、管庭芬、姚燮、戚学标、平步青、陶方琦、陶濬宣、沈曾植、李善兰、张作楠、王绍兰、孙衣言、傅以礼、王棻、龚橙等人。其中全祖望、章学诚、邵晋涵开启风气，俨然宗主。总之，浙学之兴贯穿清学终始。清学始兴，黄宗羲肇启端绪，清学告一段落，章炳麟为正统派"殿军"。朴学浙派，源出梨洲，复为吴、皖二派鼓动，嘉道而后又因时而变。

一、毛奇龄研究

2019 年的毛奇龄研究，集中在探讨他的四书学、经学与文学思想。

朱熙钰《毛奇龄〈论语稽求篇〉研究》（扬州大学硕士学位论文，2019 年 5 月）一文以毛奇龄《论语稽求篇》为研究对象，并以《西河集》《浙江通志》《萧山县志》《清儒学案》等相关材料为参考，阐述其成书背景、诠释特点、文体特征，揭示其在《论语》研究史上的地位及意义。

郎需瑞《符号学视域下毛奇龄易学"推易之法"探析》（《周易研究》2019 年第 6 期）一文指出，从符号学视域看，毛奇龄易学逻辑思想是以"类聚群分"为基础，通过"推易之法"，构建了以"聚卦""半聚卦""分推卦"等为内容的语形推理系统。在此基础上，他还对"象辞"之"所指"进行了语义诠释，对《左传》《国语》等传世文献中的经典筮例进行了语用推理解析。

王晓燕《清代前期经学家及其女弟子：以毛奇龄、徐昭华为中心》（《南京师范大学文学院学报》2019 年第 3 期）一文指出，经学家借助收徒授学及对女弟子作品的付梓助推，传播其诗教思想，并在女弟子周围形成更为广阔的经学阵营。对这一类型师徒关系形成及发展过程的考察，是深入分析清代经学思想传播方式的重要窗口，同时也是对清代文人收徒方式的必要补充，因此具有十分重要的意义。

阮佳妮《毛奇龄文史成就研究述评》（《文教资料》2019 年第 28 期）一文着眼于经学、史学、文学成就进行论述分析，以恢复毛奇龄在浙东学术史中的声誉与地位。

吴悦菊《毛奇龄论〈西厢记〉研究》（天津师范大学硕士学位论文，2019 年 5 月）一文认为，毛奇龄评点本《西厢记》，是《西厢记》评点史上一个非常重要的版本。

二、朱彝尊研究

2019 年，学界的朱彝尊研究主要围绕朱彝尊的文学思想、人物交游、书目题跋金石书法、著作文献而展开。

（一）朱彝尊文学思想研究

杜红艳《朱彝尊山水诗研究》（淮北师范大学硕士学位论文，2019 年 5 月）一文论述了朱彝尊山水诗的文学史意义，认为朱彝尊的山水诗创作进一步扩大丰富了山水诗的题材和内容。同时，探讨了朱彝尊山水诗对浙派诗人山水诗创作的影响。

余莹《朱彝尊与纳兰性德爱情词比较研究》（湖北师范大学硕士学位论文，2019 年 5 月）一文认为，朱彝尊作为浙西词派的创始人，其"清空醇雅"的词风在清初词坛上引领风骚。与此同时，纳兰性德的"情致说"也独树一帜，影响深远，所以二人在词学研究中有相当大的可比性。

任慧芳《〈明诗综〉与四库之比勘研究》（河北大学博士学位论文，2019 年 5 月）一文以朱彝尊《明诗综》为研究对象，讨论《明诗综》之编撰动机、与《列朝诗集》之关系、诸家辑评之采编等问题。清高宗诏修《四库全书》，《明诗综》亦采录其中，该文则结合《四库全书》编纂过程中出现的文本差异，对四库荟要本、文渊阁本、文津阁本《明诗综》与底本白莲泾本《明诗综》对校，细致梳理出四库诸本对《明诗综》的抽毁与删改情况，以此探讨四库诸本因其抽删之不同，形成各自不同的版本面貌。

冯冯《论朱彝尊诗词思想内容的相通性》（《兰州教育学院学报》2019 年第 5 期）一文从对明亡的慨叹、对爱情的吟唱以及对山川景物的描写三个方面来探讨朱彝尊诗词相通性，并分析朱彝尊诗词相通性的原因。

薛雪《黄景仁〈绮怀〉与朱彝尊〈风怀〉比较研究》（《中山大学研究生学刊》2019

年第 2 期）一文指出，朱彝尊和黄景仁作为清代前期的诗人，都曾被清人推举为"国朝善言情者"，二人的众多佳作中，尤以朱彝尊的《风怀》二百韵和黄景仁的《绮怀》组诗十六首最为经典，堪称清代诗歌中少有的寄寓私情的佳作。

向双霞《论朱彝尊对南宋遗民咏物词的新变：以〈茶烟阁体物集〉对〈乐府补题〉的新变为中心》（《中国文学研究》2019 年第 3 期）一文指出，清初朱彝尊推崇清雅词风，以强调创新和生新为手段，其咏物词创作出现一系列新变，主要表现在：从遗貌取神到遗神取貌，从重寄托到无寄托，从亦物亦我、见神见意到物即是物、物中无我。

倪佳《棹歌的音乐性及其传承：以朱彝尊〈鸳鸯湖棹歌〉的创编为例》（《嘉兴学院学报》2019 年第 5 期）一文以棹歌发展的历史进程为主线，对朱彝尊《鸳鸯湖棹歌》进行了地域性、音乐性、民俗性的综合研究。

徐志平《论朱彝尊的早期诗歌》（《嘉兴学院学报》2019 年第 5 期）一文认为，朱彝尊的早期诗作，在内容上能反映时代风云、个人遭际，在形式上则综学各家而逐渐形成个人风格，初步呈现出学人之诗的特色，在其个人诗歌创作及清代诗歌史上，都有重要影响。

（二）朱彝尊人物交游研究

栗娜《曹溶岭南交游考：以朱彝尊、龚鼎孳为中心》（《嘉兴学院学报》2019 年第 5 期）一文指出，在清初士人交游圈之中，曹溶处于一个较为中心的位置，其交游经历，对于完善清初士林交游的图景有十分重要的意义。岭南任职时期是曹溶交游的高峰期，以朱彝尊为代表的前明遗民和以龚鼎孳为核心的广东官员，都在此期间与其建立了密切的联系。

张宗友、薛蓓蓓《"谁怜春梦断"，"相期作钓师"：朱彝尊的江湖之行、仕宦之旅与难归之隐》（《南京师范大学文学院学报》2019 年第 4 期）一文指出，明清易代之际，朱彝尊飘零江湖，有家难回，是因为早岁奔波于抗清之路，失败后不得不避祸远走；家道中落，生计艰难，只能依人作幕，寄食他方；家庭欠顺，压力巨大，处境困窘。

应征博鸿、出仕清廷,是朱彝尊人生中一大转折,朱氏颇受康熙帝玄烨之亲近与拔擢。罢官之后,朱彝尊虽然极度思念家乡,却留居京师不归,是因为朱彝尊早已树立崇儒传道的人生志向,汲汲于儒家典籍、故国文献之整理与传承。

(三)朱彝尊著作文献研究

罗毅峰《四库"曝书亭藏本"考略》(《历史文献研究》辑刊,2019 年卷)一文认为,朱彝尊曝书亭旧藏向四库馆的进呈,目前已知主要包括五种来源:一是朱休度所献,二是张绍元购献,三是鲍士恭等五家所献,四是王士澣购献,五是范氏天一阁所献。《四库全书》收"曝书亭藏本"共三十三种,由于清高宗对朱氏藏书非常重视,加之地方官员搜求到的数量较大,故《总目》以标注来彰显其藏书功绩。

胡愚《新辑竹垞佚诗 43 首笺释》(《嘉兴学院学报》2019 年第 5 期)一文新辑朱彝尊佚诗 43 首,其中大半为友人题画者。并逐加考释,力求定其年月,阐明诗旨,于人物、时事亦作必要探究。此不仅有助于进一步了解朱彝尊生平行迹与交游,对于认识清初文学圈、艺术圈之生态形成亦有助益。

(四)朱彝尊书目题跋、金石书法研究

陈晓华、李文昌《朱彝尊书目题跋研究三题》(《古籍整理研究学刊》2019 年第 3 期)一文指出,朱彝尊《经义考》一书,对《四库全书总目》经部提要的撰写产生过重要影响,但称《四库全书总目》抄袭《经义考》则言过其实,二书在提要内容、类目命名以及对汉宋学的态度上都存在明显差异。《曝书亭序跋》注重考证与辨伪,详述版本学术源流,注重知人论世,同时重视利用金石文献,而不专主一家,体现了作者实事求是的严谨学术态度。《潜采堂宋元人集目录》以及《竹垞行笈书目》诸书,在著录宋、元、明学者著作等方面,可与四库收书互为补充。

聂国强《朱彝尊的印学思想探析》(《中国书法》2019 年第 24 期)一文认为,朱彝尊不仅在诗文方面取得了巨大的成就,而且在书法、篆刻艺术上同样成就斐然。他所提出的印学观点对当代篆刻的发展仍有重要影响。

三、胡渭研究

2019 年,研究胡渭的论文有 1 篇。

张振岳《"〈禹贡〉可以观事"研究》(曲阜师范大学硕士学位论文,2019 年 5 月)一文认为,清代学者胡渭在其著作《禹贡锥指》中总结《禹贡》"十二要义"为:地域之分,水土之功,疆理之政,税敛之法,九州之贡,四海之贡,达河之道,山川之奠,六府之修,土姓之锡,武卫之奋,声教之讫。"十二要义"上至军政国策、祭祀宗教,下至民众生计、社会秩序,涉及广泛,体系完善。可见,《禹贡》所观之"事"乃是涉及国家方方面面之大事,并非普通小事。

四、姚际恒研究

2019 年,研究姚际恒的专论有两篇。

路新生《姚际恒〈春秋通论〉的"历史美学"商榷》[《华东师范大学学报(哲学社会科学版)》2019 年第 1 期]一文指出,姚际恒《春秋通论》是他《春秋》学、《左传》学的代表作。受"理学清算"思潮影响,《春秋通论》颇多瑕疵,然至今未见学界有比较深入的批评性文论。若以"历史美学"——借美学之慧眼审视"历史"和"历史学"——之方法对《春秋通论》加以剖析,姚际恒对孟子论《春秋》语,诟病杜预说"例",以及对《左传》的批评都带有"历史美学"视角下的明显缺陷。

潘斌《论姚际恒的〈仪礼〉诠释》(《儒藏论坛》辑刊,2019 年卷)一文指出,姚际恒认为,《仪礼》是周末儒者所撰,成书于孟子之后;《仪礼》自为一书,首尾完善,内容安排巧密,章句字法皆备。姚际恒认为,《仪礼》所记之仪节是仪而非礼,故视之为礼之末;又认为,《仪礼》所记之仪有深义,故又褒扬有加。姚际恒对郑《注》、贾《疏》多有关注,且多有批评,其驳郑《注》、贾《疏》之内容既有合理者,亦有失之于轻率之处。从考据的角度来看,姚氏《仪礼通论》规模不够宏大,考证不够精深。

然而从开学术风气之先或对近代学界影响的角度来看,姚氏《仪礼通论》可谓功不可没。

五、查慎行研究

2019 年,学界研究查慎行的论文有两种。

范道济《查慎行诗歌论略》(《嘉兴学院学报》2019 年第 4 期)一文指出,查慎行存世 5000 余首诗中,纪行诗、仕宦诗与酬唱诗分量最重、成就最高、影响最大,也最具诗史意义。

金文凯《清代海宁查氏家族的母教特征与文学意义》[《辽东学院学报(社会科学版)》2019 年第 1 期]一文指出,清代海宁查氏家族是一个享有盛誉的文化望族,家族女性多受到良好教育,学养较高。家族中诸多优秀的母亲或是助夫教子,或是在夫亡后身兼严慈课子读书,努力从道德和学业两方面对后代进行教化。海宁查氏家族母教不仅对家族文学的传承发展起到了助推作用,而且对家族的诗学观念和创作手法也有所影响,对海宁查氏文化世家的兴盛有重要贡献,其文学意义不可忽视。

六、杭世骏研究

2019 年,研究杭世骏的论文有两篇。

王宣标《杭世骏与雍正〈浙江通志·经籍〉的纂修》(《中国地方志》2019 年第 4 期)一文指出,1731 年,杭世骏受聘参修《浙江通志》,负责该志《经籍》的编纂。但在杭氏志稿成编之后,似乎遭到同局史官的不少批评,引发杭氏的不满。杭氏意欲以《两浙经籍志》为名而"别本单行",惜未见有传本存世。后世学者对杭氏遭遇多持同情态度,梁启超甚至认为杭氏志稿"被局员排挤削去"。但是,将《两浙经籍志序》与今本雍正《浙江通志·经籍》的类例进行对比,可以证明二者之间的渊源关系，则梁氏此说不可全信。

刘铭《试论〈汉书疏证〉与〈汉书考证〉的成书：以〈地理志〉为例》（《文教资料》2019 年第 36 期）一文指出，前人已证实《汉书疏证》为杭世骏所作，且多处征引齐召南之说，可谓《汉书考证》"未全之稿本"，《地理志》中尤多。因此有必要将两书《地理志》中的条目进行汇总、比对，一是探究《汉书疏证》在选择考证条目时有何规律，二是总结武英殿本《汉书考证》在定稿时，遵循哪些规则，进而厘清殿本成书的要素。

七、翟灏研究

目前学界对翟灏研究较少，2019 年也不见有研究翟灏的论文。

八、齐召南研究

2019 年，未见研究齐召南的论文。

九、梁玉绳研究

2019 年，未见研究梁玉绳的论文。

十、卢文弨研究

程惠新、陈东辉校点的卢文弨《群书拾补》（浙江大学出版社 2019 年 10 月版）一书，以陈东辉主编的《卢文弨全集》（浙江大学出版社 2017 年版）第 1 至第 3 册中的《群书拾补初编》和《群书拾补补遗》为基础，重新覆核、校对，订正了其中的若干疏误，可以称为该书的修订版。《群书拾补》是卢文弨最有分量的一部校勘学著作，堪称清代一流学术名著。《群书拾补》校勘与补逸并重,其校勘成果多为后人所采用,如吴士鉴《晋书斠注》就吸收了不少《群书拾补》中的校勘成果。总之,《群书拾补》较为全面地反映了卢文弨校勘学方法、思想和成就,受到了同时代及后代学者的高度赞誉。

张波、赵玉敏《清卢文弨〈抱经堂诗钞〉系年考释》(远方出版社 2019 年 4 月版)一书,以卢文弨《抱经堂文集》为基础,参考《卢抱经先生年谱》《抱经堂丛书》《知不足斋丛书》《续修四库全书》《丛书集成初编》《丛书集成续编》《清代诗文集汇编》等书以及清代学者的文集、年谱,中国国家图书馆所藏善本古籍,中国历史档案馆所藏奏折、档案,对《抱经堂诗钞》中所收各诗进行了系统整理:一是考证各诗写作时间、背景;二是考察各诗的写作对象及其唱和之作;三是校勘各诗文字;四是注释其中的人名、地名、典故等。

2019 年,学界研究卢文弨的论文有两篇。

冯先思《〈论衡〉卢文弨校语集录》(《中国四库学》辑刊,2019 年卷)一文指出,复旦大学图书馆藏孙志祖等批注《论衡》,内收卢文弨校语近三百条;卢氏校语原本今已不传,赖孙氏批注引录而传世。

樊宁《阮元〈周易注疏校勘记〉引据卢文弨校勘成果来源考述》(《周易研究》2019 年第 3 期)一文指出,湖北省图书馆藏有清人张尔耆过录的卢文弨《周易注疏》校本,颇为珍贵。据此可知,《群书拾补·周易注疏校正》并非一字不变地承袭卢文弨《周易注疏》校本,而是经过一定程度的再整理,或增补新的条目,或完善旧有条目,从而使其内容详实有据、言有所本。而通过与阮元《周易注疏校勘记》详细比勘,可知《周易注疏校勘记》所引据的卢文弨校勘成果主要来自卢氏《周易注疏》校本,亦偶及《周易注疏校正》。

十一、孙希旦研究

2019 年,未见研究孙希旦的论文。

十二、陈鳣研究

2019年,未见研究陈鳣的论文。

十三、严可均研究

2019年,研究严可均的论文有5篇。

李思远《近四十年来严可均研究述评》(《宁夏师范学院学报》2019年第9期)一文指出,近四十年来随着研究的深入,对严可均代表作《全上古三代秦汉三国六朝文》的研究取得了重要进展,不仅充分肯定了其文献价值,在拾遗、辨误方面同样取得了丰硕成果;严可均的生平事迹、著述编年研究也取得了一定成果,填补了之前严可均研究的空白;对严可均从金石学出发的小学研究也进行了充分的总结与肯定,特别是对其《说文》研究多有关注。但是,目前对《全上古三代秦汉三国六朝文》的编纂思想、严可均的经学研究及全面评价其《说文》学成就,尚有拓展的研究空间。

刘冬颖、李思远《严可均〈唐石经校文〉的文献价值》[《哈尔滨工业大学学报(社会科学版)》2019年第3期]一文指出,收录于《续修四库全书》中的严可均《唐石经校文》,是公认的唐石经考订最全面、水平最高的一部著作。严可均从小学和金石学入手来研究经学,选用最接近唐石经原貌的新拓本,广采传世经书善本,对唐石经进行精校精注,其《唐石经校文》为研究中国经学史存正了文献资料,也重新确立了唐石经作为儒家经典的文献价值,而且考据更为翔实。《唐石经校文》的文献价值主要在于,堪正传世经文版本之误,保存唐石经之真以及辨正前人对唐石经的误读三个方面。

易小平、程韵蕾《略论〈全汉文〉失辑的类型与原因》(《古籍整理研究学刊》2019年第1期)一文指出,《全汉文》失辑有忽略上下文失辑、忽略文中文失辑、不当合并失辑、著录性篇目失辑、叙事性篇目失辑、直接引文失辑、间接引文失辑和新出文献失辑等八种类型。《全汉文》失辑既有文献方面的客观因素,也有严可均方面的主观原因。

罗家湘、高思莉《论〈全上古三代秦汉三国六朝文〉对〈续古文苑〉的因袭与革新》[《郑州大学学报(哲学社会科学版)》2019 年第 2 期]一文指出,严可均《全上古三代秦汉三国六朝文》(简称《全文》)的编纂缘起,以"接续《全唐文》之说"为最。然细考相关论述、编纂时间、成书背景等,"接续说"纰漏颇多,实难成立。从总集编纂史方面考察,发现《全文》的编纂用书、用书版本、编纂方法等对《续古文苑》多有继承,在编纂理念、编纂体例、文体观念等方面也是革新《续古文苑》而成。《续古文苑》已经具备了《全文》的雏形和基本框架,《全文》则是对《续古文苑》的吸收、模仿和再创作。

金沛晨《〈全上古三代秦汉三国六朝文〉补遗二十一篇》(《昆明学院学报》2019 年第 2 期)一文指出,《国清百录》是十分珍贵的先唐文献来源,收录了许多皇帝、官员与僧侣来往的文书。严可均虽根据《国清百录》收录了一些陈、隋两代的文章,并辑入《全上古三代秦汉三国六朝文》的《全陈文》《全隋文》中,但仍有漏收之作二十一篇。

十四、洪颐煊与洪颐煊研究

洪颐煊(1765—1833),字旌贤,号筠轩,晚号倦舫老人,浙江临海人。得时任浙江学使阮元赏识,入杭州诂经精舍学习,为孙星衍门生。在杭州,协助阮元、孙星衍编纂《经籍籑诂》,负责分纂《释名》《小尔雅》,并参与编韵。嘉庆六年(1801),洪颐煊入山东德州孙星衍馆,为孙氏编撰《孙氏书目》;又根据孙氏所藏碑刻铭文,撰成《平津馆读碑记》十二卷。以累荐不得售,援例入赀就直隶州州判,签发广东试用,历署罗定州州判及新兴县事。适值阮元调任两广总督,深知洪颐煊学优而非吏才,乃延之入幕,相与谈经辨史。其本人潜心著述,终日不倦,成书数十种,流传至今的有:《礼经宫室答问》二卷、《孔子三朝记注》八卷、《孝经郑注疏》一卷、《校正竹书纪年》二卷、《汉志水道疏证》四卷、《诸史考异》十八卷、《台州札记》十二卷、《倦舫书目》十一卷、《平津读碑记》十一卷、《管子义证》八卷、《校正穆天子传》六卷、《经典集林》三十二卷、《国朝名人词翰》二卷、《筠轩文钞》十卷、《筠轩诗钞》五卷、《读书丛录》二十四卷等。今人汇编为《洪颐煊集》(全六册,上海古籍出版社2018年版),内容广涉经、史、子、集,其中三分之二为考据之作。其中,《经典集林》为洪颐煊平生辑佚书籍的汇编,有陆贾《楚汉春秋》、扬雄《蜀王本纪》、刘向《别录》、刘昕《七略》等。

2019年,学界不见有研究洪颐煊的论文。

十五、姚振宗与姚振宗研究

姚振宗(1842—1906),字海槎、金生,浙江山阴(今绍兴)人。自幼受家学熏陶,他的父亲姚仰云雅嗜典籍,同治六年(1867)于扬州建造狮石山房,收藏大量古籍,分甲乙等部藏书于室,令姚振宗以四部分类,厘订书目,姚振宗自此开始目录学研究。同治八年(1869),父殁扬州,姚振宗举家重返绍兴鉴湖快阁,专攻目录学。[1] 姚振宗对目录学的主要贡献,是对历代正史艺文志和经籍志的补撰、补注,"竭十余年之心力",完成了《汉书艺文志拾补》六卷、《汉书艺文志条理》八卷、《后汉艺文志》四卷、《三国艺文志》四卷、《隋书经籍志考证》五十二卷及《七略别录佚文》一卷和《七略佚文》一卷,等七种目录学著作。他认为目录学的任务是"辨章学术,剖析源流",称"目录之学,言其粗,则胪列书名,略次时代;言其精,则六经传注之得失,诸史记载之异同,子集之支分派别,各具渊源"。阐述目录学,必须运用考据学、校勘学、版本学的知识与方法去研究。《清史稿·文苑列传》赞誉姚振宗:"目录之学,卓

---

[1] 关于姚振宗的生平事迹,可以参阅陶存煦编《姚海槎先生(振宗)年谱》,台北商务印书馆1975年版。

然大宗。"版本专家陈训慈对姚振宗也有高度评价:"清乾隆至嘉庆间,越中治部录之学,惟推二章氏(章学诚、章宗源),越百年余而有(姚振宗)先生,其成就且过之,虽不知名于当时,信足矜式于百世矣。"

2019年,《浙江文丛》本《姚振宗集》由浙江古籍出版社出版。作为姚振宗的著作整理本,《姚振宗集》收录了他的《七略别录》《七略佚文》《汉书艺文志条理》《汉书艺文志拾补》《后汉艺文志》《三国艺文志》《隋书经籍志考证》《师石山房书目》《百宋一廛书录》,几乎包括了姚氏所有的著作。

2019年,学界研究姚振宗研究的论文有两篇。

李博《姚振宗〈湖北艺文志〉与宣统〈湖北通志·艺文志〉之关系考论》(《山东图书馆学刊》2019年第2期)一文指出,姚振宗是晚清重要的史志目录学家,《湖北艺文志》是其研究史志目录的开端,对于研究姚振宗有重要作用。这部光绪十一年编撰的《湖北艺文志》在现存古籍中无处可寻,但却被宣统《湖北通志》编修局所采用。宣统《湖北通志》没有记录《艺文志》的编撰者,但是通过考察宣统《湖北通志》的编修过程和对比宣统《湖北通志·艺文志》与姚振宗其余著述可以发现,姚振宗所编撰的《湖北艺文志》经过湖北通志局三次编修后,被收录进宣统《湖北通志》中,通志局虽有稍许增补,但基本保存了姚氏的著作。

万根宁《姚振宗〈隋书经籍志考证〉史部及子部文献订补》(南京师范大学硕士学位论文,2019年5月)一文认为,姚振宗一生致力于目录学研究,对《七略》《汉书艺文志》《隋书经籍志》等颇有心得。在其《快阁师石山房丛书》七种中,姚氏独于《隋书经籍志考证》格外重视。

十六、阮元与杭州诂经精舍研究

2019年,关于阮元与诂经精舍的研究性论文有1篇。

井超《略述诂经精舍许慎木主结衔论争》(《扬州文化研究论丛》辑刊,2019年卷)一文认为,阮元在浙江巡抚任上,设诂经精舍,培养汉学人才。精舍设立之初,在孙星衍、洪颐煊、洪震煊等人倡议下，阮元同意在精舍中设许慎、郑玄木主。然而，围绕许慎木主如何结衔，当时学者展开讨论；参与讨论者引经据典，各抒己见，争论不已，个中反映了乾嘉时期自由争论的学术风气。

第四节　明清之际与清代中前期的其他浙学家研究

在明清易代之际至清代中前期，浙江籍的著名学者还有沈德符、陈元赟、谈迁、张岱、朱舜水、查继佐、潘平格、李渔、沈光文、应㧑谦、沈昀、毛先舒、姜宸英、吴任臣、毛际可、吴之振、王崇炳、袁枚、桑调元等，他们在文学、史学、理学等各个领域也有创造性的学术成果，故而属于广义的"浙学家"范畴。

一、沈德符研究

2019 年，研究沈德符的论文有 1 篇。

王辉斌《沈德符〈顾曲杂言〉的戏曲论》（《重庆第二师范学院学报》2019 年第 3 期）一文指出，沈德符的《顾曲杂言》是明代万历后期一部专论杂剧、北曲、南曲的戏曲论著，因其具有"立说颇为精准"等特点而为四库馆臣所称道。

二、陈元赟与陈元赟研究

陈元赟（1587—1671），原名珦，字义都，一字士升，另有芝山、虎魄道人、瀛壶逸史、菊秀轩、既白山人等别号，浙江余杭人。明万历四十七年（1619），东渡日本，在日流寓五十二年，先后寄居长崎、江户、名古屋等地，与各阶层、各行业人士广泛交往。将中国柔术带入日本传授并融入当地武术，招徒授武，被日本人奉为"柔道鼻祖"。他能文能武，多才多艺，是中国明清之际致力于中日文化交流的代表性人物，他的诗文、武术、制陶及医术等方面的成就异常丰硕，许多方面对日本社会产生了深远的影响。在文学上,他是中国公安派文学的继承者与创新者,对日本近世文学的革新发挥过积极作用;在制陶工艺上,他主持、传授烧窑制陶技艺,陶法精致,独具风格,被称为"元赟烧",尤以茶器为上品,对日本茶道有影响;在医学上,他在日本行医的同时,广泛传播了元代浙江义乌人朱丹溪的医术及学说。陈元赟著作甚丰,有《虎林诗人集》《既白山人集》《升庵诗话》《老子经通考》《元元唱和集》《陈元赟书牍》等多部,今有衷尔钜辑注的《陈元赟集》(辽宁人民出版社1994年版)。

2019年11月7日至8日,由余杭区社科联、区文广旅体局、区史志办合作主办的的"纪念陈元赟赴日传播中华文化400周年暨余杭历史传奇人物陈元赟学术思想研讨会"在浙江余杭召开。来自日本名古屋、中国北京、天津、广州等地的专家学者和省内杭州、宁波、衢州、绍兴等地的领导和专家50余人参加会议,就陈元赟生平与学术思想、陈元赟对日本社会的影响、陈元赟与中国柔术发展、余杭陈元赟文化挖掘利用路径等内容作深入研讨。

2019年,学界同仁研究陈元赟的论文有两篇。

耿海潮《日本柔道"鼻祖"陈元赟考辨》(《体育科技文献通报》2019年第1期)一文认为,日本柔道的"鼻祖"是东渡扶桑的明朝人陈元赟,他把少林武术东传日本,为日本柔道的产生奠定了基础,为中华武术的国际传播率先垂范。

范建明《明末渡日诗人陈元赟的"亡佚"诗稿〈双星稿〉探论》[《苏州大学学报(哲学社会科学版)》2019年第6期]一文指出,明末东渡日本的诗人陈元赟以牛郎织女相会的仙话故事为题材,创作了十首七言律诗组成的组诗《双星咏》。这组诗在艺术形式上明显继承了晚唐诗人曹唐《大游仙诗》以七言律诗组诗叙述故事的特点,在诗体发展史上具有特殊意义。

三、谈迁研究

2019年,研究谈迁及其著作的论文有一篇:马国云的《史学家谈迁的运河记忆》(《档案与建设》2019年第8期)。

四、张岱研究

2019 年的张岱研究，主要围绕他的文学思想、哲学思想、社会理想等展开。

(一)张岱文学思想研究

张婕妤《诗与史：张岱的〈虎丘八月半〉》[《湖北经济学院学报（人文社会科学版）》2019 年第 3 期]一文指出，明末张岱的非史类创作皆是自身经历，其所著各种以散文造诣最高。他的散文集合了明小品文之大成，吸收了晚明诸家特别是"公安派"和"竟陵派"的长处，但又不为公安、竟陵所囿，形成了自家特色，下笔处轻盈敏捷，以捕捉一种忽然之间和刹那之时的情绪，用一声恍惚，一出悲剧，创造出一种震惊。他自诩并无史才，却不得不史，以"事必求真，语必求确"还原失去的过往与明王朝。这一创作态度始终贯穿其所有著作。回忆、梦幻、现实、反思，合力而发，具象成为散文，生成了诗，也记下了史。

王俊乔《文体学视野下的张岱小品文研究》（扬州大学硕士学位论文，2019 年 5 月）一文认为，在张岱集大成的著作中，其小品文尤其动人，读之让人性情摇荡，思绪万千。从文体学视角入手，讨论张岱小品文的艺术风貌，可以融合形式与内容研究，推进晚明小品文研究进程。

毕晓君《张岱新见诗歌研究》（山东师范大学硕士学位论文，2019 年 5 月）一文以张岱新见诗歌为研究对象，进一步探讨其中的史料价值和文学价值。

(二)张岱与阳明心学关系研究

范根生《张岱修养工夫论》[《燕山大学学报（哲学社会科学版）》2019 年第 6 期]一文指出，张岱的学术观十分开放，在继承阳明及其后学的基础上，博采众家、兼收并蓄，这尤为体现在工夫论层面。在工夫论层面，他对"悟与修""本体与工夫""现成良知""格物致知"等阳明后学中争论较大的问题都有独立的思考和见解，其修养工夫论也是阳明心学修养工夫发展至晚明时期的面貌之一,对此进行考察为我们更加全面地了解阳明学修养工夫发展至晚明时期的变化,提供了另一个可能和新的视角。

（三）张岱的社会理想研究

王倩《从〈西湖七月半〉看张岱的社会理想》（《文学教育》2019 年第 12 期）一文指出,生活在明清易代之际的文人张岱,经历过繁华与落寞从而对生活有了更加深刻的感知。其《西湖七月半》一文,表达出对清雅之士的欣赏之情和对世俗喧嚣的远离之意,在感叹社会变幻无常的同时,追求本真生活,率性而为,不要随波逐流,丧失初衷,进而展现出对社会的通透理解和对人生的执着追求。

胡盈《张岱作品中的遗民情结:以〈陶庵梦忆〉〈西湖梦寻〉为例》（《名作欣赏》2019 年第 23 期）一文指出,张岱的散文作品《陶庵梦忆》和《西湖梦寻》,表达了遗民心态的复杂无奈和生活的艰难困苦,展现了明末遗民对旧朝的忠诚和对故土的思念之情。

五、朱舜水研究

2019 年的朱舜水研究,主要聚焦在朱舜水思想在日本的传播影响,以及朱舜水的遗迹文物、教育思想等主题。

王勇、朱子昊编著《朱舜水笔谈文献研究》（上海交通大学出版社 2019 年 1 月版）一书,选取《心丧集语》《西游手录》等朱舜水笔谈文献进行录文、标点、校注等整理工作,并在此基础上开展初步解读和研究,分析朱舜水笔谈研究的现状和意义、笔谈的成书过程和版本流传,旨在进一步完善朱舜水的相关文献史料,厘清其学术思想传播的机制。

吴飞《儒家文化在日本的传播和实践:评周逢年的〈朱舜水思想在日传播研究〉》（《新闻爱好者》2019 年第 3 期）一文指出,《朱舜水思想在日传播研究》是一篇跨学科的研究著作,作者运用拉斯韦尔的"5W"传播结构模式建立了一个简洁的研究框架。从朱舜水思想形成的背景、思想的传播者、思想的建构、思想传播的媒介以及受众诸方面,详细讨论朱舜水思想的影响力,以及影响力产生的原因和对当下如何发展中日关系的思考。

黄令卿、崔颖《余姚朱舜水相关遗迹综考》(《教育教学论坛》2019 年第 21 期)一文指出,余姚是明末教育家朱舜水的故乡,其作为舜水故里,留存了相对丰富的朱舜水遗迹,多年来吸引许多国内外舜水学研究者前往拜访研究。但囿于朱舜水本人在国内的知名度以及地域条件等因素的限制,余姚舜水遗迹的保护开发情况并不乐观。

周逢年《朱舜水教育理念、方法与实践特征》(《中华文化与传播研究》辑刊,2019 年卷)一文认为,朱舜水对教育内容、教育方法和教育基础建设等方面进行了系统而详细的研究,对读书学习的重要意义和方法及师生关系也做了充分的论述。朱舜水的教育思想对日本国民的思想和明治维新也产生了深远影响。

朱文程、崔颖《朱舜水的教育思想及其对日本的影响》(《教育教学论坛》2019年第 27 期)一文指出,朱舜水在日本多年的教育活动中,培养了大批日本学者,他丰富独特的教育思想也对日本社会产生了极其深远的影响。

此外,为推动舜水学的深入研究,2019 年 11 月 9 日至 10 日,由浙江大学日本文化研究所、余姚市文化和广电旅游体育局主办的"东亚视域下的朱舜水研究"在杭州举行,来自日本及中国浙江(杭州、余姚)、福建、上海等地学者 20 余人与会,就舜水学的丰富内涵进行研讨;会后,还前往余姚考察了存留的朱舜水历史文化遗迹。

六、查继佐研究

2019 年,研究查继佐的论文有 1 篇。

黄金龙《浙图藏〈九宫谱〉版本与查继佐曲学思想考》(《文化艺术研究》2019 年

第 3 期)一文指出,《九宫谱定》十二卷、《总论》一卷,清东山钓史、鸳湖逸者同辑,浙江图书馆孤山馆区藏有完整版本,但破损较为严重;经与郑振铎藏本、苏州图书馆藏金阊绿荫堂刻本对比分析,可以确定三者为同一刻本。《九宫谱定》最终完成于查继佐入粤期间的顺治十四年(1657)至顺治十六年(1659),最终刊行应在顺治十七年(1660)的四月到秋末。该曲谱上承沈璟《增定查补南九宫十三调谱》、王骥德《曲律》,在理论与舞台实践方面进行了有益的探索和尝试,有一定的创见。其曲学思想影响了《钦定曲谱》,张大复的《寒山堂曲谱》《九宫大成南北词宫谱》,吴梅的《南北词简谱》《曲学通论》,许之衡的《曲律易知》,王季烈的《螾庐曲谈》等曲谱的编排和对南曲格律方面的订正,因此,在南曲谱研究上应引起重视。

七、潘平格研究

2019 年,不见研究潘平格的论文。

八、李渔研究

2019 年 4 月 25 日,"第二届李渔文化产业论坛暨复旦李渔文化研究会(筹)成立大会"在浙江兰溪举行,来自国内外的李渔研究专家学者齐聚李渔故里,就李渔文化推广和产业化开展座谈交流,献计献策。

2019 年,学界关于李渔的研究主要集中在探讨他的文学思想、戏曲观、美学思想及李渔作品对外传播等各方面。

(一)李渔文学思想研究

刘亚平《李渔诗歌研究》(吉林大学硕士学位论文,2019 年 5 月)一文主要通过对《笠翁诗集》和李渔小说中的诗歌的阐释和评析,对李渔之诗艺进行评述,并结合李渔的生平、交游和思想,总结出李渔的诗学观点,并将其理论主张与作品相互印证，从而对李渔的诗词造诣给予一次相对正面的论述。

杨盼《李渔拟话本小说语气副词研究》（湖南师范大学硕士学位论文，2019 年 5 月）一文以李渔拟话本小说为基本语料，以其中的 123 项语气副词为考察对象，分类探究了拟话本小说的语气副词系统，同时选取了一些语气副词进行个案研究。

惠萍《李渔〈闲情偶寄〉语言风格简论》（《中州大学学报》2019 年第 5 期）一文指出，《闲情偶寄》是李渔一生创作中为数不多的一部具有自传性质的随笔，其语言亲切自然、简洁平实，呈现出"言近旨远""雅俗俱利、理致兼收""简而文、新而妥"的语言风格。

李玫《李渔〈闲情偶寄·词曲部〉"文贵洁净"说的理论意义》（《铜仁学院学报》2019 年第 6 期）一文指出，李渔论"文贵洁净"，继承和发扬了前人诗文理论及戏曲理论中的精华，不仅对戏曲宾白创作有指导意义，实际上也从理论上揭示了文学语言的特质。

（二）李渔戏曲观研究

叶昕莹《李渔编剧理论研究》（浙江师范大学硕士学位论文，2019 年 5 月）一文将《闲情偶寄》中的"词曲部""演习部""声容部"与《笠翁传奇十种》作为重点研究对象，探讨李渔基于创作实践基础之上，以回归戏剧"登场"本源为核心的编剧理论体系。

贺楠《如真：李渔戏曲写人的理念与实践》（《厦门广播电视大学学报》2019 年第 4 期）一文指出，在戏曲创作理论与实践中，李渔坚持"说人情，关物理"的原则，要求剧作者在现实生活的基础上和情真理真的前提下进行艺术地创作，最终达到一种"戏如真而高于真"的状态。

张天印《试析李渔戏曲理论中的"宗元"观念》（《湖北开放职业学院学报》2019 年第 12 期）一文指出，李渔在《闲情偶寄》中处处强调他对戏曲和自己戏曲理论的自信，但实质上则流露出很强的"宗元"观念。其"宗元"主要体现在：十分推崇元曲，以元曲为尊，评价戏曲时以合"元曲风味"者为优。

赵静静《李渔戏曲传播思想研究》(《四川戏剧》2019 年第 8 期)一文指出,李渔撰写的《闲情偶寄》被誉为中国古代戏剧理论的代表之作,他提出了雅俗共赏的戏曲传播主张;并把前人推崇的音律仅放置在宾白、科诨、格局的前面,从而降低了音律在戏曲创作过程中的地位。

刘小溪《戏之大者浅而显之:简评李渔的戏剧创作》(《岭南师范学院学报》2019 年第 6 期)一文认为,李渔传奇色彩的艺术人生闪耀着民族魅力。"卖赋求生"的人生经历使他的戏剧创作从一开始就与商业化结合在一起,形成了一种不同于传统意义上的经典戏剧美学;以大众审美为标准的雅俗共赏的新式戏剧,有着工业文明的时代特征;戏剧的基本结构与情境,虽然有既成的模式可供借鉴,但在创作上仍然属于原创的范畴。

刘明妍《从〈李笠翁曲话〉到〈缀白裘〉:李渔曲论到时剧的传承与演变》(《开封教育学院学报》2019 年第 2 期)一文指出,《李笠翁曲话》是将《闲情偶寄》中的《词曲部》《演习部》单独摘录出来结合而成的。李渔以其雄厚的戏曲审美素养和深刻的舞台搬演实践,对戏曲剧本编写及演出等各方面做出了系统完备的理论归纳。

(三)李渔美学思想研究

张国栋《李渔〈闲情偶寄〉中的闲情美学思想》(《濮阳职业技术学院学报》2019 年第 3 期)一文指出,李渔没有像很多遗民诗人那样去缅怀故朝,他以平民身份创作了一系列作品,其《闲情偶寄》就是李渔一生生活经验的总结,突出表达了其生活情趣——闲情。闲情是紧张生活下的舒缓,是对生活的热爱,是对人生自我价值的肯定。

肖伊谷《李渔〈闲情偶寄〉美学的当代启示》(《文化遗产》2019 年第 4 期)一文指出,李渔是明清时期的戏剧家、生活美学家,《闲情偶寄》是我国历史上第一部写给市民大众阅读的实用生活美学著作。

徐燕《李渔〈闲情偶寄〉生活美学研究》(青海师范大学硕士学位论文,2019 年 5 月)一文以"生活美学"为切入点研究《闲情偶寄》,旨在对其内涵和理论进行系统的研究,挖掘其积极丰富的生活美学思想,以此来观照现代人的生活,给现代人提供一种可能性的生活范式,使我们诗意地栖居在大地上。

(四)李渔作品对外传播研究

张赫《李渔作品在日本的传播及其对婺文化"走出去"的启示》(《湖北开放职业学院学报》2019 年第 4 期)一文指出,李渔的作品传入日本长逾 300 年,大部分作品被翻译、出版,部分作品被改写为"戏作小说"。李渔作品在日本受欢迎的主要原因在于其符合日本民众的审美情趣和价值取向。

肖娴《从初识到会通:李渔作品在英语世界的译介与研究》[《上海大学学报(社会科学版)》2019 年第 2 期]一文指出,两百多年来,英语世界对李渔作品的译介和研究呈现如下阶段性特征:作为中西互识之"镜",经历了从单一译介到译研并重的多元化研究过程,从最初对东方文化的猎奇走向全球化语境下的文学、文化对话。其嬗变历程反映了中西文化心理、理论语境和研究视角的差异。

唐艳芳《建构李渔:论英语世界对李渔形象的操控》(《北方工业大学学报》2019 年第 6 期)一文基于 19 世纪以来李渔作品在英语国家的译介和传播,认为英语世界是按照自身需要,通过文本选择、翻译改写、评论引导等方式,操控了李渔形象的建构,对作家和译出语文学声誉产生了不利的影响。

九、沈光文研究

2019 年,研究沈光文的论文有两篇。

袁韵《论全祖望在沈光文接受史上的贡献》[《宁波大学学报(人文科学版)》2019 年第 2 期]一文指出,全祖望是沈光文接受史上承前启后的关键人物,为沈光文作品的搜集、保存以及沈光文事迹的评介、宣扬作出了重要贡献。

张重岗《张力、道统与文化乌托邦:论沈光文的政治诗学》[《福建论坛(人文社会科学版)》2019 年第 6 期]一文指出,沈光文号称"台湾文化初祖",其诗文与明郑的历史紧密相关,传达出浓烈的兴亡情怀和政治忧思。他与郑成功的承续关系,涉及文化道统的问题;在东吟社的结社行动中,则渗透着文化乌托邦的意识。

十、应㧑谦、沈昀研究

2019 年,不见应㧑谦、沈昀研究专论。

十一、毛先舒研究

2019 年,学界研究毛先舒的论文有 1 篇。

许婵妍《毛先舒〈丧礼杂说〉研究》(《昭通学院学报》2019 年第 4 期)一文指出,毛先舒《丧礼杂说》共一卷,凡三十一例,记载了清初期通行的丧葬礼俗。其包括丧葬仪节、丧服服制、服丧称谓、讣书书写及丧祭禁忌等规定,还保留了一些关于地方丧葬习俗的描述。《丧礼杂说》还通过比较当世通行之礼与古礼仪节,分析了清初期所行丧葬之礼的得失。

十二、王崇炳研究

2019 年,学界有 3 篇研究王崇炳的论文。

吕国喜《王崇炳与李凤雏交游考》[《兰州文理学院学报(社会科学版)》2019 年第 2 期]一文指出,王崇炳与李凤雏为清初东阳学人代表,一为乡学领袖,一为一时之才,二人同乡兼同窗,以文字、精神相砥砺,个性不同,志趣有异,各自演绎了不同的人生,然而彼此尊重,相互倾慕,不妨碍成为终生知交。

吕国喜《王崇炳与金华书院》(《湖北职业技术学院学报》2019 年第 3 期)一文指出,王崇炳转益多师,兼收并蓄,学出姚江一脉,得婺学正传,文章品行堪为楷模。他一生致力于教育事业,与金华五峰书院、丽正书院、藕塘书院、石洞书院、八华书院等渊源甚深；考察其诸多教育实践，可探其教育思想，明其渴望以教育复兴婺学的初心。

吕国喜《〈金华文略〉谫论》[《浙江树人大学学报（人文社会科学）》2019 年第 3 期]一文，简介王崇炳《金华文略》的成书经过、资料来源、编选体例以及分类等概况，揭示其阐幽、纪盛之功，进而寻绎其包蕴的文学思想以及学术品格，以窥王崇炳意欲复振婺学、保存地方文献之苦心。

十三、姜宸英研究

杜广学辑校的《姜宸英集》（人民文学出版社 2019 年 6 月版）一书，为"清代诗人别集丛刊"中的一种，着眼于深度整理清初文学家姜宸英的诗文全集。书稿全面整理了姜宸英的《苇间诗集》《湛园诗稿》《湛园未定稿》《姜西溟先生文钞》《真意堂佚稿》《湛园藏稿》《湛园题跋》《探花姜西溟先生增定全稿》，对其诗文进行了辑佚整理，"附录"部分辑录了有关姜宸英的族谱传记、酬赠追悼、序跋赞题、诗文杂评等资料，对于研究姜宸英和清代文学具有重要的文献价值和学术意义。

2019 年，学界研究姜宸英的论文有 1 篇。

侯飞杨《姜宸英对杜甫的接受研究》（西南大学硕士学位论文，2019 年 5 月）一文认为，清初诗人姜宸英，博通经史，兼擅书法。诗宗杜甫，不拘唐宋；有注杜之作，见于其所著《湛园札记》中。从姜宸英的杜诗注解、诗学旨趣和诗歌创作三个方面，可以考察出他对杜甫的接受情况。

十四、吴任臣研究

2019 年，研究吴任臣的论文有 4 篇。

何进、王兴芬《吴任臣与〈山海经广注〉研究综述》（《宁夏师范学院学报》2019 年第 3 期）一文指出，吴任臣的《山海经广注》是清代第一部研究《山海经》的专著，上承郭璞《山海经注》,下启毕沅《山海经新校正》、郝懿行《山海经笺疏》,在《山海经》研究史上具有重要的学术地位。

鹿忆鹿《山海经广注〉的图与文》(《华中学术》辑刊,2019 年卷)一文认为,吴任臣的《山海经广注》在清代流传极为广远,其中的图像与注文都成为研究者参照的依据。

马健《〈字汇补〉补字研究》[《辽东学院学报(社会科学版)》2019 年第 2 期]一文指出,吴任臣作《字汇补》补正《字汇》,将《字汇》漏收的古文、籀文、讹字等异体字收入《字汇补》内。《字汇补》补字部分共 12730 字,数量庞大的异体字字料,对异体字研究有重要作用。

马健《〈字汇补〉研究》(渤海大学硕士学位论文,2019 年 5 月)一文认为,《字汇补》在部首设置、说解体例等方面大体沿袭《字汇》编撰体例。《字汇补》实际收字数量与目录所标示的收字数量不同,实际共收字 18655 个。吴任臣援引字书韵书、经史典籍、医书碑文等字书文献或语篇文献,运用多种注释方式,按照体例大量补充《字汇》漏收的字形、字音、字义,扩充了《字汇》的内容;校正了《字汇》存在的错误,一定程度上提高了《字汇》形音义的准确率;沟通了大量异体字,为后世研究异体字提供了研究字料。

十五、毛际可研究

2019 年,研究毛际可的论文有两篇。

张起帆《毛际可及其古文研究》(华中师范大学硕士学位论文,2019 年 5 月)一文认为,毛际可以文章名于当世,与萧山的毛奇龄、江山的毛先舒齐名,故有"浙中三毛,文中三豪"一说。作为清初的古文大家,其古文内容丰富,文体多样,具有鲜明的艺术特点。毛际可的古文观念并非自成一家,而是在继承唐宋八大家韩愈、曾巩、欧阳修、苏轼以及归有光等人古文观念的基础上加入了一些新的内容。

胡春丽《新辑毛际可佚作考释》(《文津学志》辑刊,2019 年卷)一文认为,《毛际可集》是目前收录清代文人毛际可著作较为完备的集子；但因毛际可所作诗文甚多，散在集外的作品仍有不少，今从别集、方志等文献中，共辑得跋 1 篇、记 3 篇、序 4 篇、诗 9 篇，并对诗文中所涉人物、史实加以考释。

十六、吴之振与吴之振研究

吴之振（1640—1717），字孟举，号橙子，别号竹洲居士，晚年又号黄叶老人、黄叶村农，浙江石门（今桐乡）人。幼即聪颖过人，文才隽秀。清顺治九年（1652），13 岁应童子试，即与吕留良定交，试后又与黄宗羲兄弟交往。举贡生，以赀为内阁中书，亦不赴任。性坦率豪爽，淡泊于名利。是时重宋诗，吴之振家富裕，购藏宋人集部秘本甚多。康熙二年（1663），与吕留良、吴自牧合编《宋诗钞》，收录宋诗成集者 84 家，凡 94 卷。集前有作者小传，为吕留良所撰。康熙九年（1670），刊行于南京。康熙十二年（1673），去北京访求宋人遗集，与当时名流、复社诗人冒襄、长洲尤侗、汪琬、锡山严绳孙、工部尚书汤斌等订文字交。南归时，冒襄等为之钱行，吴之振于席间赋《种菜诗》以言志，众人和之，后汇编成《种菜诗倡和集》。吴之振生平锐意于诗，兼工书画。诗骨清逸，新不伤巧，奇不涉偏，学宋人，又不专于一家。晚年谢绝交游，诗益精细。撰有《黄叶村庄诗集》及后集、续集，为其子佺所编，今有《浙江文丛》本《吴之振诗集》（浙江古籍出版社 2012 年版）。

2019 年，学界研究吴之振的论文有 3 篇。

蒋金芳《顺康时期文人吴之振生平若干问题考论》（《励耘学刊》辑刊，2019 年卷）一文认为，随着《吴之振诗集》的整理与吴氏族谱的发现，吴之振与吕留良、黄宗羲的关系，两次入京及归隐后的行迹及心态得到进一步梳理和探究，为理解顺康时期文人的心路历程与价值选择提供了一种别样的解读。

蒋金芳《"种菜"诗唱和与顺康时期江南文人心态》（《学术交流》2019 年第 11 期）一文指出，吴之振隐居黄叶村庄后，以"种菜"为题征诗唱和，得到了文人的积极响应。"种菜"诗唱和不仅是吴之振归隐心声的表达，也是对当时文士交游情况的真实还原,对探究江南地区文人心态的转变具有重要的价值和意义。

蒋金芳《顺康时期文人吴之振研究综述》(《明清文学与文献》辑刊,2019 年卷)一文认为,吴之振作为江南地区闻名遐迩的文人,他诗歌创作丰富,且南北周游,交往广泛,与一时之秀如梁清标、王士禄、王士禛、陈廷敬等著名文人多有交往,又与诸多地方性小文人联络密切,彼此勾连往复,促成了很多文学现象的生成,一定程度上也影响了当时文坛的生态,是一位非常值得关注并深入研究的文人,由之而审视江南文坛是一个颇有意义的视角。

十七、袁枚研究

2019 年的袁枚研究,主要围绕他的诗歌文学戏曲思想与生平事迹考辨展开。

(一)袁枚诗歌文学戏曲思想研究

李明军《袁枚性灵诗学的时代文化内涵:兼论其人生选择的典型意义》(《阴山学刊》2019 年第 1 期)一文指出,清代袁枚的诗有江湖朴野之气,此种气息源于其身份和人生选择。袁枚辞官之原因是为了远离官场之尘杂,求身心之自由闲适。袁枚的性灵说,主张真性情,倡导灵机,反对复古,讲求新变,为其适意人生观在诗学上的表现。其性灵说和性灵诗,实为主动或被动疏离政治的文人心态的表现。

穆小凤《袁枚论诗诗研究》(辽宁大学硕士学位论文,2019 年 5 月)一文认为,在袁枚的诗作中,有着数量可观的论诗诗。内容丰富,不拘一格,其中有大型的论诗组诗,包括《续诗品》三十二首以及《仿元遗山论诗》三十八首,此外还有四十余首单篇论诗诗。

熊啸《论袁枚的艳诗批评》[《西华师范大学学报(哲学社会科学版)》2019 年第 6 期]一文指出,袁枚的艳诗批评以他与沈德潜对王彦泓诗的争论为开端,后又在诗话中作了更进一步的论述。袁枚的艳诗批评对魏晋以来的文学自觉理念与晚明的崇情文学观皆有所继承,其核心则在于维护文学价值的独立性,这在非文学因素逐渐主导诗歌创作与评论的乾嘉诗坛上具有合理意义。

李奕扬《袁枚传记文中的儒家思想》(《名作欣赏》2019 年第 14 期)一文以袁枚所撰传记文为引,通过袁枚对传主人物形象刻画、生平事件选择、人格特质褒贬,反观其价值取向与憎恶偏好,尤其结合儒家思想发展流变及其所处时代背景,分析袁枚传记文中对儒家思想的把握,阐述袁枚思想中对儒学接受又反叛的症因。

李莉《从袁枚〈子不语〉看明清小说中的"佛道合一"现象》(《湖北开放职业学院学报》2019 年第 16 期)一文指出,袁枚的《子不语》收集了各种怪力乱神的故事,其中多有涉及僧道之作。这些故事中出现了僧道混居、僧道身份轻松互换、僧道教义趋同等特征,从中折射出从汉代以来已见端倪的"佛道合一"现象,在佛道自身世俗化、统治者提倡和老百姓诉求等原因之下,佛道的界限越来越模糊化,这一现象在明清其他小说中也多有反映。

黄敦兵《"程朱席上懒勾留":袁枚和他的"子不语"世界》(《名作欣赏》2019 年第 28 期)一文指出,袁枚的《子不语》,后改名《新齐谐》,原取意于《论语》所谓"子不语怪、力、乱、神",书名似乎定位于诙谐,取意于示炫。袁枚的"子不语"世界,是"程朱席上懒勾留"而"走出理学"的"性灵"世界。

杜桂萍、马丽敏《袁枚、俞樾的戏曲观及原因、意义探赜》[《南开学报(哲学社会科学版)》2019 年第 6 期]一文指出,就戏曲而言,袁枚与俞樾都是在晚年进入戏曲活动的活跃期。袁枚诗主性灵,所评点的戏曲作品也多为性灵之作,认为戏曲创作应以情为圭臬,表达主体的内在情愫。俞樾亦强调"感人"是戏曲功能实现的关键,然更为重视的还是戏曲化民成俗的教化功能。袁枚和俞樾的戏曲活动皆发生在与人交往的过程中,鲜明表现出诗歌之于戏曲的侵蚀,从另一个维度揭示了传统戏曲受制于诗学的必然性。

（二）袁枚生平事迹考辨研究

伏涛《郑板桥、袁枚之交的再思考》[《南京理工大学学报(社会科学版)》2019年第 2 期]一文指出,诗、书、画"三绝"的郑板桥与"性灵派"盟主袁枚一生仅晤面一次,此前性灵相通,堪称知音同道,后却颇有抵触,扞格不入。

汤宇星《名山事业:随园与袁枚的书画交游》(《美术学报》2019 年第 6 期)一文通过回顾袁枚辞官与购置随园的历史缘由,进而详细论述随园的营造经过和造园思想。

孙利政《新辑袁枚集外文六篇》(《图书馆杂志》2019 年第 1 期)一文指出,王英志《袁枚全集新编》是目前汇集袁枚著作最齐全的一部书,然而仍有疏漏,比如清人文献中有袁枚集外文 6 篇。

十八、桑调元与桑调元研究

桑调元(1695—1771),字伊佐,一字弢甫,自号独往生、五岳诗人。浙江钱塘(杭州)人。雍正四年(1726)举顺天乡试,十一年(1733)召试,钦赐进士,授工部屯田司主事。后引疾归田,历主九江濂溪、嘉兴鸳湖、滦源书院讲席。著有《论语说》,阐朱子《论语集注》未尽之义;又撰有《躬身实践录》,言敬、言仁,一宗程朱,持论醇正,又有《桑弢文集》《桑弢甫诗集》《五岳诗集》等。今有《浙江文丛》本《桑调元集》(林旭文点校,浙江古籍出版社 2016 年版)。

桑调元年十四,师从余山先生劳史,得闻性理之学,并"教以立志大,存心细,聪明勿误用",认为"昔朱子躬承道系,其各体著述,俱远有师承",且"诚者,圣人之本","以尚志力行为先"。桑调元精于经史之学,主张"穷经之要有三:博综、折衷、自得",强调"不通群经,不足以治一经;不知史法,不足与以谈经术;不博研象纬、山川、方名、器数之宏赜,不足穷遐极幽,俾微言大义之可考而彰也。"桑调元在教育方面卓有成就,以立本、穷经、学古、博习、静、恒、整、勿聚谈、逊志、植品、研经、攻文、养心、警惰,不欺、事亲、遵经、攻文、不浮等为《大梁书院学规》《道山书院学规》《濂溪书院学规》,兴文敦行,多所成就。

2019 年,不见有研究桑调元的专论。

　　行文至此,我们盘点一下清代中前期的浙学研究的最新进展。清代文献,瀚如烟海,对于清代浙学家群体而言也是如此;而文献的编校整理也是学术研究的基础工作,随着《黄宗羲全集》《万斯同全集》《全祖望集汇校集注》《文史通义》《黄式三、黄以周全集》等一批"清代浙东经史学派"文献的整理与出版,吴光教授首倡的"黄宗羲与清代浙东经史学派"的学术观点已经被当代学界所广泛接受,并有一大批的学术成果问世。近年来,随着浙江古籍出版社负责出版的《浙江文丛》的陆续问世,如《杭世骏集》《翟灏全集》《陈鳣集》《严可均集》《卢文弨全集》的编校整理,也使得清代考据学中的"浙派"命题得以成立,故而研究清代考据学中的"浙派",也是当前浙学界一项重要的学术课题。再有,"清代浙江学术思想史"也有撰写的必要。当然,我们也可以参鉴黄宗羲《明儒学案》的做法,编纂《清代浙学学案》,或《清代浙江学术编年》。

第七章　近现代浙学研究

本报告把龚自珍、孙衣言、孙锵鸣、孙诒让、黄体芳、黄绍箕、黄庆澄、陈虬、宋恕、陈黻宸（下章介绍）、俞樾、章太炎、谭献、陆心源、朱一新、李慈铭、沈曾植、蔡元培、王国维、马一浮、蒋伯潜、宋慈抱等近现代浙江籍的学者、思想家，界定为"近现代浙学"的杰出代表，进而对 2019 年学界同仁围绕他们的生平学行、著作思想而有的研究成果予以盘点与梳理。

由于本章（第七章）所述近现代浙学家人物较多，他们之间多没有清晰的学脉传承与学派观念，故而本章行文二级标题的设定不再采取"节目（诸如第一、二、三、四节）"，而是直接以"一、二、三、四"等作为章目下的二级标题。

一、龚自珍研究

2019 年 5 月 25 日，由杭州市上城区文化与广电旅游体育局、浙江省社会科学院文化所等联合主办的"龚自珍《己亥杂诗》问世 180 周年纪念会暨'实学思想家故里行'文旅推广发布会"在杭州龚自珍纪念馆举行。浙江省社会科学院文化所所长吴蓓作了龚自珍《己亥杂诗》主题研究宣讲，浙江省诗词与楹联学会越调诗词吟诵研习社社员现场吟诵了由吴蓓选编的、著名古诗词越调吟诵专家张一平编曲的 20 首《己亥杂诗》。

2019 年 8 月 15 日至 16 日，由中国社会科学院《文学遗产》编辑部与浙江大学中国语言文学系主办的"龚自珍与近代文学的开端学术论坛"在浙江大学紫金港校区召开，来自中国社会科学院、北京大学、浙江大学、山东大学、苏州大学等国内高校及科研机构的十数位中青年学者围绕"龚自珍与近代文学"这一主题做了学术交流。

2019 年，学界同仁通过发表论文的方式，围绕龚自珍的文学思想、伦理思想（公私观）、生平事迹考辨等开展研究。

兰石洪《龚自珍题画词析论》（《湖州师范学院学报》2019 年第 3 期）一文指出，龚自珍作为近代"得风气之先"的文坛巨擘，其题画词在近代词史上别具典型意义。龚氏题画词主要抒发他郁勃激荡的衰世感慨，涵纳着他忧心国运民瘼，自伤沦落不偶，借山水、禅、美人消遣郁怀等丰富深刻的思想意蕴。其题画词微言托寓，想象丰富，表现出浓郁的浪漫主义特点，已臻至绵丽沉扬的艺术之境。题画词在龚氏题画文学中最具特色，也是龚词臻于高境的重要表征。

艾钊《心疾与诗祟：龚自珍戒诗动机探微》（《汉语言文学研究》2019 年第 4 期）一文指出，龚自珍一生至少有三次戒诗的经历：嘉庆二十五年（1820）秋戒诗，次年春破戒作诗；道光七年（1827）秋冬再次戒诗，至多持续了两年半；大约在道光十九年（1839）年初又一次戒诗，同年四月二十三日又破戒作诗。龚自珍的三次戒诗，都是与"心疾"和"诗祟"斗争的结果。诗人三次戒诗的动机是一致的，均是为了"弢言语简思虑"，最终实现"使我寿考"。

耿培杰《龚自珍公私观研究》（兰州大学硕士学位论文，2019 年 5 月）一文认为，龚自珍在公私观念上反对"大公无私"，提出了重"私"的观点。龚自珍的公私观受到了明清之际公私观念的影响，其重"私"的主张具有现代性的进步意义

王向清、贾晓琼《龚自珍论"私"思想探析》（《怀化学院学报》2019 年第 9 期）一文指出，龚自珍对"私"做了富有新意的探索，这在中国哲学史上具有重要的意义。龚自珍关于私论的可取之处包括：肯定"私"的普遍性、提出"私"的起源问题以及"公而有私"三个部分。其不足之处表现在：没有对"私"下定义、没有回答"私"的起

源问题、缺少对公私关系的辩证分析这几个方面。

秦帮兴、王霄蛟《龚自珍行迹考补四则》(《文献》2019年第2期)一文指出,关于龚自珍之行迹,尚可作出几点比较重要的考证:其一,龚自珍的佚文《浚吴淞江之碑》作于嘉庆二十四年(1819)至二十五年(1820)间,所写内容与其父龚丽正参与组织的疏浚吴淞江的工程直接相关。其二,道光二年(1822)十月中旬,龚自珍及其友人魏源、陈沆等人曾与朝鲜使文人权复仁进行过比较深入的谈话交流,话题中所涉内容颇广。其三,龚自珍得闻母亲去世是在道光三年(1823)七月二十五日,自京南归的出发时间是八月十日,目的地首先是其父龚丽正位于上海的官署。其四,《梦游天姥图》上龚自珍的题跋可以为其《补题李秀才增厚梦游天姥图卷尾(有序)》一诗提供新的编年依据,也拓展了我们对龚自珍家族的认识。

二、孙衣言、孙锵鸣研究

2019年,未见研究孙衣言的单篇论文,研究孙锵鸣的论文有两篇。

赵丹、陈盛奖《俞樾与孙锵鸣交游考》(《浙江档案》2019年第12期)一文初步考述俞樾赴闽探亲往返经过瑞安途中与孙锵鸣的晤面过程,以及通过孙锵鸣女婿、俞樾弟子宋恕,考察孙锵鸣与俞樾交游关系,以管窥近代文化世家之间的互动。

张时雨《孙锵鸣行实著述考绎》(杭州师范大学硕士学位论文,2019年5月)一文通过搜寻查阅各类孙锵鸣本人所撰写之文献材料以及与之相关的文献资料,先是对他的家世、生平以及交游情况进行梳理,再对他的多本著述进行考略,以其生平、交游、著述三方面完整展现孙锵鸣的个人经历、历史形象及其学术贡献。

三、孙诒让研究

2019年,学界关于孙诒让研究的专论有4篇。

黄顺顺《孙诒让与晚清地方教育的转型》(《名作欣赏》2019年第23期)一文指

出，孙诒让是晚清的经学大师，更是中国近代教育家，积极参与普通学堂的改革，大力发展算学、职业教育、社会教育、地方教育，对中国教育事业做出了积极的探索。他以自己的热血和坚韧为中国近代新教育和师范教育开辟出了一条可为后人借鉴的道路。

邹海城《孙诒让对近代墨学复兴的贡献与启示》(《贵州工程应用技术学院学报》2019 年第 5 期)一文指出，在近代墨学的复兴中，孙诒让功不可没。孙诒让在治墨过程中，对墨学经典的版本进行了详尽的考据和严谨的校正，对"兵法"和"经说"等疑难篇章进行了校释，勘正错简、分析章句和校改错漏，使得《墨子》更具可读性，同时还在《墨子间诂》中高度认同墨家思想。孙诒让最突出的治墨贡献是提倡中西比较法，运用了中西比较的眼光对墨学义理做进一步的阐发。在此看来，孙诒让对近代墨学复兴的贡献具有重要的价值和意义。

王瀚逸《孙诒让生平及学术思想述略》(《教师》2019 年第 32 期)一文指出，孙诒让对经子学的研究，著有《周礼正义》《墨子间诂》；对金文、甲骨文的研究，著有《商周金识拾遗》《契文举例》；对地方文献的整理，编有《温州经籍志》等。另外在教育上，孙诒让提出普及教育、职业教育、师范教育等思想，对中国近代教育界产生了重大影响。

蔡梦瑶《话剧〈孙诒让〉及创作阐述》(杭州师范大学硕士学位论文，2019 年 5 月)一文指出，话剧《孙诒让》以晚清废科举推新学时期为背景，讲述了爱国教育家孙诒让兴办温州师范学校的故事。

四、黄体芳研究

2019 年，未见研究黄体芳的单篇论文。

五、黄绍箕研究

2019 年,研究黄绍箕的论文有 1 篇。

李晨《黄绍箕的"本教"思想》(《中国社会科学报》2019 年 4 月 2 日)一文指出,黄绍箕在兴办新学、推动教育改革方面尤有建树,所著《中国教育史》一般被认为是中国学者撰写的第一部教育史著作。关于该书作者也有柳诒徵一说,实则柳诒徵所做的是辑补工作,该书的体系、条目、基础是由黄绍箕奠定的,而黄绍箕的宗教思想也在该书中得以展现。

六、黄庆澄研究

2019 年,研究黄庆澄的论文有 1 篇。

刘洋《晚清温籍士绅维新思想及其实践研究:以黄庆澄为中心》(温州大学硕士学位论文,2019 年 5 月)一文以黄庆澄为代表的温籍士绅为研究对象,以较系统地探析温籍士绅在晚清大变局下的维新思想及其实践。在晚清温籍士绅中,黄庆澄的维新思想独具特色,包括:补偏救弊之政治思想、聚通足国之经济思想、推崇实用之教育思想、强军主战之军事思想、兼收并蓄之史学思想等多个方面。具有融会性、务实性、矛盾性和超越性等特征。

七、陈虬研究

2019 年,研究陈虬的论文有两篇。

吴妮妮、冀晋才《军事与政工结合:陈虬军事思想新探》(《温州职业技术学院学报》2019 年第 4 期)一文指出,陈虬在军队建设方面创造性地提出了集政工、指挥、参谋三大机构为一体的指挥部建设构思、将军事与人事紧密结合实现全民抗敌的构想，以及将政治工作视为军事工作的基础和依托的思想。

朱德明《中医教育近现代化先驱：利济医学堂》（《中国中医药现代远程教育》2019 年第 21 期）一文指出，1885 年由陈虬创办的浙江瑞安利济医学堂是浙派中医教育近现代化先驱、中国近现代第一所中医专门学校。学校制定了一套新式管理制度。重视西医基础课及科学技术课的开设，自编中国最早的新式教科书，采用中西医结合的教学和临床实践模式。它是运用西方办学制度和方法、传授中医理论和临床实践的新式中医学校，其对近现代中国中医药教育影响深远。

八、宋恕研究

2019 年，研究宋恕的论文有 4 篇。

傅湘龙《永嘉学脉的近代承续：论宋恕与瑞安孙氏家族对晚清女子教育之贡献》[《湖南大学学报（社会科学版）》2019 年第 2 期]一文指出，晚清瑞安孙氏家族致力于振兴永嘉之学。面对晚清女性文化的蓬勃发展，孙氏家族几代学人戮力挖掘传统永嘉学脉"贯穿古今，通经致用"之义，结合西学东渐过程中的精义，在夫妻平权与子女受教、关注女杰与崇尚才姝、劝说解缠与助益女学等方面著文析理，率先垂范，积极推进该地区女子教育之发展，鲜明体现了永嘉学脉的近代承续。

陈园、吴争春《宋恕的女性思想》（《学理论》2019 年第 6 期）一文指出，宋恕的女性思想是其思想体系的重要组成部分，和同期大部分维新志士相比，宋恕的女性思想有着较强的人道主义色彩、较弱的政治功利性和以传统儒家文化为根基的特点。

宋洪兵《论儒者之"阳儒阴法"现象》（《邯郸学院学报》2019 年第 2 期）一文指出，"阳儒阴法"之概念，最早由清末民初思想家宋恕提出。当时，这个概念并非指向一种后世理解的作为政治实践的历史现象，而是专门意指吸收、主张法家观念的那些儒者。

王慧颖《〈经世报〉与戊戌时期浙江维新群体内外关系》（《史林》2019 年第 1

期)一文指出,《经世报》是戊戌时期浙江地区一份鼓吹改革维新的新式刊物。创刊后不久,《经世报》就因章太炎和宋恕两位主笔言论多涉敏感政治话题,并与广东康梁维新派对垒,而遭受内外异议。宋、章两位主笔的离职,固然使该刊言论转趋平实,但也削弱了该刊的社会影响力及各方的支持,增加了经费困难,加速了该刊的夭折。

九、陈黻宸研究(存目,详见下章)

十、俞樾研究

2019 年,学界的俞樾研究,主要聚焦于探讨他的训诂学、金石学、社会交游和著作考辨。

周建忠、吴慧鎏《俞樾楚辞训诂的方法与特色》[《江苏师范大学学报(哲学社会科学版)》2019 年第 1 期]一文指出,俞樾是近代以朴学方法研究楚辞的代表人物之一。他运用因声求义与因形求义的方法发现误字,寻求本词,广引书证并结合文法与句法,训释楚辞原文,考辨周翔,论说有据。他在"原本经典"、反对穿凿附会的同时能大胆质疑,得出了较有价值的结论。

夏多多、周掌胜《俞樾〈春秋公羊传平议〉存在的训诂错误》(《衡阳师范学院学报》2019 年第 1 期)一文指出,《春秋公羊传平议》是《群经平议》的一部分,它集中展示了俞樾在《春秋公羊传》上的研究成果。虽然俞樾的平议大胆质疑,勇于创新,不乏真知灼见。但由于时代和训诂方法的局限,俞樾的平议也存在滥言通假、辗转相训等错误,需要引起今人的重视。

王博《"治小学不摭商周彝器"辩:论俞樾函札中所见的金石文字观》(《古籍研究》辑刊,2019 年卷)一文认为,俞樾对待金石文字的态度,历来暧昧不清,众学者对此莫衷一是。章太炎更是直称其"治小学不摭商周彝器,谓多后世诈托为之"。

研究者当从俞氏著录着眼,结合俞氏函札等书信材料,对其文字观作以疏证。

赵丹、陈盛奖《俞樾与孙锵鸣交游考》(《浙江档案》2019 年第 12 期)一文指出,俞樾与孙锵鸣是近代浙江文化史上两位重要的人物,他们分属浙北、浙南,人生本无太多交集,然而二人遭逢际遇颇为相似,又通过孙衣言、宋恕二人沟通,将他们紧紧联系在一起。

郭鹏飞、蔡挺《俞樾〈诸子平议·庄子〉辨析》[《西南交通大学学报(社会科学版)》2019 年第 5 期]一文结合经史著作、历代注本及敦煌文献等对俞樾《庄子平议》书中的六条校释条目进行考订,发现其训释与校勘亦有未周之处。

孙炜、刘珈珈《浙古版〈俞樾全集〉点校指误:以〈曲园四书文〉为例》(《嘉应学院学报》2019 年第 4 期)一文指出,浙江古籍出版社《俞樾全集》点校本错讹很多,抽查其中《曲园四书文》第一卷就发现点校错误 106 处。

张燕婴《浅谈日记资料的有效性问题:以俞樾函札整理为中心》[《华南师范大学学报(社会科学版)》2019 年第 1 期]一文指出,利用俞樾日记可以为其所作信札系年,这说明日记类文献在史实复原的精细化方向上的价值。从日记与俞樾函札的对读、不同当事人日记的对读两方面,可以揭示日记资料可能存在的准确性和完整性缺陷,而准确性与完整性都是影响史料有效性的重要因素。

十一、章太炎研究

2019 年是"有学问的革命家"章太炎先生诞辰 150 周年,杭州(余杭)、上海等地连续举办多场"纪念章太炎先生诞辰 150 周年"活动,研讨他的学术思想,缅怀他的丰功伟绩,传承并弘扬章太炎精神。

2019 年 5 月 29 日,由杭州市余杭区仓前街道、《杭州师范大学学报(社会科学版)》编辑部、余杭章太炎故居纪念馆联合举办的"章太炎研究本土化学术研讨会"在余杭章太炎纪念馆举行。浙江余杭本地专家、学者及章太炎爱好者济济一堂,聚力研究章太炎的思想与价值,探讨章太炎研究本土化这一重要课题。与会学者一致认为,章太炎先生生于余杭,是余杭人民的骄傲、余杭历史的丰碑,是余杭不可多得的宝贵文化财富。

2019年5月31日,由杭州市余杭区仓前街道、《杭州师范大学学报》编辑部、余杭章太炎故居纪念馆联合举办"章太炎国学思想系列学术研讨会"在仓前街道苕南书院举行。章太炎先生后人章念翔先生,余杭区社科联专职副主席桂祖武,以及章太炎研究领域专家者汇聚一堂,围绕"章太炎先生的爱国思想、人格精神与学术思想对当代文化建设的启迪与借鉴意义",以及"仓前街道如何更好地保护、研究和传承章太炎文化遗产"这两大主题开展交流。

2019年6月1日,由《杭州师范大学学报》编辑部、余杭仓前街道办事处和余杭章太炎故居纪念馆联合举办的"'章太炎与五四'学术工作坊"在杭州师范大学举行。来自日本东京大学、北京师范大学、中山大学、华东师范学大学、上海大学等高校的专家学者20余人参加了会议,就章太炎与"五四"一代人的关系、章太炎思想的意义、如何看待章太炎对现代性的回应等问题进行研讨。

2019年6月15日至16日,由复旦大学亚洲研究中心和上海人民出版社、杭州名人纪念馆、复旦大学历史系联合举办的"章太炎与近代东亚思想:纪念章太炎诞辰150周年学术研讨会"在上海、杭州两地举行。复旦大学历史系张仲民教授担任会议召集人,共有近30位海内外研究章太炎的学者和章太炎先生的后裔参加本次研讨会,分享了他们近年来在章太炎研究中取得的新成果。

2019年10月29日,由中国嘉德主办的"章太炎先生《检论》手稿学术研讨会"在杭州召开。来自复旦大学、华东师范大学、浙江大学、上海交通大学、上海大学的十余位专家学者应邀出席,对《检论》手稿的文化价值和学术意义进行了深入研究与探讨。据悉,此件《检论》手稿共四册,收录文章三十篇,用红八行信笺书写,与国家图书馆藏章太炎手稿《致叶德辉书》《致大总统、副总统的信》中的《致副总统的信》,用纸风格大体相同,皆为章太炎被袁世凯囚禁于北京时期所书,且有大量的修订、增补痕迹。而最终之定稿,与今《检论》定本文字完全相同,可见是章太炎作《检论》时的最终定稿本。

2019 年 11 月 30 日至 12 月 1 日，由中国现代文化学会、中国社会科学院近代史研究所思想史室、杭州师范大学浙江省民国史研究中心、杭州市余杭区章太炎故居纪念馆联合主办的"'章太炎和他的时代'学术研讨会"在杭州师范大学举行。来自中国社会科学院、北京大学、中国人民大学、复旦大学、浙江大学、浙江省社会科学院等多个科研院所的 80 余位学者与会，就章太炎的文献著作、思想变化、所处时代等问题进行了深入探讨。

此外，2019 年，学界同仁出版的十多部章太炎研究专著、公开发表的 50 余篇研究论文，主要围绕章太炎的生平事迹、经学思想、诸子学思想、国学思想、文学思想、政治实践与政治思想、佛学思想、科学思想、医学思想、哲学思想、史学思想、学术地位与历史影响、文献著作等而展开，并取得了丰硕的研究成果。

（一）章太炎的生平事迹研究

许寿裳《章太炎传》（江西教育出版社 2019 年 10 月版）一书，记述了章太炎与孙中山同谋革命、缔造民国的功勋，以及章太炎对古今东西文化的融会贯通。

卓介庚《中华英杰章太炎》（红旗出版社 2019 年 7 月版）一书，一方面通过书写章太炎的一生，展现了章太炎丰富的心灵世界与性格特征；另一方面又吸收各方研究成果，努力探寻章太炎学者和革命家的"双重道路"，力图准确展示章太炎的伟大人格。

肖伊绯《章太炎蜀中讲学及其影响》（《书屋》2019 年第 1 期）一文，对章太炎 1917 年至 1918 年在蜀地的讲学活动予以还原。

张钰翰《章太炎家书》（《杭州全书·余杭丛书》本，上海人民出版社 2019 年 11 月版）一书，对《章太炎全集》所收录的章太炎家书予以注释。

王小惠《鲁迅的"儒术"论及其与清末章太炎的关系》（《中国现代文学研究丛刊》2019 年第 1 期）一文指出，清末章太炎与鲁迅都注重反殖民主体性的建构，呈现了以"争"代"仁"的民族自觉意识。可当鲁迅延续其师（章太炎）思路时，章太炎却早已忏悔他清末对"仁术"与"国愿"的论述，这也是鲁迅在 1936 年怀念其师清末民族主义精神的缘由之一。

刘琰《论析黄侃与章太炎的平生交集》(《黑河学刊》2019年第5期)一文指出，黄侃与章太炎的平生交集可以概括为三个片段：一、东京相遇，互相推崇；二、患难与共，狱中问学；三、听师讲学，代师重宣。他们的关系由开始的相遇到最后的相知相爱，在近代学术思想史上留下一段传奇佳话。

张凯焱、霍生玉《章太炎弟子汪柏年行实略考》(《古籍研究》辑刊，2019年卷)一文认为，汪柏年，浙江桐乡人，章太炎在苏州讲学时的重要弟子，在《周易》《尚书》《尔雅》等儒家经典的研究方面深有造诣，尤善《尔雅》，著有《尔雅补释》。

张昭军《武昌首义后章太炎在日革命活动补证：并介绍几篇重要佚文》(《史林》2019年第6期)一文指出，日本外交档案和日文报刊提供了一些较为重要的史料和数篇佚文，串联起了武昌首义后约一个月时间里章太炎的革命活动轨迹。这些资料含三份传单、两次会议报道和两次报刊访谈，从多角度记录了章太炎从事革命活动的细节和政治主张，无论就文献还是史实而言，对章太炎和辛亥革命研究都是有益的补充。

彭春凌《何为进步：章太炎译介斯宾塞的主旨变焦及其投影》(《近代史研究》2019年第1期)一文指出，1898年，《昌言报》连载了曾广铨采译、章炳麟笔述的《斯宾塞尔文集》。1902年旅日后，章太炎对宗教的态度发生了积极转变。通过东学的新知识渠道及"滤镜"功能，他对斯宾塞的认知有偏误地维持在其崇重科学、漠然宗教的维度上。

(二)章太炎经学思想研究

马勇《章太炎之尚书学》[《杭州师范大学学报(社会科学版)》2019年第1期]一文认为，章太炎是儒家经学研究的大家，对儒家经典有极为细致的分疏与研究，对于新发现的《尚书》石经，章太炎给予极大关注，拿出相当精力致力于《尚书》的疏通、校理、考订，对于平息经今古文之争，做了极富启发意义的工作。

余康《章太炎〈尚书〉研究成果考述》[《信阳师范学院学报(哲学社会科学版)》

2019 年第 2 期]一文指出,《太炎先生尚书说》为诸祖耿整理章太炎治《尚书》的文献汇编,《古文尚书拾遗定本》是章太炎探究《尚书》的代表性著作。章太炎《尚书》研究,在论述《尚书序》、解《尚书》和探析《尚书》学术史等方面做出超越前人的贡献。

蔡欣《〈太炎先生尚书说〉训诂研究》(扬州大学硕士学位论文,2019 年 5 月)一文以《太炎先生尚书说》为研究对象,从训诂角度对其进行综合研究。

凌丽君《〈春秋左传读〉名字解诂考论》(《励耘语言学刊》辑刊,2019 年卷)一文认为,章太炎《春秋左传读》也有六十多则名字解诂材料。从考证条目看,《春秋左传读》一方面继承王引之的《春秋名字解诂》,补充解释存疑条目,并对其说加以认同或修订。另一方面,也增加了一些新的考证条目,主要是双音节名和同一人物在不同文本或典籍中的称谓名。在考证古人名字的同时,章太炎也借助名字的意义关系,去探讨文献词义、字词通假、异文形成等语言现象。

(三)章太炎的国学观研究

史文《章太炎讲国学》(《杭州全书·余杭丛书》本,上海人民出版社 2019 年 11 月版)一书,收录的就是章太炎对国学的多次演讲内容,涉及他最擅长的经学、诸子百家、佛教这三个方面,详细阐释了国学大师眼中的中国传统文化。

周生杰《学精功伟:章太炎国学演讲会与国魂塑造》[《中国矿业大学学报(社会科学版)》2019 年第 1 期]一文指出,章太炎从 1906 年至 1936 年,先后在东京、上海、北京和苏州等地举办国学讲习会,以较为通俗的语言向社会各界宣传国学,激励种性,增进爱国热肠。章太炎的国学演讲以经学为基础,对经学的基本问题作了较为全面的阐述;以小学为主要内容,尤其强调研究小学的意义和方法;章太炎对诸子学的演讲有着强烈的政治理想,其目的是要在近代历史条件下重新认识诸子的是非和文化价值;同时,章太炎在演讲中十分强调文学与社会发展之间的密切联系,希望从文学的创作中找到时代盛衰的因素。章太炎国学讲习会对国学做了一番彻底的总检讨,赋予国学以新内涵,期望重塑中国之魂,给国人以强烈的爱国情怀和文化自信,并培养了一大批国学专门人才。

王凯、成积春《国学复兴的一个前提、两个维度:以章太炎、胡适、十教授为中心》(《学术探索》2019 年第 1 期)一文指出,20 世纪初,章太炎领导的保存国粹运动开启了国学的近代化进程,这场运动凸显了文化自觉自信意识的重要性。

(四)章太炎的诸子学思想研究

孟琢《齐物论释疏证》(上海人民出版社 2019 年 12 月版)一书,是对章太炎《齐物论释》的详细注释,或于篇前,阐明章旨;或于句下,说解文义;于《齐物论释》所涉文献典故,探源考索,力求无遗。

李智福《世情不齐,文野异尚:章太炎〈齐物论释〉主旨分析》(《商丘师范学院学报》2019 年第 1 期)一文指出,章太炎《齐物论释》在以佛解庄背后渗透着浓厚的济世之心。

李智福《章太炎〈齐物论释〉"初本""定本"版本源流考》(《中国社会科学报》2019 年 3 月 26 日)一文认为,《齐物论释(初本)》撰写于 1908 年至 1910 年之间,并于 1910 年首先在日本东京秀光社出版,国内于 1912 年旧历三月由频伽精舍初版;《齐物论释(定本)》修订于 1915 年至 1917 年之间,盖于民国七年即 1918 年至 1919 年间由浙江图书馆校勘初版。

李智福《齐物与忠恕:章太炎"以庄证孔"思想发微》(《齐鲁学刊》2019 年第 1 期)一文指出,章太炎曾自称其学为"以庄证孔",即以庄子的"齐物"哲学解释孔子的"忠恕之道",他因此提出"尽忠恕者是惟庄生能之""齐物即忠恕两举者"等理论。章太炎将"齐物"与"忠恕"相贯通的内在理路是:他先以佛学之"真如""平等"证庄子之"无我""齐物",再以庄子之"无我""齐物"证孔子之"忠恕之道"。章太炎先"以佛证庄"再以"以庄证孔"之思想关怀,是以东方古典思想对所谓公理、自由、平等等近代西方启蒙理念进行批判和重建。

姜淑红《"侈靡"与社会进步:章太炎〈管子〉研究新视野》(《管子学刊》2019 年第 1 期)一文指出,章太炎的《管子》研究贯其一生,特点鲜明。从注释《管子》到挖掘《管子》的时代价值，上承乾嘉汉学、下启近代《管子》研究，开启了《管子》研究的新时代。章太炎阐发《管子·侈靡》之新义，是他会通中西、汲取中外思想资源，以探求救国救民之路的必然选择。

（五）章太炎的文学思想研究

金理《文学史视野中的现代名教批判：以章太炎、鲁迅与胡风为中心》（广西师范大学出版社 2019 年 10 月版）一书，提出"现代名教批判"这一课题，揭示名教成因、危害，重点依据章太炎、鲁迅与胡风的思想和实践来探析他们三人对现代名教的洞察、警示与反抗。

史伟《"社会学转向"与章太炎的"文学"界定》（《文学评论》2019 年第 4 期）一文指出，从《文学说例》到《国故论衡》，章太炎对"文学"的界定由"尔雅之故言"转向"以有文字著于竹帛"，背后是学理观念、方法的转变，核心是 1902 年的"社会学转向"。《国故论衡》可谓其拟想中的通史概论或导论，在社会学、社会史框架下，一方面立足文字来界定"文"，另一方面将"文"推至物质载体，具有文献史料的性质；而论文之"法式"又容含文体学的因素，合此二者为"文学"。

陈慧《章太炎的真俗转向与"国文"建构：兼论章太炎非"魏晋派"》[《杭州师范大学学报（社会科学版）》2019 年第 6 期]一文指出，章太炎的"国文"建构与其真俗转向有关，在转俗成真阶段，立足典章学说与议论名理，将清和流美的魏晋文塑为典范；而在回真向俗阶段，则立足个人天才与国家运势，将壮美闳硕的汉唐文塑为新的典范。章太炎以会归齐物、和以天倪的"两行"之旨处理二者关系：一方面，齐之以内求万物真如之是，外致治国保民之用的内圣外王之道；一方面，承认二者在雅、理上的分殊短长，肯定其在不同当务之急下发挥各自的作用。在他看来，唯有撄宁相成，而非封执相伐，才能更好重建华夏政教文明，既因应西方文明的挑战，又保障自身文明主体性。将章太炎归为"魏晋派"，既忽略了他转俗成真后对"魏晋派"的出离与超越，及回真向俗后对魏晋文的反思与弥补，也不符合他的齐物哲学。

杨艳《章太炎"语根说"的西学渊源》（《重庆三峡学院学报》2019 年第 5 期）一

文指出，"语根说"是章太炎语言文字学的一个核心创见。它的缘起和发展受 19 世纪西方历史比较语言学启发。章太炎的"语根说"虽然与缪勒的"论语根"思路相近，但并非源于缪勒的《言语学讲义》。翻译斯宾塞的《论进境之理》和《论礼仪》是章太炎接触西方语根学说的一个契机。《论进境之理》"数字之义，祖祢一字"的思路和《论礼仪》的词源追溯启发了章太炎的"语根说"，尤其体现在《订文》《与吴君遂书》《论语言文字之学》和《东京留学生欢迎会演说辞》对斯宾塞著作的创造性借鉴中。

陈沁云《论新时代古文之兼美：以章太炎古文为例》[《西安石油大学学报（社会科学版）》2019 年第 4 期]一文指出，章太炎古文虽宗法清代汉学考证，但兼得宋学之特色，他亦将西方文化理论融入古文，使其迸发出鲜明的时代气息，呈现出古今中外融为一体之势。

（六）章太炎的政治实践与政治思想研究

王锐《莅民理政之要：〈五朝法律索隐〉的政治思想史解读》[《杭州师范大学学报（社会科学版）》2019 年第 1 期]一文指出，章太炎 1908 年发表的《五朝法律索隐》一文，表面上是在钩沉、考证魏、晋、宋、齐、梁五朝法律遗文，实则在其中他阐述了自己关于如何制定良好法律的意见，以及对清廷改革法律的批评。

王锐《大一统国家的存续之道：章太炎〈秦政记〉的政治文化意涵》（《东方学刊》2019 年第 2 期）一文指出，在《秦政记》一文里，章太炎试图挖掘深刻影响中国两千余年政治制度与政治文化的秦政之精髓，从中总结中国古代政治实践中所体现出来的内在原理，以此作为未来中国制度建设的历史参考。

马永康《章太炎的"公理"批判与"成就感情"》（《开放时代》2019 年第 5 期）一文指出，面对近代兴起的"公理"言说，章太炎不仅罕言"公理"，而且受"新世纪"派无政府主义者"排满"、废弃汉语等系列社会政治主张的触动，撰写《四惑论》，将"公理"放在首位进行强烈批判，意图清理此派科学—"公理"—革命言说模式的理论基础。他有针对性地选取跟此派相关的"与社会相扶助""隐遁""自裁"等问题作剖析,指出"公理"言说实际是以个人的主张来冒充"公理",在张大社会以抑制个人方面更甚于传统的天理。为此,他提出用"齐物"思想来救偏。

胡婷《媒介化政治视角下章太炎报刊活动探究》(《新闻传播》2019年第14期)一文力图从媒介化政治的视角对章太炎的办报活动进行梳理,从而探究他是如何利用报人的身份传播思想和参加革命的。

吴蕊寒《从"秩民兽"到"齐文野":章太炎民族主义思想的嬗变》(《政治思想史》2019年第3期)一文指出,民族主义主张几乎贯穿了章太炎生命的始终,排满革命、光复旧物和保存国故同为其具体展开。章太炎民族主义思想的形成与发展,与他对西方现代性的了解、接受、反思和超越息息相关。

傅正《论清末章太炎的重农主义思想:兼与法国重农学派比较》(《政治思想史》2019年第3期)一文指出,章太炎曾经十分重视小农生产,在"商战""物质救国"呼声高涨的清末时期,显得颇为另类。事实上,章太炎不是始终都持有重农主义的观点。戊戌时期,他多游移于重农和重商之间,至辛亥时期才全盘倒向重农主义。这个思想转变无疑和他当时接受无政府主义密切相关。1908年,章氏告别无政府主义,又再次游移于重农和重商之间,通过与法国重农学派对比可知,重农主义未必都是小农学说,它完全可能是一套资本主义的理论体系。

(七)章太炎的佛学、科学、医学思想研究

张斗《章太炎对唯识思想的继承与发展》(黑龙江大学硕士学位论文,2019年5月)一文认为,章太炎借助唯识思想中的三性问题来构建自己的哲学体系,将唯识思想在继承的基础上加以发展深化运用,最终确立了自己的齐物观,并由此演绎出章太炎的政治观和历史观。

麻天祥《狱读瑜伽与转俗成真:黄宗仰对章太炎佛学研究的推助》(《长沙大学学报》2019年第3期)一文指出,章太炎与黄宗仰结识于爱国学社,后经"苏报案"遂成生死之交。章氏身陷囹圄,黄宗仰除设法多方营救外,并指引章氏学佛。在狱中,章太炎因得黄宗仰的指引与推助,系统反思法相义理,对照比较西方哲学与佛学,发现佛学中的名相分析与西方哲学不谋而合,并通过对宇宙无限与"凡人思想所及"有限的比较,证明了"色心不二""识中有物"的唯心唯识观念。因而成就了一个以庄解佛,借法相唯识资料实现哲学革命的国学大师。

何刚刚《论章太炎科学思想的演变逻辑及其成因》(山东大学硕士学位论文,2019年5月)一文认为,在科学方面,章太炎立足于传统文化对于西方科学知识做了很多有益的吸收和阐发。因此,研究章太炎科学思想的演变理路及其成因能够反映出近代知识分子对于西方科学迎拒的内在逻辑。

何刚刚《章太炎科学思想的演变逻辑及其成因》(《中共郑州市委党校学报》2019年第3期)一文指出,章太炎的科学思想主要体现在具体的科学知识层面,随着章太炎对科学认识的逐渐深入,章太炎的科学思想开始涉及科学精神层面,并且有意识地对西方科学知识作出相应的调整、转换与建构。章太炎晚期的科学思想体现在用齐物论和唯识宗来解构主客。

胡正旗《章太炎"医学第一"之我见》(《中医药文化》2019年第1期)一文指出,章太炎对中医发展有总结、质疑、指引的历史功绩,对于其"医学第一"的说法,应该用辩证的、历史的眼光去看待。

陈西、秦艳、郭小舟《章太炎治伤寒学思想探微》(《中国中医基础医学杂志》2019年第9期)一文指出了章太章重视《伤寒论》的原因,他以伤寒病的特征和疗法证明了中医在中西医优劣争论中存在的价值,体现了中医重疗效的实证主义思想。

(八)章太炎的哲学、史学思想研究

朱星炽《"神教"与"礼教":章太炎对张载哲学的二重界定》[《西安石油大学学报(社会科学版)》2019年第3期]一文指出,章太炎曾对北宋的张载哲学进行过界定,认为张载哲学呈现出"神教"与"礼教"的"二重性"特征。明确章太炎对张载哲学二重界定的内涵,重新阐释张载"神道设教"的原初旨趣,不仅能够更加准确地把握张载哲学的思想脉络,而且对深刻理解儒学的发展与演变具有十分重要的意义吴蕊寒《从"依自"到"依他"：章太炎的主体性反思》[《哈尔滨工业大学学报（社会科学版）》2019 年第 4 期]一文指出，章太炎对主体的有无和真妄问题的反思，经历了从"我所"到"我"、从"分别我执"到"俱生我执"、再从"幻我"到"真我"的复杂转变，他的最终回应不是"自依"而是"依他"。

吴晓番《论章太炎的汉学论》[《杭州师范大学学报（社会科学版）》2019 年第 6 期]一文指出，章太炎是乾嘉思想的继承者，其对于乾嘉汉学的论述成为后世理解清代哲学的规范。章氏的汉学论囿于固定的理论前见，对乾嘉汉学的兴起原因及其义理洞见存在误读。乾嘉汉学有着不同于理学的哲学话语，它认为人是有限性的存在，以血气心知为性；注重情理，反对洁净空阔的天理世界观，主张回到生活世界；通过絜矩之道，反对孤零零的个体，主张人伦是常道。乾嘉汉学对克服主体性哲学的弊端有着重要的意义，与章太炎的主体性哲学批判有共通之处。

王龙《析章太炎的革命道德说》（《淄博师专论丛》2019 年第 1 期）一文指出，章太炎的革命思想其实质是"光复"，仍没有摆脱排满反清的窠臼，而其所论道德则有着"重然诺，轻生死"的特点。章太炎的革命道德思想是在特定的历史时期产生的，应该予以客观的看待。

张舒《章太炎的先秦史叙事及其对儒学传统的冲击》（《政治思想史》2019 年第 3 期）一文指出，为对抗孔教化的今文经学，章太炎将古文经学推向极端。传统六经不再作为载道之书，而是成为记事之史。由章太炎重构的先秦史叙事呈现为王权生成史，尧舜三代政道不再具有秩序典范意义，同时传统史学的经世功能发生转变。儒学的现代转型，应超越章太炎经学观从而达成古今政道之间的良性互动。

刘洪强《历史叙事与主体性的建构：以章太炎、陈汉章关于中国民族起源的论述为中心》（《社会科学论坛》2019 年第 2 期）一文以章太炎及陈汉章《上古史》讲义中关于中国民族起源的探讨为中心，试图在这两种叙述的张力和一致中，分析晚清以来国人通过历史叙述以确立民族主体性的尝试。

（八）章太炎的学术地位与历史影响研究

（日）坂元弘子《中国近代思想的连锁：以章太炎为中心》（上海人民出版社2019年10月版）一书，主要讨论了谭嗣同、章太炎、熊十力、梁漱溟和李叔同这五位思想家在面对时代课题与西欧思想的冲击时，如何进行中华民族思想与哲学的建构，以及在此过程中的精神轨迹。

陈学然《再造中华：章太炎与五四一代》（上海人民出版社2019年2月版）一书，通过章太炎与"五四"一代的学思互动，观察他们如何审视对方和评价对方。在这过程中，将可看见他们彼此间或断或续的学思关系，显示大家在同一的改造国家、社会的目标下，于文化意识或学术方法上虽有差异，但到了国家危在旦夕之际，学术畛域又不是那么的壁垒分明。同时，本书也说明，在章太炎逝世八十余年而"五四"迈向一百年之际，章太炎在清末民初形成的一些学术主张，直至今天仍有其前瞻性。

王锐《自国自心：章太炎与中国传统思想的更生》（商务印书馆2019年4月版）一书认为，章太炎在清末民初，广涉东方与西洋的学问，根植华夏历史的国情，全面而富有原创性地阐释中国传统思想与学说，使其重新焕发活力，成为未来中国建设的重要思想资源。

章念驰《后死之责：祖父章太炎与我》（上海人民出版社2019年11月版）一书，是章太炎嫡孙章念驰的晚年总结之作，体现了他作为一代国学大师后人如何继承先祖的精神志业。其中《章太炎与他的弟子》《章太炎的印章》《章太炎的藏书》等，有赖于作者家藏文物，披露了很多章太炎的相关信息，具有很高的史料价值。本书又有大量的怀人之作，如《纪念周谷城先生》《我所知道的王元化》《缅怀刘振强先生》《故人故事》等文，则因作者与所怀念之人有非常深入、密切的往来，提供了作者独特的观感和王元化先生等人"不为人知"的一面，读来真挚感人又有很强的可读性。

张吕坤《"接力"还是"拒迎"：关于章太炎对"五四"运动态度新探》（《名作欣赏》

2019 年第 4 期）一文指出，若从"五四"精神内涵的承传迎拒，以及新旧之辨来说，"章太炎和'五四'"颇具言说价值。不仅因为后来"五四"健将多为其学生，有思想、做派的纠缠，更因为章太炎学术实践所处时代的关键位置。

彭春凌《近代思想全球流衍视野中的章太炎与五四》（《中国文化研究》2019 年第 2 期）一文指出，章太炎体现在《訄书》初刻本中的整个知识图景，受到以《论进步：其法则和原因》为代表的斯宾塞进化思想的启发。章太炎不仅是"五四"新文化的本宗始祖，"五四"一代继承了他的精神和议题；并且，从建立在科学革命以及生物、社会进化学说之上的近代宇宙观和社会观全球流衍的角度，章太炎与"五四"一代还如同在平行空间里耕耘同一块思想土地的人，是彼此的另一个自己。

何亦聪《章太炎的述学理念与清季民初学术转型》[《安庆师范大学学报（社会科学版）》2019 年第 2 期]一文指出，章太炎的述学理念，主要由两个关键点构成，一是由博返约，二是注重轨则。这两点均与清季民初学术转型的时代语境有着密切的关系。

（九）章太炎的文献著作研究

陈壁生《从〈訄书〉到〈检论〉：章太炎先生〈检论手稿〉的价值》（《人文杂志》2019 年第 11 期）一文指出，在章太炎思想研究中，文本系统最复杂的，是章太炎先作《訄书》，又作重订本，民国之后又修改为《检论》。章太炎的不断自我修改过程，同时也留下他思想变化的痕迹。在讨论这一变化的过程中，《检论手稿》是从来不曾被利用的一批手稿。通过这批手稿与《訄书》重订本、《检论》刊本的对照，可以深入体察章太炎自我修改的基本思路。而其中比较典型的，是章太炎对经学、对孔子态度的变化。章太炎在《检论》中加入"六艺论"，在《订孔》中进一步尊孔，转向建设性的"国学"，这种转向本来就超越了"革命"与"保守"政治立场的二元对立。

刘明《章太炎诂经精舍课艺佚文八篇》（《历史教学问题》2019 年第 5 期）一文指出，章太炎于光绪十六年肄业诂经精舍，光绪二十二年底赴沪，此段时间为章太炎肄业诂经精舍时期。其主要活动为参加诂经精舍考课，因而留存课艺多篇，其中

《诂经精舍课艺七集》中收录署名"章炳麟"之课艺 17 篇,《诂经精舍课艺八集》中收录署名"章炳麟"之课艺 21 篇,皆由汤志钧先生点校命名为《诂经札记》并收入《章太炎全集》。然章太炎诂经精舍课艺留存者不止于此,《诂经精舍课艺八集》中署名"章炳业"者有 8 篇,亦为章太炎所作。

许良越《〈文始〉〈说文〉数据库的建构及意义》[《西昌学院学报(社会科学版)》2019 年第 1 期]一文指出,章太炎的《文始》是汉语语源研究史上的一部重要著作,在许多方面都具有开创性的贡献。

王磊《章太炎童蒙教育思想研究:以〈重订《三字经》〉为中心》(《教育评论》2019 年第 7 期)一文指出,《重订〈三字经〉》体现了章太炎的童蒙教育思想,在该著中,章太炎较为关注求学的目的、中华传统文化常识和中国传统经史的教育以及学习态度和学风问题。

十二、谭献与谭献研究

谭献(1832—1901),初名廷献,字仲修,号复堂,浙江仁和(今杭州)人。同治六年(1867)举人,屡赴进士试不第。曾入福建学使徐树铭藩幕,后署秀水县教谕,又历任安徽歙县、全椒、合肥、宿松等县知县。后去官归隐,锐意著述。晚年受张之洞邀请,主讲经心书院,年余辞归。骈文师法六朝,尤工词,家藏前人词曲甚富。谭献的词,内容多抒写士大夫文人的情趣。由于强调"寄托",风格过于含蓄隐曲;但文词隽秀,琅琅可诵,尤以小令为长。著有《复堂类集》,包括文、诗、词、日记等。另有《复堂诗续》《复堂文续》《复堂日记补录》等。今有《浙江文丛》本《谭献集》(浙江古籍出版社 2012 年版)。

2019 年,学界同仁研究谭献的论文有十余篇,主要聚集于他的文学、戏曲思想及人物交游研究。

杨东兴《论谭献〈复堂词〉的思想内容及其认识价值》(《安康学院学报》2019 年第 1 期)一文指出,谭献《复堂词》内容丰富,无论是反映时代风貌,还是感怀身世飘零、书写闺情逸致，皆感情深厚，遥有寄托，且落笔轻淡，非一般文人士大夫所能为之。

黄彦《谭献〈复堂词话〉词学思想研究》（广西民族大学硕士学位论文，2019 年 5 月）一文以谭献生平及词学著作的介绍开篇，探讨《复堂词话》的关注度较低的原因；进而从体物寄托说、主张清婉协律、追求浑融之境等方面具体分析《复堂词话》中所体现的谭献的词学思想。

高明祥《论谭献对常州词派"学究"之弊的拨正》（《词学》辑刊，2019 年卷）一文认为，常州词派自张惠言创派始，至谭献时弊病已彰显。谭献认识到此派的"学究"之弊，并从解词、选词、写词三个方面进行弊病的清理与拨正。

刘红红《试论谭献的词体观》[《苏州科技大学学报（社会科学版）》2019 年第 3 期]一文指出，谭献既试图拉近词与诗的距离，于词体有尊体之论；同时又辨析词体区别于诗体的独特之处，于词体有辨体之说。在正变观上，谭献以词作思想性为标准，以风雅为正，传承了张惠言的正变观。

高明祥《诗学视域：谭献推尊词体的方法论建构》（《江海学刊》2019 年第 4 期）一文指出，谭献继承常州派词论，不遗余力推尊词体，尤其注重在诗学视域下进行推尊词体的多重建构。

雷雨曦《从〈复堂日记〉浅谈谭献的诗学观》（《戏剧之家》2019 年第 25 期）一文指出，谭献作为晚清知名学者，在词学上的成就颇为人称道，然其在诗学上亦有着属于自己的独到见解，倡导摒弃门户、博采众长、清雅精深。

刘红红《试论谭献文章的审美风尚及其影响》（《荆楚理工学院学报》2019 年第 4 期）一文指出，谭献的文章骈散合一，其文追慕汉魏六朝，同时又传承常州学派张惠言等人的文风。其文章笔法灵活，论说巧妙，呈现出气韵遒古、典丽婉雅、文辞清新的艺术风貌，表现出自然流畅的美学情趣。谭献对章太炎、徐珂等人的文风影响深远。

吴钦根《论谭献日记的戏曲史料价值》（《文化艺术研究》2019 年第 3 期）一文指出，今南京图书馆等处藏有谭献《复堂日记》稿本六十册，其中不仅详细记录了

《群芳小集》《群芳续集》的成书历程,还充分呈现了当时士伶诗酒文会的真实场景。

刘红红《论谭献戏曲评点对京剧伶人的品题》(《戏剧文学》2019 年第 10 期)一文指出,谭献有品题伶人的文学作品及评点笔记。谭献与伶人的交往,促成了与之相关的文学活动——以诗词题赠伶人。

吴钦根《谭献代周星诒购藏陈氏带经堂书籍考:兼及周、谭二人的交游与交恶》(《文献》2019 年第 3 期)一文指出,谭献代周星诒购藏陈氏带经堂书籍一事,是关系到带经堂、书钞阁两家书籍递藏的重要问题,也是导致周、谭二人由交好走向交恶的关键所在。

十三、陆心源与陆心源研究

陆心源(1838—1894),字刚甫、刚父,号存斋,晚号潜园老人,浙江归安(今湖州)人,清末四大藏书家之一。早年师从万青藜、吴式芳、张锡庚,读书过目不忘,精于郑(玄)、许(慎)之学。咸丰九年(1859)举人,随总兵刘长佑赴直隶镇压太平军;同治四年(1865)任广东南韶兵备道,同治六年(1867)调高廉道。官至福建盐运使。以盐务损耗罪名参奏,终被削去官职。辞官后在归安城东莲花庄旁辟建"潜园"。

富收藏,筑"皕宋楼""十万卷楼""守先阁"三楼藏书,藏书达十五万卷。同治年间,掇拾遗文成《唐文拾遗》七十二卷、《唐文续拾》十六卷。常与同乡姚宗堪、戴望、施补华、俞劲叔、王竹侣、凌霞研习学问,有"苕上七才子"之称。陆心源精于金石之学,著述等身,光绪十二年(1886)著有《金石录补》,光绪十八年(1892)编成《穰梨馆过眼录》,另辑有《皕宋楼藏印》《千甓亭古砖图释》等书。光绪十九年(1893),帝褒奖"著作甚多,学问甚好",回乡经天津时染疾,次年卒于湖州。光绪三十二年(1906),陆心源之子陆树藩经商失败,将皕宋楼大量藏书卖给日本岩崎氏静嘉堂文库。

陆心源的文献著作,今有标点本《仪顾堂集辑校》(广陵书社 2015 年版)、《仪顾堂书目题跋汇编》(中华书局 2009 年版)、《仪顾堂集》(浙江古籍出版社 2015 年版)。

2019 年，学界关于陆心源的研究主要聚焦在版本文献学。

李成晴《日藏陆心源手稿〈吴兴文献志〉考》（《国际汉学》2019 年第 1 期）一文指出，通过对日本早稻田大学图书馆藏《吴兴文献志》进行考证，可判定其为陆心源手稿，且是陆心源在纂修《归安县志》时的一部未就著作。《吴兴文献志》手稿不但具有珍贵的文物价值，也是研究陆心源学术思想的新材料，同时对考证皕宋楼藏书转售岩崎氏静嘉堂始末亦不无裨益。

吕亚非《陆心源〈仪顾堂题跋〉的版本学贡献》（《枣庄学院学报》2019 年第 4 期）一文指出，《仪顾堂题跋》是陆心源累年撰写的题跋汇编，全书体例详明，内容充实，尤其在版本研究上颇有成就。

十四、朱一新与朱一新研究

朱一新（1846—1894），字鼎甫，号蓉生，浙江义乌人。光绪二年（1876）中进士，历官内阁中书舍人、翰林院编修、陕西道监察御史。曾任广东肇庆端溪书院主讲及广州广雅书院（广州中山大学前身）山长（校长）。著述颇丰，对经学尤有研究，为清末著名学者、汉宋调和学派代表人物之一，是探讨乾嘉学术到晚清学术转变的重要人物。

义乌丛书编纂委员会编的《朱一新全集》（上海古籍出版社 2018 年版）收录整理了朱一新存世的著述，包括《无邪堂答问》五卷，《京师坊巷志稿》二卷，《汉书管见》四卷，《佩弦斋文存》《骈文存》《诗存》《试帖存》《律赋存》《杂存》《同音集释要》以及附录，以反映朱一新的学术、政治思想脉络和演变及相关的时代背景。

2019 年，学界研究朱一新的论文有 1 篇。

肖朝晖《论朱一新对公羊改制说的批评》（《安阳师范学院学报》2019 年第 6 期）一文指出，在晚清政治与学术界，朱一新对以康有为为代表的主公羊改制者有着明快的批驳。朱一新力图从源头处证实"改制"出于纬书，不可尽信，《春秋》为孔子"借事明义"之书，而非改制之作；《公羊》学者应恪守经学家法，不应以《公羊》一家之偏义遍说群经诸书;对今文学者说经重微言轻大义的取向有所纠弹,面对西学西法,主张要注重《公羊》"异内外"之义。

十五、李慈铭研究

2019 年,学界研究李慈铭的论文有数篇,以探讨他的著作文献为主。

曹晔《晚清名士李慈铭与〈祁忠惠公遗集〉》(《书屋》2019 年第 2 期)一文指出,李慈铭在有清一代的学术史、文学史上颇具影响力,不过,李慈铭在科场并不算春风得意。在同治九年(1870)步入不惑之年时,他才考中举人;光绪六年(1880)才中进士,次年官授山西道监察御史。而通过围绕他对《祁忠惠公遗集》的藏书活动的考察,有助于对其建立起更为深入的认知。

张明《〈世说新语笺疏〉所载李慈铭批校校正》(《古籍整理研究学刊》2019 年第 4 期)一文指出,余嘉锡《世说新语笺疏》引有李慈铭《世说新语》批校的大部分成果,然校勘发现,余《笺》所引李批存在误、衍、脱、改等情况。

此外,2019 年的研究李慈铭论文还有:赵逸才的《李慈铭批校〈乾隆府厅州县图志〉考略》(《历史档案》2019 年第 2 期),刘强的《李慈铭〈世说新语〉批校的特色与价值》(《名作欣赏》2019 年第 31 期)。

十六、沈曾植研究

2019 年学界的沈曾植研究,主要围绕他的文学思想、史学思想、书法成就及理论等展开。

徐国荣《沈曾植"元嘉关"诗论中的现实文化关怀》[《贵州师范大学学报(社会科学版)》2019 年第 1 期]一文指出,沈曾植诗学"三关说",将"元嘉关"当作最后一关与最高境界,在理论上对清末宋诗派诗学作了正本清源式的梳理,强调了诗歌中的学问底蕴。

赵俊智《沈曾植史学研究》（河北师范大学硕士学位论文，2019年5月）一文认为，沈曾植是晚清民国时期研究边疆舆地之学的代表人物之一，《蒙古源流笺证》和《元秘史补注》是沈曾植研究边疆舆地学的主要著作。这两部著作分别对《蒙古源流》和《元朝秘史》中所记载的蒙古的发展历史进行了深入的考证、梳理。沈曾植于光绪十六年（1890）至光绪二十三年（1897）任光绪朝会典馆画图处总纂，掌管画图处的相关事宜。《会典舆图》的绘制是画图处最为重要的内容，在沈曾植等人的推动下，运用了诸多西方绘图之法，使所绘制的地图内容准确，为清朝在解决边疆问题时提供地图依据。

成联方《沈曾植"南北会通"观的审美谱系：从北碑三宗、〈中岳嵩高灵庙碑〉到欧虞褚李》（《书法》2019年第5期）一文指出，沈曾植的"南北会通"观既无纯粹碑学的极端，亦无纯粹帖学的保守，所以，在晚清书法思想史上占有重要的地位。沈曾植的"南北会通"不是简单的北碑与南帖的会通，而是有丰富的、成体系的嬗变路线。

盛启泽《沈曾植"化碑为帖"的形成与应用探析》（鲁迅美术学院硕士学位论文，2019年5月）一文认为，在清末帖学式微，碑学的兴起，沈曾植以精湛的学养，对新旧事物的客观认识，沈曾植并没有一味倒向碑学，而是探索了一条碑帖结合，化碑为帖的道路。

成联方《卫恒"古今杂形"对沈曾植书法的影响》（《中国书法》2019年第16期）一文指出，从沈曾植遗留下来的书学文献与书法作品来看，卫恒的中原书风以及"古今杂形"观对沈曾植的书法创作与书法思想均产生了重要影响。

文津《清末民初书法生长环境：以沈曾植为例》（《中国民族博览》2019年第16期）一文指出，清代金石学的兴起、新材料的出现及其学术思潮为书坛注入了新鲜的血液，沈曾植将"对立""变化""经典并非绝对化"的哲学观念运用到书法领域，开阔了书法取法范围，拓宽了审美视野。

十七、蔡元培研究

2019 年学界的蔡元培研究，主要围绕蔡元培的文化观，蔡元培在北京大学的教育实践与教育思想，蔡元培的美学美育思想、哲学伦理思想、新闻学思想、医学思想、谱牒思想、人物交游及蔡元培佚文整理研究而展开。

（一）蔡元培的文化观研究

李新宇《蔡元培与新文化运动》(《文学与文化》2019 年第 2 期)一文指出，蔡元培是科举路上的成功者，却很早就成了旧文化的反叛者。辛亥革命前后，他已经多次参与思想文化革新的事业，早在陈独秀创办《新青年》之前，就曾为新文化运动而努力。正因为这样，到了"五四"时期，他才大力支持《新青年》集团，并且成了新文化运动的推动者和保护神。

彭惠玲《历史语境下的蔡元培"中西文化"观》(《山西档案》2019 年第 3 期)一文指出，中西文化的发展经历了较长的历史时期，在严肃的历史语境下对蔡元培的中西文化观进行探讨，能够帮助人们深入理解蔡元培的系统思想，同时能够更加深刻地对其文化思想内涵进行把握。

（二）蔡元培在北京大学的教育实践与教育思想综合研究

官远程《从蔡元培的婚姻看其对女权、女教的重视》[《绍兴文理学院学报（人文社会科学）》2019 年第 2 期]一文指出，从闺门之内女子王昭，到接受过传统文化教育但也能打破固有框条的新女性黄仲玉，再到接触了新思想且涉猎过西方文化的周俊，蔡元培三次婚姻的时间跨度达 30 余年，从中可以看出他对女权的重视与践行；他两度提出的续娶条件，也折射出其对女教的重视。

田海洋《会通中西道德　建设共和理想：蔡元培大学德育观探析》(《玉林师范学院学报》2019 年第 1 期)一文指出，会通中西道德，建设共和理想是蔡元培大学德育观的基本指导思想，由此构建了他相互联系的中西融合道德观、以道德责任为核心的人格教育观以及科学的修养观。

刘媛《蔡元培公民道德思想对当今高校思想政治教育的启示研究》（辽宁工业大学硕士学位论文，2019 年 5 月）一文认为，蔡元培毕生致力于教育领域的发展，他的公民道德教育思想对高校思想政治教育有着重要的借鉴意义。

程斯辉、黄晶晶《蔡元培的"教育事业综合论"探析》（《复旦教育论坛》2019 年第 2 期）一文指出，蔡元培的"教育事业综合论"主要包含六个方面的内容：即小学、中学、大学发展的综合兼顾，"教育独立"主张下的教育事业管理之综合兼顾，德智体美劳"五育"之综合兼顾，各类教育事业发展的综合兼顾，"以学校为中心点"进行教育事业的综合兼顾，教员任用与训练的通盘计划。

杨俊铨、刘婉《蔡元培的中学德育探索与启示》（《广西社会科学》2019 年第 8 期）一文指出，蔡元培是我国教育现代化的重要奠基人，他从两个方面进行了颇具现代意义的中学德育探索：开设专门的德育课，将责任教育理念融入中学整体教学。

赵玉玲《蔡元培的教育思想及实践研究》（《北极光》2019 年第 9 期）一文认为，蔡元培的教育思想十分丰富，他的教育思想产生于他早年所接受的中国传统教育及他留学德国期间所接受的西方先进教育理念相互融合的基础之上。在任中华民国教育总长期间，他认真吸取各国成功教育经验，确立新式教育宗旨，主持制定出各项教育制度。在任北大校长期间，他大胆改革管理制度，推行教授治校，民主管理。在学术上打破文理界限，注重基础科学发展，为北京大学发展做出了重要贡献。

张千、敬龙军《蔡元培体育教育观的现代教育意义诠释：从"完全人格"到"健全人格"》（《衡阳师范学院学报》2019 年第 6 期）一文认为，蔡元培所提出的"健全人格，首在体育"的教育思想对中国教育的发展产生深远影响。

（三）蔡元培的美学美育思想研究

潘黎勇《论蔡元培美学的"万物一体"精神》[《首都师范大学学报（社会科学版）》2019 年第 3 期]一文指出，在 20 世纪中国文化现代性进程中，蔡元培立足人道主义话语框架，使儒家万物一体论的思想义理在美学创构和美育实践中获得继承和转换，而其美学思想所标举的人道主义则是对万物一体论政教精神的现代倡扬，这使得蔡元培美学以及以他为代表的中国现代美学与古典传统在"一体之仁"的价值平台上得以交流贯通，由此产生的思想新义被熔铸到中国现代知识分子的精神世界当中。

李清《留学教育与蔡元培对西方美学的传播》[《现代传播（中国传媒大学学报）》2019 年第 1 期]一文指出，蔡元培是西方美学在中国的传播者，也是中国现代美学的主要开拓者，中国现代美育教育的领路人。他一生的教育和学术实践与其留学经历密不可分。蔡元培自留学以来，译介西方美学著作，广布康德美学思想；出任民国教育总长、北大校长，开创中国美育教育；广纳西方思想理论、观念形态、术语方法等，改革中国近代教育；首开高校美学研究之风，使"启蒙之学"转变为"学院之学"，开启了中国现代美学研究的学院化道路。

赵成清《蔡元培的美育理论与实践》（《湖北美术学院学报》2019 年第 4 期）一文指出，蔡元培的美育主张，对宗教、历史、文化、审美进行了深入的剖析，他的美育实践则推动了现代艺术创作、艺术教育以及艺术传播的蓬勃发展。蔡元培的美育思想通过科学理性和审美教育启蒙了处于现代社会前沿的中国民众；他在时代精神中高扬自由和民主的旗帜，为实现审美现代性和新时代的文艺复兴写下了灿烂的篇章。

张社强、韦莉莉《论蔡元培"美育育德"思想及其当代价值》（《教学与管理》2019 年第 12 期）一文认为，蔡元培的"美育育德"思想是其教育思想的颇具特色的组成部分。

韩晓芳《蔡元培美育思想及其当代价值》[《成都大学学报（社会科学版）》2019

年第 4 期]一文指出,探究蔡元培美育思想的深刻意蕴和基本特性,离不开他的军国民教育、实利主义教育、世界观教育,特别是道德教育的支撑,因为它们是一个环环相扣、层层递进的有机统一体。

刘金香《蔡元培美育思想对当代中国家庭美育的启示》(《工程技术研究》2019年第 10 期)一文从研究蔡元培的美育思想入手,以中国传统家庭美德教育为根基,以西方教育理念的引入为参照,以国家教育部全面推进素质教育政策为支持,探讨中国当代的家庭美育的现状和问题,最终在蔡元培美育思想的启示下进行思考,为建设有中国特色社会主义家庭美育观提出建议性对策。

(四)蔡元培的哲学伦理思想研究

李醒民《蔡元培的哲学思想》(《白城师范学院学报》2019 年第 3 期)一文指出,蔡元培在诸多论著中,不时渗透丰富而有趣的哲学思想。该文则就其对哲学及其有关问题的理解,科学与哲学之关系,尤其是就美术或美学等加以评介。

乐爱国《蔡元培、陈寅恪对"三纲五常"的解读:兼论贺麟对"三纲"真义的发挥》(《政治思想史》2019 年第 2 期)一文指出,蔡元培从权责上解读"三纲",讲君与臣、父与子、夫与妇各有不同的权责,陈寅恪把"三纲"抽象理想地解读为君臣、父子、夫妇应当履行各自的权责与义务,都是从义上讲君臣、父子、夫妇关系。他们的解读,实际上是对《白虎通》"三纲"的进一步发挥,是贺麟所谓"三纲"的"真义"。

杨柳青《蔡元培的伦理思想研究》(《开封教育学院学报》2019 年第 9 期)一文指出,蔡元培在 20 世纪提出了一系列伦理思想,对旧中国封建思想道德建设起到了巨大的推动作用,且其伦理思想中的一些内容对当前中国社会道德建设也具有深远的影响和借鉴意义。

梁巧娥《蔡元培与马克思主义在中国的传播》(《学理论》2019 年第 8 期)一文指出,蔡元培在"兼容并包,思想自由"方针下治校,为马克思主义在中国的传播创造了良好的条件。

（五）蔡元培的新闻学、医学思想研究

孟祥雨《论蔡元培对中国新闻学的创始性贡献》（《新闻研究导刊》2019 年第 9 期）一文指出，蔡元培是中国研究新闻属性的第一人，总结出了新闻的三大特征。在任北大校长期间，他创办了中国第一个新闻学术研究团体，并大力提倡新闻高等教育。他根据自己多年的报业实践经验和留学经历，提出"凡事先有术后有学"的新闻学理观，指出中国新闻学的发展路径，为中国新闻学的发展作出了创始性的贡献。

李永宸、李佳琪《蔡元培涉医活动与医学教育思想研究》[《成都中医药大学学报（教育科学版）》2019 年第 3 期]一文认为，蔡元培帮助留学人员筹措资金完成学业，为贫病者申请免费救治，为科学馆征集医学标本，推介医学书籍，考察欧美大学医学机构；蔡元培认为医生职业较其他职业要求更高，医生要有健康身体、要保守病人秘密、要有冒险精神、要善待病人、要指导病人饮食起居。他主张女子学医，重视幼儿教育；注重公共卫生；主张用科学方法研究中药，避免国家利益外流。

（六）蔡元培的谱牒学思想研究

李慧《蔡元培谱牒学思想述论》[《绍兴文理学院学报（人文社会科学）》2019 年第 2 期]一文指出，蔡元培在谱牒学方面也颇有造诣。通过对蔡元培所做的 15 篇（含部分佚文）家谱序文进行整理分析，有关谱牒源流、性质、功能、编修原则、编修人员素质要求等七个方面的论述，是构成蔡元培谱牒学思想的重要内容。

（七）蔡元培的人物交游研究

乔雨菲《说理方式的交锋：林纾与蔡元培之争新探》（《宜宾学院学报》2019 年第 8 期）一文指出，林纾与蔡元培之争是不同说理方式的交锋。林纾使用了类比说理、偷换逻辑条件、"以比喻代推理"等说理方式，存在比较明显的漏洞；蔡元培以精确、符合逻辑的说理方式对其回击，简化并击溃了林纾的论点。"林蔡之争"体现出文言与白话在说理中的不同效用，并可以启发对文学论争中"真理"标准的思考。

覃江华《谢无量与汤寿潜、蔡元培学术渊源考》（《社会科学论坛》2019 年第 5 期）一文指出，谢无量学术思想和道德品格的形成，与其业师汤寿潜、蔡元培的言传身教、率先垂范密不可分。汤、蔡二人同为近代浙东学术传人，被公认为学界泰斗、道德楷模，其问学进路体现出以史见长、经世致用的特点。受其影响，谢无量在政治上追求民主、宪政、法治，学术上融汇中西、平章华梵、会通古今，在中国学术史（尤其是哲学史和文学史）书写、伦理学理论建构和国民道德观念重构方面成就斐然，推动了中国传统文化的创造性转化和创新性发展。通过考察谢无量与近代浙东学术的渊源，不仅有助于把握其学术思想的内容与特色，而且能以此为个案，管窥社会转型时期学术交游与思想发展的互动关系。

（八）蔡元培佚文整理研究

彭林祥《新发现蔡元培的一篇佚文及考释》（《中国文化》2019 年第 1 期）一文从新发现的一篇署名蔡元培的手迹入手，指出，从手迹、内容以及刊载时间可确认为蔡元培所写，属于蔡元培的佚文，可补入《蔡元培史学论集》。

魏雅丽《蔡元培佚文〈在上海图书学校的演讲〉述略》（《大学图书情报学刊》2019 年第 3 期）一文以新发现的蔡元培佚文《在上海图书学校的演讲》为背景资料，通过对文献的梳理，考述上海图书学校的办学背景、历程、图书科办学特色及其在图书馆学教育方面的贡献。

周燕儿《蔡元培佚文〈章正卿传〉释读》（《浙江档案》2019 年第 9 期）一文，以新发现的蔡元培佚文《十八世正卿公传》为背景，考释阮社章氏世系和相关人物，为进一步研究绍酒产销历史以及蔡元培与谱牒文化提供了翔实的史料。

金传胜《蔡元培三篇演讲钩考》[《绍兴文理学院学报（人文社会科学）》2019 年第 6 期]一文指出，苏州振华女学、苏州中学的校刊上曾登载蔡元培的三篇演讲，均未被浙江教育出版社版《蔡元培全集》收录。

十八、王国维研究

2019 年学界的王国维研究,公开发表有 70 余篇学术论文,主要围绕王国维的哲学思想、《人间词话》"境界说"、文学思想、戏曲思想、悲剧美学、美育教育、史学思想、治学方法论、书法思想、文献著作、比较研究以及王国维的人物交游、生平事迹等方面展开。

(一)王国维的哲学思想研究

谌雪滢《王国维哲学思想研究论述》(《西部学刊》2019 年第 7 期)一文指出,王国维的哲学思想是中西方两种异质文明在巅峰处的交感回应,是他深入研究其他领域的重要推动力,尤其为他的美学思想提供了基底性的框架支撑。王国维哲学思想取自西方、融汇中国哲学,走上了一条以生命论为起点的建构之路,进行国民性的教育改造是其生命论的重要实践方式,而境界论是其哲学美学思想的集大成。

黄进兴《两难的抉择:王国维的哲学时刻》(《文汇报》2019 年 5 月 10 日)一文认为,王国维是近代中国学人接触西方哲学的急先锋。然而在滞日期间,当日本学者狩野直喜与他语及西洋哲学,王氏"总是苦笑着说他不懂,一直避开这个话题"。王国维对待哲学前后态度迥异,大概因为受罗振玉大力规劝,转而改治经史之学,遂自怼以前所学未醇,甚至烧毁了百余册收集他研读西洋哲学心得的《静安文集》。

杜永宽《论日译西学对王国维哲学思想的影响》[《苏州科技大学学报(社会科学版)》2019 年第 5 期]一文指出,在桑木严翼的影响下,王国维形成对"哲学"的新认识:哲学出于"人性必然之要求";哲学具有"无用之用";哲学"所志者,真理也";"哲学为中国固有之学"。基于这种哲学观,王国维自觉吸收日本学者对中国传统学术的批评,注意发掘先秦逻辑学的意义,且其不满足于简单地介绍和附会西方哲学,重视对中国传统哲学术语的诠释。日译西学成为王国维的中国哲学研究的重要理论来源。

蓝国桥《王国维西学基点移至康德及其启示》（《上海文化》2019 年 10 期）一文指出，王国维将西学基点从叔本华处移开后，是全面向康德靠拢，西学基点也随之移至康德。

（二）王国维《人间词话》"境界说"研究

刘少坤、张寒涛《王国维"人间""境界"学术渊源考论》[《三峡大学学报（人文社会科学版）》2019 年第 1 期]一文指出，王国维《人间词》《人间词话》率先在文论范畴使用"人间"一词，他以深沉的悲天悯人意识俯察全人类，关注文学之"以血书者"，实自视为文学界之"耶稣""释迦牟尼"的表现。而其"境界说"更是学贯中西树立的典型文学范畴，是王国维意图重新架构词学"新体系"的表征。此二者与其"中体西用"的主体思想有密不可分的关系，于此，我们亦可发见二十世纪初以王国维为代表的第一代学人构建中西合璧学术理想之范式的设想与努力。

马正平《行知递变，可信可爱：对"境界"说的主体论身体美学解读：纪念王国维先生〈人间词话〉发表 100 周年》（《美与时代》2019 年第 2 期）一文指出，王国维《人间词话》"境界"说美学是一种主体论身体美学或身体主体性文艺美学理论。其基本特点在于，审美活动、审美感受、感觉是身体主体性的一种切身性的形式时空、生命时空的"不隔""真切感"身体感感受、感觉。其"所见者真，所知者深"和"能感之"与"能写之"就是一种身体主体性建构的体现。

杨传庆《王国维"自悔少作"〈人间词话〉探赜》（《文艺研究》2019 年第 10 期）一文指出，王国维晚年"自悔少作"《人间词话》是现代词学研究中的一个公案。王国维晚年不道《人间词话》是其思想、学术转变的结果，他将《人间词话》看作昔时学术，这也体现了他对西学的抛弃。

潘海军《王国维"境界"说在中国现代文学场域的审美呈现》（《中国现代文学研究丛刊》2019 年第 9 期）一文指出，王国维"境界"说涵摄"无我"与"真我"两维架构。"真我"之维聚焦"忧""畏""终极焦虑"等情感形态，彰显存在本体论场域的审美取向。

耿志、寇鹏程《王国维"境界"说的生成机制研究》(《文艺理论研究》2019 年第 2 期)一文指出,百年以来的"境界"说研究多将其作为一个静态的理论来考察,或以西学视角进行横向解剖,或以中学视角进行纵向比附,或中西互参,剔骨还父,析肉还母。《人间词话》的版本差异及相关成书过程清晰地昭示着这一理论的动态生成机制:"境界"说是以西方哲学、中国传统文论和王国维的生命体验为"养分",以其诗词创作经验和阅读体验为"母体",以诸多子概念及其内部的逻辑关系为"血肉"和"筋脉"的有机体系。"境界"说的研究,需要打破中西方理论成见,立足于王国维的创作经验和阅读体验。

杨丽妮《在人生与艺术之间:王国维"境界"说与"不隔"说再研究》(天津师范大学硕士学位论文,2019 年 5 月)一文认为,"境界"和"不隔"看似是不同的批评标准,但实际上是王国维评词标准的不同侧面。

赵燕《对话思维下的王国维之"观"》(湖北师范大学硕士学位论文,2019 年 5 月)一文认为,王国维意境论中的物与我,通过"观"之对话状态的形成达到一种物我融合的境界,恰恰就如对话所达成的本体之"我"与"你"的世界。

雷晶晶《王国维"三种境界说"发微》(《集宁师范学院学报》2019 年第 3 期)一文指出,王国维《人间词话》二六撷取三首宋词名句,提出"三种境界说"。"三种境界说"结构浑然一体,审美哲思隽永,是人类经验本质的艺术表达,揭示出人类某种带有普遍性的情境,旨在说明古今成大事业、大学问者必经三种境界,即"自我觉醒——忘我求索——真我存在"具有层进关系的三个过程。

杨柏岭《王国维词"人间"苦痛的新体认》(《学术界》2019 年第 7 期)一文指出,王国维锐意填词时期,正是他纠结于欲为哲学家和诗人的抉择阶段。其词中那貌似传统的题材,实则是以哲学家之眼对生活本质熟思而审考之的结果;"人间"意象具有侧重身体社会的尘世、心灵空间的人世及哲理世界的人生等多重意蕴。

刘发开《王国维"境界"说的理论结构与审美精神转向》(《中国文艺评论》2019 年第 9 期)一文指出,王国维基于民族文化本位立场融汇西方美学与民族文化并达成学理再创,在生命维度上促成新的审美精神转向,在古今中西交汇时期具有开时代风气之先的重要意义，对于以新视角重新激活中国传统美学与文论话语，构建新时代中国美学与中国文论话语体系也颇具借鉴价值。

吴敏倩、李玉栓《王国维"境界说"与严羽"兴趣说"之再比较》(《文教资料》2019年第 17 期)一文指出，就诗词理论批评层面而言，王国维的"境界说"和严羽的"兴趣说"，在强调诗歌创作要以人的内在情感为基础、进行诗歌创作的诗人要有一种独特的才能等方面，存有相通之处。若站在整个人类文化高度看，"境界说"探讨的是带有根本性的问题，是一种思维方式的进步，有着划时代的意义。

胡炜《王国维〈人间词话〉"三境界"说美学内涵表微》(《河北广播电视大学学报》2019 年第 3 期)一文指出，《人间词话》是中国文学批评的经典之作，"三境界"说是其中的核心理论。从中西方会通视角出发可以发现，"三境界"的美学内涵与叔本华美学观、尼采美学观以及中国传统禅道思想存在着密不可分的关系。

魏哲《王国维〈人间词话〉稿本比较研究》(西南民族大学硕士学位论文，2019年 5 月)，一文在既往《人间词话》丰富研究的基础上，以比较思维切入文本研究，以历史文化变迁审视三种稿本的演变，以作者思想历程关照文本底蕴。

于永森《也论王国维〈人间词话〉的终极版本问题：与彭玉平教授商榷》[《聊城大学学报(社会科学版)》2019 年第 3 期]一文指出，《人间词话》在王国维生前有三个版本样态，即"学报本""时报本"和"朴社本"，其中因"朴社本"与"学报本"内容无异，故学界一般以"学报本"为《人间词话》最为经典的版本样态。

(三)王国维的文学、戏曲思想研究

周景耀《在时间之外：王国维论宋诗》[《清华大学学报(哲学社科版)》2019 年第 2 期]一文指出，在王国维有限的关于宋诗的评述中，他对宋诗整体上评价不高，宋诗并不在他设定的文学史谱系之内。

赵树功《王国维古雅论与古代文才思想》(《学术月刊》2019 年第 5 期)一文指出，"古雅"是王国维为裁鉴中国古代所谓"非天才"创作的审美价值创造的概念。

陈鸿祥《王国维之死与〈落花〉诗词之考辨》(《江苏第二师范学院学报》2019 年

第 2 期)一文指出,王国维自沉而引发相关之《落花》诗词,至今犹被热议。然而,经考辨查证,被"判定"为"新发现的王国维的《落花诗》",其真正作者是明代书画家沈周;标有"王国维遗稿"的"王国维《落花词》",实乃无实名可稽之伪作;寻根探源,《落花》非可等同于"绝命",陈寅恪并未创作《落花诗》;对于陈宝琛《落花》二首,王国维"爱"而书之,但绝未"修改润色"。

郑斌《王国维诗作中体现的忠清忠君思想:以〈张小帆中丞索咏南皮张氏二烈女诗〉为中心》(《沧州师范学院学报》2019 年第 2 期)一文指出,王国维既是文学大师,又是"以诗证史""以诗喻史"的史学翘楚。其所作"涉史"之诗,以史为据,引经据典,文笔深奥,有非常鲜明的政治色彩和政治立场。从《张小帆中丞索咏南皮张氏二烈女诗》等诗作中,可见王国维之"忠清忠君"的保守落后思想。

刘颖《王国维诗学中的民间意识》(《古代文学理论研究》辑刊,2019 年卷)一文认为,王国维作为一位处于传统与现代转型时期的学者,其学术特色除了归因于自身的自觉意识,还与其所处时代密切相关。他的诗学观念中对非主流文体的态度、以"真"与"自然"为内核的境界说及"忧世"诗学情怀中都或多或少具有一定的民间意识。

凌晨《王国维艺术直观说的思想渊源辨析》[《阜阳师范学院学报(社会科学版)》2019 年第 3 期]一文指出,现代以来的王国维诗学理论研究,证明了其艺术直观说是中国文学批评里一个新的理论成果。

朱志荣《王国维基于意象的意境理论》(《学术界》2019 年第 7 期)一文指出,王国维的意境是意象的境界,基于意象的感性形态又超越于意象的感性形态,体现了情与景的统一。王国维的意境说乃是一种现代性尝试,是从西学背景出发理解中国古代美学思想的。他试图化合中西,从中西学术之间阐述意境思想,其中有经验,有教训,但把他的意境理论说成是"德国美学的中国变体"则未免失之偏颇。

顾大海《王国维"戏曲意境"说与戏曲舞台表演》(《戏曲艺术》2019 年第 1 期)一文指出,王国维的"戏曲意境"说和他的"境界说"实质上是一脉相承的,集中表现在对"艺术真实"和"自然流露"两个方面的论述。王国维的"戏曲意境"说的这两大特征可以运用到戏曲舞台表演的研究，以挖掘戏曲舞台表演境界的内在规律。

（四）王国维的美学（悲剧美学）思想研究

王庆雷《"古雅"与"意境"：王国维美学要论漫谈》（《艺术评鉴》2019 年第 14 期）一文指出，王国维在《古雅之在美学上之位置》与《人间词话》中提出的"古雅"说与"意境"说，对艺术的形式美与意境论进行了创造性解说。

殷娇《浅析王国维"悲剧三种"理论：试以元杂剧〈窦娥冤〉〈汉宫秋〉〈梧桐雨〉为例》（《戏剧之家》2019 年第 30 期）一文指出，王国维在《〈红楼梦〉评论》中提出了评价小说、戏曲悲剧的全新概念，是中西思想文化融汇的结果，是王国维建立系统的悲剧理论体系之始。

刘强强《意欲本体及美学之思：王国维美学思想对现代性困境的回应》（《社会科学家》2019 年第 8 期）一文指出，王国维意欲本体论的建立，打破了中国传统的天人合一、认识论与价值论统一的形而上学思维模式。

朱宇丹《创造性转化的尝试与思考：王国维西学中用的开创之旅》（《美术大观》2019 年第 6 期）一文指出，王国维的文化知识背景和日本游学经历，使得他成为中国第一位引用西方理论来评介中国古典文学的人，他也是在现代中国最早提出"美育"思想的人。

孟群星《王国维与方东美悲剧观比较》（浙江理工大学硕士学位论文，2019 年 5 月）一文意在比较王国维与方东美的悲剧观及其核心精神，将两人悲剧观的形成原因，及两人对悲剧的本质、悲剧的美感、悲剧的情节、悲剧人物的性格等问题的主要观点，进行分析比较，探索两人悲剧观的主要内涵及核心精神之异同。

李思《论王国维优美壮美说》（《大众文艺》2019 年第 6 期）一文指出，王国维美学理论深受西方美学影响，尤其是康德、叔本华之学说，他的优美壮美理论也受其影响。但梳理其优美壮美理论可以发现他并不只是单纯的借用西方美学思想，而是将西方美学思想与中国传统美学概念象融合，构建起自己独特的美学理论。

李思《王国维优美壮美理论研究》（浙江理工大学硕士学位论文,2019 年 5 月）一文分析了王国维优美壮美理论相对于西方美学理论的继承和改造,讨论了王国维在艺术批评实践中对该理论的运用及其态度上的差异,揭示了王国维优美壮美理论的发展演变过程。

（五）王国维美育教育思想研究

赵秦《席勒与王国维美育思想之比较》（苏州大学硕士学位论文,2019 年 5 月）一文认为,席勒、王国维处在新旧世界变革之交,同时将救国目光放在美育之上,析其究竟,二者心理境遇、学术渊源等方面皆有相合之处,通过分析比较,其美育理论具体内涵中又有所差别。这种异同一方面体现了中西思想交流的可能性,一方面又显示出因各自独立性而保持的本土特色,对当代美育理论的发展与实践产生不同影响。席勒、王国维美育思想形成之源头,是其美育理论比较的思想基石。

胡德海、高闯青《王国维教育思想的当代启示》（《中华读书报》2019 年 8 月 28 日）一文指出,王国维在中国教育学术史上有着十分重要的地位,是中国教育史上第一位尝试在近代心理学、伦理学、美学的基础上,构建中国近代教育理论的开拓者。

（六）王国维的历史学、考古学思想研究

冉魏华《疑古与考古:近现代史学研究范式之转型:以王国维〈殷卜辞中所见先公先王考〉为中心的考察》（《贵州师范学院学报》2019 年第 5 期）一文指出,王国维结合传世文献和新出土的殷商甲骨卜辞考察殷商古史,为重建殷先王世系作出了卓越贡献。王国维对殷商古史的考证、后学对王国维的补充和推进,以及王国维由"二重证明法"转向"二重证据法"的过程,印证了疑古思潮"层累"观念的合理性。王国维主张"古史新证",理性纠偏信古、疑古太过,标志着中国近现代史学研究范式的转型与基本成熟。

伍媛媛《王国维与清代内阁大库档案》（《中国档案》2019 年第 5 期）一文指出,

在历史档案研究方面，王国维对殷墟甲骨、汉晋简牍、敦煌经卷等都曾亲见亲闻，一一考订，并撰写了《殷卜辞中所见先公先王考》《殷卜辞中所见先公先王续考》《殷周制度论》《古史新证》等诸多著作，颇有建树。

（七）王国维的治学方法论研究

杜慧敏《弥缝文哲之际、斡旋中西之间：谈王国维的晚清学术转向》（《东吴学术》2019 年第 5 期）一文指出，青年王国维对晚清中外学术大势有敏锐的预判，以治西方近世哲学开始自己真正的学术道路，就是对时代召唤真诚而有力的回应。在其从哲学到文学的学术转向中，探索中西、文哲间的互证与互化是一以贯之的。而此间培植起来的"无用之用"治学观念，为他在晚清时期的学术抉择破除了桎梏、打开了视野。

朱利民、朱昭、马妍《王国维"通人之学"与"专人之学"的尺短寸长》[《长安大学学报（社会科学版）》2019 年第 6 期]一文指出，王国维凭借厚实的知识贮备，批判地继承西方哲学理论与中国古代哲学思想，在构建中国大文科的学科体系、研究文史哲的学术体系和中国学者的学术话语体系方面做出了全面系统实践，取得重大进展和开创性成果，堪称开一代风气的大学者；王国维以创辟胜解、通方知类的学术思辨，创立二重证据方法，探索出一条由"通人之学"到"专人之学"学问研究蹊径。

（八）王国维的文献著作研究

张民权《王国维〈广韵〉批校与治学精神》（《汉字汉语研究》2019 年第 2 期）一文指出，清代以来学者们非常重视《广韵》的校勘，校本甚多。王国维也曾临录过黄丕烈临摹的段玉裁《广韵》校本，并善于利用《切韵》《唐韵》等新发现的唐写本，比较《切韵》与《广韵》在小韵及韵字上的异同，对《广韵》做了全面校勘，开《广韵》校勘一代新风。

黄仕忠、徐巧越《王国维所编〈罗振玉藏书目录〉原本及罗王互赠藏书考》（《文献》2019 年第 5 期)一文指出,王国维于 1916 年初离开京都回国前,从罗振玉藏书之复本中挑选了部分书籍,并以所藏词曲作为回赠。王氏在 1912 年春曾为罗氏藏书编制目录,《王国维全集》认为日人稻叶岩吉钞本《罗振玉藏书目录》即为其本而予收录。今核其中集部词曲书籍,颇多出自王国维回赠之书,故知此目并非王氏所编定者。稻叶氏钞本系过录本,已失旧貌。今访得其底本犹存于京都大学图书馆,凡七册。其中二册题"宋元本之部"和"钞本之部",应为王国维所编罗氏书目之"善本目录";另五册则为罗氏所藏普通书籍,实据今题"大云精舍藏书目录"的稿本补充修订而成,此稿本才是王国维所编之原目。此本内,经、史两部之复本,多有被涂抹删去痕迹,这些被涂抹者,即是王氏挑选的复本。从所选书籍,亦可印证王国维学术转向情况。

（九）王国维的书法思想研究

王梦笔《王国维印学研究例说》(《中国书法》2019 年第 8 期)一文指出,王国维印学研究的对象主要是封泥印章和古玺印文字。其印学研究的特点,一是以"二重证据法"来进行研究;二是通过研究古玺印文字,来验证历史的真实。总之印学研究是王国维众多研究领域中的一个重要组成部分,应该在对王国维的研究方面给予一定分量的关注。

（十）王国维的比较研究

李明慧《"力"与中国现代艺术美学精神:以王国维、梁启超、鲁迅为例》(《浙江理工大学硕士学位论文,2019 年 5 月)一文认为,19 世纪末 20 世纪初,王国维、梁启超和鲁迅是促成中国传统艺术"力"范畴向现代审美范畴转换的关键人物,他们的思想学说有力地推动了中国艺术美学精神的现代转换,具有很强的代表性。

单世联《红楼三人行:王国维、蔡元培、毛泽东》(《上海文化》2019 年第 2 期)一文指出,在 20 世纪有关《红楼梦》的评论中,王国维、蔡元培、毛泽东的论述始终比较重要。他们均非专业意义上的红学家,但对红学、文学研究以及文化思想影响极大,涉及理论与文本、中国与西方、文学与政治等诸多方面。

刘晓丽、杨雨《镜与灯:本体论视域下王国维与况周颐求"真"词学观比较》[《湘潭大学学报(哲学社会科学版)》2019 年第 6 期]一文指出,王国维与况周颐的词学思想都有共同的词旨——"真",对赤子之心的认可、对女性真实情感的肯定、对艳词的青睐都是以"真"为旨归。然两者对"真"的思考从词学审美理想、创作方法以及情景表达的物我关系等角度来比较,有本质的不同。王国维受庄子和叔本华影响,认为词作之"境界"如镜子,是对审美客体理念以及主体心境与生活意志的再现,是以"小我"之真来追求普世"大我"的善;况周颐则认为"词心"乃向外烛照,注重词人主观情志的抒发,强调由内而外的真情流露,以"性灵"统摄"真""善",通过自我对客观世界的烛照来表现"词心",是传统词学的集大成者。

(十一)王国维的人物交游、生平事迹研究

曹炳生《王国维在一九〇三》(《中国文化》2019 年第 2 期)一文指出,王国维在 1902 年前已经在介绍西方"新学"方面做出了开拓性贡献。清光绪二十八年(1902)十月至二十九年(1903)十二月,王国维应张謇之邀,担任通州民立师范学校教师,协助张謇创办通州师范,是第一位在中国师范学校讲授"伦理""国文典"课程的中国教习。任职通州师范期间,王国维在诗词创作上形成了以寂寞心写哲理诗的个性风格,在翻译、哲学和教育研究上成果丰硕,在近代中国首倡美育和德智体美四育并举的教育主张。总之,在一九〇三年,王国维成了一名教育家、文学家和知名学者。

李勇《先恭而后倨:胡适对待王国维学术的态度转变》(《江海学刊》2019 年第 6 期)一文指出,胡适回国前,王国维在学术上已成果卓著,胡适推崇王国维学术"博而有要",并与王国维联系不断。在 20 世纪 20 年代到 1942 年间,关于词的起源问题胡适与王国维互相商榷;在词的理解上互为轩轾,为争长短胡适有强辩之举;对王国维戏曲之学胡适多有批评,在戴震哲学研究方面又受益而又超越王国维。1942 年后,胡适则极力批评王国维关于《水经注》的论述,驳议王国维关于汉魏的观点。胡适对待王国维的学术先恭而后倨，这是他所奉行的实验主义和作为学术领袖的自尊交互发生作用的结果。

十九、马一浮研究

围绕马一浮研究，2019年学界同仁发表论文近20篇，内容涉及马一浮的六艺论研究、经学、词学、佛学、书法研究、教育思想与复性书院研究、生平逸事及文献整理。

（一）马一浮的六艺论研究

吴光主编《马一浮国学会讲》（浙江大学出版社2019年2月版）一书，收录"浙江大学国际马一浮人文研究中心"自2013年以来举办过的学术讲座讲稿，讲座内容都是关于马一浮学术思想及儒学国学方面的研究，作者有杜维明、刘梦溪、陈来、龚鹏程等知名学者。该书特点有二：第一，相较于同类书籍内容的通俗化、口语化，该书更学术化、高端化，聚集了儒学领域各位大师的思想精华；第二，相较于同类书籍的内容单一，该书除主讲人讲稿外，还附有其与现场观众的优质问答。

徐儒宗《六艺论：马一浮六艺学研究》（浙江大学出版社2019年12月版）一书，主要研究马一浮提出的"六艺论"。认为马一浮在学术上有三大特色：其一，以六艺之教为指导，容纳古今中外一切学术精华以弘扬儒学；其二，不仅以六艺之道为标准评判百家之学的得失，而且也运用百家之学尤其是佛学中符合六艺之道的内容来论证儒学，并随时对违离六艺之道的内容加以批评；其三，马一浮的六艺之学是密切联系人类合理的正常生活而展开的。因此，马一浮先生的新儒学，不仅能自成严密的体系，而且是与人类的日常生活密切联系的开放的、发展的学术体系。

龚鹏程《马一浮对国学的特殊识见》（《中国文化》2019年第2期）一文对马一浮的国学内涵及其学术价值予以论说。

（二）马一浮的经学思想研究

何晓楠《马一浮以"感"为体的诗学思想研究》（河北师范大学硕士学位论文，2019 年 5 月）一文认为，马一浮在传统文论的基础上，提出了"诗以感为体"，其整个诗学思想都围绕"感"展开。而该文则以"感"为切入点，从"感"的内涵、"感"的显现、"感"的教化等方面，运用文本细读、比较分析等方法，分析马一浮的诗学思想并探究其意义。

（三）马一浮的词学、佛学研究

马大勇《"活人剑，涂毒鼓，祖师禅"：论马一浮词》（《古典文学知识》2019 年第 3 期）一文对马一浮的词作进行了深入研究，认为这位儒学大师勾勒出端凝渊博之外的另一重风貌。

韩焕忠《马一浮对儒家经典的华严学解读》（《中国文化》2019 年第 2 期）一文指出，马一浮对华严宗义理造诣深湛，因此他在与门下弟子讲说和讨论儒家经典时，时常运用华严宗的思想方法。马一浮引《华严经》义与儒家经典相互印证之处颇多，但集中体现在 1943 年 12 月他所写的《华严经净行品写本自跋》和《大方广佛华严经普贤行愿品写本自跋》中。马一浮对佛教的一真法界有着深切的体会，他经常运用佛教的一真法界诠释儒家经典中的最高范畴。总之，马一浮运用华严宗的四法界义诠释儒家经典，从而将他主张的儒家之理贯彻到日常事为之中。马一浮有时会运用华严宗的三圣圆融观诠释儒家经典中所说的知（智）行关系，委婉地表达了一种知（智）行合一的思想倾向。马一浮解说儒家经典的功能与作用时，最喜借用华严宗五教的范畴。通过运用华严宗的五教判释之义，马一浮阐明了每一部儒家经典的功能、作用及基本特征，颇多新奇之思及闻所未闻之论，极大地丰富和拓展了人们对儒家经典体系的理解和认识。马一浮将六相圆融义视为准确理解《周易》的思想基础，在解释《论语》时也曾多次运用到总、别一对范畴。通过研究马一浮对儒家经典的华严学解读，既可以增进我们对马一浮之为现代新儒家的理解，又可以提升我们对华严宗义理的把握。

（四）马一浮的书法研究

左楠《马一浮书法予我书法创作之启示》（南京师范大学硕士学位论文,2019年5月）一文认为,马一浮的书法,将章草和汉隶融合起来,自成面貌。在学问方面,儒释道会通一气;在书法方面,儒家气象、道骨仙风,禅心佛理融会一炉。

（五）马一浮教育思想与复性书院研究

文天行《丛林儒院之始与末:马一浮与乐山复性书院》（《国学》辑刊,2019年卷）一文认为,马一浮企图以民间书院形式复兴儒学从而振兴民族自信、自强精神的办学尝试,让人回味与龃嚼,给人留下了无尽的思考。

朱薛友《六艺之教:马一浮与复性书院研究》（浙江大学硕士学位论文,2019年5月）一文通过对复性书院的研究,彰显马一浮"六艺统摄一切学术"国学思想的现实关照与实践路径;考察复性书院的学术反响与得失,进而思考马一浮学术的独特性以及"六艺统摄一切学术"成为典范的可能性,由此揭示近代儒学转型的多元走向,以为当下文明国家探索提供知识参考与思想资源。

（六）马一浮的生平逸事考述

张雨晴《马一浮学术年谱整理(1911—1949)及其儒学践履活动研究》（贵州大学硕士学位论文,2019年5月）一文认为,马一浮为学颇重心性修养之人格教育,不重著述之业,其博大圆融的思想内涵与克己复礼的行为模式,大多借由"抗战"这一契机,走出书斋开国学讲座、任书院主讲等实践活动而得以形诸笔墨。

何俊《马一浮论学书信札记》[《杭州师范大学学报（社会科学版）》2019年第6期]一文根据马一浮致亲戚师友、学生晚辈的书信,采用札记的形式,在品味书信中论述的为学功夫、次第、品节、条目之外,进一步勾勒马一浮切于自身的儒家义理之学,进而深入呈现马一浮思想的发展脉络。

时嘉琪《从"慕西"到"归隐"：论青年马一浮政治姿态的转变及原因》[《首都师范大学学报（社会科学版）》2019 年第 1 期]一文指出，马一浮青年时受到"倡西学"思潮的影响，曾一度倾向于民主革命。然而，自 1904 年末，不仅他的治学兴趣回归旧学，对民主革命也鲜少提及。这种转变的背后，既有彼时各学派人物鼓吹"保存国粹"的思想风潮的影响，也有他研习旧学所得出的救国精要作支撑，更有他个人境遇的原因。

（七）马一浮文献整理的新进展

马一浮《复性书院讲录》（浙江古籍出版社 2019 年 10 月版）一书，系马一浮先生对复性书院学生所讲之全部讲稿，共六卷。卷一主要篇目有《开讲日示诸生》《学规》《读书法》《通治群经必读诸书举要》等篇，是全部讲录的总纲，告诫学者为学的目的、内容、方法和途径。卷二至卷六则对多部儒家经典进行了全面、深入、独到的阐释。

四川大学复性书院编《复性书院丛刊》（广陵书社 2019 年 9 月版），将马一浮复性书院已刻诸书汇为《复性书院丛刊》，影印行世。

马一浮《泰和宜山会语·法数钩玄》（崇文书局 2019 年 9 月版）一书，汇编了马一浮的两部著作。一为《泰和宜山会语》，此为马一浮在抗战时期对浙大师生在江西泰和、广西宜山所作之演讲，乃抢先发售宣讲"六艺论"；一为《法数钩玄》，此书乃其专享佛学专著，是对佛家名相的整理与通释，全书次第分明，引经据典，释义精要。

二十、蒋伯潜研究

蒋伯潜著、乔继堂编《十三经概论》（上海科学技术文献出版社 2019 年 1 月版），是一部介绍论述我国古代十三部儒家经典的入门著作。《十三经概论》一书是在蒋伯潜"经学通论"课讲义的基础上撰写而成，全书对十三经之内容与性质作了周详而通俗的阐述,使读者即使不读原典,亦能提纲挈领,知其梗概,如进而阅读原典,更可收按图索骥之效。

2019 年,学界研究蒋伯潜的论文有 1 篇。

郑东旭《两部〈中学语文教学法〉对比及对教育研究启示》(《文学教育》2019 年第 11 期)一文指出,二十世纪初是语文教学法快速发展时期,阮真和蒋伯潜的同名同类著作《中学国文教学法》是中学国文教学法代表作,具有很大研究价值,通过对两本著作进行对比,分析出具有经典价值的教育理论和教育方法,以及找出经久不衰的教育理念在当代语文教育改革热点"核心素养"中的体现以及对教育研究的启示。

二十一、宋慈抱研究

2019 年,未见研究宋慈抱的论文。

通观上述近现代浙江历史上思想家的最新研究动态,可知他们大多人生阅历丰富,且著作等身,思想深邃,成为中国近代思想学术的重要组成部分。孙衣言、孙锵鸣、孙诒让、黄体芳、黄绍箕、陈虬、宋恕、陈黻宸系温州人,他们作为"近代温州知识群体"在思考传统学术走向的同时,也以实际行动重构近代版"永嘉学派"。随着俞樾、章太炎、蔡元培、王国维、马一浮等学术大家"全集"的整理出版,学界对他们博大精深的学术思想展开了深度研究,也取得了相当丰硕的研究成果。

第八章　现当代浙学研究

　　现当代的"浙学"研究，主要集中在历史、哲学这两大学科门类中，而一大批浙江籍的历史学家（诸如陈黻宸、何炳松、范文澜、周予同、黄云眉、吴晗）、哲学与哲学史家（诸如林损、范寿康、张东荪、金岳霖、冯契）通过著书立说的方式，在建构"新史学""马克思主义史学""中国哲学史"学科的过程中，也在自觉传承着传统"浙学"中"尊经重史""史学经世""学以致用"的优良学统与方法论，在一定意义上促成并推动了学科化的浙江思想学术的研究。这为"浙学"学科化的现代发展，也提供了宝贵的借鉴意义。

　　特别需要说明的是，除去历史学家、哲学与哲学史家，现当代浙江籍的文学家、政治家、教育家、法学家、经济学家、人类学家也是灿若星河、大家辈出，诸如鲁迅、朱自清、茅盾、巴金、徐志摩、周作人、艾青、梁实秋、郁达夫、夏衍、马寅初、蒋梦麟、丰子恺、沈尹默、沈钧儒、沈兼士、夏丏尊、张元济、张宗祥、蒋介石、钱玄同、戴季陶、戴望舒、柔石、俞平伯、吴世昌、南怀瑾、金庸、冯骥才、余秋雨等，如以"大浙学"的内涵与外延界定之，他们当然属于"广义上的浙学家"；但是本报告限于体量，2019年学界同仁围绕他们而展开的学术研究成果，暂不在本报告关注的范围内。

第一节　现当代浙江籍的史学家研究

现当代中国史学界，活跃着一大批浙江籍的历史学家，像陈黻宸（严格意义上说，陈黻宸系近代历史人物）、何炳松、范文澜、周予同、黄云眉、吴晗，他们为中国历史学科的建设与历史教育的开展作出了巨大的贡献。这里，对 2019 年学界同仁围绕他们的史学理论与学术贡献而展开的研究予以梳理。

一、陈黻宸研究

2019 年，未见研究陈黻宸的论文，但是有两篇论文涉及陈黼宸在清末京师大学堂的"中国史讲义"。

夏晓钒《清末京师大学堂中国史讲义研究》（四川师范大学硕士学位论文，2019 年 5 月）一文认为，王舟瑶和陈黻宸的讲义，将历史书写之范围加以扩展，突破了传统史学囿于"帝王史"和"政治史"的局限，把叙述的重心放在了"学术史"上。

刘开军《君史与民史的变调：以京师大学堂中国史讲义为例》（《历史教学问题》2019 年第 5 期）一文指出，陈黻宸在京师大学堂的"中国史讲义"强调人类历史发展的公理与公例，专门讨论"社会之原理"，是对"君史"的一种对抗。

二、何炳松研究

何炳松《欧洲历史》（天津人民出版社 2019 年 10 月版）一书，以美国名史家鲁滨孙（James Harvey Robinson）与比尔德（Charles A. Beard）的经典著述为蓝本，融合中西史学理论，经过精心的剪裁与编排，呈现十七世纪初至二十世纪初欧洲社会、经济、文化等各方面的发展面貌，挖掘欧洲历史进化之陈迹，洞悉过去、现在、未来之联系，以达博古通今之目的。

何炳松《世界简史》（天津人民出版社 2019 年 10 月版）一书，上卷以亚洲为起点，叙述从世界文化的起源至欧洲的兴起的历史事实，中间还穿插了东方文化的发展及其对欧洲的影响；下卷从世界列强的形成和殖民事业的发展讲起，系统阐述了欧洲列强如何主导近代世界史的进程。

张天明《何炳松历史教育思想研究》（商务印书馆 2019 年 1 月版）一书，深入研究了民国时期史学家和历史教育家何炳松，在长期的理论研究和实践探索中形成的较为丰富的历史教育思想。

2019 年，研究何炳松的论文有 3 篇，主要涉及他的史学思想。

杨言《翻译批评的名与实：李惟果评何炳松译〈新史学〉》（《新经济》2019 年第 6 期）一文指出，李惟果以鲁滨孙"嫡系"的身份来批判"学界泰斗"何炳松《新史学》译著。李惟果借批评《新史学》译著之名，实质是批评、挑战学界"泰斗"。

崔鲁威、王立敏《李大钊与何炳松史学思想比较研究》（《唐山学院学报》2019 年第 4 期）一文指出，李大钊与何炳松都是 20 世纪上半期颇有影响的史学家，在推动中国史学的现代化方面发挥了重大作用。李大钊比较系统地引进了马克思主义基本原理，并将其作为分析历史问题的重要方法，推动了唯物史观在中国的发展，由此，马克思主义史学在中国蓬勃兴起。何炳松注重翻译"新史学学派"的著作，独树一帜地开启了以鲁滨逊为代表的"新史学学派"在中国的传播。

曹杰《试论何炳松"活现过去"历史教学思想的内涵与当代价值》（《鄂州大学学报》2019 年第 5 期）一文，阐述了何炳松立足历史教育的"证据意识"，旨在培养学生主动学习的能力，将"活现过去"视为教授历史"根本上最重要的一点"，并对"如何活现过去"进行了较为深刻的探讨。

三、范文澜研究

2019 年，学界同仁围绕范文澜史学而撰写的论文主要有 3 篇。

王云燕《试论范文澜对赵翼史学成果的承袭》（《文化创新比较研究》2019 年第

13 期）一文指出，范文澜十分推重清代乾嘉学人赵翼的史学成果，他在撰著《正史考略》和《中国通史简编》时都从赵翼的史学代表作《廿二史札记》中汲取史料和观点。由于两书内容的差异，在参考赵书时又各有所偏。《正史考略》主要侧重对《廿二史札记》中史法部分的承袭，《中国通史简编》则偏向对史事部分的借鉴。范文澜对赵翼史学成果的承袭为探究传统史学的近代传承提供了典型例证，厘清两者的学术关联，有利于辨明传统史学与近代史学的内在联系，加深对各自史学价值的理解。

叶毅均《走向革命：1920 年代范文澜急遽政治化的历程》［《中山大学学报（社会科学版）》2019 年第 3 期］一文指出，范文澜一生加入过两次中国共产党。第一次是在他任教南开大学时期，缘于"五卅惨案"之外部刺激，不久后即失去组织联系。第二次则是于抗战爆发后的 1939 年，此后至死不渝。但范文澜在其学术研究中具体运用马克思主义以进行撰述，毕竟迟至 1940 年代以后，与其政治上之"前进"有着不小的落差，这当然与其人认识学习马列主义的渐进过程有关。作为"马克思主义者"的范文澜与成为"马克思主义史学家"的范文澜，两者实际上并不同步。

荆玉迪、孙守朋、单啸宇《从蒋范之争看 20 世纪中国近代史书写》（《吉林广播电视大学学报》2019 年第 8 期）一文指出，蒋廷黻和范文澜分别于 20 世纪 30 年代和 40 年代末期完成了各自的代表作——《中国近代史》。尽管书名相同，但他们看待问题的视角和写作的风格确是泾渭分明，甚至尖锐对立。前者开辟了近代史书写的"现代化范式"，而后者创造了"革命范式"的叙事方式，两种范式继承了梁启超的宏大叙事观念并在民国时期形成了激烈的争论。这场争论在新中国成立之后依然延续，并一直持续到 20 世纪末期，揭示 20 世纪中国近代史不同阶段的书写历程，可以反映整个 20 世纪近代史研究的学术脉络。

四、周予同研究

2019 年,研究周予同的论文有 1 篇。

吴剑青《民国时期周予同经学史研究》(湖南师范大学硕士学位论文,2019 年 5 月)一文认为,周予同是中国经学史学科的缔造者,他在五四运动后投身于经学史研究,著述颇丰。其《皮锡瑞〈经学历史〉注》《经今古文学》等著作都是中国经学史的必读书目,也是近代经学史研究的滥觞之作,对于民国时期的经学史、学术史研究乃至现代学术都有着非凡的开拓与奠基意义。考察民国时期周予同经学史研究,既是对周予同研究的进一步挖掘,又是对于经学史研究的一次追根溯源,更是对于现代经学复兴等一系列传统问题的及时反思。

五、黄云眉研究

黄云眉《古今伪书考补证》(商务印书馆 2019 年 4 月版),作为《黄云眉著作集》一种出版。《古今伪书考》是清代学者姚际恒辨证伪书的著作,《古今伪书考补正》是黄云眉对此书作辨伪、考订和补证,使其发挥更大的作用。

六、吴晗研究

2019 年,不见有研究吴晗的论文发表。

第二节　现当代浙江籍的哲学家研究

在现当代哲学界有一大批浙江籍的哲学(史)家,主要通过著书立说的方式,推动了"哲学"(中国哲学、美学、逻辑学)从传统学术(经学、理学、儒学、玄学)中的剥离与重构工作,还有对西方哲学、马克思主义哲学的研究阐释与创新发展。而这其中的佼佼者有陈黻宸(详见上文)、林损、张东荪、范寿康、金岳霖、冯契等。

一、林损研究

2019 年,未见有研究林损的论著。

二、张东荪研究

2019 年,学界关于张东荪研究的论文有 4 篇。

周月峰《五四运动与张东荪"总解决"方案的形成》[《华中师范大学学报(人文社会科学版)》2019 年第 1 期]一文指出,随着"五四"学生运动的爆发,在观察、参与、指导运动的过程中,张东荪形成一套以阶级竞争推翻中国现状的"总解决"方案,从改良走向革命。这意味着他从寄希望于青年,转变为依靠学界、工界、农界等平民阶级,同时从青年结合转变为阶级内部的结合与阶级之间的联合。在这一方案中,"各自革命"成为"总解决"之前的预备。

周月峰《"革命"的文化运动:"五四"后张东荪的新文化方案》(《天津社会科学》2019 年第 3 期)一文指出,张东荪是"五四"新文化运动中的重要人物,曾提出过一个相对独特而有统系的文化运动方案,影响甚大。"五四"学生运动之后,他将文化运动视为解决中国问题即"总解决"的第一步,作为其言论、事业之核心。张东荪的新文化方案具有革命的倾向却又只是"浑朴的趋向",与《新青年》派、梁启超等人及革命党人的新文化主张均有不同。

周骁男《张东荪中国传统思想研究的独特视角与方法》(《现代交际》2019 年第 16 期)一文指出,张东荪以"中西之别"为研究路径,从"本末"与西方"本质"的概念比较出发,深刻阐释了中国传统思想的特质:以整体主义为基本构成,以天人关系为核心指向,强调维护天子的至上地位,注重维护等级秩序,缺乏个体哲学和契约精神。

周骁男《张东荪与张君劢分手原因探寻》（《现代交际》2019 年第 22 期）一文指出，张东荪与张君劢饱读诗书又沐浴欧风美雨，在寻求独立富强之路的旅途中，先试图以西方文明改造中华传统文化，进而转向改造旧中国的政治制度。张君劢走上了一条改良之路，企图在伪法统的框内实现宪法政治，最终流亡海外。张东荪最初期望以对抗建立自由、实现自由，在险恶的现实面前逐渐放弃了改良主张，拥护革命，投向人民怀抱。

三、范寿康研究

2019 年，研究范寿康的论文有 1 篇。

潘佳蕊《范寿康美育思想研究》（河北大学硕士学位论文，2019 年 5 月）一文认为，范寿康在继承孔子思想的"仁""礼"观念、佛道思想的"无我"观念，吸收康德审美哲学的审美非利害性、立普斯的移情说以及柏格森的生命哲学理论的基础上，形成了以情感陶冶为核心、美育独立为原则、塑造"理想的人"为目的的生命美育观，形成了以"情智合一"为原则、以艺术教育为主要手段的美育方法论。范寿康认为，美的唯一所在是艺术，自然是艺术的材料，这奠定了艺术教育在美育实施中的地位，而戏剧作为一项综合的艺术形式，对人身心全面发展具有重要的作用。

四、金岳霖研究

2019 年，学界同仁围绕金岳霖的哲学思想发表论文多篇。

安谧《逻辑分析与中国哲学的现代开展：金岳霖的经验》（《社会科学家》2019 年第 3 期）一文考察了金岳霖如何接受、推进罗素的逻辑分析方法并加以反转式运用，构建一种道论新形上学，而此种新形而上学如何能够应对反形而上学的诸多诘难。

陈鑫《金岳霖、冯友兰"无极而太极"思想比较研究》(黑龙江大学硕士学位论文,2019年5月)一文通过对金岳霖、冯友兰"无极而太极"思想运用比较研究方法进行多维度透视,试图从理智分析的角度出发,论述金岳霖、冯友兰"无极而太极"思想并比较他们思想之间的差异性。

孙冰冰《概念的诗:金岳霖形上体系中的逻辑与审美之维》(中国艺术研究院硕士学位论文,2019年5月)一文从逻辑与审美互渗相生的维度切入金岳霖的道形而上学,在"惑起→建基→思致→遇合"的论述结构中探究道形而上学作为"概念的诗"的理知之美与超越之美。

黄朝阳《从金岳霖的观点看矛盾律争鸣》(《学术研究》2019年第5期)一文指出,金岳霖从唯物辩证法的立场出发,认为矛盾律和同一律、排中律一样,反映着"客观事物的确实性只有一个"。从他的观点看,同一主体陈述了一对矛盾命题,违背矛盾律,导致逻辑矛盾;两个主体陈述了一对矛盾命题,也违背矛盾律,也造成逻辑矛盾。因此,逻辑矛盾的产生与否与思维主体的多寡并无关系。

焦卫华《金岳霖与维特根斯坦:形而上学批判与未来哲学》[《信阳师范学院学报(哲学社会科学版)》2019年第6期]一文指出,金岳霖批判西方的认识论和形而上学,但仍然以西方哲学的概念体系构建新的中国哲学。鉴于西方语言与形而上学之间的深层关联,他建构的中国哲学必然会被打上西方形而上学的烙印。

五、冯契研究

2019年,学界关于冯契智慧说及其哲学思想研究的论文有十余篇。

黄前程《追寻形上智慧的"史""思"之合:冯契"智慧说"的体系及其形成再认识》[《长沙理工大学学报(社会科学版)》2019年第2期]一文指出,冯契"智慧说"的形成应从形而上学重建的视域考察其逻辑理路。在形而上学重建的视域中,冯契"智慧说"是一个以追寻形上智慧为旨向的、"史""思"结合的严整体系。对于这个体系,形上智慧的追寻是灵魂,"智慧说"就是通达形上智慧的道路,而中国哲学史研究又是"智慧说"的基石。

李瑶《冯契的智慧说探析》（武汉大学硕士学位论文，2019 年 5 月）一文认为，冯契作为中西会通的哲学家，对哲学的诸多领域都有着重要贡献。智慧说就是他理论创新的重要成果，冯契通过对智慧说哲学体系的建构，试图解决中、西哲学中知识与智慧，科学与人文的对立。冯契的智慧说不仅将"智慧"作为认识论追求的重要目标，主张实现知识与智慧的统一，还通过对辩证逻辑的提倡将认识理论转化为一般的方法论，把对自由、真、善、美等具体价值的阐释纳入到认识论之中，从而实现了认识论、辩证法、价值论的有机统一。

张灵馨《论冯契对孔子哲学的创造性阐发》（《学术交流》2019 年第 5 期）一文指出，冯契将孔子的哲学概括为"仁智统一的新学说"，"仁"与"知"的统一，既是认识论和伦理学的统一，也是孔子要培养的理想人格。

晋荣东《冯契未刊〈辩证唯物主义讲授记录稿〉的考辨与解读》[《华东师范大学学报（哲学社科版）》2019 年第 3 期]一文指出，《辩证唯物主义讲授记录稿》是冯契1956 年 2 月至 1957 年 5 月在华东师范大学的讲课记录，迄今尚未全文收入《冯契文集》（增订版）。相较于同期影响较大的斯大林、艾思奇等版本的辩证唯物主义体系，《记录稿》无论是在会通融合马克思主义哲学、中国哲学与西方哲学方面还是在辩证唯物主义具体原理的阐述方面，都极具个性特色与创新意义，堪称冯契推进马克思主义哲学中国化的第一个系统化成果。

杨国荣《"四重"之界与"两重"世界：由冯契先生"四重"之界说引发的思考》[《华东师范大学学报（哲学社会科学版）》2019 年第 3 期]一文指出，以本然界、事实界、可能界、价值界为基本范畴，冯契先生展开了关于本体论问题的思考，这一考察进路体现了本体论、认识论、价值论的统一。然而，在本然界、事实界、可能界、价值界的表述中，事实界和价值界被分别列为不同之"界"，从逻辑上说，"界"表征着本体论上的存在形态或存在境域，与之相应，把事实界、可能界、价值界等存在形态理解为不同的存在之"界"，至少在逻辑上隐含着将其分离的可能。相对于"本然界""事实界""可能界""价值界"等"四重"之界的并立，本然世界和现实世界这"两重"世界的互动,体现了另一种形上视域。在"两重"世界中,一方面可以注意到不同存在形态在本体论层面的分别,另一方面也不难看到现实世界的综合性以及不同存在规定的相关性。与"四重"之界说相关的,是对事实本身的理解。历史地看,从罗素、金岳霖到哈贝马斯,对事实的理解,整体上侧重于认识论之域,与之相异,冯契先生同时肯定"事实"包含认识论与本体论二重内涵,这一看法以说明世界和变革世界的关联为其前提。从形上之维看,这种关联同时构成了本然世界向现实世界转化的前提,就此而言,对事实的以上理解在逻辑上也蕴含了承诺"两重"世界的内在趋向,后者对"四重"之界内含的问题,也从一个方面作了某种限定。

王龙《论冯契的心性论思想》(《镇江高专学报》2019 年第 3 期)一文指出,冯契细致考察了中国传统心性论思想。冯契认为,"心"指心灵,即人作为精神主体的自我;"性"指人的本性、本质,包括天性和德性,人性是由天性发展为德性再复归自然,天性与德性融为一体的过程,心灵在一定程度上促进德性全面发展,劳动实践起连接心与性的桥梁作用。

刘翔《取判、借用与融会:试论冯契中国佛学研究思想》(《晋中学院学报》2019 年第 5 期)一文指出,冯契的中国佛学研究是其哲学理论体系的一部分,或隐或显地反映在其哲学史研究和"智慧说"体系当中。冯契将中国佛学作为其理论的资源,立足哲学史和比较哲学视域,取其理论的精华,做出客观的评判,并借用若干佛学的概念,融会于其的"智慧"学说当中,创造性地给予自己的解释。对佛学思想的判释和融贯,体现了冯契"会通中西"的哲学态度,也展示了其自成一格的哲学创造,为中国哲学研究提供了丰富的启示。

李润洲《转识成智:何以及如何可能:基于冯契智慧说的回答》[《山西大学学报(哲学社会科学版)》2019 年第 6 期]一文指出,哲学是爱智慧之学,作为哲学家,冯契从广义认识论的视角,系统、详细地探讨了智慧问题,创建了具有中国特色的智慧说。从冯契的智慧说来看,转识成智何以可能就在于知识向智慧的飞跃,而转识成智如何可能则在于理性的直觉、辩证的综合与德性的自证。因此,建构智慧教育、实现转识成智应增强理性直觉的培育意识,展示辩证综合的认识过程,涵养德性自证的自由人格。

张杰克《"通过"与"超过"：再论冯契中国近代哲学史书写范式》（《思想与文化》辑刊，2019 年卷）一文认为，冯契中国近代哲学史的书写范式内在关涉双重维度："书写什么"与"如何书写"。就"书写什么"而言，具体展开为三重视域：一、"革命进程"的视域；二、"古今""中西"哲学之争的视域；三、将中国近代哲学纳入世界哲学的视域。就"如何书写"而论，冯契中国近代哲学史彰显为"批判的观念史"的致思进路。作为第一本中国近代哲学史专著，《中国近代哲学的革命进程》不仅具有中国哲学和中国文化自信意识，而且也为"中国道路"的探索指明了方向。

宋雨禾《冯契的理想人格学说探析》（武汉大学硕士学位论文，2019 年 5 月）一文认为，面对近现代中国的复杂局面，冯契站在马克思主义哲学的立场上回应了中国哲学中的理想人格问题，阐发了独具特色的理想人格学说，提出了"平民化的自由人格"这一理想人格模式。"平民化的自由人格"具有两个特征：一是强调"平民化"，二是强调"自由"。在如何培养"平民化的自由人格"的问题上，冯契提出了"化理论为德性"的总原则和三条具体的教育途径：实践和教育相结合；世界观的培养和智育、德育、美育的统一；集体帮助和个人主观努力相结合。

六、王蘧常研究

2019 年，研究王蘧常的论文有两篇：刘东霞的《后王妙墨继前王云壑当胸万卷藏：从王蘧常书法谈当代书法创新思路》（《大众文艺》2019 年第 9 期）、吴晓明的《论王蘧常先生的书法艺术》（《文汇报》2019 年 6 月 28 日）。

本章行文至此，我们可以清楚地了解到，随着传统学术的现代转型，传统"浙学"的主体即历史上的"浙东学派"已经衍变成为一种现代学科研究范式下的研究对象。现当代浙江籍的历史学家、哲学家、哲学史家，一方面自觉促成了传统浙学中的"经史之学"向哲学（伦理学）、史学（经学史）的转型；另一方面也立足传统学术(包括传统浙学)回应时代问题,在自觉传承传统浙学"尊经重史""经世致用"优良学统的同时,主动吸收"西学新知",尝试建构有中国特色、中国风格、中国气派的哲学社会科学体系。这也启示我们,在当下要以更广阔的学术视野、更多元的学术方法来研究、传承、弘扬"浙学",在努力实现"浙学"学科化建构的过程中,自觉完成对传统浙学的"创造性转化和创新性发展",以"浙江学术、浙江学者、浙江实践"为切入点,力争实现当代学林之"浙派"的重构与重建。

第九章　浙江宗教研究

依照"大浙学"的内涵与外延,"浙江的佛学、道学"也属于"浙学"的关注领域。本章主要围绕浙江佛道二教的传播发展史,及历史上在两浙大地有弘法、传道活动的高僧、高道的最新研究动态予以述要。

第一节　浙江佛教史与浙江历代高僧综合研究

2019年的浙江佛教研究,主要围绕浙江佛教寺庙,吴越国佛教文化,天台宗及其高僧智𫖮、灌顶、湛然、知礼、遵式传灯、智旭(蕅益)、谛闲,傅大士与寒山、拾得"和合二圣",禅宗及其高僧永嘉玄觉、南阳慧忠、洞山良价、云门文偃、法眼文益、永明延寿、大慧宗杲、宏智正觉、高峰原妙、中峰明本、楚石梵琦、密云圆悟、玉林通琇、寄禅法师、太虚大师,净土宗及其高僧少康、延寿、省常、祩宏、行策、实贤、印光等主题而展开,并取得了不少研究成果。

(一)浙江佛教寺庙研究

2019年8月29日,"南宋时期杭州径山禅寺对佛教中国化的贡献座谈会"在浙江省杭州市余杭区径山禅寺举行。座谈会围绕"五山十刹的设立与杭州在南宋时期佛教中心地位的确立""由大慧宗杲的'菩提心即忠义心'解析南宋禅宗的护国思想""径山禅宗及与大慧宗杲禅师对佛教中国化的影响""汇通与融合：佛教中国化博物馆的策展与可行规划"等四个议题展开。

王歆《杭州山寺与泉溪的关系研究》（东南大学博士学位论文，2019 年 5 月）一文认为，古代杭州郊居山寺的营建，常常表现出与泉溪结合的特色。杭州最负盛名的灵隐寺临冷泉溪而建，溪水与道路相伴，如桃花源一般，引导市井中人由东晋的钱塘县治进入幽静的山寺。唐代以后陆续建立的虎跑、龙井、理安诸寺，都是以泉著名，在泉旁建寺，泉的名称和文化意义也随之建立。这些泉溪不仅为山寺提供自然建设条件，本身也在营建过程中不断被改造，成为山寺营建的一个重要组成部分。

郑黛丹《杭州西湖山区佛教文化遗产特征及保护与开发策略研究：以玉皇山·凤凰山佛教文化旅游路线规划为例》（北京林业大学硕士学位论文，2019 年 5 月）一文以西湖山区为地域范畴，从其佛教文化历史背景出发，对相关古籍、图册进行整理，梳理西湖山区佛教发展历程，并将其分为初现、兴盛、鼎盛、衰退四大重要时期，进而研究其源流始末。

（二）吴越国佛教文化综合研究

方炳星《十世纪的东亚佛教交流：以吴越国为中心》（山东大学硕士学位论文，2019 年 5 月）一文认为，10 世纪，经历了会昌法难和唐末五代战乱的中国佛教由极盛跌至低谷，而地处东部沿海的"东南佛国"吴越国佛教文化发达，且坐拥与东部海外国家往来的地利，在这一时期的东亚佛教交流中扮演着重要角色。钱弘俶所造金属阿育王小塔的输出为日本和高丽佛教增添了新的内容，日本和高丽传回的天台教典则为中国佛教带来了复兴的希望，高丽送书使者谛观在华所作的《天台四教仪》更是东亚佛教交流的重要成果。这一系列佛教交流事件，都对东亚佛教的发展产生了深远影响。

赖天兵《吴越国石刻佛教造像的造型及组合》（《石窟寺研究》辑刊，2019 年卷）一文较为系统地分析了十世纪东南吴越国石刻佛教造像的造型及其尊像组合，归纳造像特征，指出五代宋初的吴越国首府杭州流行着一种富有地域、时代性的佛教造像样式（"杭州样式"）。

赖天兵《杭州九曜山窟龛造像调查》（《文博》2019 年第 3 期）一文指出，九曜山造像位于杭州市西湖南山山区，为新发现的一处佛教摩崖窟龛，存石灰岩洞窟 1 所，像龛 3 个，造像凡 11 尊。1、2 号造像龛年代为五代吴越国，3 号龛年代为此后的北宋。洞北山崖存香严寺和永庆寺山地之间分界摩崖，洞内的石刻佛经残文是东南地区目前已知唯一的洞窟刻经。该遗存为研究东南地区佛教物质文化提供了新资料，对完善五代吴越国佛教造像的谱系亦颇有裨益。

黎毓馨《五代宋初吴越国时期佛教金铜造像概述》（《东方博物》辑刊，2019 年卷）一文阐述了五代宋初吴越国钱俶时期（948—978）以两浙为中心铸造金铜造像的盛况。

（三）天台宗及其高僧智顗、灌顶、湛然、知礼、遵式传灯、智旭（蕅益）、谛闲的研究

2019 年 11 月 9 日，"第三届天台佛教学术研讨会"在宁波七塔禅寺开幕。2019 年恭逢北宋天台宗山家派高僧遵式大师诞辰 1055 周年，本届研讨会以"慈云遵式与宋代天台佛教"为主题，40 余位专家学者共聚甬城，围绕遵式大师的天台佛教思想和实践理论展开了深入探讨。

释心悟《天台宗的创立初探》（《法音》2019 年第 12 期）一文以魏晋南北朝佛教为背景，以智者大师人格魅力、弘法使命与担当为线索，从宗派定义、社会背景、王权护持、思潮铺垫，以及僧团管理、禅学创新等角度考察了天台宗的创立经过。

张雪松《圆融的净土：从天台思想对净土宗教义体系的影响谈起》（《法音》2019 年第 1 期）一文指出，唐代禅宗对净土信仰多有批评，到宋代，禅宗与天台宗最为兴盛，禅宗多引用华严教理，而天台则与净土关系日益密切，四明知礼、慈云遵式等宋代天台宗重要代表人物，都曾组织念佛会。宋代净土社多与天台宗僧人有关，天台宗和净土莲社在宋代有着密切的关系。元代流行白莲教，其创始人南宋茅子元也

是天台宗僧人。乃至近代,净土宗第十三代祖师印光,也与谛闲、倓虚等近代天台宗领袖保持了密切的关系。从古至今,净土与天台宗关系良好,这并非偶然的现象,净土思想体系的理论化,受到天台宗思想的深刻影响。

彭瑞花《论天台宗与菩萨戒》(《世界宗教文化》2019 年第 1 期)一文指出,菩萨戒的广泛流传与天台宗的弘扬关系密切,天台宗祖师通过撰写菩萨戒著述、完善菩萨戒仪、担任菩萨戒师、广传菩萨戒等方式弘扬菩萨戒。天台智顗从一心三观出发,以持戒为止观初缘,提出观心持戒理念,强调空观持戒、假观持戒、中观持戒,成为天台宗弘扬菩萨戒的思想根源。受其影响,菩萨戒得到广泛认可和弘传,成为与传统小乘戒律并行流传的戒律体系。鉴真东渡将菩萨戒正式传入日本,日僧最澄在比叡山进行戒律改革,使菩萨戒最终成为日本佛教戒律的主体,影响深远。

郦卡、陈楚文、刘琪琪《天台宗影响下的中国国清寺和日本延历寺历史变迁与景观特征之异同》(《中国园林》2019 年第 3 期)一文指出,天台宗作为佛教中国化的第一个宗派,对中日佛教的发展起着关键作用。中国天台山的国清寺和日本比叡山的延历寺正是在其思想影响下建成的,由于起始于同一思想宗派,因此在漫长的历史变迁中,两者既存在联系,又有所区别。

菅野博史、张文良《关于中国天台宗〈观音经〉的注释》(《敦煌研究》2019 年第 2 期)一文考察了中国天台宗关于《观音经》(《法华经·观世音菩萨普门品》)的注释书《观音玄义》《观音义疏》《法华文句》之《观音品》注的内容,对佐藤哲英、平井俊荣所说的吉藏说的影响问题、注释书的成立问题、各注释书的构成与内容做了简单介绍。

户崎哲彦《唐代台州刺史陆淳与日僧最澄:唐诗在日本》(《台州学院学报》2019 年第 2 期)一文指出,日本延历二十一年(唐贞元二十一年,805)八月,最澄大师入唐求法,在浙江台州研修佛学。大师次年三月离台时,台州官员士僧作诗赠别。这些诗歌以《台州相送诗》为题收入《显戒论缘起》上卷,在《天台霞标》中又题作《天台师友相送诗集》。唐人集体作送别诗,并作序结集而赠,这一送别赠诗之礼行于官僧之间,是儒释交流形态之一;又行于与日本官僧之间,也是日中文化交流形态之一。

龚凯歌《日本天台入宋僧寂照与成寻的比较研究》（郑州大学硕士学位论文，2019 年 5 月）一文认为，在入宋巡礼的日本天台宗僧侣中，最引人注目的当属寂照与成寻二人。入宋僧寂照的相关记载散见于诸史料，而成寻的相关史料则以《参天台五台山记》为代表，一直以来都是入宋僧成寻研究的重要参考。

崔韩颖、孙钰捷《宗派意识与天台宗"性具善恶"之诠释》（《理论月刊》2019 年第 5 期）一文指出，天台宗法师对"性具善恶"的诠释各有侧重，这与其宗派意识直接相关。天台宗对"性具善恶"的诠释有三个特点：本体化的构建、极端化与纠偏、新经论的引述。

孙硕《论智旭地藏忏法的天台特色》（吉首大学硕士学位论文，2019 年 5 月）一文认为，智旭是明末四大高僧之一，他的思想特别倾向于天台宗，被追认为天台宗第三十一世祖，其两部地藏忏法也具有浓厚的天台特色。

严耀中《述论辽宋时期〈法华经〉及天台教义在北方的流传》（《中原文化研究》2019 年第 3 期）一文指出，在官方的试经制度中，《法华经》是宋、金等朝代必试之经，同时天台的"判教"提出最早，系统性也最强，这为它和其他各宗的契合，创造了思想条件；天台倡导的多种忏法在北方佛教里也十分流行，各地寺院罕有不行忏法的。

苏畅《论天台宗的"两重能所"》（《台州学院学报》2019 年第 4 期）一文指出，"两重能所"是天台宗止观学说的重要组成部分。从教义上讲，它是知礼在不脱离本宗传统前提下总结出的"新教法"，对理解天台教学演进十分关键；从教史上讲，其又是山家派批判山外思想的有力工具，对探讨宋代天台宗思想分流与融合极为重要。

周琪《天台宗佛教音乐探析》（《黄河之声》2019 年第 16 期）一文指出，天台宗是我国第一个将音乐融入佛教仪轨中的佛教宗派，佛经思想的传播和发展离不开佛教音乐的影响。天台宗佛教音乐在我国佛教音乐发展史上具有重要的意义。

释可祥《广智尚贤的天台佛学思想初探》（《法音》2019 年第 11 期）一文指出，

宁波四明人广智尚贤(生卒年不详),是知礼(960—1028)门下三家之首,在天台宗发展史上具有重要的地位。在知礼圆寂后不久的宋仁宗天圣六年(1028),他继席延庆道场,统领教团,道化盛行于缁素,成为一代教门领袖。自住持延庆寺之后,既踵祖武,又昭来许,辅翼师说,为光大师门作出了重要贡献。

张雪松《试论天台宗对道教"内丹"兴起的潜在影响》(《中国佛学》辑刊,2019年卷)一文对六朝道性学说的产生和演变进行了探讨,并从"三一论"的角度对六朝道教中精、气、神的问题进行了探讨。认为天台智顗提倡中假空三谛圆融,与道教"三一圆者"的论述方式,颇有异曲同工之妙。道性、精气神三一学说,都为日后道教内丹的兴起奠定了重要的理论基础。

释悟灯《天台教法在日本的成立与展开》(《法音》2019年第12期)一文指出,天台教法初传日本始于道璿律师,始传天台教典为鉴真和尚,大力弘扬天台教法者为鉴真和尚之弟子法进。然而,日本最澄继承道璿和鉴真和尚之法脉,并入唐至浙江天台山亲承天台之教法。最澄回日本后,在比叡山创立大乘菩萨戒坛,弘扬天台法华的一乘教法,开创了日本天台宗。

徐爽《天台礼忏仪"十科行法"研究》[《浙江理工大学学报(社会科学版)》2019年第1期]一文指出,礼忏仪是佛教仪轨行事的一类,主要是以智顗创制的"十科行法"为正修行方法的组织程序。"十科行法"的建立和流行,对礼忏仪乃至整个佛教仪轨的架构分科都产生了深远的影响。

李四龙《天台智者疾病观与佛道交融》[《北京大学学报(哲学社会科学版)》2019年第2期]一文指出,智顗创立天台宗教义,常借治病讲述他的止观禅修体系。《摩诃止观》《次第禅门》和《童蒙止观》讨论治病的部分,集中体现了智顗的疾病观,反映出当时佛教与道教、印度医学与中国医学交融的历史图景。

夏德美《智顗〈菩萨戒义疏〉与法藏〈梵网经菩萨戒本疏〉比较研究》(《宗教学研究》2019年第2期)一文指出,《梵网经》菩萨戒在汉传佛教史上影响深远,为之注疏的高僧大德代不乏人。天台智顗《菩萨戒义疏》和华严法藏《梵网经菩萨戒本疏》是所有注疏中最为重要的两种,开启了《梵网经》注疏的两个传统。

苏小华《都市、山林与传灯化物：智𫖮传法的空间转换述论》（《创意城市学刊》辑刊，2019 年卷）一文认为，智𫖮时时从山林走向都市，寻求政治、经济上的支持。这种经历对于智𫖮来说失去了修证的纯洁性，使他遗憾于不能"必净六根"。智𫖮之所以愿意付出这种代价，是要"秉法逗缘，传灯化物"，不愿做天台法门的"最后断种人"。"传灯化物"即传教，是比修证更为复杂的系统工程，他孜孜以求的是建立天台宗专修寺院。故智𫖮在南陈危亡之际前往建康，争取天台宗在台州的发展空间。他在建康佛教的突出地位引起隋文帝父子的注意，成为隋统一南方后极力要驯服的对象。智𫖮在传法的最后阶段，通过与皇权的博弈换取传法的独立性与天台宗的生存空间。最后他以自己的生命与杨广交换，得到的是天台宗作为汉传佛教第一个教派的持续发展。

陈金华《一名三僧：天台湛然盛名所障蔽的两位同时同名北宗禅师》（《普陀学刊》辑刊，2019 年卷）一文旨在澄清一直以来学术界对两位同名僧人的身份误解：一位是北宗禅的领袖湛然，另一位是天台宗祖师湛然（711—782），前者常被误认为是后者。该文通过对不同的资料进行分析后，认为，尽管这两位同名的高僧都生活在八世纪，但他们属于不同的佛教派别，即天台宗与北宗禅，又分别对各自的派别产生了极大的影响。天台宗湛然在天台宗祖师谱系的位置无疑有大量的佛教文献，特别是天台宗历史人物传记资料作为支持；而北宗禅师湛然，尽管在他生前已声名鹊起，但因为与同时代的天台宗大师重名而隐匿在后者的阴影之下。

霍进凤《天台湛然"性恶说"之窥探》[《成都理工大学学报（社会科学版）》2019年第 1 期]一文指出，天台宗有很多创新思想，其中之一就是由智者大师在《观音玄义》中提出的"如来性恶"思想，即"性具善恶"思想。这一特色思想引起佛教他宗学者颇多的争论与批判。湛然作为天台九祖，对这一思想不仅给予理论上的支持，而且对此作出了进一步的阐发并给出自己的见解。"善恶不出三千""修性不二""于恶修观""用恶"等理论都是湛然"性恶说"思想中的重要组成部分。

傅海燕《智旭易学与佛学会通的义理面向》（《世界宗教文化》2019 年第 4 期）一文指出，佛学东传以来，易学和佛学之间的互融从未停滞，直至明末智旭撰成《周易禅解》之时，二者达到了会通的顶峰。智旭以佛解易与易佛会通的思想主要涉及"元亨利贞与常乐我净""阴阳刚柔与止观定慧""易之三义与佛之随缘不变、不变随缘"等面向。智旭沟通易佛的思想和范式，为后来易佛关系持续深入的探讨书写提供了经典文本和重要参照。

（四）傅大士与寒山、拾得"和合二圣"研究

胡胜《小议"和合二仙"寒山、拾得与〈西游记〉的渊源》[《南开学报（哲学社会科学版）》2019 年第 1 期]一文指出，寒山、拾得作为中国民间传说中的喜庆团圆之神——"和合二仙"与《西游记》有过一段"公案"。他们在宋元间泉州傀儡戏《三藏取经》中曾有过一席之地，充当三藏师徒的接引者。遗憾的是，最终他们的故事被百回本写定者舍弃了。探究二者进出"西游"的缘由可知，原本他们最早是取代了另一位"和合仙"万回而与"西游"结缘，但最终又被文殊、普贤二菩萨所取代，脱离了"西游"轨道。他们进入《三藏取经》，进入"西游"系统，是因为民间话语体系的兼容性。只是最终受限于身份标签，他们只能被割爱。这二者的出现与消失的意义在于：一方面为我们研究《西游记》的演化提供了全新的例证；另一方面他们的出现与泉州东西塔上实物雕像互证，也成为断定"南系"《西游记》——《三藏取经》相关问题的关键证据之一。

陈艾迪《"和合二仙"符号象征研究》（苏州科技大学硕士学位论文，2019 年 5 月）一文认为，"和合二仙"符号不仅是承载和合文化的主体，同时也是传播和合文化的媒介，具有丰富的隐喻性、生动的形象性和深厚的情感性。"和合二仙"包含了图形、器具、传说、诗歌等不同的符号内容，展现在历史、生活、宗教、哲学、民间故事等等之中。它们经过漫长的文化洗礼，被赋予了特定的象征意义，这种丰富的情感外化则表现为生动悦目的形象，内化则体现出社会大众的行为习惯、社会风俗、审美观念等，表达了人们对理想生活的向往和祈愿，直观传递了和合文化意蕴。

李建军《寒山诗的雅俗跨界与文学史价值》（《杜甫研究学刊》2019 年第 2 期）一文指出，寒山诗雅俗贯通、机趣横溢的整体风格，是诗人深具雅文化积淀又深受

俗文化熏染的结果,是诗人儒士身份、道徒气质、禅僧修为熔于一炉的产物。较之能俗不能雅的民间诗作和善雅不善俗的文人诗作,寒山诗可谓唐诗中雅俗跨界的典型代表。寒山诗是中唐发轫的雅俗文化版图变迁的产物,同时又对这种雅俗变迁起到了推波助澜的作用,开启后世以俗为雅、雅俗共赏诗风的先河。

杨供法《从媒人到"和合二圣":和合文化符号的形成与条件》(《台州学院学报》2019 年第 5 期)一文指出,和合文化是以中华和文化为内容、以"和合神"命名的文化体系。"和合神"的源头不是"万回"而是媒人。随着和合神从媒人神化为女娲,从万回到"和合二圣",其内涵也不断丰富。"和合二圣"集姻缘和合、家庭和睦、兄弟和合、三教合一、民族融合内涵之大成,是中国文化"三教"交融发展及雍正朝民族大融合的产物,是势所必然,理有所致。

周仲强《和合文化与寒山拾得传说的文化互构》(《台州学院学报》2019 年第 5 期)一文指出,寒山拾得传说广为流传,其中以苏州和台州最盛,和合文化是中国三大传统文化之一,二者是文化互为建构的关系。一方面和合文化借助于寒山、拾得这两个标志性人物,深入民间的日常生活,成为民俗生活的印记,成为影响深远的文化符号。另一方面,正是由于和合文化,和合二仙才在民间具有深远的影响力,寒山、拾得通过民俗生活的丰富性逐渐构建其鲜活样本,成为新时代构建人类命运共同体的核心文化思想之一。

张法、张志君、张格《寒山诗:本来面目与寻谜之路》(《学术研究》2019 年第 11 期)一文认为,在中国一直处于边缘的寒山,却成了世界级大诗人,这本身就是个谜。此谜引起了寒山诗的研究热。20 世纪后期在中国兴起的寒山诗研究,包括寒山的生平、寒山诗的版本、语言特征、审美意象、思想内容五个方面。

(五)禅宗及其高僧永嘉玄觉、南阳慧忠、洞山良价、云门文偃、法眼文益、永明延寿、大慧宗杲、宏智正觉、高峰原妙、中峰明本、楚石梵琦、密云圆悟、玉林通琇、寄禅法师、太虚大师的研究

黄勋杰《宗杲禅学思想的"不二"性》(《文化学刊》2019 年第 11 期)一文指出,

宗杲的禅学思想处处体现了其禅法的不二性和方便善巧性。宗杲禅学思想的"不二"性既是对本体境界的描述，又是对本体之用的展开；宗杲禅学思想的"不二"性既反映了其思想的发展脉络，又诠释了其思想的圆融性。总之，以"不二"观为突破口，可以很好地把握宗杲禅学思想的内涵。

王早娟、宋玉波《大慧宗杲的禅学世界与宋代文化精神》(《东岳论丛》2019 年第 12 期)一文指出，大慧宗杲是宋代著名禅师，在僧俗两界都有重要地位和影响。探究大慧宗杲的禅学思想，不仅使我们能够更为具体深入地理解禅学，而且也有助于我们把握宋代文化精神的构成脉络。

吴岳聪《中峰明本法师的志趣与僧格：以自传书写方式为视角》(《法音》2019 年第 11 期)一文指出，中峰明本为元代临济宗僧人，俗姓孙，号中峰，又号幻住道人。年二十四，登天目山礼高峰原妙法师；年二十五，依原妙剃度，次年受具足戒。原妙示寂后，明本于湖州辨山的幻住庵隐居，后又于吴江、庐州六安山等地隐居修行；年五十六，在众人的请求下还居天目山，僧俗瞻礼，被誉为"江南古佛"。仁宗召聘而不应，敕号"佛慈圆照广慧禅师"。至治三年(1323)八月示寂，世寿六十一。天历二年(1329)加谥为"智觉禅师"。元统二年(1334)追谥为"普应国师"。

汪楷淇《中峰明本"柳叶体"书法鉴赏》(《艺术评鉴》2019 年第 8 期)一文指出，作为元代最受追捧的禅僧，中峰明本的书法创作经历了从形成到晚期成熟的蜕变过程，他那些字里行间融入了禅理、禅悟的书法作品，在明代被称为"柳叶体"，且远传日本，具有极高的鉴赏价值。

申婷《明末清初临济天童系名僧牧云通门行历考》[《西南交通大学学报(社会科学版)》2019 年第 4 期]一文指出，牧云通门是明末临济名僧密云圆悟的嗣法弟子之一，临济下三十一世弟子，也是临济天童系的名僧之一，咸称"古南和尚"。考察牧云通门的行历，对把握他本人的禅学思想和研究明末清初江南临济宗的发展都不无助益。

李鹏博《寄禅禅诗研究》(辽宁大学硕士学位论文，2019 年 5 月)一文认为，寄禅法师以其精湛的佛学功底、深厚的修证体悟，以佛学入诗，以其独具特点的禅趣、禅理在佛教诗歌中独树一枝；同时也在中国诗歌艺术史上，留下了浓重绚丽的色彩。

马俊《中国佛教改革思潮的演进逻辑初探：以德清和太虚为中心》（《宜春学院学报》2019年第2期）一文指出，憨山德清和太虚大师所领导的晚明佛教改革与民国佛教改革，代表了近代中国佛教改革史上的两种重要范式，二者之间存在一定的历史关联，应该视作同一历史进程（即佛教复兴运动）的两个不同阶段。

殷国涵《太虚救国思想研究》（湖南师范大学硕士学位论文，2019年5月）一文认为，太虚救国思想的特点有：强调心、识重要地位的缘起论，是太虚救国思想的内在依据；以开启民智为主导、以提倡道德为辅助，是太虚救国办法的根本内容；救国思想与普度众生思想相呼应；思想的包容性与融合性。

王忠林《太虚的弥勒信仰与人间佛教之融通》[《盐城师范学院学报（人文社会科学版）》2019年第3期]一文指出，近代中国佛教的复兴在于人间佛教，太虚极力弘扬弥勒净土信仰，倡导人间佛教，将弥勒信仰与人间佛教思想融通于"入世"与"人本"的大乘利他的菩萨行精神之中，并对"成人"与"成佛"作了新的定义。

陈卫华、邓子美《太虚法师与南洋佛教》（《宗教学研究》2019年第2期）一文指出，太虚大师是近代著名的佛教领袖，他倡导的"人间佛教"思想迄今依然深刻影响着海内外佛教界。太虚为了弘扬人间佛教，弘法足迹不仅遍及国内，也远及南洋各地。太虚当年两次到访南洋，不仅加强了中国佛教与南洋国家的交流，对南洋各地佛教的发展也起到极其重要的推动作用。

何燕生《太虚法师在庐山弘法期间与日本佛教界的交往》（《宗教学研究》2019年第4期）一文，以日本外务省外交档案中所见的与太虚有关的史料为中心，具体考察了1924年庐山"世界佛教联合会"与日本的关系。"从日本看太虚"，利用日本外交档案考察太虚，故纸寻珍，可以发现许多鲜为人知的历史，看到一位鲜活的历史人物太虚形象的存在。

于光《太虚大师佛教教育的教材观刍论》（《宗教学研究》2019年第3期）一文从太虚大师佛教教育的教材观入手，详述他对改革佛教教育及新编佛教教材的思想,从一个侧面反观其教育主张和理念,这些对当今佛教的僧伽教育仍然有着借鉴意义。

张晓林《"今菩萨行":太虚大师论居士修学》(《普陀学刊》辑刊,2019 年卷)一文认为,太虚大师倡导"契真理""协时机"的人生佛教,"今菩萨行"是人生佛教的践行,太虚大师人生佛教论居士修学,应在"今菩萨行"的意义上解读。

会闲《太虚大师僧教育思想及思考》(《普陀学刊》辑刊,2019 年卷)一文通过分析太虚大师僧教育思想的背景,阐述他一生中所经办的主要僧教育事业,从僧教育的目的和宗旨、僧教育的教制及课程体系设置以及僧教育的国际性视野,分析了太虚大师的僧教育思想。

(六)净土宗及其高僧少康大师、省常大师、云栖袾宏、行策大师、实贤大师、印光大师的研究

周黄琴《晚明〈楞严〉之诤与诠释依据问题:以云栖袾宏的〈楞严摸象记〉为例》(《学术研究》2019 年第 7 期)一文指出,无论就主体,还是意旨来看,晚明《楞严》之诠释都呈现出了多元化的倾向,僧界的天台与华严甚至借诠释之机把《楞严》化为维护各自宗派的载体,从而把《楞严》之诤推向了高潮。然而作为晚明四大高僧之一的云栖袾宏在《楞严摸象记》中不仅对当时毫无依据的随意诠释现象做了批判,而且还企图通过对"理"与"道"诠释依据的建构与践行来缕析《楞严》诠释中的各种纷争之论。

张琴《印光大师女德教育思想研究》(湖南师范大学硕士学位论文,2019 年 5月)一文认为,印光大师女德教育思想建立在其佛教思想的基础之上,并且借鉴与继承了传统儒家女德教育思想的成分。印光大师认为,"治国平天下之权,女人操得一大半。"女性的事业具有很重要的社会价值,对整个社会有着巨大的贡献,对社会的治乱有着更多的主宰权。

李帮《近代中国佛教对道教善书伦理的接受:以印光大师为例》(《宁夏社会科学》2019 年第 4 期)一文通过梳理印光言论,探究其对道教善书伦理认同的因由与

实质，认为印光承袭三教合一思想，将之视同佛经，作为推行因果救世与伦理教化之方便法门，以弘扬佛教慈悲济世的大乘菩萨精神。

纪华传、李继武《印光法师与近代净土宗》（《人文杂志》2019 年第 11 期）一文指出，印光法师通过对净土经典的抉择、净土宗专修道场的确立以及对净土宗祖师问题的厘定，奠定了近代净土宗的基础，同时也反映出近代净土宗宗派意识的强化。

王志阳《论印光大师对朱熹等理学家辟佛思想的回应》（《法音》2019 年第 11 期）一文指出，目前，学界关于印光大师的净土思想、教育思想、因果思想、女性观等的研究成果可谓十分丰富，但是对印光大师回应朱熹等宋明理学家辟佛思想这一研究主题关注并不够，这自然会影响我们对印光大师思想、贡献的全面客观评价。

第二节　浙江道教史与浙江历代高道综合研究

学界关于浙江道教的研究，主要围绕浙江道教史、道教南宗、历史上的浙江籍以及主要活动在浙江区域的道士及道教思想家，诸如魏伯阳、葛洪、陆修静、叶法善、司马承祯、吴筠、田虚应、冯惟良、应夷节、徐灵府、叶藏质、杜光庭、张伯端、林灵素、林灵真、周思得、张静定、沈静圆、卫真定、闵小艮等展开，2019 年的研究动态如下。

先是，2018 年 12 月 27 日，"天台山桐柏宫方丈升座庆典暨浙江道教学院揭牌仪式"在天台山桐柏宫举行。来自全国各地的近千名道教界人士共同见证浙江省道教界的两大喜事——浙江道教学院正式揭牌成立及中国道教协会副会长、浙江省道教协会副会长张高澄道长荣膺天台山桐柏宫方丈。2019 年 3 月 1 日，浙江道教学院举行"2019 年春季开学典礼"，张高澄道长在讲话中要求学员要以实践的理念来学道修道，尤其要遵守清规戒律。

2019 年 11 月 7 日，由浙江省道教协会、浙江省非遗保护协会古琴艺术专业委员会主办的"道教与中国传统文化论坛"在浙江杭州举行。道教界代表人士、文化艺术界专家学者共 200 余人参加本次论坛。浙江省政协副主席陈铁雄说,道教文化是中华传统文化的重要组成部分。一直以来,浙江道教界高举爱国爱教旗帜,坚持中国化方向,精研经教,提振道风,广育人才,服务社会。今后,浙江道教界要继续深入挖掘道教教规教义中有利于社会和谐、时代进步、健康文明的内容,对教规教义作出符合当代中国发展进步要求、符合中华优秀传统文化的阐释。

邱国明《天台山桐柏宫道乐与唐代法曲之渊源略考》(《当代音乐》2019 年第 12 期)一文指出,天台山桐柏宫是我国道教南宗发源圣地,无论是道教的教义思想还是斋醮科仪音乐,都具有深厚的历史底蕴,并促进我国道教向前发展。桐柏宫的斋醮音乐即道教音乐,在漫长的发展过程中,必然与其他的音乐形态之间产生联系。

任林豪、马曙明《宋台州崇道观祠禄官考释》(上海古籍出版社 2019 年 12 月版)一书,是对台州崇道观祠禄官自缘起至结束的综合研究,于崇道观的历史和道藏均作了较深的研究,搜辑了历史文献中能见到的崇道观祠禄官员,具有较高内涵和史料价值,大大提高了两宋台州历史的文化等次。

宁俊伟、赵懿《论儒家对〈抱朴子内篇〉伦理思想的影响》(《山西高等学校社会科学学报》2019 年第 1 期)一文指出,葛洪《抱朴子内篇》主要的伦理思想深受儒家文化的影响,也把"忠孝"作为大德,要求道教徒恪守践行。

许劲松《葛洪的文艺思想与养生观关系研究》(《临沂大学学报》2019 年第 1 期)一文指出,《抱朴子》分内外两篇,《内篇》言神仙方药、鬼怪变化、养生延年、禳邪却祸之事;《外篇》言人间得失、世事臧否,含有对文学的一些基本观点。葛洪的文艺观与其建构养生学合法性的科学思维特质与理性意识具有深刻联系。

赵懿《〈抱朴子内篇〉修仙的伦理基础与技术探析》(山西大学硕士学位论文,2019 年 5 月)一文认为,葛洪《抱朴子内篇》主要论证神仙存在、仙道可致的魏晋修仙思想。其中,葛洪对修仙方法格外关注,不仅系统整理归纳出前人的修仙方术,同时又在前人修仙理论基础上进行重新架构与内容创新。

黄霞平《嵇康与葛洪养生思想之比较研究》(《中国道教》2019 年第 4 期)一文

指出，嵇康与葛洪是魏晋时期两位著名的养生学家。嵇康的养生思想深受神仙道教影响，而葛洪的道教养生理论除受嵇康影响较大外，也有自己的特点，这就为两者养生思想的比较研究提供了前提。

刘福明、王明强《葛洪医学教育思想探析》（《中国中医药现代远程教育》2019年第20期）一文指出，葛洪精晓医药学，在其言传身教中亦可看出其对医学教育的认识，主要表现为：儒家纲常名教与道教戒律相结合的慈心救世思想；注重实践创新的思想；寻求明师与个人修行相结合的求学思想；择生慎传，因材施教的思想等等。

张志建、任雯《葛洪的"劝善"思想及其现代意涵》[《江苏师范大学学报（哲学社会科学版）》2019年第6期]一文指出，在《抱朴子》中，葛洪积极"劝善"，以逍遥快乐、长生不死的神仙作为人的最终的理想目标，劝导人"为善"而至"成仙"，使生命个体的"为善"程度、道德水平相应地提升到"神仙"的层次，从而求得人的道德完善。

徐栋《陆修静道教科仪著作考论》（《湖州师范学院学报》2019年第1期）一文认为，陆修静是南朝刘宋时著名道士，亦是当时道教科仪的主要修撰者，一生修撰道教科仪达百余卷。陆氏通过道教科仪的修撰和整理，确立和完善了道教科仪的程式，初步奠定了道教科仪体系的基础，使得道教仪法基本齐备，有力地推动了道教的发展。唯陆氏所撰道教科仪存世者仅寥寥五种，加亡佚可考知其名者计十三种。

徐永恩《司马承祯与天台山》（上海古籍出版社2019年12月版）一书，介绍了司马承祯的生平事迹、道教哲学思想、身心养生理论，挖掘了他钟情天台山的原因，厘清了他的朋友圈，探索了唐三代帝王尊崇的根源，以及他的历史地位和对后世的影响。

蒋丽梅《司马承祯〈坐忘论〉身心关系研究》（《世界宗教研究》2019年第6期）一文指出，司马承祯"坐忘"论在借鉴佛教工夫方法的基础上，通过系统梳理道教典籍的思想资源对《庄子》进行宗教化改造，最终形成了可与"宴坐"相对抗的道教修养工夫。

唐欢《〈洞霄诗集〉研究》（华中师范大学硕士学位论文，2019 年 5 月）一文以《洞霄诗集》文本为研究对象，在紧扣文本研究的基础上，论述《洞霄诗集》文本生产的地域洞霄宫的起源与兴盛、洞霄宫地域中的自然景观与建筑景观，叙述《洞霄诗集》的文本特性，包括其成书、版本与体例，分析探讨《洞霄诗集》内部文学性，涵盖了作家作品、诗歌主题、歌咏中心、写景手法、文人心态以及洞霄宫仙话与《洞霄诗集》的关系等五个方面。

张学瑾、刘祖国《杜光庭文献疑难词语校释》[《伊犁师范学院学报（社会科学版）》2019 年第 1 期]一文以中华书局 2013 年出版的《杜光庭记传十种辑校》为底本，针对其中的"戈猎""泥淦""划薙""没志""忽忌""殷瞻""寝味""祯觊""对会""画踪""填纳""虓谶"等疑难词语进行校释，这对进一步研究利用古文献、推动汉语词汇史的研究与大型语文辞书的补充完善有所裨益，同时对古籍整理也有一定的参考价值。

杨勤艺《前蜀道教文化浅谈》（《文史杂志》2019 年第 3 期）一文指出，前后蜀承袭唐代崇尚道教的遗风，尤其是前蜀时期，统治者重用道教学者杜光庭，使得道教得到蓬勃发展。这充分表现在前蜀时期的道教建筑与壁画、前蜀时期道教代表著作以及前蜀永陵道教遗迹上。

靳志佳《杜光庭〈广成集〉"天符"释义》（《宗教学研究》2019 年第 2 期）一文通过对杜光庭《广成集》中醮词加以考察，先生考定"天符"的含义，其次探究天符的推算方法，并给出验证，最后考察九宫贵神的背景以及九宫贵神术的形成条件，并对醮词中多次出现天符的原因，给出较为合理的解释。

孙人杰《张伯端性命思想研究》（内蒙古师范大学硕士学位论文，2019 年 5 月）一文认为，张伯端是道教史上著名的内丹道开创者，他是道教史金丹南宗中不可忽视的人物，他的著作《悟真篇》可以和魏伯阳的《周易参同契》相比肩，内丹的核心问题就是性命问题，张伯端对性命问题也有独到的阐释。

通观浙江佛教史及浙江历史上的高僧、浙江道教史及浙江历史上的高道以及 2019 年的研究进展，可以说区域性质的浙江佛教、道教研究在宗教学的学科视域下已经取得了不少的成果，尤以《浙江佛教史》《浙江道教史》的撰著为标志。这也启示我们，当下的浙学研究有必要、也有能力组织科研队伍展开"浙江宗教通史"或"浙江儒佛道三教文化关系的综合研究"。

第十章　浙江名山名水与地域文化研究

我们所倡导的"大浙学"理念,不仅包括"浙学"创生的主体——"浙人、浙事、浙著(文)",以及由此衍生的"浙派、浙史、浙学";还应包括"浙学"赖以创生的物质载体诸如"浙山、浙水、浙地(两浙地区)"孕育而生的地域文化。申而言之,浙江的山是历史文化名山,比如天台山(和合)文化、雁荡山(历史)文化、天目山(历史)文化、普陀山(佛教)文化、四明山(历史)文化、雪窦山(佛教)文化、天姥山(唐诗)文化等;浙江境内以江河湖泊为代表的水文化,也是有历史底蕴与文化渊源的,比如钱塘江文化、西湖文化、湘湖文化、日湖文化、月湖文化、楠溪江文化、京杭大运河文化、西溪湿地文化、南湖文化等;浙江还拥有数量不少的历史源远流长、古城格局完整、文化遗存丰富、人文底蕴深厚的国家级历史文化名城(包括名镇古村落),诸如杭州、绍兴、宁波、衢州、临海、金华、嘉兴、湖州、温州、龙泉,由此而衍生出"杭州学""温州学""越学""婺学""湖学"等有地域特色的历史文化。简言之,浙江的山、水、地域文化,也是"大浙学"的重要组成部分。

兹把2019年学界关于浙水、浙山、两浙地域文化的学术研究成果总结如下。

第一节　浙江水文化研究

浙江境内以江河湖泊为主的水文化的学术研究主要集中体现为:杭州的西湖

文化、湘湖文化、南湖文化、钱塘江文化、富春江文化、京杭大运河文化、西溪湿地文化，以及宁波的日湖文化、月湖文化，温州的楠溪江文化等。

一、杭州西湖文化研究

2019 年的西湖文化研究论文有 10 余篇。

熊璐璐《明代西湖诗研究》（浙江工业大学硕士学位论文，2019 年 5 月）一文认为，明代西湖经过杨孟瑛的治理，逐渐恢复生机；这一时期众多诗坛名人如明初四杰、王世贞、袁宏道等人也来到杭州，游赏西湖美景，留下了大量西湖诗。该文则从题材和艺术特点两方面入手，来总体分析明代西湖诗的特点，并结合西湖文学史、地域文化来阐述明代西湖诗的意义。

刘颖娴《西湖文化景观中书法应用及其价值分析》（中国美术学院硕士学位论文，2019 年 5 月）一文认为，书法的艺术形式在当代中国城市文化景观中扮演着重要作用，也是构成杭州西湖景观文化内涵的重要元素。杭州西湖作为世界文化景观遗产，景区内有大量应用到书法的地方；因书法在景观中产生的多重文化价值，也使西湖的文化内涵更厚重。

李利、白颖、李春青《西湖自然文化遗产地的演进途径及其启示》（《北京建筑大学学报》2019 年第 1 期）一文从分析西湖自然文化遗产地的特征出发，探索了西湖文化景观的演进途径及其启示，并试图揭示西湖的自然文化遗产价值。

张通《杭州西湖文化景观的展示策略研究》（南京航空航天大学硕士学位论文，2019 年 5 月）一文认为，杭州西湖文化景观是历史的见证者和承载者。作为守护者和发扬者的我们，需要不断满足人民群众的精神文化需求，而杭州西湖文化景观所展现的美学思想和精神价值恰恰是人民群众所追求的精神食粮。

乐墨、查婉滢等《明代西湖的景观文化：明代公共工程背景下西湖园林发展》（《中国园林》2019 年第 4 期）一文指出，杭州西湖是中国艺术史上最重要的地点之一，然而在西方语言中并没有专门对其明代状况的研究。明代 300 年的统治对西湖的发展是至关重要的,16 世纪初因扩张的农耕导致西湖空间几近消失,而至 16 世纪末西湖则是明代最主要的旅游景点之一。

张敏《陈文龙亦是"人间始觉重西湖"所仰重的人物之一:试论陈文龙墓园在西湖忠烈文化中的展示和宣传》(《杭州文博》辑刊,2019 年卷)一文试图从陈文龙墓园的现状说起,结合陈文龙其人其事来阐释其历史功绩,从而阐释陈文龙对后世的影响,对杭州西湖的影响。

杜清雨《以孤山为文化空间 探讨南宋时期西湖雅集之人事活动与西湖景观之营建》(《杭州文博》辑刊,2019 年卷)一文以孤山为例,从雅集的人事活动与西湖景观的营建,解析这一文化空间的形成原因,探究湖上的景观营建与文人雅集之间的相互关系,及对后世西湖景观对西湖文化的影响。

张苏《杭州西湖沿岸建筑变迁与文化景观的形成》(浙江大学硕士学位论文,2019 年 5 月)一文认为,杭州西湖风景秀美,文化内涵深厚,是人与自然、城市相互作用的结晶。

王军亮《西湖文化元素在旅游纪念产品设计上的应用》(《戏剧之家》2019 年第 36 期)一文主要就西湖文化元素本身,研究其在旅游纪念产品设计上的应用,进而研究当下西湖文化元素对人们在旅游产品上所需的新的审美情趣和需求的变化。

琚小飞《〈西湖游览志〉四库底本考辨》(《历史文献研究》辑刊,2019 年卷)一文认为,《西湖游览志》为明代田汝成撰写的有关西湖名胜山川之作,虽以游览为名,而事关宋史者尤多。自嘉靖初刊以来,有范鸣谦刻本、季东鲁刻本、商浚刻本、姚靖刻本及嘉惠堂刻本流传。通过《四库全书考证》中的版本信息比勘,疑《四库全书》乃以季东鲁刻本为底本,后又将四库本与其他诸本内容逐一核覆,印证了季东鲁刻本为四库底本的观点。考辨《西湖游览志》的四库底本,不仅知悉各刻本的内容差异和价值,还可以进一步考究四库修书期间形成的校勘意见,为古籍整理提供版本依据。

张再林、王淋淋《南宋西湖"吟社"文人的结盟及词史意义》[《浙江师范大学学报(社会科学版)》2019 年第 3 期]一文指出,南宋后期,首都临安西湖一带活跃着不少文人结盟群体。其中以杨缵为盟主、周密等十一人为盟员的西湖"吟社"文人群,是琴师乐工与词人的结盟,他们经常举行各种活动,切磋词律,商榷填词。"吟社"词人在创作上遵循"协律",以是否"协律"作为评判词作优劣的首要标准。他们的词作多是西湖锦绣山水之景与词人逍遥自在之境的结合,显得典丽精工而又富雅浑融,促进了词体的进一步"格律化"和"典雅化",具有重要的词史意义。

二、萧山湘湖(白马湖)文化研究

2019 年的湘湖文化研究,主要围绕湘湖历史文化名人、湘湖开发史展开。

陈志根《杨时与湘湖:影响萧山人文历史的重要元素》(《现代城市》2019 年第 2 期)一文指出,杨时在萧山任上,时间虽短,却干了两件大事,即湘湖的开筑和授徒讲学,传播理学。这对萧山人文历史产生了重大影响。不仅传播了儒家学说,而且厚重了萧山的祭祀文化,成为萧山方志文化的重要记述内容,也成了萧山学术文化的主流。

陶俊、林玥玥《杨时筑湘湖背景分析与当代价值》(《创意城市学刊》辑刊,2019年卷)一文认为,杨时修筑、开发湘湖顺应了北宋时江南农业经济大发展、对水利工程大需求的时代社会背景,不仅成功地为萧山建成了一项具有划时代意义的水利工程,取得了巨大经济效益,而且践行了儒家经世济民的人生理想,树立了一位为官一任造福一方的社会典范形象,其精神遗产惠及今日,具有昭明当代垂范千秋的社会效益。

陈志根《试论湘湖在浙江湖泊群中的历史地位》(《浙江水利水电学院学报》2019 年第 5 期)一文指出,杭州萧山的湘湖在考古文化、越文化、社会学等方面都有着独特的意义和价值。跨湖桥文化是继良渚文化、河姆渡文化和马家浜文化之后,浙江境内的又一个新石器时代考古学文化,在考古文化史上有着里程碑意义;湘湖,是浙江越文化和浙东越文化的重要组成部分,集中体现了越文化的突出特色,在越文化中有举足轻重的地位;湘湖还是浙东唐诗之路的重要源头和国家级首批旅游度假区。

三、钱塘江文化研究

2019 年 7 月 23 日,"钱塘江文化建设成果系列展"在中国美术馆开幕。此次展览以"钱江弄潮"为主题,分设书法、篆刻、中国画、文化衍生品和西泠珍品等五个展馆,集中展陈 240 多件展品,旨在以多样文化形态、多种创作方法,展示钱塘江文化在文脉整理研究、文艺创作展演、文化传承创新、文化事业和产业发展等方面取得的一系列丰硕成果。

2019 年 10 月 29 日,第三届"弄潮杯"钱塘江全国中国画大赛颁奖典礼在杭州图书馆展厅举行。本次大赛共收到各类参赛作品 1095 件,经初评、复评、终评评审委员会全体评委评审,甄选出了 120 件作品,其中入展作品 90 件、优秀作品 20 件以及进入现场测试及终评阶段的入围等级奖作品 10 件。江干区文创办节展科科长方晔认为:"通过三年的推进,约有 360 万人次参与了钱塘江文化的建设,越来越多人感受到了钱塘江文化的魅力,钱塘江文化也被赋予了更多内涵。"①

马智慧《钱塘江文化的三大内涵》(《杭州》2019 年第 24 期)一文指出,在漫长历史时期里,钱塘江流域涌现出了无数的风流人物,该地的人民在生产和生活的社会实践中创造了卓越的物质财富和精神财富,它们的总和,便是我们所说的钱塘江文化。

《杭州》报道组《以"弄潮儿"精神大力推进钱塘江文化建设》(《杭州》2019 年第 24 期)一文指出,在漫长的历史长河中,钱塘江文化萌芽发祥,逐渐成为吴越文化的源头,其产生和演变过程与时代发展和生产实践高度契合、密不可分,她不仅融合了

① 颜君如:《第三届"弄潮杯"钱塘江全国中国画大赛结果出炉》,杭州网,2019 年 10 月 29 日。

南宋文化、西湖文化、运河文化、良渚文化之所长，而且在不断创新发展中淬炼出了"勇立潮头、大气开放、互通共荣"的时代特征，具有开放包容、与时俱进的鲜明品质。

杨红芬、陈正怡然《钱塘江流域传统村落现状问题与对策研究》（《建筑与文化》2019年第8期）一文以钱塘江流域内的传统村落为研究对象，通过大量的田野调研和资料文献的整理分析，对流域内传统村落在保护、建设发展等领域所存在的问题进行分析，并提出了相关建议。

杨丽婷《清代钱塘江潮神崇拜研究：兼论政府对民间信仰的引导作用》（《浙江水利水电学院学报》2019年第4期）一文通过梳理钱塘江流域各类潮神信仰产生的自然与人文背景，并对清代杭州府的潮神信仰进行分类统计，认为在当时的历史条件下，钱塘江的潮神崇拜有利于地方的稳定和农业发展，也有利于政权的巩固。因此，政府不遗余力地对这些神灵进行嘉封、立庙，以此方式将各潮神纳入符合儒家道德规范的神灵体系，并在潮灾泛滥地区加以推广。

王大学《"天赐神佑"：乾隆十三年钱塘江"潮归中门"的过程及其政治意义》（《社会科学》2019年第9期）一文指出，乾隆初的两浙塘工是雍正末计划的延续，被冲边滩自然恢复导致北岸涨沙不断。督抚却奏请改柴塘为鱼鳞大石塘，被刘统勋叫停，刘查后却建议循序渐进改建。新抚常安反对而得罪诸臣，新督那苏图决定以间接护岸工程为主并准备重中小门引河。为官艺术高超的那苏图、刘统勋没有完全停止塘工是因为深知地方视塘工为利薮，不能彻底断了别人念想。中小门引河成功带有很大偶然性，成为当年皇帝眼中的一抹亮色，方观承被速擢为直隶总督，他与同年被构陷而惨死的常安形成鲜明对比，典型的自然因素造英雄。塘工决策和建设就这样与政治因素、人物斗争糅合，边滩与河口变化的动力机制却成为理解海塘工程自然与人文因素复杂交织的重要一极。

张玉宏《钱塘江涌潮文化意向跨艺术研究》（《校园英语》2019年第13期）一文，从跨艺术的视角研究了涌潮的文化意向，通过横向和纵向的研究梳理，发现，在诗歌、书画、民俗、建筑等艺术形式中，涌潮均承载着"壮阔、力量、勇气"的文化意象。

陈伟、袁森《钱塘江古海塘护塘技术》(《浙江建筑》2019 年第 2 期)一文,综合分析了钱塘江的各种护塘建筑及附属设施,认为这些护塘技术能够提高海塘的防御能力,在消能和防冲、保滩、促淤等方面发挥着较好的作用。

魏擎《钱塘江河口治理工程规划研究(1960—1963)》(浙江大学硕士学位论文,2019 年 5 月)一文认为,钱塘江河口江宽水浅,潮强流急,主槽迁徙无常,早有修塘筑堤防御涌潮的历史。新中国成立后,国家高度重视钱塘江河口的治理,并在实践中不断探索和完善治理工程规划。1960 年至 1963 年期间制定的钱塘江河口治理工程规划,承前启后,继往开来,对后来的治理工程具有深远的影响。

四、富春江文化研究

2019 年,不见有研究富春江文化的专论。

五、京杭大运河文化研究

作为世界上最长的大运河,中国大运河的历史最早可追溯到春秋时期,迄今已 2500 多年。隋唐以来,京杭大运河作为南北交通大动脉,在社会的经济发展以及文化交流等方面都发挥过重要作用。2014 年,中国大运河成功入选世界文化遗产目录,作为世界文化遗产和国家文化符号,要求我们对其更好地保护、传承和利用。2017 年,习近平总书记对大运河历史文化资源保护传承、大运河文化带建设作出重要指示,运河沿线各省市迅速开始行动,制定大运河文化带发展规划。2019 年 2 月 1 日,中共中央办公厅下发《大运河文化保护传承利用规划纲要》,明确大运河文化带建设的方向、目标和任务,标志着大运河文化带建设作为国家战略工作的全面启动。2020 年 4 月 14 日,浙江省发展改革委、省自然资源厅、省文化和旅游厅、省委宣传部等单位联合发布了《浙江省大运河文化保护传承利用实施规划》。

本报告关注的"京杭大运河文化"主要侧重浙江境内杭州、绍兴、宁波段的大运河文化。2019 年，与浙江境内大运河有关联的研究论文有 10 余篇。

王幸芳《守护文化印记，彰显大运河气派》（《杭州》2019 年第 1 期）一文指出，大运河不仅仅是一条河，更代表着一种文化体系，一种生活方式。守护大运河，守护好这条活着的、流动的、发展的千年文脉，既是时代赋予的责任，更是历史给予的荣光。

吴晶、周膺《大运河杭州段的创意性保护与创意文化建设》（《创意城市学刊》辑刊，2019 年卷）一文认为，大运河杭州段与杭州和浙江形成关系重大，必须通过创意性保护彰显其特殊价值，并通过创意文化建设实现传统文化的现代转换。其文化形象可以用"丝路津要、江南门户、城市轴心、人民家园"来概括。大运河杭州段的特色保护区域可分为古都皇城区、现代港埠区、历史名镇区，应将这些区域作为重点文化展示区来建设，打响"大关拱埠"（拱墅）、"千年古镇"（塘栖）、"善城杭州"等品牌，发展国际旅游业，同时也要建设大运河杭州段文化创意产业带，借助它打响"创意杭州"品牌。为此，必须进行系统的文化建设和文化交流，如启动中国大运河古镇申报《世界遗产名录》工作、编撰中国大运河（杭州）全书、组织各种形式的文学艺术作品对外交流、改建中国京杭大运河博物馆、建设中国大运河数字博物馆、设立中国大运河文化保护研究基金、突出"一带一路"交会点的区位设立"大运河论坛"。

张佳、龚嘉佳《创新与创意空间的生产：杭州大运河沿线旧厂房文创园演化研究》（《浙江社会科学》2019 年第 12 期）一文研究了文创园区在杭州大运河沿线旧厂房中萌芽、自发发展、协同发展三个阶段的演化过程。

孙竞昊《浙东运河考辨：兼论宁绍平原区域水环境结构及水利形势》（《社会科学战线》2019 年第 12 期）一文指出，"浙东运河"何以成为约定俗成的名称却又众说纷纭？这需要对被分割开的"浙东运河"的基础设施、交通运输在其区域水利体系以及国家财经体制中进行名与实的历时性考辨。对浙东运河个案经验的剖析，有益于我们思考自然与人范畴中复杂、纠结的"生态环境—工程技术—基础设施—地方社会—国家战略—政治治乱—政权更替"等多重关系。

邹晓华《从大运河文化背景看〈白蛇传〉形成和传播》(《江苏地方志》2019 年第 5 期)一文指出,《白蛇传》在中国是家喻户晓的故事,明代文学家冯梦龙在宋话本的基础上写成了《白娘子永镇雷峰塔》,《白蛇传》故事基本定型,发生地主要是镇江和杭州,这也是江南运河的起点和终点。大运河贯通南北,对《白蛇传》的形成和传播,起到了很大的推动作用。《白蛇传》属于大运河非物质文化遗产,具有珍贵的历史价值和当代价值,需要认真保护和利用。

此外,吕微露《浙东运河古镇:散落的世界文化遗产》(中国建筑工业出版社 2019 年 5 月版)一书认为,浙东运河作为大运河浙江段申遗的重要组成部分,以其悠久的历史、传承的诗学文脉和丰富的遗产构成奠定了它在运河史上的突出地位。纳入浙江省规划的八个古镇,因运河而生,依运河而兴,也因运河航运的衰落而日渐式微。这些古镇源起运河,各具特色。有的因驿站而闻名,有的作为军事防御功能,有的是运河经济重要的物流交易场所,还有的古镇则拥有县衙、孔庙、考棚等机构,建构了一个城的规制。此外,运河与古镇形成的特殊的聚落结构关系、多样化的水利水运遗产和非物质文化遗产也构建了运河古镇有别于其他滨水古镇的特殊"文化基因"。

六、杭州西溪湿地文化研究

2019 年,研究西溪湿地文化的专论有数篇。

张丽《花朝节的历史形成及其在西溪湿地景区的应用研究》(浙江农林大学硕士学位论文,2019 年 5 月)一文以研究花朝节的历史形成及其在西溪湿地景区的应用研究为目的,通过文献查阅、实地调研、文化传承与代偿理论、景观美学原理、比较研究法、定量与定性分析,对花朝节从其历史及文化背景、西溪湿地花朝节的植物景观营造等方面展开研究。

施军《城市湿地美学价值评价研究:以西溪湿地为例》(杭州师范大学硕士学位论文,2019 年 5 月)一文认为,城市湿地作为城市生态系统的重要组成部分,在城市发展中的作用愈来愈显著，以及当今人们对土地规划、利用、保护的重视，土地美学价值的意义逐渐体现，城市湿地及其湿地美学价值的研究也显得愈发重要。

施军《西溪湿地土地美学价值评价研究》（《今传媒》2019 年第 11 期）一文，基于城市湿地美学价值实证研究，将西溪湿地这一集农耕湿地、文化湿地、城市湿地为一体的国家级湿地公园作为案例地，进行实证研究。

田芬芳、张新宇《新媒体公共艺术在城市湿地公园中的应用：以西溪国家湿地公园为例》（《建筑与文化》2019 年第 6 期）一文以西溪国家湿地公园为例，认为，新媒体公共艺术在城市湿地公园中的应用能够以旅游产品、入口文化标识、对外宣传手段和文化展示手段的方式来实现。

孙永涛《杭州西溪湿地资源现状与保护对策》（《湿地科学与管理》2019 年第 3 期）一文指出，杭州西溪湿地是平原水网地区"自然—人工复合湿地生态系统"的典型代表。

七、宁波月湖文化研究

2019 年的月湖文化研究主题聚焦于月湖与古代城市公共园林之关联而展开。

叶晨曦《月湖风雅意　满园古今情》（《浙江林业》2019 年第 3 期）一文指出，月湖位于宁波老城区西南隅，是宁波的母亲湖，因湖面圆处像满月，曲处似眉月，故称月湖。这里曾经是宋明时期文人坐而论道的城中山水，如今是宁波城内最重要的历史文化保护区，是宁波最重要的绿肺。月湖古称西湖，曾称鉴湖，它虽然不比杭州西湖名声响亮，但在宁波的地位犹如西湖之于杭州。

常青《月湖历史地段保护与再生设计》（《世界建筑》2019 年第 11 期）一文指出，宁波的月湖西区是老城保留下来最重要的历史文化街区，2009 年至 2011 年由于失当的处置方式，月湖西区北片的传统街巷和风貌建筑被大量拆除，只残留下一些挂牌保护的历史建筑。

八、温州楠溪江文化研究

2019 年学界同仁围绕楠溪江文化撰写的论文有数篇。

赵瑶《溯楠溪江源　寻山水诗意》(《浙江林业》2019 年第 5 期)一文指出,楠溪江因为"少无适俗韵,性本爱丘山"的谢灵运,成为最早山水诗的发源地,引来一代代文人墨客,竞相留墨。

陈智峰《从"诗之江"到"诗之岛":我的诗教之旅》(《师道》2019 年第 8 期)一文指出,永嘉素有"中国山水诗的摇篮"之美誉,楠溪江的山水孕育出了"山水诗鼻祖"谢灵运的诸多山水诗篇,是举世公认的中国山水诗发祥地。

阿丽《楠溪江:陶渊明笔下的"古朴天堂"》(《上海企业》2019 年第 8 期)一文指出,楠溪江古名瓯水,发源于浙江省永嘉县与仙居县交接的黄里坑。史书记载,汉顺帝永和三年建永宁县,隋开皇九年始改永嘉县,正是取"水长而美"之意。

刘益曦、胡春、马知遥《楠溪江流域传统村落聚落空间形态特征:以屿北村为例》(《室内设计与装修》2019 年第 12 期)一文以田野调查法对楠溪江流域具有代表性的屿北村进行调研,分析其内在的空间布局与属性等。研究发现:传统村落整体布局遵循阴阳五行哲学思想和文人情怀理念,呈现"制器尚象"造物方法的村址图式;传统村落风貌具有明显的宗法特征与血缘聚落特性,反映了传统村落在空间形态上的文化性和多样性特征。

九、嘉兴南湖文化研究

2019 年的嘉兴南湖文化研究论文有若干篇。

王磊《民国报刊中的嘉兴南湖形象研究(1927—1949)》(《文化学刊》2019 年第 4 期)一文指出,民国时期的嘉兴,处于沪杭铁路的中心,嘉兴南湖又是江南文化空间的一处胜地。民国报刊中有大量关于嘉兴南湖的报道和记述,其内容展现了嘉兴南湖以"烟雨楼—船娘—诗歌"为主体的形象，同时其也是兼具雅与俗两重特征的江南典型的公共文化空间。

王菊梅《依托红色文化资源优势打造革命纪念馆党性教育品牌：以嘉兴南湖革命纪念馆为例》（《红色文化资源研究》辑刊，2019 年卷）一文认为，依托革命传统红色文化资源优势打造革命纪念馆党性教育品牌，开展党性教育，在各级干部教育培训工作中，具有不可替代的直观教育作用。嘉兴作为党的诞生地具有独一无二的红色文化教育资源。在过去几年，南湖革命纪念馆与嘉兴市委党校合作，打造了"重走一大路、再现 1921 嘉兴故事"党性教育品牌，取得了一定效果。在未来几年，嘉兴有必要继续依托红船精神传承圣地的革命文化品牌进行进一步改造，充分发挥其作为党的诞生地的党性教育基地价值。

第二节　浙江名山文化研究

浙江境内的文化名山主要有宁波四明山、雪窦山，绍兴会稽山、天姥山，台州天台山，临安天目山，温州雁荡山，舟山普陀山等，其历史文化底蕴多为儒、佛、道三教文化，以及历代文化名人对这些文化名山的吟咏歌颂。兹把 2019 年学界同仁围绕上述名山文化而撰写的论著梳理如下。

一、雪窦山佛教文化研究

徐爱《雪窦山风景名胜区文化景观历史变迁研究》（浙江农林大学硕士学位论文，2019 年 5 月）一文认为，雪窦山风景区名胜区山水格局独特，人文底蕴深厚，因而形成了类型丰富的文化景观。

徐爱、陈楚文、王声菲《禅宗文化影响下的雪窦山寺庙园林艺术特征》（《建筑与文化》2019 年第 3 期）一文指出，雪窦山曾是浙东禅宗文化的交流中心，宗教活动的发展推动了寺庙园林的营建。在这个过程中，园林建设者的艺术水平与审美追求都深受禅宗文化的影响。

二、会稽山历史文化研究

余志三《古会稽山与越国都邑考略》[《绍兴文理学院学报（人文社会科学）》2019 年第 4 期]一文指出，越国迁都绍兴前已存世 1568 年，但这一时期的城址至今未被发现。该文根据古文献记载及德清县出土的古青铜器、火烧山和亭子桥窑址原始瓷，结合地形地貌和史迹进行探寻，认为越国都邑与神话传说中的防风古国重合，所在的古会稽山不在今绍兴市而在德清县；直到越国被吴败后勾践才将都城从德清迁到绍兴，诸多地名因此附会到绍兴。

三、天姥山唐诗文化研究

曹丽芳《从天姥山看李白的名山书写》（《中国社会科学报》2019 年 11 月 27 日）一文指出，天姥山位于浙江省新昌县东南部，根据现存史料可知，它能闻名天下与李白《梦游天姥吟留别》的广泛流传关系密切。而李白之所以能借"梦游天姥"而驰骋想象与才华，结构出一篇如此雄浑瑰丽的佳作，自然也离不开天姥山自身所具备的种种条件。总之，《梦游天姥吟留别》是天姥山自身的文化质素与诗仙李白的气质、才华互相碰撞而产生的一首经典之作。

四、天台山和合文化研究

2019 年 10 月 11 日，由光明日报社、浙江省社科联、台州市委市政府共同主办的"2019'中国台州'文化融'主题峰会暨天台山和合文化论坛"在台州市天台县举办。来自全国各地等 50 多位专家学者，围绕"和合文化传承发展"这一主题，从和合文化学的角度对天台山和合文化业态进行分析，认为传统和合文化的活化、转化和物化,是当代和合文化的表现,和合文化对发展地方经济、社会治理、文明建设起着积极推动作用。与会人员一致认为,和合文化是中华民族特有的思想,具有兼容并蓄、海纳百川的品格,是中华文化的缩影。历史上和合文化的兴衰始终与国家民族命运相连,要在实现中华民族伟大复兴的背景下,在提升国家文化软实力、实施"一带一路"建设的当下,落实好和合文化研究工作,服务于新时代。

2019 年 11 月 16 日,"台州市天台山文化研究会成立三十周年研讨会"在天台县召开。与会专家学者围绕天台山文化的当代价值,以创造性转化和创新性发展为主题,畅所欲言,各抒己见。据悉,台州市天台山文化研究会成立 30 年来,会员数量大幅增加,目前已发展个人会员 230 多人,团体会员 6 个,遍及台州各县(市、区)。这些年,研究会的专家学者围绕天台山佛道文化、和合文化、济公文化、徐霞客文化和浙东唐诗之路等课题,潜心研究,取得了丰硕成果,并在许多方面填补了台州地方文化研究的空白。

2019 年学界关于天台山文化研究的论著有十余种。

天台县对外文化交流促进会组织编写的《天台山诗画选》(浙江古籍出版社出版 2019 年 1 月版),选编了 504 位诗人、画家描绘天台山的作品,时间跨度从东汉至当代 1800 年左右,其中诗歌 571 首、书画作品 157 件,之从诗画的视角展示了天台山悠久辉煌的历史文化。

袁媛《天台山和合文化研究》(苏州科技大学硕士学位论文,2019 年 5 月)一文认为,纵观整个中国,名为天台山的名山有很多,但发祥和合文化的天台山只有浙江台州这一座。这里发展了宗教文化、济公文化、霞客文化、唐诗文化、茶文化,以及其他很多伟大的文化,并对过去和现在产生了深远的影响。而这些文化的核心文化,自然是天台山的和合文化。天台山文化是天台山和合文化建立的根基,同时,天台山和合文化在汲取外来文化的基础上,逐渐形成以天台山文化为依托,以宗教文化为主体,以"和合二圣"为和合符号的独特的区域文化。

袁媛《天台山和合文化内容概述》(《湖南科技学院学报》2019 年第 6 期)一文指出,天台山历史悠久,景色神秀,是中华和合文化的源头。且因三教共处一山,而拥有丰富而又独特的天台山文化,其中蕴含了很多"和合"元素,它以其深邃的文化内涵,孕育出了极具特色的天台山和合文化。天台山和合的自然观、社会观、道德观及文化观,对中华传统文化及社会发展具有广泛而久远的影响。

沈金浩《刘阮入天台故事的文化内涵及其在后世的嬗变》(《浙江学刊》2019 年第 4 期)一文指出,刘晨、阮肇入天台故事是当时佛道洞穴故事、道教神仙观念流行的产物,它反映了道教或仙道信仰者对乐土世界、幸福生活的想象,其地域上的人间性、生活上的世俗性、时间上的仙俗差异性,都反映了中国本土宗教的特色。而唐以后文人诗歌中对这一故事内容的世俗化的应用,则一方面进一步反映了人们对仙人世界美妙生活环境生活方式的幻想,另一方面也显示了人们对神仙世界因怀疑而随意的态度,显现了仙俗既分又合这种富有中国特色的宗教立场。而小说戏曲对刘阮故事的再创造,则又增加表达了人们对黑暗现实的批判、对远害全身的企求及对太平社会的向往。

李江峰《论皮日休、陆龟蒙的天台诗》(《台州学院学报》2019 年第 2 期)一文指出,皮日休、陆龟蒙二人与天台山相关的诗作,题材内容上多以酬赠、纪游为主,诗歌的交游、娱乐功用逐渐明显;形式上主要以唱和、题赠为主,在声律、用字等方面极力追新,穷思苦索以求突出前代"重围",极具晚唐诗风的时代特征。

程诗霞《〈参天台五台山记〉介词研究》(湖南师范大学硕士学位论文,2019 年 5 月)一文认为,《参天台五台山记》是宋朝日本来访高僧成寻于 11 世纪中叶创作的汉文文献,以日记体语录形式全面记录了宋代的社会生活面貌,主要是成寻访宋期间的日常用语(如街谈巷语和禅宗用语等),以及一些已亡佚的宋朝的公文、题诗。作为日本高僧完成的域外汉籍,《参天台五台山记》能为唐宋时期的语言研究提供不一样的视角,为近代汉语介词研究提供新的资料积累。

五、天目山历史文化研究

刘琦、王欣《山地风景游览地开发演进研究:以天目山脉为例》(《建筑与文化》

2019 年第 1 期）一文，以天目山脉为研究对象，结合保存较为完整的江南地方志图文，梳理了天目山脉山地游览地的开发演进历史脉络、发展情况、形成原因，并从风景园林角度探讨了山地游览地开发和城市自然与人文景观发展的关系，以期为当代城市人居环境建设提供借鉴与参考。

六、雁荡山历史文化研究

舒曼《论雁荡山禅茶与古代诗人的情愫》（《农业考古》2019 年第 2 期）一文指出，历史上，雁荡山禅文化历史资源丰厚，不仅有盛名在外的禅茶——"雁茶"，还有著名的三十六景、十八名寺和众多僧侣，更有众多文人墨客在此结缘，品茶参禅。禅在当时的佛教文化之中扮演了最为重要的角色。从宋以后，当地文人把诸多祈愿融入到了能够悟道因缘的雁荡禅茶之中。而雁荡山十八座寺院，均与文人和"雁茶"有关。

七、普陀山佛教文化研究

景天星《普陀山观音道场信仰研究综述（1982—2018）》（《普陀学刊》辑刊，2019 年卷）一文认为，舟山的普陀山是当之无愧的全球性观音道场。普陀山作为四大佛教名山之一，屹立东海，根基稳固。自明清以来，未曾动摇。在此基础上，形成了普陀山观音道场信仰。20 世纪 80 年代以来，大陆学术界、中国台湾地区学术界和国外学术界相关研究成果层出不穷，大陆学术界的研究成果最多，涉及普陀山历史与文化综论、普陀山佛教专题研究、普陀山文学研究等内容。今后对普陀山观音道场信仰的研究，应在注重整体的基础上，综合运用多种跨学科研究方法，系统梳理普陀山信仰的发展历史，深入分析普陀山信仰的理论结构和内在逻辑，彰显其在中国佛教史和中国文化史中的地位和作用。

李伟《清初普陀山的易律为禅与谱系书写》［《湖南大学学报（社会科学版）》

2019 年第 6 期］一文指出,普陀山是中国佛教四大名山之一,历来认为其佛教宗派在清初经历了改律为禅的变化。实际上史料中存在着大量与此矛盾的表述,今日这种习以为常的认知,是清初禅宗法脉入山后宗派意识凸显下的一种建构,此前该山并不属律宗。由于不属法统的原剃度派僧人仍在两寺之中,编修《普陀山志》的儒家士人需要考虑如何处理两者之间的关系,于是援引《宋史》中《道学》《儒林》两传分立的体例,将其谱系记载分为《法统》《释系》两部分,并确定了《法统》居于《释系》之上的基调。一般认为,儒家道统之说源自禅宗传灯观念,山志的处理办法反映的则是儒家对普陀山佛教的资源回馈。时过境迁,纂修山志的儒家士人对此已不甚明了。对清初普陀山易律为禅与宗派书写过程加以考察,有利于反思佛教史上已有的种种表述、话语。

王天驰、嵇立琴《浅析普陀山法雨禅寺建筑装饰艺术》(《建材与装饰》2019 年第 6 期)一文,就普陀山三大寺庙之一法雨禅寺,浅谈寺庙建筑装饰艺术。通过分析寺庙各类建筑装饰的样式种类、造型变化、规格等级、文化内涵等方面,探讨了寺庙建筑与中国传统建筑的关联,在研究建筑装饰艺术的同时,也更能了解佛教文化融入中国传统文化的进程与发展脉络。

游红霞、田兆元《朝圣旅游的景观生产与景观叙事:以普陀山南海观音露天大佛为例》(《文化遗产》2019 年第 2 期)一文指出,景观生产是朝圣旅游的前提,南海观音露天大佛的造像是普陀山朝圣旅游景观生产的重大事件,完成了"南海观音"从信仰符号到旅游景观的物化凝结。

吴似真《改革开放 40 年舟山普陀山佛教管理工作实践研究》(《江苏省社会主义学院学报》2019 年第 6 期)一文,以改革开放 40 年舟山普陀山佛教管理工作实践为研究个案,对其发展过程进行分析和评价,以探求佛教与时代的统整、融合和适应之道,促使佛教僧团在管理制度方面能应时代机宜作出调整,从而促进整个佛教僧团在管理上的现代转型,最终实现中国佛教的健康发展,力求为当前中国宗教治理提供借鉴。

乐彩珠《普陀山禅修游开发策略研究》(《浙江国际海运职业技术学院学报》

2019 年第 4 期）一文探讨了普陀山旅游项目与禅修之间的关系，分析其现状及存在的问题，提出了将禅修游融入旅游项目的对策，旨在进一步提升普陀山旅游品牌知名度，促进舟山旅游业健康发展。

第三节　浙江地域文化研究

本报告所言"浙江地域文化"主要是指"杭州学""温州学""越学""婺学""湖学"等富有浙江省内地域文化标识的思想学术。此外，浙江境内也有数量众多的古镇古村落，也由此衍生出文化内涵丰富、历史底蕴深厚的古镇古村落文化。它们均属于广义上"大浙学"命题所关注的研究视野。

一、"杭州学"与杭州历史文化研究

2019 年 11 月 16 日，由杭州市政协举办的"2019 年杭州文史论坛暨'江南忆，最忆是杭州：千年以来东南地区文化区位重构与杭州的崛起'学术研讨会"召开。来自中国社科院、北京大学、中国人民大学、南开大学、南京大学、复旦大学、浙江大学、武汉大学、厦门大学等科研机构和高校的专家学者，围绕"千年以来东南地区文化区位重构与杭州的崛起"的主题交流研讨，一致认为，千年以来，杭州作为东南地区的重要城市，文化始终紧随时代潮流，处于东南地区的发展前列；同时建议，要深入研究杭州的城市历史，弘扬和传承好优秀的传统文化；同时还要进一步研究区域文化，促进长三角地区的江南文化融合。

2019 年的"杭州学"研究，主要围绕杭州历史文化的内涵而展开。

姜丽丽《杭州市区河道景观规划设计研究》（浙江大学硕士学位论文，2019 年 5 月）一文认为，杭州自古以来就以水闻名，是世界著名的江南水乡，城市河道作为城市发展和生产过程中不可缺少的一项关键要素，对于城市发展和生态环境有着重大意义。

李桔松《记忆、塑造和认同：清杭州〈城西古迹考〉〈柳营谣〉解读》(《贵州社会科学》2019 年第 2 期)一文指出，清咸丰初年廷玉的《城西古迹考》和清光绪时期三多的《柳营谣》，以留存并挖掘旗营历史文化为目的，重塑了杭州旗营在杭州城西的文化形象。《城西古迹考》对旗营内河梁坊巷及文化遗迹进行了梳理并记录，塑造了杭州城西驻防旗营的文化形态。《柳营谣》以"竹枝词"的体式，诗意地回忆并记述了旗营中的历史与风物，接续了杭州城西驻防旗营的文化身份。

汤芳菲《以文化引领城市的可持续发展：名城杭州的保护实践经验》(《人类居住》2019 年第 2 期)一文指出，杭州是首批国家历史文化名城，拥有西湖文化景观与大运河(杭州段)双世界文化遗产，是一座具有独特文化气质的魅力城市，承载着中国人千百年来诗画江南的古典情怀，具有高度的文化影响力。杭州历史文化资源数量多、品质高、类型丰富，既拥有我国历史文化名城制度语境下的历史城区、历史文化街区、文保单位、历史建筑、非物质文化遗产、大遗址等保护内容，也有文化景观、文化线路等。

沈小勇《城市文化形象的再塑造：杭州历史文化名城建设的经验和启示》(《创意城市学刊》辑刊，2019 年卷)一文认为，改革开放 40 年来，杭州城市文化建设在承继传统、面向未来中不断超越和创新，有力彰显了历史文化名城的独特魅力，推动了杭州城市文化形象的历史再塑造。城市人文精神的重塑，升华了城市文化现代化的内涵；历史文化遗存的保护和城市有机更新的融合，有力修复了城市人文生态；城市公共文化品位的提升，释放了文化现代发展的活力；开放的文化兼容心态，打造了"东方文化国际交流重要城市"。

吕灏《杭州革命遗址遗迹保护利用探析》(《大众文艺》2019 年第 24 期)一文指出，革命遗址遗迹是革命文化的物质层面，杭州革命遗址遗迹表征了杭州地区中国共产党领导人民争取民族独立、人民解放的苦难辉煌，更是记录民族历史文化的直接承载。

2019 年 10 月，《严州文化全书》第一批由杭州出版社推出。所谓严州文化，简单地讲，就是以古严州府所辖的六县一城(建德、寿昌、淳安、遂安、桐庐、分水和严州古城)地域范围内,经过数千年历史发展所形成的一种带有严州地域标识的文化现象,我们称之为严州文化。严州文化是中华传统地域文化的一个重要组成部分,是介于吴文化、越文化、徽文化之间,非常独立,而且又有自己禀赋的乡土文化。严州文化的特殊地位就在于它是有承载,有自己发展脉络和历史连续性、非常个性化的独立品格的地域文化。

朱睦卿《千年梅城》(杭州出版社 2019 年 10 月版)一书,是一部关于严州州城和建德县县城——梅城历史文化的普及读物。20 世纪 50 年代以来,由于行政区划的变迁,梅城从州府(专署)降格为乡镇,历史文化资源的流失和破坏十分严重。全书分五章二十二节,对梅城的山川地理、人文历史进行了全面的梳理,为读者提供一个了解梅城乃至严州历史文化的窗口。

方韦《严州史话》(杭州出版社 2019 年 10 月版)一书叙述,肇于旧石器时代之"建德人",迄于清末,内容涵盖严州之社会、政治、经济、文化、人物、宗教、军事等,全面反映了严州之域的发展脉络,对充分挖掘严州的传统文化,提高严州的历史地位有着重要的意义。

方本昌《淳安遗韵》(杭州出版社 2019 年 10 月版)一书,主要介绍了淳安的建置沿革、民风乡俗、人文遗迹、名人趣事等,历史与文学交叉,尤其是在人物纪事部分尤为突出。

王顺庆、魏一媚《古城寿昌》(杭州出版社 2019 年 10 月版)一书,介绍了寿昌县治四次迁徙,城池建设,街市变革,古村、古寺、古道,风俗,方言,土特产品及饮食,宗祠等古建筑,水系、山脉、桥梁等多种内容。

王樟松《潇洒桐庐》(杭州出版社 2019 年 10 月版)一书指出,北宋名臣范仲淹知睦州时,一气呵成写下了《潇洒桐庐郡十绝》,为桐庐立下了千年的城市品牌——"潇洒桐庐"。桐庐的潇洒包括风物的潇洒、人文的潇洒、风情的潇洒等。《潇洒桐庐》以民国《桐庐县志》为底本,从方舆、古迹等角度出发,介绍桐庐物质文化遗存;对桐庐的民间传说、民间美术、传统技艺、音乐舞蹈、民俗风情等非物质文化遗产和历代桐庐名人、名人与桐庐作了较为完整的推介。

朱睦卿《严州老字号》（杭州出版社 2019 年 10 月版）一书，是对严州目前依然存在的老字号的一次全面介绍与回顾，共分老商号、老厂坊、老行业、商会组织四个部分，介绍了严东关致中和五加皮、金源昌烟厂等为大家熟知的严州的百年老店，对宣扬严州文化、开辟钱塘江学起到了很好的推动作用。

戴荣芳《古邑分水》（杭州出版社 2019 年 10 月版）一书十章，遵循从古到今的时间顺序，比较全面地介绍了古镇分水，向人们展示了它古老而又年轻的风采。

王兢《遂安人文》（杭州出版社 2019 年 10 月版）一书，对遂安的历史、县域、发展进行了考证和记录，从各个方面记录、展示了遂安的人文历史和生活习俗。

胡蔼云、谢关保《梅城白话》（杭州出版社 2019 年 10 月版）一书指出，严州方言历史源远流长，至今当地的百姓还在用它交流。但随着时代的发展，地道的严州方言也到了濒临失传的境地；本书收集了更多的严州方言，并整理成文字。

方韦《严州诗词选》（杭州出版社 2019 年 10 月版）一书，从历代典籍中遴选出自南北朝至清代的近两千首描写严州之地山水风物的诗词，以歌颂此地的山水风光和人文历史。

罗嘉许《严州府城坊巷志》（杭州出版社 2019 年 10 月版）一书指出，严（睦）州府城，俗称梅花城。州城始建于唐中和四年（884），宋沿之，宣和初方腊反宋，据州坏城，宣和三年（1121）方腊事平，知州周格重筑。元代下诏毁之，仅剩基址，结扎荆篱。元至正二十一年（1361），朱元璋部将李文忠攻取建德路，移城改筑而小之，城门有六，格局规正。清因明城。太平天国争战，日本侵华，城坊有毁，坊巷犹存。富春江电站水库蓄水，棋盘街、黄浦街于 1970 年淹没。

陈利群《严州文化的丰赡与精微》（《今日建德》2019 年 9 月 6 日）一文认为，严州文化的内涵十分丰富，它包括：史学文学、宗教哲学、伦理道德、政治经济、戏曲风俗、商帮水运、方志方言、刻本印刷、铸币冶炼、军事战争、建筑风水等几十个门类，是严州人、建德人精神家园中最宝贵的乡愁记忆。严州史学，严州诗学，严州理学，严州刻本学，严州道学，严州佛学，严州文学，严州方言学等等，共同构建起严州学的地域文化大厦，为严州文化的生存和研究提供了源泉和智慧的力量。

二、宁波历史文化研究

2019 年学界关于宁波历史文化综合研究的论著有以下数种。

张如安、张伟主编《宁波区域文化资源概览》（浙江大学出版社 2019 年 11 月版）一套书五种，即宁波俗卷、宁波事卷、宁波学卷、宁波人卷、宁波物卷，全面叙述了宁波地域社会从古代到近代的历史变迁，揭示了宁波地域文化从远古时代河姆渡文化的鸿蒙初开，到宋元时期成为浙东文化重镇，再到近代开埠通商后融会中西文化而开风气之先的历史进程，既有宏观的时空脉络叙述，又有微观的事件描述，使读者对宁波的地域历史及其文化资源有一个全面的了解。

徐方主编《宁波地域文化读本》（宁波出版社 2019 年 12 月版），有《宁波海上丝路文化》《宁波阳明文化》《宁波青瓷文化》《宁波红色文化》四本专著。

（1）徐晓虹著《宁波红色文化》一书，书中分列"红色名人""红色文艺""红色宣传""先烈英雄"四个章节，详细记录和整理了自"五四"运动开始，一直到中华人民共和国成立为止，在宁波这片热土上发生过的红色史实。

（2）蔡亮、陈雪军著《宁波阳明文化》一书，分"阳明文化，浙东滋养""圣学故里，姚江之光""浙东硕儒，守望三江""心传不绝，余波壮阔"等多个篇章，对阳明学在宁波地区的形成发展传播史，予以详细论述，具有填补学术空白之价值。

（3）刘俊军、刘恒武著《宁波海上丝路文化》一书，共分"孕育成长""辉煌巅峰""展望未来"等篇章，记录了宁波在古代丝绸之路中发挥的重要作用。海上丝绸之路是古代中国通往世界其他地区的海上通道，沿海的众多港口城市如同点缀其中的明珠，镶嵌在蜿蜒漫长的海岸线上；宁波则是其中一颗璀璨"珍珠"，是中国海上丝绸之路的活化石。

（4）杨燚锋、黄文杰著《宁波青瓷文化》，第一章"远古回响"，追溯了浙东（宁波）青瓷发源于河姆渡陶器的历史；第二章"世俗气象"，通过图文，描绘了青瓷进入寻常人家的发展过程；第三章"千峰翠色"，重点描绘了宁波青瓷的巅峰之作"秘色瓷"

的风采，以及与茶饮、诗歌等文化的融合；第四章"外销之路"，记载了宁波青瓷作为中国文化和实用品的象征出口亚非各国的盛况；最后一章即第五章"余韵悠远"，讲述了宁波青瓷对于其他地区瓷器发展提供的借鉴，以及千年上林湖流传至今的动人传说。

乐承耀《宁波历史文化的当代价值和意义》（《宁波日报》2019年10月10日、10月24日）一文指出，自古以来，宁波厚德崇文，名人大家辈出，很多方面独树一帜，涉及哲学、史学、文学、经学、教育、经济学等几乎所有的学术领域。在长期的实践探索中，涌现出虞喜、虞世南、王安石、史浩、王应麟、黄震、张可久、袁桷、王阳明、黄宗羲、张苍水、万斯大、万斯同、全祖望、潘天寿、张人亚等历史文化名人。

丁春文《文旅融合视角下历史文化名城旅游形象的塑造：以宁波为例》（《陕西学前师范学院学报》2019年第9期）一文指出，作为国家历史文化名城，宁波城市旅游形象自我定位一直不断演变；公众对宁波国家历史文化名城的形象认知存在的偏差，既和宁波城市现有地位不匹配，也和宁波历史文化名城称号不相符。在文旅融合的新时代，宁波要以文化建设为核心，以文促旅、特色彰旅，创新载体、整合营销，通过开发地方传统文化旅游线路、区域特色文化旅游产品，合力塑造新时代城市旅游新形象。

刘翠萍、罗炳金《宁波生态文化资源与文化创意产业融合及其对策》（《浙江纺织服装职业技术学院学报》2019年第1期）一文指出，宁波历史遗存丰厚，这其中蕴含着极为丰富的生态文化资源。

马靖、朱松伟《历史文化街区保护利用研究：以宁波老外滩为例》（《美与时代》2019年第7期）一文以宁波老外滩为例，分析其历史背景和存在的问题，探究对其进行保护利用的方法。

贾艳飞、李励、何依《区域历史文化聚落的保护研究：以宁波石浦区域历史文化聚落为例》（《华中建筑》2019年第10期）一文以宁波石浦区域历史文化聚落为例，提出了相应的保护方法。

伍鹏《"宁波最美老地名"之特征及其文化遗产价值》[《浙江树人大学学报（人

文社会科学)》2019年第1期]一文指出,根据历史文献考证和分析50个"宁波最美老地名"的命名来源,可以分为以山川河流和小溪命名、以地形地貌或建筑特征命名、以历史故事或传说命名、以姓氏或历史名人命名、以军事基地和渡口命名以及以寓意命名等类型。它们不仅反映了宁波源远流长的历史文化、灵动毓秀的山水文化、城市文化的历史变迁和文化传承,而且反映出以"开拓创新,海纳百川"的海洋文化为特色的城市精神、人文荟萃的历史名人文化和"书藏古今,港通天下"的旅游城市形象,具有很高的文化遗产价值。

此外,2019年3月16日,国家社科基金重大招标项目"天一阁所藏文献分类整理与研究"(13&ZD089)结题鉴定会在宁波天一阁博物馆举行。据悉,"天一阁所藏文献分类整理与研究"项目是宁波大学、宁波天一阁博物馆于2013年联合申请到的国家社科基金重大项目,首席专家为宁波大学龚缨晏教授。会上,龚缨晏教授汇报了课题研究过程,并现场展示了数量庞大的阶段性成果及最终成果,包括全部影印出版的《天一阁藏历代地方志汇刊》计850册等,这就为研究中国源远流长的地方志文化以及丰富多彩的中国地域文化提供了宝贵的史料。

三、"温州学"与温州历史文化研究

"温州学"是以温州为主要研究对象的综合性地域学科,涉及政治、经济、历史、人文、地理、文化,以及改革开放以来温州经济社会文化发展所形成的"温州现象"。早在2002年,温州市委、市政府就提出创立"温州学"。多年来,温州社科理论界长期致力于"温州学"研究工作,形成了一批有分量、有价值、有影响的研究成果。特别是近年来,社科领域专家学者对温州文化、温州人以及温州文化与经济互动发展等方面进行了深入研究,推出了像《续写创新史:温州改革开放40年研究》(浙江人民出版社2018年12月版)等一大批优秀研究成果,全面、系统、扎实、有序地对温州的历史和现状进行研究。

2019年6月6日,"温州学文献中心揭牌成立仪式"在温州市图书馆举行。温

州市委宣传部长胡剑谨出席揭牌仪式并致辞。① 据悉，"温州学文献中心"设在温州市图书馆七楼，以地方文献馆藏为基础，囊括了古籍 900 余种，民国文献 1000 余种，当代文献 2 万余种，其中包括众多古籍善本、抄校稿本等珍贵文本，这些都是了解温州、读懂温州的珍贵文献。

2019 年 6 月 29 日，由浙江省文化和旅游厅主办的"瓯江山水诗路建设专题座谈会"在浙江永嘉举行。永嘉县委副书记、县长林万乐向与会嘉宾介绍了永嘉的历史文化。他表示，瓯江山水诗路贯彻整个浙南地区，集聚沿线文旅优势资源，可以为乡村振兴、全域旅游、绿色发展注入不可估量的历史、时代、经济和文化价值。永嘉将借诗路建设契机，打造山水诗数据库、山水诗档案库、山水诗智力库，把诗路的醉人美景串珠成链，建成"谢灵运"山水诗画旅游带、"舴艋舟"乡愁记忆旅游带和"陶弘景"养生文化旅游带，使诗路成为百姓致富之路，市民提高生活品质之路，游客喜爱的美景美食之路。

2019 年 7 月 20 日，"永嘉场文化综合研究专家研讨会"在温州市龙湾区举办。来自浙江工业大学、温州大学以及温州市和龙湾区从事地域文化、民俗文化研究的领导、专家学者 30 余人与会。温州市社科联主席潘忠强指出，近年来，市委市政府高度重视温州地域文化的研究挖掘，龙湾的永嘉场文化研究是温州地域文化"温州学"的重要组成部分，在"温州学"中具有特殊重要的地位，因此，永嘉场文化研究要拉开框架，提高站位。

2019 年 12 月 27 日至 28 日，浙江省社科联与温州市社科联、丽水市社科联合作召开"'文化浙江·大讲堂:瓯江山水诗路'专题研讨会"。来自浙江卫视、温州、丽水的专家学者共话瓯江山水诗之路，畅谈诗路文化带的建设和发展，寻找隐藏在瓯江山水诗之路背后的文化基因，为"文化浙江·大讲堂:瓯江山水诗之路"专题片的拍摄建言献策。与会者一致认为，瓯江山水诗之路是浙江省"四条诗路文化带"的重要组成部分，拍摄"文化浙江·大讲堂:瓯江山水诗之路"专题节目，不仅可以

---

① 《"温州学"文献中心今揭牌成立，助力"温州学"研究》，掌上温州客户端，2019 年 6 月 6 日。

连点串线系统梳理瓯江山水文化，深挖历史故事背后的文化基因，同时也是一个非常好的展示温州、丽水地域文化的契机。

2019 年关于温州历史文化综合研究的论著主要有以下数种：

尤育号《因地制宜：晚清温州士绅社会研究》（上海三联书店 2019 年 7 月版）一书，不同于将"士绅"全然定义为国家政权附庸的传统观点，以及近几十年来社会史研究中过于强调士绅的非国家规定性的倾向，而是力求从区域入手，着眼于温州士绅在经营地方的过程中，如何在"地方"的关系和脉络中"因地制宜"，如何发挥在地能动性以及能动性的限度的讨论。

王乒乒《试论永嘉琴人群体中的"名仕效应"：宋元明清永嘉琴人史料考辨》（《天津音乐学院学报》2018 年第 4 期）一文对宋元明清永嘉琴人史料，进行了搜查和考证，在为现已知的永嘉琴人史料进行补充的同时，以永嘉琴人群体中的两位名仕——叶适和张璁为核心，对宋元明清永嘉琴人群体之兴盛展开深层次的探讨；而后将永嘉琴人现象置于整个浙地琴人发展史中，对其在大区域内所显现的特殊性进行阐述。

王乒乒《以仕为轴：宋元明清永嘉琴人现象考辨》（《浙江艺术职业学院学报》2019 年第 1 期）一文通过对宋元明清文史资料的全面搜集、细致考证，尽可能最大限度地网罗宋元明清永嘉琴人史料，以所考证的琴人史料为据，从社会学角度，对永嘉地区琴人的兴起、社会身份、地域分布展开梳理、剖析，客观呈现了永嘉琴人群体所透射的具有其本土地域特性的永嘉琴人现象。

陈歆儿、张士军《历史文化因素对温州创新创业的影响机制与对策研究：以温州地区为例》（《经济研究导刊》2019 年第 10 期）一文采用质性分析方法和案例分析方法，以温州地区为研究样本，探索历史文化因素对温州地区创新创业的影响机制和效应，据此从历史文件视角提出促进创新创业的多元化措施。

杨效泉《文化基因视域下温州文化、温州精神对温州模式的影响》（《温州职业技术学院学报》2019 年第 2 期）一文指出，改革开放 40 年来，温州模式创造出巨大的成就，成为我国民营经济的生动样本和成功典范，温州文化、温州精神功不可没。

其中,永嘉文化、海洋文化、乡村文化等温州文化是孕育温州模式的温床,是其诞生和存续的内在根源;创业、自主、开拓、创造的温州精神是涵养温州模式的源泉,是其发展和进步的动力所在。在文化基因视域下审视温州模式与温州文化、温州精神的内在关联,以文化基因为内核和优势,可不断推动温州模式产生创新与变革。

陈宇超、黄海《"山水斗城"格局下历史文化街区传统肌理的有机更新:以温州朔门历史文化街区为例》(《温州职业技术学院学报》2019 年第 3 期)一文指出,"山水斗城"格局是温州城市历史格局的综合概括,是研究其传统肌理关系、价值和有机更新的基础,具有多重意义。

四、绍兴历史文化研究

越文化是浙江文化的根脉,是中华优秀传统文化的重要组成部分。经历先秦、明代和民国初年的辉煌之后,越文化迎来新中国诞生所带来的发展机遇,在为新中国七十年的文化学术事业和经济社会发展作出多方面贡献的同时,也不断焕发出蓬勃生机,涌现出马寅初、马一浮、胡愈之、范文澜、陈鹤琴、斯霞、冯契、娄尔行、袁雪芬、陈桥驿、楼宇烈、郭松义、俞吾金、章培恒、谢晋、刘文西等一大批文化名人和杰出人文社会科学家,在经学、史学、哲学、文学、经济学、法学、教育学、艺术学等领域各领风骚,为世人所景仰。

2019 年 10 月 26 日,由绍兴文理学院主办,浙江省越文化传承与创新研究中心承办的"新中国七十年与越文化研究学术研讨会"在绍兴召开。来自北京、上海、广东、山东、陕西、广西、浙江等国内多个省市的 60 余位专家学者参加了本次学术会议。与会专家回顾了新中国七十年越文化研究的历史进程,并就新时代越文化研究及建设问题进行了多方位、多角度的探讨。

绍兴是浙江诗路文化的重要节点,具有 2000 多年的深厚文化底蕴。2019 年 3 月 8 日,由浙江省社会科学界联合会主办,绍兴文理学院承办的"浙江诗路文化研究座谈会"在绍兴会稽山召开。来自省内高校和省市社科联的专家学者出席座谈会，与会学者建议：浙江诗路文化学术研究，一要进一步增强问题意识，坚持问题导向；二要拓宽研究的时空观，将研究视域拓展至"唐诗之路"的前奏和余声，而非局限于"唐"本身，将研究思路拓展至"唐诗之路"和经济社会、浙东思想史、中国文化史的碰撞与互动，而非局限于"唐诗"本身；三要进一步丰富选题方向，完善研究思路和脉络。

2019 年关于绍兴历史文化综合研究的论著有以下数种。

廖晓飞主编《绍兴图书馆馆藏现当代地方文献书目提要》（国家图书馆出版社2019 年 12 月版）一书，主要展示绍兴图书馆馆藏现当代地方文献，配以概括性的文字提要。前 60 余种（现代）以文字提要辅以图片的形式编排，后 500 种（当代）以文字提要的形式呈现，并附录有 5000 余条当代地方文献专题书目。借此，读者可了解绍兴丰富的地方文化历史特色。

黄义枢编《绍兴戏曲全编·明杂剧卷》（中华书局 2019 年 1 月版）一书，为"越地文献丛刊"一种，系越地戏曲研究的一部力作，对明代尚存刊本或抄本的四十一种杂剧进行了整理校点，不仅有助于建构人们对明代绍兴杂剧的整体认识，也将在一定程度上推动浙江古代戏曲乃至中国古代戏曲的研究的深入。据悉，绍兴在中国古代戏曲史上占有重要的地位，尤其是在晚明时期，绍兴曲家戏曲创作的繁荣和理论的自觉具有比较鲜明的流派意识和特征，形成了学术界所谓的"越中曲派"，在中国戏剧史上具引领地位。此外，《绍兴戏曲全编》由绍兴文理学院越文化传承与创新研究中心组织出版，明传奇卷、清杂剧卷、清传奇卷等将陆续出版，共同构成"明清绍兴戏曲全编"系列。

李先国著《越地现代文学理论研究》（中国社会科学出版社 2019 年 3 月版）一书，系统地展现了夏丏尊、许钦文、范寿康、徐懋庸的文学理论研究成就，以及章锡琛、范文澜分别对国外文学理论和中国古代文学理论的注释、翻译。

章董晓《历史文化街区商业业态评价研究》（《山西建筑》2019 年第 2 期）一文以鲁迅故里历史文化街区为例，调查分析其改造后的商业业态现状，并从业态结构、空间布局、交通环境等方面对该历史街区商业业态进行分析和评价，探析商业业态现状存在的问题并提出了相应的优化建议。

吕晓燕《绍兴文化休闲旅游游客体验调查研究》(《现代商贸工业》2019 年第 10 期)一文指出,绍兴作为历史文化名城,历史文化底蕴深厚,文化旅游资源丰富,发展文化休闲旅游优势明显。

五、湖州历史文化研究

2019 年 3 月 30 日至 31 日,由杭州师范大学人文学院主办的"'环太湖区域词学研究'学术研讨会"在杭州师范大学召开,与会学者就"环太湖区域词学研究"的系年、校注、词派等问题展开讨论。项目总负责人、杭州师范大学资深教授沈松勤介绍了项目筹划过程和实施方案,认为,通过对环太湖地区词学的研究,可以揭示该区域促使词学演进的社会、经济、学术和文化环境,词学的演进过程,对中国传统词学"集成"与"开新"的地位,并有利于理顺文化与社会各方面的关系,具有非凡的时代价值。他介绍这一项目将开展数期研究,第一期的预期成果包含三卷本的"环太湖区域词学系年",还有《浙西六家词校笺》《琴画楼词钞校笺》《吴中七家词校笺》《柳洲词派研究》《云间词派研究》《西陵词派研究》《浙西词派研究》。

2019 年关于湖州历史文化综合研究的论文有数篇。

刘正武《重新扛起"湖学"的大旗》(《湖州日报》2019 年 5 月 26 日)一文认为,当代"浙学"研究中,"湖学"不可缺位,"湖学"曾经源起湖州而影响遍及天下,影响整个中国宋元明清思想学术发展和社会转型,是湖州非常重要的历史文化资源。

刘霜《湖州市城市型旅游目的地研究:以观音文化和项羽文化为主题》(《湖北农业科学》2019 年第 9 期)一文,根据浙江省湖州市旅游文献统计,建议把湖州市吴兴区打造成以观音文化和项羽文化为主题的城市型旅游目的地,改变湖州城区旅游景点小且分散、难以留住游客的局面,增加游客人次和旅游收入。

张富军《湖州历史资源在中学历史教学中的渗透与运用》(《课程教育研究》2019 年第 29 期)一文指出,湖州作为中国的历史文化名城,有着丰厚的历史文化资源,这些历史资源弥足珍贵,对社会的发展都起到了重要的作用。

朱智《湖州市衣裳街历史文化街区旅游标识系统调查研究》(《黄冈职业技术学院学报》2019 年第 4 期)一文,以湖州市衣裳街历史文化街区为例,通过实地调查该街区旅游标识系统及使用经历,并从旅游标识系统解说标识牌的完整性、宜人性、观赏性、规范性、安全性、经济性等六个方面进行了分析。

六、嘉兴历史文化研究

2019 年嘉兴历史文化综合研究类的论文有:孔越的《国际范的嘉兴应擦亮"运河"这张名片》(《嘉兴日报》2019 年 2 月 21 日),陈不染的《嘉兴市区名人故居现状调查及利用对策研究》(《科技视界》2019 年第 5 期),张谦、陈亚欣的《古代嘉兴城的规划:暨城墙的历史演变》(《中国城墙》辑刊,2019 年卷)。

七、"婺学""婺文化"与金华历史文化研究

婺文化是在浙江中西部金衢盆地这一特定的地域中经过 2000 多年孕育而形成的一种文化模式,其中,"婺学"是婺文化的核心,在浙江乃至中国学术思想上占有比较重要的地位。2019 年 6 月 1 日,金华市政协组织召开了"婺学研究的历史、现状、展望与婺文化创新发展专家咨询会",来自美国哈佛大学、复旦大学、日本学习院大学、同济大学、华东师范大学、中国社会科学院、中华书局、《光明日报》、浙江省社会科学院、浙江师范大学等国内外知名高校、科研院所和出版传媒单位的专家学者,共同探讨"婺学"研究和创新发展。[①] 与会专家们建议,金华市要高度重视婺文化的深度研究和传承发展,努力复兴"婺学",再创"小邹鲁"文化优势,大力建设"文化金华"。

---

① 《国内外知名专家学者齐聚金华为婺文化"支招"》,金华政协网,2019 年 6 月 1 日。

2019 年"婺学"与金华历史文化综合研究的论文有数种。

李青《地域传统文化阅读推广研究：以婺文化为例》(《内蒙古科技与经济》2019年第 3 期)一文，从地域传统文化与图书馆阅读推广的关联性入手，以婺文化为例，分析了地域传统文化阅读推广的意义，探讨了图书馆在弘扬地域传统文化中的优势，并从婺文化阅读推广实践中得出经验总结。

胡俊《婺学文化在浙中传统民居建筑艺术中的传承与发展》(《区域治理》2019年第 33 期)一文从婺学文化发展的角度来探寻并研究区域文化的变迁对浙中传统民居建筑的影响，通过对其建筑类型与聚落形态特征、空间布局与营造特点、装饰艺术与美学特征等内容的分析，提炼出"婺派建筑"可被传承与创新的文化内涵，从而全面认识和理解浙中传统民居的建筑特征与传承价值，进而促进浙中传统民居的继承和发展。

应思瑶《全媒体时代金华历史文化的传播策略》(《视听》2019 年第 10 期)一文指出，文化的传承和弘扬离不开媒体的作用。全媒体时代，在如何传承金华历史文化这一课题下，研究地方媒体的传播策略成为首要解决的问题。为了实现更好的传播效果，可以采取借力全媒体平台，扩展传播渠道；创新传播形式，提升内容价值；挖掘地方特色，丰富传播内容等传播策略。

汪全玉《传统与范式：金华文学的生态意识》(《浙江工贸职业技术学院学报》2019 年第 3 期)一文指出，金华文学的生态意识源远流长，其来有自，是为浙江文学的一个重要特征，也是浙江文化的表征之一。金华乃人文之渊薮，文学生态意识自古代文学时期，由科举仕宦的传统肇起；至现代文学时期，因家国乡土范式得以沉淀；在当代文学创作中，又显现了因生态文明发展而创新承续的态势。这种时代特征，分别源于教育传承中地理环境影响下的自然观，婺学经世致用理念下的社会观，历史命运冲击中的启蒙观以及觉醒后植根于新中国文学体系中的人文观。金华文学的生态意识，不仅在作家群体，也在普通民众中形成追寻桃源范式的人文认同，影响波及域外。

汪全玉《反诘与正本：金华当代乡土小说例论》(《温州职业技术学院学报》2019

年第 1 期）一文指出，金华当代乡土小说以金华地域文化的核心要素婺学精神和乡土信义为支撑，正本清源地反诘了乡土文学和农民文学两个概念的混乱更迭。金华当代乡土小说在人物塑造上十分成功，构建了一种注重乡土灵魂和精神传承的乡土小说创作模式，已成为重要的金华地方文化积淀。

八、衢州历史文化研究

近年来，衢州市委市政府紧紧围绕习近平总书记提出的"让南孔文化重重落地"重要嘱托，努力做到"三个打通"：南孔古城复兴与南孔文化复兴两者打通，全国文明城市创建与城市品牌打造两者打通，文化事业与文化产业两者打通，以期留住城市的根和魂。通过"三个打通"，南孔文化开始潜移默化影响着衢州人的自我修为与处事标准，并在不断的探索与实践中历久弥新、焕发新机，让衢州这座千年古城真正成为一个令人心生向往的最温暖的地方。

2019 年，衢州历史文化综合研究的论文有数篇。

康君《衢州遗存古塔及其文化价值》（《文教资料》2019 年第 29 期）一文从衢州境内遗存古塔的概况、发展演变、民俗文化及审美价值诸方面切入，透视衢州古塔的历史文化内涵及其在区域历史文化中的价值和地位。

高佳燕、侯松《中医遗产的本土叙述与文化话语重构：基于浙江衢州两部方志的考察》（《浙江外国语学院学报》2019 年第 3 期）一文从话语分析的视角出发，以《西安县志》和《衢县志》中关于草药和医家的叙述为例，解读中国传统话语对"医"意义的建构。

方建平、吴宁、于文波、孙亚丽《浙西衢州地区古祠堂智造解析》（《建筑与文化》2019 年第 5 期）一文指出，浙江省西部衢州地区，因地理位置相对较偏远，现存有大量保护较完整古祠堂。作为规格和形制较高的一种传统建筑，是当地优秀传统文化的载体，蕴含着丰富的生存智慧。

宋娟《"南孔圣地·衢州有礼"城市品牌与地域文化融合的策略研究》（《品牌研

究》2019 年第 11 期）一文指出，随着城市发展步入品牌竞争时代，许多城市纷纷制定城市品牌战略。2018 年，衢州确立"南孔圣地·衢州有礼"的城市品牌，并开始了全方位、多层次的城市品牌打造。该文基于衢州历史文化、民俗文化和生态文化，提出城市视觉形象建立、城市产品打造、差异化传播等城市品牌发展路径。

王昱惠《影像视角下"山水衢州"的塑造与推广研究》（《新闻研究导刊》2019 年第 22 期）一文指出，衢州是一座山清水秀、拥有很多矿产资源、具有浓郁历史文化氛围的城市，对衢州的发展和宣传，要利用好这些独特的自然资源，让人们感受到它的魅力所在。

此外，2019 年 12 月 20 日至 21 日，"2019 常山江'宋诗之河'与旅游融合发展论坛"在浙江常山举行。20 余位省内外文化专家学者与会，认为，作为千里钱塘江源头重点节点，百里常山江在 1800 多年的悠久历史长河中，有着深厚的人文底蕴和自身独特的文化魅力。尤其是在宋代，常山县迎来历史上最辉煌的文化高峰期，宋诗更是宋代留给常山最重要的文化瑰宝，仅当前搜集到的宋诗就有千首之多。近年来，常山县抢抓机遇、顺势而为，提出打造常山江"宋诗之河"文化品牌，这既是弘扬和传承中华民族优秀传统文化的需要，更是常山打造"江南水乡风物清嘉的文化名县"的盛举。

九、舟山历史文化研究

2019 年舟山历史文化研究，主要围绕海洋文化、佛教文化展开。

刘杰《舟山佛教文化资源的历史与现状及开发构想》（浙江海洋大学硕士学位论文，2019 年 5 月）一文立足于舟山群岛整体佛教文化资源开发的高度，综合运用场域理论、文化线路等相关理论从开发构想、战略执行等几个层次提出了开发舟山群岛佛教文化旅游资源的整体构想。

秦露萍《民国舟山渔业与渔文化文献整理及当代价值研究》（浙江海洋大学硕士学位论文，2019 年 5 月）一文指出，民国舟山渔文化是海洋文化的重要组成部分,民国时期舟山渔业与渔文化为当代研究海洋渔业与渔文化留下了丰富的史料素材。对于民国舟山渔业与渔文化文献的整理与研究,是探求民国舟山渔业发展状况、渔村文化建设以及渔民生活状态,完善海洋渔业发展史不可或缺的一步。

林上真、赵筱侠、王颖《东海岛屿文化遗产生态保护历史、现状及未来:基于舟山黄龙岛的考察》[《浙江海洋学院学报(人文科学版)2015 年第 2 期]一文,以舟山黄龙岛为个案,从历时性与共时性两个角度呈现舟山海岛文化遗产保护状况,通过剖析黄龙岛文化遗产保护、传承和发展中的困境来反思海洋文化遗产保护问题,构建文化遗产保护生态平衡系统,以加强对海岛文化遗产生态保护。

陈恩玲《舟山白泉镇历史文化遗存保护现状研究》(《农村经济与科技》2019 年第 9 期)一文指出,舟山白泉镇独特的海岛自然环境,孕育出特色鲜明的海洋文化,保留了丰富的历史文化遗存。

王文洪《近代英国谋取舟山为自由港的历史始末》[《浙江海洋学院学报(人文科学版)2014 年第 2 期]一文指出,明朝末年英国人来到中国,揭开了中英关系的序幕,同时也开始了英国对舟山长达两个世纪谋取舟山为自由港的历史。先是通过舟山这个良港与中国贸易,来打开中国的市场;然后派遣使团来华,试图通过外交谈判来开放舟山;最后是通过军事手段占领舟山,强行把舟山划为自由贸易港。

邱好玥、夏重《英国最早的自舟山采集的茶叶标本及其所构文化通道初探》(《浙江国际海运职业技术学院学报》2019 年第 3 期)一文指出,英国最早的茶叶标本系英国皇家学会会员坎宁安于 1700 年底在舟山定海盘峙岛采集,1701 年 7 月 15 日寄达伦敦,它和随后由舟山寄送的茶叶种植、加工技术记录及茶椅等物,对英国人学习、发展中国茶文化具有积极意义。坎宁安其后对舟山进行的全方面科考成果在英国发表后引发强烈轰动,它表明,在"海上丝路"中英关系中,并不只有商品的交流,同时也形成了一条清晰的文化交流通道。

张佩慧《论非物质文化遗产在舟山乡村旅游开发中的应用》(《农村经济与科技》2019 年第 7 期)一文指出,舟山发展乡村旅游,应挖掘舟山渔农村非物质文化遗产,充分发挥其在推动舟山乡村经济发展中的作用。

十、台州历史文化研究

2019年,《台州文献丛书》第六辑正式出版,古籍类影印本有《寒山拾得诗集》《赤城集》《赤城后集》《柔桥文钞》《台州经籍志》(上海古籍出版社2019年12月版),点校本有《台州续考》《中国薄录考》《赤城后集》(上海古籍出版社2019年12月版);文化研究类成果有《司马承祯与天台山》《台州儒学史》《谢铎及茶陵诗派》《丹丘之旅:蒲华与晚清台州士林》《宋台州崇道观祠录官考释》(上海古籍出版社2019年12月版)。其中,由宋代林表民纂辑的《赤城集》和由明朝谢铎纂辑的《赤城后集》,大体收录了唐至明有关台州及台州各县衙署、学校、寺观、祠庙、斋堂、楼阁、桥梁、仓署、人物等记、传、碑铭、行状及序论等第一手文献史料,对研究台州地方史有很重要的参考价值;《寒山拾得诗集》是道光精选寒山、拾得二僧的代表性诗作汇集,短小精悍,刻印俱佳;《宋台州崇道观祠禄官考释》一书,是对台州崇道观祠禄官自缘起至结束的综合研究,于崇道观的历史和道藏均作了极深的研究,搜辑了历史文献中能见到的崇道观祠禄官员;特别值得一提的是由近人项士元所撰写的《中国簿录考》,全书分18卷24类,共90余万字,收录我国自汉至近现代所能了解到的林林总总之目录学著述2500余种,并略为考述。严振非《台州儒学史》一书,记述南宋至清末台州百位儒学人物及其学术思想,其中有南宋十大儒、元代北山学派、明代王学、清代诂经学子。著名学者有赵师渊、车若水、胡三省、方孝孺、谢铎、黄绾、王宗沐、齐召南、戚学标、洪颐煊、喻长霖、章梫、王棻、王舟瑶等,他们的儒学著作是历史文化瑰宝。

台州市委宣传部、台州市社会科学界联合会主编《品读台州丛书》(上海教育出版社2019年11月版),冠名为"台州风",共有6册,分别是《台州风流》(吴茂云主编)、《台州风云》(王康艺编著)、《台州风味》(王寒著)、《台州风景》(包建永编著)、《台州风雅》(郑鸣谦主编)、《台州风韵》(范正来主编),分别介绍了台州的人、事、物、景、文、艺。这部丛书对台州文化历史脉络、台州文化发展成就和台州文化未来愿景作了梳理，是"宣传台州的一张亮丽'名片'"。

2019 年 3 月 9 日，"台州市唐诗之路研究院研讨会暨课题论证会"在浙江天台和合小镇唐诗之路文化体验中心举行。与会专家学者一致认为："浙东唐诗之路"是一条对唐诗发展有着重大影响的人文诗路。它始自钱塘江边的西兴渡口，经萧山到鉴湖，沿浙东运河至曹娥江，然后沿江入嵊州剡溪，经天姥山，到天台石梁飞瀑，最后抵达华顶峰，天台山是浙东唐诗之路的目的地和精华所在。据考证，《全唐诗》及《全唐诗续拾》收载的诗人 2200 余人中，先后有 300 多人吟诵天台山、留下 1300 多首诗歌，成为璀璨千年的文化遗韵。

2019 年，台州、临海历史文化综合研究的论文有多种。

鞠贵芹《台州地区胡公崇拜历史及其文化意义》（《台州日报》2019 年 10 月 15 日）一文指出，胡公，民间称胡相公、胡公大帝，是金、衢、严、台等地民间信仰的区域性神祇，在浙东地区影响尤深。作为浙东城市，台州是胡公祭祀圈的重要组成部分，同胡公信仰核心区金华永康相比有独特之处。胡公崇拜，是台州民间信仰的一种形式。尽管民间信仰不同于宗教，但它具有宗教的功能。

刘振《和合文化的三个层次及其制度史渊源：兼论台州在和合文化中的母体地位》（《台州学院学报》2019 年第 5 期）一文指出，和合文化是中华文化的精髓之一，在构建人类命运共同体的实践中，将发挥无可替代的重要作用。而作为和合文化孕育成型的母体，台州更要在继承传统和合文化的基础上，抓住"一带一路"的战略契机，从自身实践出发，努力总结新经验，构建指向未来的新型和合机制。

李春风《台州和合文化与劳伦斯作品中的和合意蕴比较》（《台州学院学报》2019 年第 1 期）一文指出，台州和合文化的核心就是人与自然的和谐、人与人的和谐以及人自我身心的和谐。而英国作家劳伦斯的作品中竟然非常奇妙地展现了这三种和谐，说明了各国文化之间是相通和交融的。这种不谋而合的思想为台州和合文化的对外宣传起到了一定的助力。

王黎明、冯尚荣《浙江临海市台州府城保护研究》（《中国名城》2019 年第 3 期）一文以临海台州府城为研究对象，结合规划实例对台州府城的价值特色、保护现状和问题进行分析,探索古城保护和旅游开发在城市设计视角下的策略,为历史城区、文化街区、历史建筑等文化遗产构建系统合理的保护框架。

侯德贤、余伟佳《浙江临海桃渚所城的保护与文化旅游发展探究》(《农村经济与科技》2019 年第 13 期)一文指出,桃渚所城作为明代两浙沿海建设的 51 个卫所中保存最为完好的一座古城,为研究明代的卫所制度和海防体系提供了珍贵的实物材料。

方茂青、黄向阳《基于文脉的历史文化街区空间活力营造研究:以临海古城十伞巷街区改造为例》(《建筑与文化》2019 年第 12 期)一文,以临海古城十伞巷街区改造为实证,从历史文化街区文脉保护及传承为视角,解析历史文化街区文脉与街区空间营造之间的关系。

十一、丽水(处州)历史文化研究

2019 年 10 月 22 日,"第二届丽水市瓯江山水诗之路暨瓯江诗派论坛"在浙江丽水举办,来自全国各地的百余名诗词家,寄情瓯越山水,共同谈诗论艺,探讨瓯江诗派内涵特征、艺术探索、创建思路、队伍建设等,助推瓯江文化繁荣发展。据悉,瓯江滋养着的处州大地,生态优美、历史底蕴深厚、民俗风情独特。一代又一代处州文人墨客寄情山水、抒怀表志,共同努力、传承接力,逐渐形成了一个特色鲜明的诗歌流派——瓯江诗派。

2019 年丽水历史文化综合研究的论文有:周烨、倪小薇的《丽水畲族文化产业发展钻石模型分析》(《文化创新比较研究》2019 年第 1 期),余厚洪的《文化视角下的丽水传统村落与乡土记忆论析》(《丽水学院学报》2019 年第 6 期),周云杰的《处州乱弹提线木偶戏与菇民提线木偶戏声腔之比较》(《丽水学院学报》2019 年第 3 期)。

十二、浙江古镇古村落文化研究

2019 年关于浙江古镇古村落文化研究的论文有数种。

张丽慧、杨燚娜《浙江古镇发展主要问题及其建议：以湖州南浔古镇、嘉兴西塘古镇及绍兴枫桥古镇为例》（《现代交际》2019 年第 4 期）一文，以湖州南浔古镇、嘉兴西塘古镇及绍兴枫桥古镇为例，从古镇特色的保护、旅游业的开发角度阐述了浙江古镇在发展中所存在的问题。

吕昕纯《浙江传统古民居建筑特征及改造分析：以宁波前童古镇童宅改造为例》（《安徽建筑》2019 年第 6 期）一文，以浙江传统古民居为研究对象，从传统浙江民居建筑的平面形式和建筑装饰两方面进行解读，分析探讨浙江民居独特的文化与审美特征。并通过分析宁波前童古镇童宅改造实例，对民居改造过程中的院落空间、室内空间和平面布局三方面进行分析，最终引发出对浙江民居传承与创新的思考。

阚蔚《格式塔理论视角下的浙江古镇空间形态研究》（《大众文艺》2019 年第 17 期）一文，将格式塔理论运用于对浙江古镇空间形态的研究中，从图形与背景原则、相似原则、闭合原则等基本原则在古镇空间中的实际应用入手，分析古镇空间的形态构成原理及方法。

徐沁《兰溪古韵风情旅游品牌共创研究》（《知识经济》2019 年第 3 期）一文指出分析了兰溪古韵风情旅游的资源优势和品牌共创的可行性，以兰溪知名古城、古镇、古村和古街为对象，提出兰溪古韵风情旅游品牌共创理念，并从寻求政府支持、筹措发展基金、保护民俗资源、展示民俗文化、开发民俗产品、完善交通设施、建构营销体系等方面入手，探讨古韵风情旅游品牌共创战略

顾莉莉《新媒体背景下传统村落文化视觉设计探索：以浙江东阳蔡宅古村落为例》（《设计》2019 年第 9 期）一文，以浙江东阳蔡宅古村落为例，针对村落文化视觉环境缺失等现状问题，从乡村平面识别系统设计、乡村景观视觉空间形象修整以及

乡村文化记忆空间构建等层面,探索新媒体信息技术下的文化视觉设计实践,从而得出新媒体背景下村落文化视觉设计的具体举措,为传统村落的保护和发展提供良好借鉴。

叶青《浙江古村落旅游文化发展现状及建议》(《文教资料》2019 年第 34 期)一文指出,古村落乡村旅游已成为近年来浙江旅游发展的生力军,并已从粗放式发展进入精致发展的阶段。在精致发展阶段,旅游文化的发掘是凸显古村落旅游特色的主要因素。但是旅游文化在发展过程中遇到了瓶颈,需要着力破除。旅游文化元素需要百花齐放、百家争鸣、和而不同,才能为古村落旅游发展注入无限动力。

滕焕勇《永嘉县传统村落保护研究》(西北农林科技大学硕士学位论文,2019 年 5 月)一文认为,永嘉县作为浙江省东南部的千年古县,有着风景秀美的自然环境,独特的古建筑和传统村落群,孕育出“永嘉学派”等文化瑰宝,形成了耕读、宗族、乡土建筑等地方特色。在此背景下,对永嘉县传统村落进行保护研究,对乡村振兴、建立美丽乡村、传承传统文化,都有着重要意义。

李俊俊《基于“有机更新”理论的温州永嘉芙蓉古村保护策略研究》(《北方建筑》2019 年第 5 期)一文,以浙江省永嘉县芙蓉古村为例,通过现场实地调研,结合村落概况及其保护现状,研究分析其历史、文化、社会价值,基于“有机更新”理论,探讨了在当前时代背景下的村落保护策略,希望对传统村落保护提供参考。

叶大恩、翁源昌《舟山三类传统村落的文化特征分析》(《浙江国际海运职业技术学院学报》2019 年第 4 期)一文指出,以农耕文化村落、渔业文化村落、商贸文化村落为主要类型的海岛舟山传统村落,在村落形态、民居建筑类型以及地域文化上有着各自的特征。其中地理地势、人口来源、传统文化以及宗族文化等方面是影响海岛舟山传统村落空间布局的主要因素。

通览本章所涉 2019 年学界关于浙江山水文化的内涵、两浙地域文化的特色的研究进展,我们完全有理由认定:浙江的山水是有历史底蕴与文化渊源的名山、名水,由两浙地域文化而衍生的“杭州学”“温州学”“越学”“婺学”“湖学”

等地域文化也是"大浙学"的重要组成部分。然而，我们也应该看到，目前的浙江山水文化与地域文化的研究基本上处于"各自为战"（以市、县、区为单位）的研究状态，故而有必要在省域层面上策划组织实施《浙江水文化研究丛书》《浙江名山文化丛书》，也有必要参鉴《中国地域文化通览·浙江卷》（吴光主编，中华书局 2015 年版）的体例，组织实施《浙江地域文化通览》"杭州卷""宁波卷""温州卷""绍兴卷"等的编纂工作。

第十一章　红船精神、浙江精神、浙商精神研究

习近平总书记在党的十九大报告中指出："中国特色社会主义文化,源自于中华民族 5000 多年文明历史所孕育的中华优秀传统文化,熔铸于党领导人民在革命、建设、改革中创造的革命文化和社会主义先进文化,植根于中国特色社会主义伟大实践。"毋庸置疑,浙江有着丰富的优秀传统文化、革命文化和社会主义先进文化资源。

新时代倡导、研究"大浙学",就需要把传统文化和当代文化的精神标识提炼出来、展示出来,而本报告依据的广义"浙学"即"大浙学"概念,指的是"渊源于古越、兴盛于宋元明清而绵延于当代的浙江学术思想传统与人文精神传统"①。详而言之,"大浙学"的外延,一方面可"上溯"至浙江传统文化之源的古越文化、史前文化;另一方面可"下延"至现代以"红船精神"为标识的革命文化,和以"浙江精神""浙商精神"为标识的社会主义先进文化。可以这么说,"红船精神""浙江精神""浙商精神"就是"大浙学"所指的"绵延于当代的""人文精神传统"的主体内容。

---

① 吴光:《简论"浙学"的内涵及其基本精神》,《浙江社会科学》2004 年第 6 期。

第一节　红船精神研究

浙江嘉兴因中国共产党第一次全国代表大会在这里胜利闭幕而备受世人瞩目。2005 年 6 月 21 日，时任浙江省委书记习近平同志在《光明日报》上刊发署名文章《弘扬"红船精神"，走在时代前列》，首次提出并完整阐释了"红船精神"的深刻内涵，认为"红船精神"是中国革命精神之源，并将"红船精神"的内涵高度提炼为："开天辟地、敢为人先的首创精神，坚定理想、百折不挠的奋斗精神，立党为公、忠诚为民的奉献精神。"2017 年 10 月 31 日，党的十九大闭幕仅一周，习近平总书记就带领新一届中共中央政治局常委集体瞻仰上海中共一大会址和嘉兴南湖红船，回顾建党历史，重温入党誓词，宣示新一届党中央领导集体的坚定政治信念，并再次阐述"红船精神"的深刻内涵，强调要结合时代特点大力弘扬"红船精神"，不忘初心、牢记使命、永远奋斗，让"红船精神"永放光芒。

为深入贯彻落实习近平总书记南湖重要讲话精神，大力弘扬红船精神，继 2018 年 6 月 21 日成功举办首届"红船论坛"后，2019 年 6 月 21 日，由光明日报社、浙江省委宣传部和嘉兴市委联合主办的 2019"红船论坛"在浙江嘉兴举行。来自中央有关单位、社科理论界的领导和专家学者、征文获奖者代表等共 150 余人齐聚南湖之畔，学习研讨"红船精神"的实践价值。与会专家学者一致认为，面对当今世界百年未有之大变局，中国既面临前所未有的机遇，也面临空前繁重的任务，要深刻把握"红船精神"与党的初心使命的内在一致性，在开展"不忘初心、牢记使命"主题教育中不断深化对"红船精神"的学习研究宣传，更加坚定理想信念、信心决心，不断夺取新时代伟大斗争的新胜利。

2019 年 6 月 24 日，《光明日报》第 7 版《红船初心特刊》以《"红船精神" 永放光芒》为题摘登 2019"红船论坛"与会代表发言观点精华，比如：光明日报总编辑张政的《弘扬"红船精神"，走好新时代的长征路》，原中共中央党史研究室副主任李忠杰的《进一步做好"红船精神"研究宣传的大文章》，浙江省委党校邱巍的《义不容辞的政治责任和光荣使命》，嘉兴学院彭冰冰的《汲取精神滋养　坚定"四个自信"》，南京航空航天大学徐川的《做新时代"三可三为"的思政课教师》等。

2019 年 6 月 25 日，《浙江日报》以《学习研究再深化　弘扬践行再出发》为题，整版刊登第二届"红船论坛"大会主旨发言摘要，分别是：《求是》杂志社原社长李捷的《红船精神与中国革命文化》，光明日报社总编辑张政的《弘扬红船精神　走好新时代长征路》，中央党校韩庆祥的《红船精神与三个标志性概念》，嘉兴学院彭冰冰的《从文化自觉理解红船精神》，浙江省委党校邱巍的《让主题教育彰显"红船味"》。

2019 年 12 月，光明日报社、浙江省委宣传部、中共嘉兴市委联合主编的《2019红船论坛论文集》由浙江人民出版社出版发行，其中收录"2019 红船论坛发言选登"21 篇、"2019 红船论坛征文选登"44 篇。

2019 年，学术界、社科界围绕"红船精神"，撰写专题论文近 240 篇，研究主题则集中在"红船精神"的科学内涵、思想逻辑、理论来源、比较研究、历史地位、时代价值、浙江实践、传承路径等 8 个方面。兹梳理如下：

一、"红船精神"的科学内涵研究

苏瑜《习近平关于"红船精神"重要论述研究》（《中共南宁市委党校学报》2019年第 1 期）一文指出，"红船精神"作为中国共产党革命精神之源，是在习近平基于党员群众广泛讨论之上的提炼总结，补足了中国共产党革命精神链条。习近平丰厚的理论知识素养和多地区多岗位锻炼为他提供了"红船精神"提炼弘扬的理论与实践基础。以首创、奋斗、奉献为核心内涵的"红船精神"为中国革命进程提供了强大精神力量，也将在新时代的中国继续绽放光芒。

林洋《"红船精神"的核心要义和实践导向：基于中国共产党精神家园建设的研究》（《中共桂林市委党校学报》2019 年第 2 期）一文指出，中国共产党创建之初便蕴含着"开天辟地、敢为人先的首创精神，坚持理想、百折不挠的奋斗精神，立党为公、忠诚为民的奉献精神"为基本内涵的"红船精神"。"红船精神"是中国共产党精神家园的组成部分,体现了中国共产党的先进性及其精神面貌,并反映了中国共产党人的价值观。

罗邈《论红船精神:解读习近平关于红船精神的重要论述》(《红色文化资源研究》辑刊,2019 年卷)一文认为,新时代大力弘扬红船精神,让红船精神永放光芒,就要从红船精神中获取实现中华民族伟大复兴的创新发展动力,获取不断开创马克思主义理论高度的思想力量,获取依靠人民实现历史伟业的人民力量。

高烽娜、李微《新时代坚持人民导向传承"红船精神"》(《江西理工大学学报》2019 年第 6 期)一文指出,"红船精神"是中国共产党的建党精神。"立党为公,执政为民"的奉献精神是"红船精神"的本质所在,其核心要义在于"以人民为中心"。"以人民为中心"之所以成为新时代传承"红船精神"的根本立场,是因为其始终将人民放在心中最高的位置,深刻地体现了中国共产党的宗旨和原则。

二、"红船精神"的思想逻辑研究

王迪钊、廖中举《"红船精神"形成的历史逻辑及其对绿色发展的推动作用》(《观察与思考》2019 年第 1 期)一文指出,"红船精神"是中华民族的精神代表之一,对全面推动绿色发展具有重要的引领和推动作用。

彭冰冰《论红船精神与改革开放的内在逻辑》(《观察与思考》2019 年第 3 期)一文指出,站在中国特色社会主义新时代的历史新方位上,我们要继续从红船精神中汲取力量,坚持首创精神,通过创新不断开辟全面深化改革的新前景;坚持奋斗精神,以不懈奋斗的状态完成新时代的历史使命;坚持奉献精神,继续带领人民不断创造美好生活。

县炜、王亚波《从红船精神到习近平新时代中国特色社会主义思想:中国共产党历史使命的发展逻辑》(《攀登》2019 年第 3 期)一文指出,当下我们弘扬红船精神必须与学习贯彻习近平新时代中国特色社会主义思想结合起来,把红船精神具体化、充实化于实现中华民族伟大复兴的实践发展和理论建设上,才能不断赋予红船精神超越时空的恒久价值和旺盛生命力。

高福进《红船精神与建党精神的内在逻辑关联》(《人民论坛》2019 年第 36 期)一文指出,建党精神与红船精神是主体与客体、整体与局部的关系。红船精神是中共红色文化形成、发展、传承的源头,属于建党精神的重要组成部分,蕴含着建党精神最初的元素。从历史偶然性和必然性的关系及双重向度研究建党精神与红船精神关系的必要性及可能性,具有极其重要的理论意义和实践价值。

三、"红船精神"的理论来源研究

钱广福《广州农民运动讲习所与红船精神》(《广州社会主义学院学报》2019 年第 1 期)一文指出,广州农民运动讲习所是第一次国共合作期间,以国民党的名义,由中国共产党人开办的一所培养农民运动干部的学校。广州农民运动讲习所的组织、教学、社会实践,体现了共产党人的首创精神;教员和学员坚定理想、百折不挠的奋斗精神,推动了中国革命的发展;教员和学员立党为公、忠诚为民的奉献精神,体现了中国共产党全心全意为人民服务的宗旨。

栾雅璐《"红船精神":中国革命历程与马克思主义中国化历史进程中的精神原典》(《领导科学论坛》2019 年第 9 期)一文指出,在马克思主义中国化的历史进程中,"红船精神"是利用马克思主义理论指导中国具体实践的开端,也是马克思主义与中国国情相结合的具体体现和成功示范,奠定了马克思主义中国化的理念基调和理论基础。

吴宪《从历史角度看"红船精神"》[《辽宁师专学报(社会科学版)》2019 年第 4 期]一文指出,"红船精神"是对中国共产党精神的精简概括,无论建党初期、建国初期、社会主义现代化时期还是构建和谐社会时期,"红船精神"都是值得广大共产党员继承并弘扬下去的。

四、"红船精神"的比较研究

2019年5月14日至15日，由中共江西省委政策研究室、中共江西省委党史研究室、中共吉安市委、井冈山大学联合主办的"大力弘扬红船精神、井冈山精神座谈会"在井冈山大学召开。与会的专家学者以大历史视野，将红船精神与井冈山精神放在中国共产党历史、中国共产党革命精神谱系中，围绕红船精神与井冈山精神的内涵、特点、关系、异同，以及红船精神与井冈山精神的当代价值、新时代如何弘扬红船精神与井冈山精神，进行深入交流和探讨。

储著源《从五四精神到红船精神：中国人民从精神上由被动转为主动的伟大飞跃》（《中共石家庄市委党校学报》2019年第7期）一文指出，五四运动正式开启了中国人民从精神上由被动转为主动的伟大历程，中国共产党的诞生使中国人民真正实现从精神上由被动转为主动的伟大飞跃。从五四精神到红船精神，既意味着中国人民从精神解放到精神信仰的伟大历史转变，也意味着中国人民在马克思主义指导下、在中国共产党领导下从此走上精神复兴之路。

张晓晔《红船精神与中国共产党革命精神关系研究》（《党史博采》2019年第1期）一文指出，"红船"见证了中国共产党的成立，由此产生的"红船精神"也成为中国共产党革命精神的源头。在此之后，党在革命过程中，逐渐形成了井冈山精神、延安精神、长征精神和西柏坡精神等一系列革命精神。它们与"红船精神"一脉相承，拥有着共同的思想和实践基础，共同构成了党的革命精神系统。

刘琳、叶桉《试析红船精神、八一精神、井冈山精神和苏区精神的内在逻辑关系》（《江西科技师范大学学报》2019年第1期）一文指出，红船精神、八一精神、井冈山精神和苏区精神是中国共产党领导中国人民在新民主主义革命征程中形成的经典红色文化和宝贵革命精神，深刻反映了近代以来中华民族最优秀分子在"建党"、"建军"和"建国"（指建立新中国）壮丽事业中迸发的崇高理想、坚定信念、睿智胸怀和道德情操。

李世坤《红船精神与延安精神比较研究》(《黑河学刊》2019 年第 5 期)一文指出,红船精神与延安精神是中国革命精神的重要组成部分,体现了中国共产党人坚定执着的理想信念、勇于探索的创新精神和艰苦奋斗的拼搏精神。

何昌廉、朱露露《大陈岛垦荒精神与红船精神之比较》(《台州学院学报》2019 年第 4 期)一文指出,垦荒精神不老,红船精神永存。大陈岛垦荒精神与红船精神都体现了开拓创新、敢为人先的首创精神,奋发图强、百折不挠的奋斗精神和无私奉献、忠诚为民的奉献精神。同时,二者在实践基础、内涵重点上又各有特性。大陈岛垦荒精神与红船精神的传承与发扬需要坚定共产党人的政治理想信念,需要汲取艰苦创业、奋发图强、百折不挠的坚强动力,更需要有敢为人先、开拓创新和无私奉献的精神。

肖纯柏《民族精神视野下的红船精神及其当代价值》(《中共杭州市委党校学报》2019 年第 6 期)一文指出,红船精神不仅是革命精神,而且是民族精神。红船精神是建党精神,建党的主体是一批有崇高理想的青年群体,这对今天培养民族复兴的时代新人,具有重要的启发意义。

五、"红船精神"的历史地位研究

桑东辉《"红船精神"对中华民族精神的传承与发展》(《武陵学刊》2019 年第 1 期)一文指出,习近平总书记将"红船精神"的核心内涵概括为开天辟地、敢为人先的首创精神,坚定理想、百折不挠的奋斗精神,立党为公、忠诚为民的奉献精神。这些核心内涵是在马克思主义指导下对中国传统文化和优秀民族精神的继承和发展。

许婕、叶文亮《"红船精神"与实现伟大梦想的内在契合性》[《齐齐哈尔大学学报(哲学社会科学版)》2019 年第 1 期]一文指出,"红船精神"是党在革命时期的精神基点,亦是实现伟大梦想的精神之钙,实现民族复兴是"红船精神"的时代召唤,为人民谋幸福是弘扬"红船精神"的根本归宿,二者具有统一的价值追求。

臧运祜《王尽美精神与红船精神：兼论第一代中国共产党人的初心》（《嘉兴学院学报》2019 年第 3 期）一文，论述了王尽美精神与开天辟地、敢为人先的首创精神，坚定理想、百折不挠的奋斗精神，立党为公、忠诚为民的奉献精神之历史关联，从而论证第一代中国共产党人以红船精神所昭示的初心，并强调指出在新时代中国特色社会主义伟大道路上，进一步研究、传承王尽美精神，对于弘扬红船精神、牢记初心的重要现实意义，这也是对王尽美诞辰 120 周年最好的纪念。

陈东、韩艳《从红船精神看中国共产党人的初心和使命》（《佳木斯大学社会科学学报》2019 年第 3 期）一文指出，红船作为中国革命的源头，昭示着中国共产党人的初心。新时代要继续以红船精神为旗帜，坚守红船初心，走好新时代的长征路，引领新时代创新型国家建设、推动社会理想信念教育、助力实现中华民族伟大复兴。

王涛《红船精神与中国共产党人的初心和使命》（《中共杭州市委党校学报》2019 年第 5 期）一文指出，结合时代特点大力弘扬红船精神，既可以使我们牢记党的初心和使命，更能够为新时代坚持和发展中国特色社会主义注入强大的精神动力。

冯彦娟、赵金飞《论"红船精神"是中国共产党立党兴党的宝贵财富》（《观察与思考》2019 年第 8 期）一文指出，"红船精神"贯穿党的奋斗历程，不仅集中体现了中国共产党的建党精神，而且是中国共产党成长发展壮大的兴党精神。在中国特色社会主义新时代，"红船精神"也是激励中国共产党人"不忘初心、牢记使命"的治党精神。

六、"红船精神"的时代价值研究

南大伟《让"红船精神"绽放新的时代光芒》（《人民论坛》2019 年第 1 期）一文指出，"红船精神"是中国革命精神之源，是对中华民族精神的创造性发展，体现了中国革命文化的精神实质。站在新的历史方位，继承和弘扬"红船精神"，具有重要的时代价值和现实意义。

彭颜红《用红船精神滋养社会主义核心价值观的传播》(《思想理论教育导刊》2019年第1期)一文指出,红船精神与社会主义核心价值观具有内在逻辑联系,红船精神是社会主义核心价值观的重要起源。加强红船精神的研究,以红船精神推动社会主义核心价值观的传播,有助于增强社会主义核心价值观的传播实效。

屈超《红船精神的内涵及时代价值探析》(《世纪桥》2019年第4期)一文指出,红船精神包涵国际共产党人的赤血热情,承载着中国共产党人忠贞不渝的革命志向,是中国共产党带领中华儿女为国家独立、民族解放的精神动力,也是新时代中国共产党领导人民群众进行国家建设与发展的精神动力源。

侯婷婷《论"红船精神"的当代价值》(《黑河学院学报》2019年第4期)一文指出,新时代下弘扬"红船精神"对加强中国共产党思想建设,具有里程碑意义。弘扬"红船精神"一是加强党的先进性与纯洁性建设;二是社会主义核心价值观的体现;三是全面建成小康社会与实现中华民族伟大复兴中国梦的动力源泉。

武克姣《试论红船精神及其在党性教育中的作用》(《现代交际》2019年第6期)一文指出,在十九大报告中,习近平总书记提到,"中国共产党人的初心和使命,就是为人民谋幸福为中华民族谋复兴"。因而在新时代学习弘扬红船精神,探索红船精神在党性教育中的作用,对于增强党性教育,永葆党的先进性,都具有非常重要的现实意义。

毕洪东《红船精神对新时代青年工作的启示》(《青少年研究与实践》2019年第2期)一文指出,"红船精神"是中国共产党的源头精神,在新时代青年工作中要继承弘扬"红船精神",贯彻"政治标准是首位"的核心原则,落实"立德树人是关键"的根本任务,突显"青年强盛是未来"的主体地位,这既是聚焦"初心"和"使命"的价值追求,也是"关注青年、关心青年、关爱青年"的时代要求。

于希勇《"红船精神"对新时代官德重塑的伦理启示》[《井冈山大学学报(社会科学版)》2019年第3期]一文指出,"红船精神"是习近平总书记概括的中国革命精神基因,是共产党执政的宝贵道德资源。"红船精神"体现出马克思主义伦理学的品性,体现了以人民为中心的义务论、无产阶级功利主义、社会主义契约精神以及对劳动人民美德的赞扬,并彰显出命运共同体情怀,这些都应该在新时代的官德中得到继承和发扬。

马琳琳、王晶《让"红船精神"闪耀新时代的光辉》(《人民论坛》2019 年第 18 期)一文指出,传承中国共产党初心的"红船精神",贯穿于中国革命、建设、改革和发展的全过程,是红色基因的延续,是红色故事的续篇,"红船精神"中的首创精神、奋斗精神和奉献精神在新时代被赋予新内涵,是中国共产党 98 年来夺取伟大胜利的精神武器,也必将成为实现中华民族伟大复兴的精神动力。

王玉鹏、李鑫《"红船精神":初心意蕴与时代价值》[《中国矿业大学学报(社会科学版)》2019 年第 5 期]一文指出,在新时代的关键时期,探索"红船精神"的思想渊源,厘清"红船精神"的精神内核和初心意蕴,结合时代发展特点不断赋予"红船精神"新的时代内涵,是每一位"红船精神"传承者和践行者义不容辞的任务和使命。为"红船精神"注入新的时代价值和活力,是这一宝贵精神在新时代中国特色社会主义伟大实践中持续绽放时代光芒的必然要求。

七、"红船精神"的浙江实践研究

徐蓉《红船精神在浙江的提炼与实践》(《嘉兴学院学报》2019 年第 1 期)一文指出,南湖红船见证了光荣与梦想,呼唤着使命与担当,红船精神为中国特色社会主义在浙江的生动实践指明了方向,浙江经验为红船精神的传承与弘扬提供了实践范本。

郭维平《红船精神引领浙江勇立潮头》(《浙江日报》2019 年 3 月 25 日)一文指出,改革开放以来,浙江从资源小省迅速崛起为经济大省、文化大省,成为经济增长速度最快、最富有活力的省份之一。从精神层面分析,浙江有其独特的人文精神与价值理念,而红船精神占有重要地位。

张卫波《弘扬红船精神以基层党建引领基层社会治理》(《社会治理》2019 年第

1 期)一文指出,红船精神承载着中国共产党人的初心和使命,是推进基层社会治理现代化的重要精神动力和思想文化资源。面对基层社会治理中存在的诸多问题,广大党员干部及基层工作者尤其需要大力传承和弘扬红船精神,践行"以人民为中心"理念,以党的基层组织建设引领基层社会治理,从而为人民的幸福和国家民族的复兴做出自己应有的贡献。

王文军《红船精神与浙江籍共产主义者的建党实践》(《世纪桥》2019 年第 7 期)一文指出,在中国共产党的创立与马克思主义的传播过程中,浙江籍共产主义者在学习、传播马克思主义的过程中完成了世界观的改造,确立了马克思主义的信仰,他们积极参与中国共产党党团组织的创建,在其中起到了重要的作用。

谭劲松、胡文宇、俞亚芹、喻婷婷《用红船精神推动浙江民营经济再创发展优势》(《嘉兴学院学报》2019 年第 5 期)一文指出,再创浙江民营经济辉煌,重点不在资本、缺的不是科技与经验,关键是要从红船精神中汲取民营经济发展的思想力量,用红船精神培植民营经济发展社会沃土,用红船精神激励企业家始终保持敢为人先的首创精神、始终保持百折不挠的奋斗精神、始终保持回报社会的奉献精神,提升民营企业家的价值追求和精神格局,保证民营经济沿着党和国家指引的方向健康发展。

嘉兴市委理论学习中心组《弘扬红船精神　践行初心使命》(《浙江日报》2019 年 11 月 4 日)一文指出,红船精神根植和熔铸于我们党为人民谋幸福、为民族谋复兴的伟大实践,不忘初心就要不忘红船精神;大力弘扬红船精神,要与弘扬浙江精神、新时代嘉兴人文精神结合起来;结合时代特点大力弘扬红船精神,嘉兴要在践行初心使命中勇挑重担、争做先锋。

八、"红船精神"的传承路径研究

王佳琪《"红船精神"融入大学生理想信念教育的路径探索》(《金华职业技术学院学报》2019 年第 1 期)一文指出,"红船精神"丰富了思想政治理论内容和大学生校园文化活动内容，加强了课堂理论教育，丰富了社会实践。传承和弘扬"红船精神"，能够锻炼大学生自主能力，培育和坚定大学生理想信念，激发大学生勇于创业、开拓创新、积极奉献的精神，助推大学生实现人生价值。

凡欣《自媒体时代红船精神在青年学生群体的传播研究》(《东南传播》2019 年第 1 期)一文指出，红船精神在青年学生群体的传播过程实质就是一个信息传播过程，借助青年学生喜闻乐见的自媒体平台进行形式多样的网络传播，根据红船精神的内涵与传播要求，构建互动循环、裂变监督、分级传播的路径，延展红船精神网上话语场域的互动形式。

张叶《以"红船精神"推动高校思想政治工作创新》(《张家口职业技术学院学报》2019 年第 1 期)一文指出，红船精神在新时代具有重要意义，弘扬红船精神要贯穿高校思想政治教育全过程，应注重发挥高校共青团生力军作用，从工作思维、工作内容、互动机制、教育载体等方面，运用新媒体创新思想政治教育工作。

张天华、柴丽娜《红船精神融入高校思想政治教育路径》[《辽宁工业大学学报（社会科学版)》2019 年第 2 期]一文指出，红船精神蕴含的首创、奋斗、奉献精神与高校思想政治教育对大学生的要求基本一致，为了全面提升红船精神融入高校思想政治教育的成效。

张博《新时代下"红船精神"高校传播的特点与策略》(《课程教育研究》2019 年第 14 期)一文指出，习近平新时代中国特色社会主义思想下"红船精神"在高校的有效传播，应构建出以下三个特点：一是大学生历史自豪感的迸发，二是形成对"首创、奋斗、奉献"理念的最大共识，三是具体化故事和宏观理论的结合。在传播途径上，可以从党史、中华优秀传统文化以及大学生自我发展实践等三个载体着力，增进"红船精神"在高校的有效传播。

闫卉《以"红船精神"引领基层党组织建设》(《人民论坛》2019 年第 11 期)一文指出，红船精神是中国共产党在革命、建设和改革实践中形成的首创精神、奋斗精神、奉献精神，在基层党建工作中发挥着价值信仰、思想凝聚、理论指导等作用。我们应以红船精神指导基层党组织的思想建设、组织建设、作风建设，完善基层党组织的工作体系,优化基层党组织的管理方式,创新基层党组织的活动平台。

郑建锋《红船精神融入〈中国近现代史纲要〉课程教学的路径选择》(《现代教育科学》2019 年第 9 期)一文指出,红船精神作为中国革命的精神之源,其蕴含的首创、奋斗和奉献的精神实质,贯穿于中国革命、建设和改革开放的伟大实践之中。红船精神的内涵和实质与《中国近现代史纲要》课程教学内容非常契合,对推动大学生思政教育具有重要意义和价值。

胡克春、远翠平《"红船精神"融入大学生思想政治教育的意义与路径研究》(《长春师范大学学报》2019 年第 5 期)一文指出,高校应明确红船精神的时代价值,把红船精神融入到高校思想育人体系当中,充分开发和利用好红船精神,并通过切实有效的途径提高用红船精神办学育人的效果,帮助大学生树立坚定正确的理想信念,树立正确的世界观、人生观和价值观,帮助大学生成长成才。

廖钰《"红船精神"融入大学生理想信念教育的路径探索》(《贵州师范学院学报》2019 年第 5 期)一文指出,"红船精神"为大学生理想信念教育提供正确的价值导向、丰厚的文化滋养和强大的精神动力。为了更好地将"红船精神"融入大学生理想信念教育中,必须重视课堂作用,通过挖掘"红船精神"与思想政治理论课的内在联系、编写相关教材和开设相关选修课程,将"红船精神"融入课堂教学中;充分发挥新媒体作用,通过开办校园网站、培养高素质的网站管理者,将"红船精神"融入校园网络文化中;延伸课堂链条,通过带领学生实地考察、举办大学生创新创业活动和社会志愿活动等方式,将"红船精神"融入大学生社会实践活动中。

第二节　浙江精神研究

长期以来,浙江省委、省政府包括浙江社科界一直高度重视经济社会发展与文化研究、文化建设之间内在关系的研究与结合。2005 年 1 月,时任浙江省委书记习近平同志作出了关于"深入研究浙江现象、充实完善浙江经验、丰富发展浙江精神"和"浙江精神的调研应从浙江文化的历史传承、社会精神文明、文化综合实力的作用等诸角度进行"的批示,亲自确定了"与时俱进的浙江精神"研究的方向和基本框架。在充分调研与广泛深入讨论、总结、提炼的基础上,习近平同志亲自修改和审定的"十二字"的"与时俱进的浙江精神"正式出炉。2006 年 2 月 5 日,《浙江日报》刊发习近平同志的署名文章《与时俱进的浙江精神》。2016 年 9 月,习近平总书记在 G20 杭州峰会期间,对浙江提出了"秉持浙江精神,干在实处、走在前列、勇立潮头"的新要求。2018 年 7 月 8 日,习近平总书记在浙江省委关于"八八战略"实施 15 年情况报告上作出重要指示,特别强调,干在实处永无止境,走在前列要谋新篇,勇立潮头方显担当。希望浙江深入学习贯彻新时代中国特色社会主义思想和党的十九大精神,以改革开放 40 周年、"八八战略"实施 15 周年为新起点,保持战略定力,秉持浙江精神,开拓创新、砥砺奋进,努力在决胜全面建成小康社会、夺取新时代中国特色社会主义伟大胜利的征程中继续走在前列。

围绕"浙江精神"的研究阐释与弘扬宣传,2019 年的浙江理论界、社科界、学术界,通过图文展览、电视节目、学术研讨、编写读本、撰写文章等多种形式,深化了对"浙江精神"科学内涵、时代价值的理论研究。

2019 年 3 月 21 日,李泽泉在《宁波日报》发表《伟大改革开放精神与浙江精神》一文,指出,浙江的改革开放是全国改革开放的缩影,具有一定的典型意义。浙江精神的孕育、形成和发展,有力促进了伟大改革开放精神的生发和铸就,同时,党在改革开放过程中倡导的"自力更生,艰苦创业"等革命精神和民族精神,有力地引导着浙江人民丰富和弘扬浙江精神。从内涵上看,伟大改革开放精神与浙江精神的关联,集中表现为奋斗、创新和奉献等。

2019 年 4 月 16 日至 6 月 16 日,由浙江美术馆、何创时书法艺术文教基金会主办的"心相·万象:大航海时代的浙江精神"展览在浙江美术馆举办。本展以 15 至 17 世纪大航海时代的中外交流史为考量背景,聚焦《坤舆万国全图》中的明朝浙江作为人文语境,梳理以李之藻、朱舜水、王阳明、黄宗羲、张煌言、黄媛介、徐渭、陈洪绶等为代表的明朝浙籍及旅浙先贤人物的历史事迹,讲述中国故事的浙江篇章。展览还精选逾百件明朝精英创作的书画作品、文物器具、古籍文献等相关资料作为承载精神文化的物质题材,综合反映浙江精神在思想、科技、文学、艺术等领域的历史风貌,阐释浙江地域的文化精神及其在明朝与海外的深远影响,呼应当代浙江精神的有序传承。

2019年9月2日至5日、9日至11日,由浙江省委宣传部和浙江广电集团共同策划,浙江卫视承制的电视理论节目"中国共产党为什么能"第四季《浙江精神》(共8集)开播。节目围绕浙江精神的孕育生成、发展丰富、内涵要义、实践力量、时代价值等要素,结合历史传统、经典文献、浙江现代化建设具体实践,翔实阐述与时俱进的浙江精神所蕴含的强大精神动能,所给予浙江和浙江人民的引领激励,展示其在新时代的生动呈现,揭示其凝心铸魂的精神力量。

2019年9月3日,《浙江日报》发表署名"之江平"的理论文章《浙江精神,奋进新时代的磅礴力量》,指出:浙江精神是以爱国主义为核心的民族精神、以改革创新为核心的时代精神在浙江的生动体现,是浙江人民在千百年来的奋斗发展中孕育出的宝贵财富。浙江精神始终激励着浙江人民励精图治、开拓创新,显示出强大的生命力和创造力。

2019年9月4日,《浙江日报》推出浙江省委党校胡承槐教授的专访文章——《浙江精神与"八八战略"是辩证统一的关系》,指出,浙江精神是浙江人民祖祖辈辈创造传承下来,经过历史锤炼、选择和凝结起来的,体现在现当代浙江人身上的精神气质,是弥漫于浙江大地生生不息的优秀文化的世代传承和现实再现。

2019年9月5日,署名"中共浙江省委理论学习中心组"的理论文章——《在新时代大力弘扬"求真务实、诚信和谐、开放图强"的浙江精神》,在《光明日报》刊发;9月6日的《浙江日报》全文予以转载。文章指出:"求真务实、诚信和谐、开放图强"这十二个字,淬炼了浙江优秀传统文化,是浙江精神传承和研究的集大成者;是对伟大民族精神、红船精神的生动诠释;回答了浙江破除成长烦恼的时代之问,是浙江人民高度文化自省、文化自觉、文化自信的集中体现;锚定了浙江发展的精神坐标,是"八八战略"的重要组成部分;体现了"干在实处、走在前列、勇立潮头"的内在要求,是浙江践行习近平总书记赋予新期望的动力源泉。"求真务实、诚信和谐、开放图强"的浙江精神是浙江的"根"和"魂"，过去是、现在是、将来仍然是推动浙江发展、应对各种挑战的根本动力。浙江作为中国革命红船起航地、改革开放先行地、习近平新时代中国特色社会主义思想重要萌发地，有责任在新时代大力弘扬浙江精神，为推进"八八战略"再深化、改革开放再出发，加快"两个高水平"建设提供强大精神力量。一要大力弘扬"求真"精神，遵循规律干事创业、尊重实际谋划发展。二要大力弘扬"务实"精神，始终把重实干、办实事、求实效作为座右铭。三要大力弘扬"诚信"精神，推动诚实守信成为浙江最美的风景线、最好的竞争力。四要大力弘扬"和谐"精神，培育和美与共的情怀、和谐创业的氛围、和悦自适的情操。五要大力弘扬"开放"精神，以全局视野抢抓机遇、以世界胸襟推进发展。六要大力弘扬"图强"精神，保持敢为人先、克难攻坚的气魄。

2019年9月5日，《浙江日报》推出浙江省社会科学院陈野研究员的专访文章——《浙江精神的传统文化底蕴》，指出：浙江的地域文化传统孕育了浙江精神，浙江精神又在历史的演进里，一以贯之引领、支撑、陪伴着浙江人民行进在建设美好家园的大道上。

2019年9月5日，《浙江日报》刊发李扬章的理论文章——《浙江精神的传统文化底蕴》，认为，我们要深刻领会、准确把握浙江精神与"八八战略"之间的内在逻辑关系，把保持战略定力与秉持浙江精神紧密结合起来，大力弘扬浙江精神，推进"八八战略"再深化、改革开放再出发。

2019年9月6日，为深入学习贯彻习近平总书记对浙江工作提出的"秉持浙江精神，干在实处、走在前列、勇立潮头"的要求，深刻把握"求真务实、诚信和谐、开放图强"浙江精神的丰富内涵、时代价值和实践成果，激发广大干部群众新时代昂扬的精神力量，奋力推进"八八战略"再深化、改革开放再出发，以优异成绩迎接新中国成立70周年，浙江省委宣传部、省社科联在杭州召开"浙江精神与新时代新使命"理论研讨会。来自全省社科理论界相关单位负责人和专家学者100余人参加会议，深入研讨新时代如何大力弘扬浙江精神，奋力践行时代使命。与会专家学者认为，"求真务实、诚信和谐、开放图强"的浙江精神是浙江人民的宝贵精神财富，具有强大的生命力和创造力。我们要从"三个地"的政治高度,深刻认识新时代秉持浙江精神的重大现实意义。秉持浙江精神,是保持战略定力、坚定不移沿着习近平总书记指引的路子走下去的重要保证;是增强发展动力、确保浙江工作能够继续发挥先行和示范作用的实践需要;是提高防范化解风险挑战能力、扎实推进浙江高质量发展的内在要求;是凝聚发展向心力、画好社会最大思想同心圆的题中之义。

2019年9月6日,《浙江日报》"理论版"刊发张宏敏的《从浙学渊源看浙江精神》理论文章,指出,在浙江经济社会快速发展的进程中,有一种力量——浙江精神,始终流淌在浙江人民的血脉里,形成了绵延不绝的文化基因,而这一文化基因无疑涵养于源远流长的浙江学术思想——"浙学"。在新的历史时期,发扬以"民本、求实、批判、兼容、创新"为要义的"浙学"基本精神,审视并梳理浙江精神的"浙学"渊源,对于传承好、发展好与时俱进的浙江精神,无疑具有重大的理论价值与时代意义。

2019年9月9日,《浙江日报》发表署名"沈轩"的理论文章——《用浙江精神凝聚奋进新时代的强大力量》,指出,浙江精神是浙江的"根"和"魂",是推动浙江发展进步的"精神支柱",蕴含着浙江人民追求美好生活、建设美好家园的初心愿望。秉持浙江精神,是全体浙江人义不容辞的责任使命;传承好浙江精神,浙江就能始终以领跑者的姿态奋进新时代、担当新使命。

2019年9月10日,《浙江日报》以《大力弘扬浙江精神,奋力践行时代使命》为题,专版刊发"浙江精神与新时代新使命"理论研讨会发言摘要。分别是:何显明的《"三个地"书写浙江精神的历史谱系》、郭占恒的《浙江70年辉煌成就的重要启示》、陈立旭的《从弘扬浙江精神到弘扬中国精神》、吕伟强的《以浙江精神推进现代化都市区建设》、谢利根的《改革开放精神在浙江的生动体现》、代玉启的《浙江精神的人格表征与时代传承》、陈寿灿的《浙学传统与浙江精神》、彭冰冰的《红船精神与浙江精神的一致性》、胡剑谨的《秉持浙江精神续写温州创新史》、陈玉兰的《弘扬大禹精神守护绿水青山》。

2019年9月13日,《浙江日报》推出浙江工商大学陈华兴教授的专访文章——

《改革开放以来浙江精神的新发展》，指出，浙江精神对浙江经济建设发挥了推动和支撑作用，对浙江社会发展发挥了凝聚和激励作用，对浙江文化建设发挥了支撑和提升作用。

2019年9月19日，《浙江日报》推出浙江理工大学渠长根教授的专访文章——《浙江精神与红船精神的内在联系》，指出，红船精神中的首创精神、奋斗精神和奉献精神融会贯通于中国革命的整个精神谱系，也在浙江精神中得到很好的体现。浙江精神以特殊的、源源不断的地域性实践，继续充实和丰富着红船精神的时代内涵。

2019年9月25日，浙江省委宣传部主办、《浙江日报》报业集团合办、《共产党员》杂志社出品的《宣传（半月刊）》以"浙江精神"为策划主题，刊登有本刊编辑部的《浙江精神薪火相传，浙江传奇再续新篇》、王玉宝的《穿越时代脉搏，读懂浙江精神》、陈先春的《让浙江精神引领新时代征途》等理论文章。

2019年10月，中共浙江省委党校编，陈立旭、陈野主编《读懂浙江精神》一书，由浙江人民出版社出版，分浙江精神的概括凝练、理论基础、内涵要义、强大生命力和无穷创造力、在新时代大力弘扬浙江精神五个专题，对"与时俱进的浙江精神"的内容予以简要解读。

此外，2019年度，浙江省社会科学院主办的《观察与思考》杂志上，也刊发了3篇解读"浙江精神"的学术文章。

何显明《浙江精神与时俱进的演进逻辑》（《观察与思考》2019年第9期）一文指出，"求真务实、诚信和谐、开放图强"作为浙江人民精神世界变革的新坐标，着眼于激励浙江人民干在实处，走在前列，将弘扬改革开放以来浙江涌现出来的创业创新精神与推进浙江精神与时俱有机地统一起来，将红船昭示的革命精神与人民群众追求幸福生活的创业精神有机地融合起来，推动了浙江精神的历史性升华。

陈立旭《从浙江精神到中国精神》（《观察与思考》2019年第10期）一文认为，浙江精神是中华民族精神和时代精神在浙江的生动体现。党的十八大以来，习近平更是从实现中国梦高度，强调要大力弘扬中国精神。从弘扬浙江精神到弘扬中国精神,其间一以贯之的,是习近平对精神文化力量的高度重视,对优秀传统文化、革命文化、先进文化的高度自信。

张宏敏《王充思想与浙江精神》(《观察与思考》2019 年第 11 期)一文认为,与时俱进的浙江精神,一方面源于改革开放的生动实践,另一方面则来源于浙江深厚的传统文化。王充提出的"知屋漏者在宇下,知政失者在草野"的政治观、"实事疾妄,无诽谤之辞"的真理观、"事有证验,以效实然"的认识论、"凡贵通者,贵其能用之也"的学术观,可谓是"求真务实、诚信和谐、开放图强"的与时俱进的浙江精神"源头活水"。

第三节　浙商精神研究

"浙江精神"的提炼与总结与"浙商精神"的提出与总结是同步进行的,并且"浙商精神"是"浙江精神"的基础。改革开放初期,面对短缺经济的时代背景,浙江人发扬"走遍千山万水、说尽千言万语、想尽千方百计、吃尽千辛万苦"的"四千精神",锐意改革不断进取,创造了浙江经济社会跨越式发展的辉煌成就。"新时代浙商精神"的提炼和概括,是对经典的浙商"走遍千山万水、说尽千言万语、想尽千方百计、吃尽千辛万苦"的"四千精神",以及"千方百计提升品牌,千方百计保持市场,千方百计自主创新,千方百计改善管理"的"新四千精神"的一次改版提升。"创业、创新、担当、合作、法治、奋斗",以这 6 个关键词为核心的新时代浙商精神,既是对"四千精神"的传承与超越,也是中国优秀企业家精神的代表。

2019 年 11 月 13 日,时任浙江省委书记车俊同志在第五届世界浙商大会开幕式上的致辞中强调,新中国成立 70 周年来特别是改革开放以来,一代又一代浙商搏击商海、乘风破浪、勇立潮头,闯出了敢为人先的新路,书写了创新创业的传奇,承载了浙江发展的荣光。希望广大浙商要继承和发扬老一辈浙商的优良传统,大力弘扬新时代浙商精神,扛起创新创业创造的新担当,展现引领潮流、争创一流的新业绩。

2019 年关于"浙商精神"研究的论文有 5 篇。

杨轶清、刘寿叶《企业家精神与政商关系：以浙商精神和浙江政商关系的形成机制为例》[《宁波大学学报（人文科学版）》2019 年第 6 期]一文指出，浙商的文化价值取向，包括自力更生、吃苦耐劳，安全稳健、履行责任，爱国敬业、诚实守信；经济上善于创新；政治上务实谨慎，又灵活柔慧机变，这些特点都是浙商精神的组成部分。

吴丹、吴炯《新时代中国浙商企业家精神：对鲁冠球精神的内容分析》（《现代经济信息》2019 年第 24 期）一文，采用典型案例的内容分析法，对第一代企业家代表——鲁冠球精神共同回忆新闻作为数据样本，构建从浙商和非浙商视角感知企业家精神过程的研究框架，纵向深入挖掘以鲁冠球为代表的浙商企业家精神特质，分析新时代浙商企业家精神特质。

顾利民《弘扬浙商精神，走在时代前列：〈新时代浙商精神——庆祝改革开放四十周年〉读后》（《浙江经济》2019 年第 1 期）一文指出，浙商发展研究院《浙商》杂志编辑的《新时代浙商精神》一书，以改革开放 40 年宏大时代变迁为背景，以浙江民营企业发展壮大轨迹为研究逻辑，以马云、鲁冠球、宗庆后等一批浙江杰出的民营企业家发自肺腑的深刻感言和王永昌、刘亭、郑明治、郭占恒等资深专家的分析评说为主要构成载体，对浙商精神的内核及其演进过程进行了深度解析。

陈凌、章迪禹、乔亦婷《浙商研究的现在与未来》（《中国社会科学报》2019 年 7 月 18 日）一文，对浙商所创业过程中体现出来的浙商精神予以阐释。

贾淼《人间正道是沧桑：浅析电视剧〈鸡毛飞上天〉中的"浙商精神"传播效应》（《西部广播电视》2019 年第 12 期）一文认为，怎样表达中国故事，怎样让世界了解中国，一直都是中国当代电视剧所追求的，而《鸡毛飞上天》这部作品将波澜壮阔的改革开放四十年历史完美地呈现在了荧屏上。该文则从时代变换的角度出发来透析贯穿整部剧作的"浙商精神"，以及"浙商精神"在今天的中国又将起到何种意义。

通览本章所涉"红船精神""浙江精神""浙商精神"命题提出的时代背景与理论内涵,我们完全有理由把这三种"精神"视为传统浙学基本精神在现当代的延续,也足以说明本报告倡导的"大浙学"理念是"逻辑的东西与历史的东西相统一"。

附　录
浙江省哲学社会科学重点研究基地
（浙学研究类）概览

浙江大学宋学研究中心

浙江大学宋学研究中心成立于 2002 年，是浙江大学人文重点强所，2006 年升格为浙江省哲学社会科学重点研究基地。中心集聚了中文系、历史系、哲学系、古籍所等浙江大学传统优势学科中实力最强的宋学研究人才，以全面探究宋学、弘扬宋学精神为学术宗旨。在宋代职官科举制度、宋明理学、经学史及思想史、宋代文学、佛教与道教文化等研究领域影响甚大，综合研究实力居学术界前列。

宋学研究中心拥有一支覆盖面广、实力精强的研究队伍。13 位中心成员中，有教授 10 人、副教授 1 人、讲师 2 人，其中浙江省特级专家 1 人、浙江大学求是特聘教授 1 人、教育部青年长江学者 1 人、浙江省 151 人才第二层次 1 人。中心主持国家社科基金重大、重点、一般项目以及教育部人文社科重大攻关项目、一般项目等 20 余项。中心自建有宋学资料室，并与国内外相关领域的学者建立了广泛的交流合作关系。

宋学研究中心主任为陶然教授，学术委员会主任为龚延明教授。

浙江师范大学江南文化研究中心

浙江师范大学江南文化研究中心为浙江省哲学社会科学首批重点研究基地之一。成立十多年来，中心致力于跨文学、哲学、史学、艺术学等学科的江南地域文化研究，聚焦"双一流"与文化"两创"建设，设有江南学术文献研究、江南文学艺术研究、江南经济社会研究三个重点研究方向。通过集聚研究力量，开展重大项目攻关，推出系列精品成果，目前已成为全国江南文化研究的学术重镇之一。

大力发展新兴交叉学科，开展跨学科研究，是当前学术与文化研究的主流之一。学术、文艺、历史，既是江南文化研究的三个维度，又是江南文化的三大支柱。作为跨学科的研究中心，本基地以"文化强国""文化浙江"与"双一流"建设重大需求为导向，整合人才队伍，组织协同攻关，推出标志性学术成果，培养专门的文化传承与创新人才，完善富有江南文化特色的、具有学术影响力和社会效益的专题数据库，如浙学文献库、浙江契约文书资料库、浙江宗谱数据库、浙江鱼鳞册集成库、王韬研究数据库等。建设"江南文献中心"，聚焦重大课题研究和人才培养，形成"文化研究高地"；扩大国内外交流，形成"文化传播中心"。从而使本中心成为优势学科的孵化器、文化创新的高端平台，有效支持文化"两创"建设，支撑一流学科建设。

江南文化研究中心负责人为陈玉兰教授和李圣华教授。

温州大学浙江传统戏曲研究与传承中心

温州大学浙江传统戏曲研究与传承中心是浙江省哲学社科 A 类重点研究基地，于 2017 年 11 月正式获批成立。基地依托浙江省一流学科 A 类学科温州大学中国语言文学学科，整合校内外相关学科与研究方向而成。中心共有 59 名科研人员，以国内外知名专家为龙头，大多是学有专长的中青年学者。

中心以温州大学为基地，下设南戏研究所、戏曲文献研究所、浙江戏曲传承与发展研究所等三个研究机构,围绕戏曲表演学、戏曲社会学、戏曲民俗学、戏曲传播学、戏曲文献学、戏曲文物学、浙江地方剧种发展与传承研究、浙江传统戏曲数据库建设与研究等八大方向展开研究。戏曲表演学,重点开展浙江演剧史研究、浙江地方戏曲表演特色研究、传统戏曲表演与现代舞台媒介及传播方式结合研究等。戏曲社会学,重点开展戏曲班社研究、观众群体研究、票友研究、戏曲教化功能研究、戏曲社会管理(如禁演等)研究、戏曲与现代社会生活研究等。戏曲民俗学,重点开展戏曲与祭祀研究、戏曲与岁时节庆研究、戏曲与方言研究等。戏曲传播学,重点开展浙江地方戏曲内部影响研究、浙江地方戏曲及其周边影响研究、"戏路"研究、戏曲文本传播研究、传统戏曲的海外传播研究等。戏曲文献学,重点开展南戏文献研究、浙江地方戏曲文献整理与研究、浙江地方曲目整理与研究、域外戏曲文献整理与研究、戏曲文献学理论研究等。戏曲文物学,重点开展浙江古戏台调查与研究、浙江戏曲碑刻调查与研究、戏曲造像图像研究(包括雕塑、瓦当、壁画以及各种手工艺品的戏曲图案等)研究、戏曲道具面具研究等。浙江地方剧种发展与传承研究,重点开展越剧生成史研究、越剧表演特色研究、越剧发展与传承研究、瓯剧发展与传承研究等。浙江传统戏曲数据库建设与研究,重点开展建设浙江传统戏曲剧目集成数据库、浙江历代戏曲家人名索引数据库、浙江籍戏曲学者研究著述数据库、浙江地方剧种演出影像数据库等,运用大数据的技术与手段,总结浙江传统戏曲的发展规律,推导浙江传统戏曲及地方戏的发展趋势与走向。

浙江传统戏曲研究与传承中心主任为俞为民教授。

浙江工业大学浙江学术文化研究中心

浙江学术文化研究中心由浙江工业大学人文学院负责建设,始建于2004年10月,前身为中国文学演变与传播研究中心,于2017年11月获批为浙江省哲学社会科学重点研究基地。中心设有浙江学术史研究、浙江文化精神研究、浙江文学演变研究等三个研究方向,以中国语言文学学科为依托重点学科,以中国语言文学一级学科硕士点、媒介管理与文化传播二级学科博士点为依托学位点,构建了一支具有专门史学、文学、传播学、城市学、文化社会学等多学科交叉融合、协同创新的高水平学术研究队伍。中心有专兼职研究人员有 38 人,其中教授 18 人、副教授 17 人、博士 32 人,副教授以上职称教师、有博士学位者和硕士研究生导师以及 50 岁以下人员所占比例均在 80% 以上。

中心实施跨学科优势整合,聚焦区域文化传统与当下发展前沿,构建了从学术史、文化传播到文化开发实践的创新型学术生产链,形成理论研究与应用转化相结合、文理交融的学术优势与特色。近年来,中心已筹建浙江地方文献整理与文化研究实验室,购置《中国数字方志库》,主办、承办 4 次国内国际重大学术会议。中心已出版学术专著共 8 部,在《文学评论》《中国语文》《中国现代文学研究丛刊》等权威、一级核心学术刊物上发表学术论文 52 篇,主持承担的省部级以上科研项目共 63 项,其中,国家社科基金项目重点项目 1 项、省部级重点项目 5 项、国家社科基金一般项目 23 项、教育部人文社科研究项目 15 项、浙江省社科规划项目 25 项。由梅新林教授组织学术骨干撰写的《浙江文化脉络要点》,系统梳理了浙江文化脉络的两大源头,浙江文化发展的两大时段,浙江文化发展的四大高峰,总结了浙江文化精神的特征,为推动"文化浙江"建设提供了系统的理论阐释。

浙江学术文化研究中心负责人为梅新林教授和肖瑞峰教授,执行负责人为李剑亮教授。

宁波大学浙东文化研究院

宁波大学浙东文化研究院是由 2006 年设立的浙江省哲学社会科学重点研究基地"浙江省海洋文化与经济研究中心"演变而来的,主要依托宁波大学人文与传媒学院、宁波大学外国语学院进行建设。目前设有三个研究方向:浙东传统文化及其现代转型,重点研究浙东本土特色文化及其演变问题;海外浙东文化史料搜集与整理,主要目的是系统地调查、搜集、整理、翻译海外收藏的关于浙东文化的历史资料;浙东文化研究精品翻译与评价,主要内容包括:将中国学术界关于浙东文化的研究精品翻译成外文,将国外学者关于浙东文化的代表性论著译成中文,并加以评价,以回应国外学者提出的问题。

研究院的目标是站在全球化、现代化的高度,把浙东文化置于世界学术背景中进行考察,通过梳理浙东学术脉络、广搜海外珍稀文献、回应国外学术热点、填补学术空白,借助新型研究机制,把本研究院建设成浙东文化研究的文献资料中心、信息交流中心、学术研究中心、知识普及中心、咨询服务中心,从而成为在省内稳居学术前列、在国内富有浙江地域特色、在海外产生一定学术影响的学术研究平台。

浙东文化研究院院长为宁波大学党委书记薛维海书记,首席专家是龚缨晏教授,副院长为张伟教授和辛红娟教授。

浙江省委党校文化发展创新与文化浙江建设研究中心

2017年10月,浙江省委党校文化发展创新与文化浙江建设研究中心获批成为浙江省哲学社会科学重点研究基地。研究中心依托中共浙江省委党校社会学文化学教研部,现已形成一支年龄结构合理、知识基础扎实、富有创新精神的学术团队,团队涵盖中共浙江省委党校专职研究人员。同时,研究中心在浙江全省党校系统内聘请10名兼职文化学者。主要研究方向涵盖三个领域:文化发展理论研究;浙江文化传承研究;浙江当代文化发展研究。

研究中心围绕文化理论和文化浙江建设,打造文化研究的浙江高地,使浙江的文化研究在全国范围确立领先地位。集科研、咨政、教学、人才培养、信息化工作于一体,突出重点,全面推开,广泛且有针对性地为文化浙江建设提供智力支持。通过系列学术活动的开展,总结提炼"文化浙江"的经验做法,使"文化浙江"建设的今天成为"文化中国"建设的明天,把文化自信从浙江推向全国。依托省委党校现有平台和资源,推进文化学学科的发展,使其在省内乃至全国具有一定的影响力,成为文化领域应用型人才和学术型人才的培养基地,成为浙江省内文化领域各级干部的向往圣地。

文化发展创新与文化浙江建设研究中心负责人为徐明华教授和陈立旭教授,执行主任为李涛教授。

绍兴文理学院浙江省越文化传承与创新研究中心

浙江省越文化传承与创新研究中心发轫于2002年组建的绍兴文理学院越文化研究院,2006年申报为"一地多点式"的浙江省哲学社会科学重点研究基地,2010年升格为独立基地,2017年再次获批为浙江省哲学社会科学重点研究基地。

中心现有三个研究方向:越文献整理与研究,首席专家俞志慧教授(兼方向带头人)、钱明研究员,主攻历代文化名人传世文献与越地特色文献整理与研究;越文学艺术研究,首席专家潘承玉教授,方向带头人叶岗教授,主攻文学艺术专门史与鲁迅研究;越历史文化研究,首席专家刘毅青教授,方向带头人谢一彪教授,主攻史哲教等文化专门史与阳明心学研究。中心长期致力多渠道推进学术研究,多层次开展学术交流,多种方式实现越文化价值当代化。在深化服务地方经济社会和文化发展的同时,中心也为近年学校的省一流学科、省优势专业和一级学科硕士点建设提供了坚实学术支撑。

浙江省越文化传承与创新研究中心负责人为绍兴文理学院党委书记汪俊昌教授,学术负责人为绍兴文理学院副校长寿永明教授,执行负责人为潘承玉教授。

浙江省社会科学院浙学研究中心

浙江省社会科学院浙学研究中心成立于2017年11月,是新一轮浙江省哲学社会科学重点研究基地。浙学研究中心依托浙江省社会科学院历史人文与浙学研究院,以对浙东学派、浙学理论研究有深厚学术积淀的浙江省社会科学院哲学所科研人员为学术主干,充分发挥浙江省社会科学院"浙江历史""浙江文化""浙江思想""浙江方志学研究"等优势学科资源和专业科研力量的作用,开展浙学及其相关领域的综合研究。现有专职科研人员 21 人,研究员 13 人、副研究员 8 人,其中博士学位获得者 16 人。

浙学研究中心以"浙学史论研究""阳明学研究""浙学家群体研究""近现代浙学研究""浙江宗教研究"为科研主攻方向,坚持"立足浙江、研究浙学、传承学统、创新浙学"的研究宗旨与发展方向。浙学研究中心下一阶段的发展规划是:增强科研资源整合力度,强化基础理论研究优势地位,借鉴并吸收利用新的科研手段和方法,发挥浙学研究中心作为浙江省哲学社会科学重点研究基地对省内外"浙学"研究应该起到的规划、组织、协调作用。通过多省份、多单位、多学科协同研究,建立具有全国影响和一流学科属性的"浙学"研究学术队伍;进一步深化"浙学"研究主旨、丰富"浙学"研究层次、建构"浙学"研究体系、提升"浙学"研究品质,不断强化"浙学"的学科自觉意识;以"浙学"研究为先导,通过对浙江历史、文化、思想等基础理论研究优势学科的先行突破,带动相关学科联动发展;以基础理论研究为支撑,通过对"浙学"中优秀元素的研究、传承,带动"浙学"应用对策研究、激发"浙学"的当代实践活力,不断强化"浙学"的文化自信和创新发展。同时,进一步创新管理机制,以更加灵活开放的运作方式,加强与海内外学术界的深度合作,凝聚省内外(包括境外)浙学研究顶尖专家,力争把浙学研究中心建设成为省内领先、国内一流的"浙学研究高地"。

浙学研究中心负责人为浙江省社会科学院副院长陈野研究员,学术委员会主任为陈永革研究员。